KB209128

성경 공부 7

가지 핵심주제로 성경 전체를 한눈에 보여주는

저자 **영성교육**

역사, 예수님의 행적, 바울의 행적,
성막과 율법, 예수님의 비유, 기독교 교리, 성경

역사

예수님의 행적

바울의 행적

성막과 율법

예수님의 비유

기독교 교리

성경

인사말

샬롬!

하나님께서 주시는 평안이 여러분께 항상 가득하기를 바랍니다.

하나님께서는 우리에게 자신을 알리시고, 우리가 구원받을 수 있도록 성경을 주셨습니다. 우리는 구원을 받기 위해 성경을 읽어야 하고, 또 구원을 받은 후 하나님의 자녀답게 살기 위해 성경을 읽어야 합니다. 가장 좋은 성경 공부 교재는 바로 성경입니다. 번역이 잘 된 성경을 반복해서 읽으면 그때마다 새로운 하나님의 음성을 듣게 됩니다. 하나님의 말씀을 깨닫게 되고 하나님의 사랑을 느낄 수 있습니다. 성경보다 다른 교재를 우선시하는 것은 바람직하지 않습니다.

하지만 성경을 읽으려면 약간의 배경지식이 필요합니다. 성경공부7은 독자에게 성경에 대한 배경지식을 알려 주고 성경을 잘 이해할 수 있도록 도와주기 위해 편찬하였습니다. 역사와 예수님과 바울의 행적은 시간순으로 정리하여 이해하기 쉽게 하였습니다. 성경에서 가장 어려운 부분인 성막과 율법은 주제별로 편집하였습니다. 예수님의 비유를 해석하였으며 성도들이 꼭 알아야 할 기독교 교리도 성경에 근거하여 설명하였습니다. 끝으로 창세기부터 요한계시록까지 권마다 배경지식과 주제를 정리하였습니다. 특히 독자의 이해를 돕고자 지도와 도표를 많이 활용하였습니다. 성경공부7을 여러 번 읽고 공부하신 뒤에 성경을 읽는다면 성경을 읽기가 훨씬 수월하며 하나님의 뜻을 잘 깨달을 수 있습니다.

모든 인간이 구원받기를 원하시는 거룩하시고 사랑이 가득하신 하나님께
감사와 찬양을 드립니다.

영성교육

목차

1. 역사

2. 예수님의 행적

3. 바울의 행적

4. 성막과 율법

5. 예수님의 비유

6. 기독교 교리

7. 성경

1

역사

1 창조와 타락

천지 창조

첫째 날	**빛**[낮], **어둠**[밤]
둘째 날	**궁창**[하늘]
셋째 날	**바다**[물들이 모인 곳], **땅**[마른 곳], **식물**[풀, 채소 등]
넷째 날	**광명체**[해, 달, 별]
다섯째 날	**물고기, 새**
여섯째 날	**땅에 사는 동물**[가축, 짐승,기는 것], **인간**
일곱째 날	**안식, 복 주시고 거룩히 구별하심**

하나님은 아무것도 없는 상태에서 오직 권능의 말씀으로만 창조하셨습니다.

첫째 날에 하나님은 빛을 만드시고 빛을 어두움에서 나누시며 빛을 낮이라 부르시고 어두움을 밤이라 부르셨습니다.

둘째 날에 궁창(대기권 밖 하늘)을 만드시고 궁창 위에 물과 아래 물로 나누셨습니다.

셋째 날에는 하늘 아래의 물들을 한곳에 모으신 후 마른 곳을 땅, 물들이 모인 곳을 바다라고 부르셨습니다. 그리고 땅에게 풀과 채소와 과실수를 내도록 명령하셨습니다.

넷째 날에는 둘째 날에 만드신 궁창에 광명체를 만드시고 광명체에게 창공에 빛이 되어 땅 위에 빛을 주라고 명령하셨습니다. 시간 개념의 낮과 밤이 생겼습니다.

다섯째 날에는 물들에게 생명이 있는 동물들(물에 사는 동물)과 하늘의 궁창(대기권 안 하늘)에 나는 새를 풍성히 내라고 명령하셨습니다.

여섯째 날에 땅에게 가축과 기어 다니는 것과 땅의 짐승을 그 종류대로 내라고 명령하셨습니다. 그리고 하나님의 형상대로 사람을 만들어 모든 것을 다스리게 하셨습니다.

일곱째 날은 안식하시며 복 주시고 거룩히 구별하셨습니다.

생각해 보세요

우리는 하나님을 보지 못하는데 하나님이 계신다는 사실을 어떻게 알 수 있나요?
(롬1:20).

인간의 창조와 타락

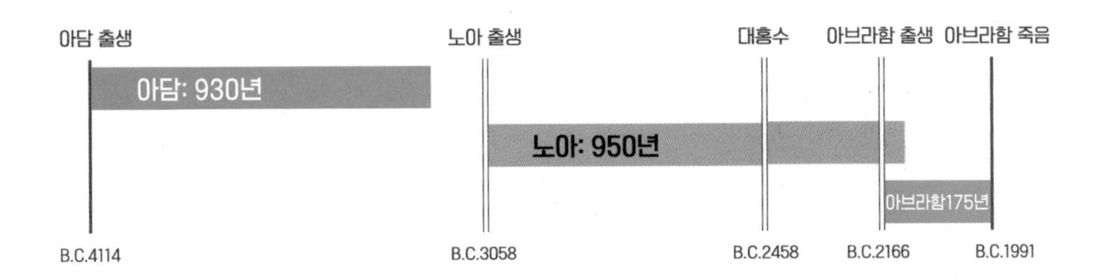

하나님은 천지창조 여섯째 날에 아담을 땅의 흙으로 창조하셨습니다(창2:7). 하나님은 에덴동산을 만드셨습니다. 에덴동산은 지구상에 실제 있었던 곳으로 현재 티그리스강과 유프라테스강 근처로 추정됩니다. 하나님은 아담에게 생육하고 번성하여 땅과 그 위에 모든 것을 다스리라고 말씀하셨습니다. 아담은 하나님이 만드신 창조 세계를 다스리도록 권한을 위임받았습니다.

하나님은 아담에게 동산의 모든 나무에서 나는 것은 마음대로 먹을 수 있으나 선악을 알게 하는 나무의 열매만은 먹지 말라고 하셨습니다. 이것은 하나님께서 인간과 맺으신 첫 번째 언약이었습니다. 아담은 아내 하와가 건네준 선악과를 먹었습니다. 그는 하나님과 맺은 언약을 어기고 죄를 범했습니다. 그 결과 하나님과의 바른 관계가 깨졌고 에덴동산에서 쫓겨났습니다.

인류의 역사는 약 6,000년입니다. 아담은 B.C.4114년에 출생했습니다. 아담은 130세에 셋을 낳았습니다. 아담이 622살 때 에녹이 태어났습니다. 에녹은 365년을 하나님과 동행하였으며 죽지 않고 하늘로 올라갔습니다. 아담은 930년 동안 살았습니다. 아담이 죽고 126년 후에 노아가 태어났습니다. 노아는 B.C.3058년에 출생했습니다. 노아의 나이 600세에 대홍수가 일어났습니다. 따라서 대홍수는 B.C.2458년에 일어났습니다. 노아는 대홍수 이후 350년을 더 살았고 950세인 B.C.2108년에 죽었습니다. 아브라함은 B.C.2166년에 출생했습니다. 아브라함이 출생했을 때 노아도 생존해 있었습니다. 아브라함의 나이 약 58세에 노아가 죽었습니다. 아브라함은 100세 때 이삭을 낳고 175세에 죽었습니다.

대홍수

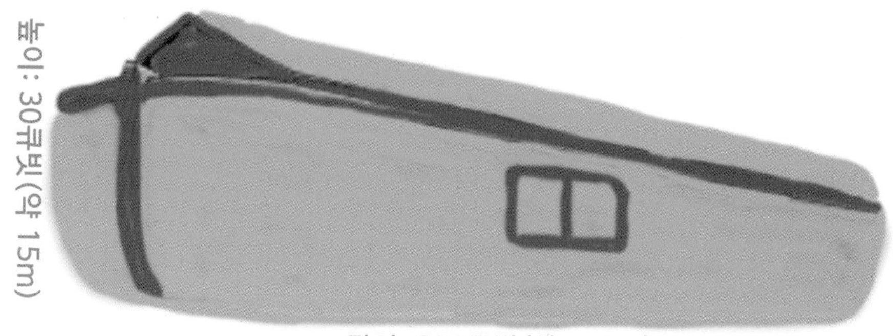

하나님은 땅이 폭력으로 가득 찼으므로 모든 사람을 땅과 함께 멸하시겠다고 말씀하셨습니다. 하나님은 노아에게 방주를 만들라고 명하셨습니다. 노아는 하나님의 지시에 순종하여 120년간 방주를 만들었습니다. 방주는 길이 300큐빗(약 150m), 너비 50큐빗(약 25m), 높이 30큐빗(약 15m)이었습니다. 방주의 골격은 고펠나무였으며 역청으로 안팎을 칠하였습니다. 방주는 오늘날의 배 모양이 아니라 상자 혹은 궤 모양이었습니다. 따라서 노를 저을 수 없었고 파도에 밀려다니기만 했습니다. 방주는 총 3층 구조이며 창문과 출입문이 한 개씩 있었고 맨 위에 덮개를 올렸습니다. 물론 내부에는 여러 개의 방이 있었습니다.

노아는 하나님의 심판을 경고하고 회개를 촉구하였으나 아무도 회개하지 않았습니다(벧전3:20). 노아를 비롯한 가족 8명(노아, 아내, 세 아들과 세 며느리)과 정한 짐승 각 7쌍씩, 부정한 짐승 각 2쌍씩 홍수를 피해 방주로 들어갔습니다(창7:2~3). 비가 40일 동안 계속 내렸고 물이 150일 동안 땅 위에 차고 넘쳤습니다. 방주가 아라랏산(터키 동부 지역에 위치한 산)에 도착하자 노아는 방주에서 나와 단을 쌓고 하나님께 감사를 드렸습니다(창8:20).

방주는 그리스도의 완전한 모형입니다. 방주가 노아와 그의 가족을 구했듯이 그리스도께서 죄에서 우리를 구원해 주십니다.

노아의 후손

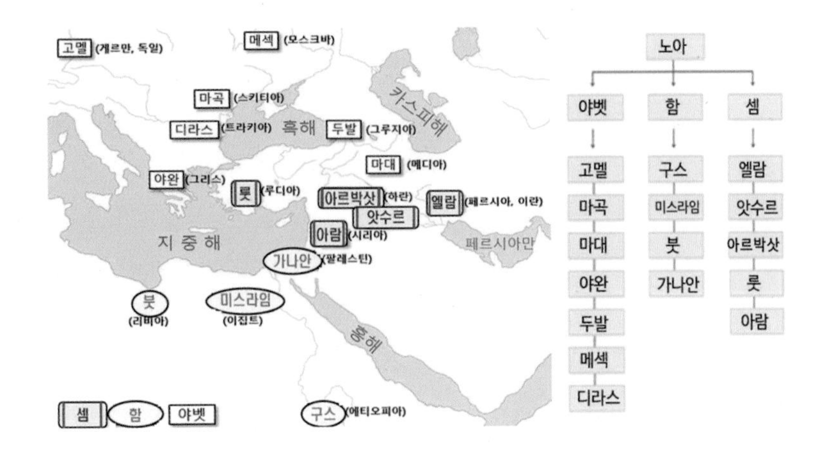

1. **셈**: 셈은 대홍수 때 98세였습니다(창11:10). 그는 아내와 함께 방주에 들어가 구원을 받았습니다. 홍수 이후에 노아가 포도주에 취해 자기 장막 안에서 벌거벗고 있을 때 아버지의 하체를 덮어 드려 축복을 받았습니다(창9:23). 그는 엘람, 앗수르, 아르박삿, 룻, 아람을 낳았고 페르시아, 앗수르, 갈대아, 아르미니아, 시리아 등의 조상이 되었습니다. 셈은 아브라함의 조상입니다. 예수님도 육신으로는 셈족을 통해 오셨습니다.

2. **함**: 함도 대홍수 때 아내와 같이 방주에 들어가 구원을 받았습니다. 그러나 노아가 포도주에 취해 벌거벗은 채로 누워 있을 때 그의 아들 가나안은 범죄하여 저주를 받았습니다(창9:20-25). 그는 구스와 미스라임, 붓과 가나안을 낳았으며 이집트, 에티오피아, 리비아, 바벨론, 페니키아, 가나안 등의 조상이 되었습니다.

3. **야벳**: 야벳 역시 홍수 때 아내와 함께 구원받았습니다. 노아의 포도주 사건 때 셈과 같이 행동하여 축복을 받았습니다. 일곱 아들(고멜, 마곡, 마대, 야완, 두발, 메섹, 디라스)을 두었으며 게르만인, 러시아인, 메데인, 이베리아인, 그리스인, 로마인, 트라키아인 등의 조상이 되었습니다.

바벨탑 사건

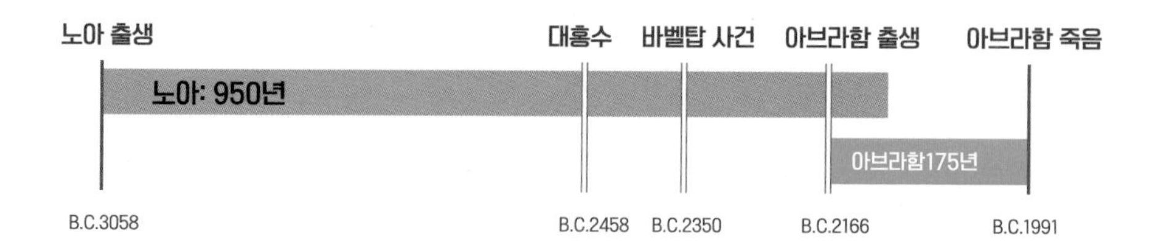

노아의 홍수는 B.C.2458년에 일어났고 벨렉은 B.C.2350년경에 태어났습니다. 벨렉이 태어날 때 세상이 나뉘었습니다(창10:25). 세상이 나뉘었다는 말은 민족이 흩어졌다는 뜻으로 바벨탑 사건을 가리킨다고 볼 수 있습니다. 따라서 바벨탑 사건은 대홍수 후 100년이 지난 B.C.2350년경에 일어났다고 짐작할 수 있습니다.

니므롯의 정복 활동과 바벨탑 사건

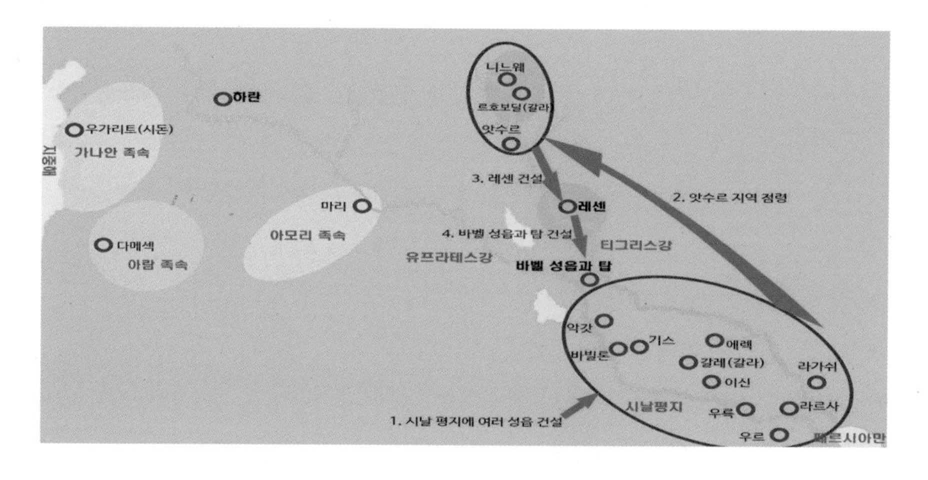

함의 아들 구스는 니므롯을 낳았습니다. 니므롯은 세상에 첫 용사이며 힘센 사냥꾼입니다. 그는 시날 땅에 있는 바빌론, 에렉, 악갓, 갈레 등을 정복하고 북쪽으로 나아가 앗수르, 니느웨, 르호보딜을 정복한 뒤 레센을 건설하였습니다(창10:8-12).

니므롯은 레센과 기스 중간에 바벨 성읍과 탑을 건설하기 시작하였습니다. 니므롯이 바벨에 성읍과 탑을 건설하기 전에는 온 땅의 언어가 하나였습니다. 니므롯과 그의 백성들은 돌 대신 벽돌을 만들어 굽고 역청으로 진흙을 대신하여 성읍과 탑을 건설하기 시작하였습니다. 그들은 탑 꼭대기가 하늘에 닿게 하여 자기들의 이름을 내고 흩어지지 않기를 바랐습니다. 하나님은 그들이 건설하려는 성읍과 탑을 보셨습니다. 하나님은 그들 모두 한 언어만 사용하므로 이런 일을 시작했다고 보시고 그들의 언어를 혼란스럽게 하여 서로 말을 알아듣지 못하도록 하셨습니다. 그러자 그들이 비로소 성읍과 탑 짓는 행동을 멈추었습니다(창11:1-9). 이 사건으로 같은 언어를 사용하는 사람들끼리 민족을 이루어 온 땅에 흩어졌습니다.

니므롯은 홍수가 다시 일어나더라도 피할 수 있는 안전한 거대 도시를 만들 속셈으로 바벨에 거대한 성읍과 탑을 건설하려고 했습니다. 하나님이 다시는 홍수로 멸하지 않겠다고 약속하셨으나 니므롯은 사람들이 하나님의 약속을 믿지 못하도록 거짓말을 한 후 자기를 추종하도록 했습니다. 또한 니므롯은 사람들이 자신을 신처럼 숭배하게 했습니다. 니므롯이 죽은 후에 니므롯의 아내 세미라미스는 자기 아들 이름을 '담무스'로 짓고 니므롯이 담무스로 환생했다고 주장하였습니다. 그리고 담무스는 태양신으로, 자신은 신의 어머니로 숭배하게 하였습니다. 이렇게 니므롯과 세미라미스, 담무스를 통해 환생설, 태양신, 여신숭배, 모자 숭배 등 온갖 우상 숭배가 생겨나 널리 퍼졌습니다.

예수님이 승천하신 후 오순절에 예수님을 따르던 제자들에게 성령이 임했습니다. 그들이 성령 충만하여 기도할 때 여러 지방에서 온 유대인들이 자기 방언으로 그 기도를 알아들을 수 있었습니다. 이 사건은 이제 성도는 그리스도 안에서 하나가 되었다는 사실을 보여 주었습니다. 니므롯은 과거에 자신의 영광을 위하여 인류가 하나가 되기를 바랐으나 하나님은 지금 우리가 그리스도 안에서 하나가 되기를 바라십니다.

생각해 보세요

1. 바벨 성읍과 탑을 건설한 목적이 무엇인가요?

2. 니므롯을 통해 어떤 우상들이 생겨났나요?

2 족장 시대

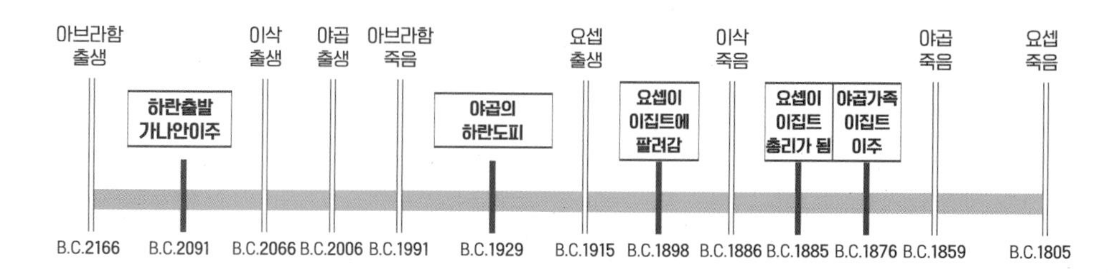

니므롯으로 인해 메소포타미아 지역에 우상 숭배와 죄가 만연해지자 하나님은 아브라함을 택하여 한 민족을 이루어 하나님의 말씀을 보존하고 구원 계획을 이루려고 하셨습니다.

히브리인의 조상은 아브라함입니다. 이스라엘은 아브라함의 손자인 야곱의 이름입니다. 이스라엘이 민족을 이루기 전에는 가족 공동체를 이루며 살았습니다. 가족 공동체를 이끌어갔던 사람이 족장입니다.

아브라함은 B.C.2166년에 메소포타미아 지역에 있는 우르에서 태어났습니다. 그는 아버지, 아내, 조카 롯과 함께 하란으로 이주하였고 하란에서 아버지가 죽자 하나님의 약속을 믿고 하란을 떠나 가나안으로 이주하였습니다. 그때 그의 나이 75세였습니다. 그는 100세에 하나님께서 주시기로 약속한 아들 이삭을 얻었습니다.

이삭은 순종의 삶을 살았습니다. 아버지 아브라함이 자신을 제물로 바치려고 했을 때도 순종했습니다. 이삭은 60세에 에서와 야곱을 낳았습니다.

야곱은 형 에서의 축복을 가로챈 후 하란으로 도피했습니다. 야곱은 외삼촌의 집에서 생활하며 12명의 아들을 얻었는데 그들이 이스라엘의 12지파가 됩니다. 그중에 가장 사랑하는 아들 요셉은 형들의 시기로 이집트에 팔려 갑니다. 그러나 요셉은 이집트의 총리가 되었고 야곱과 그의 가족 70명은 요셉의 도움으로 이집트로 이주하여 큰 민족을 이룰 때까지 430년 동안 이집트에 살았습니다.

아브라함의 초기 여정

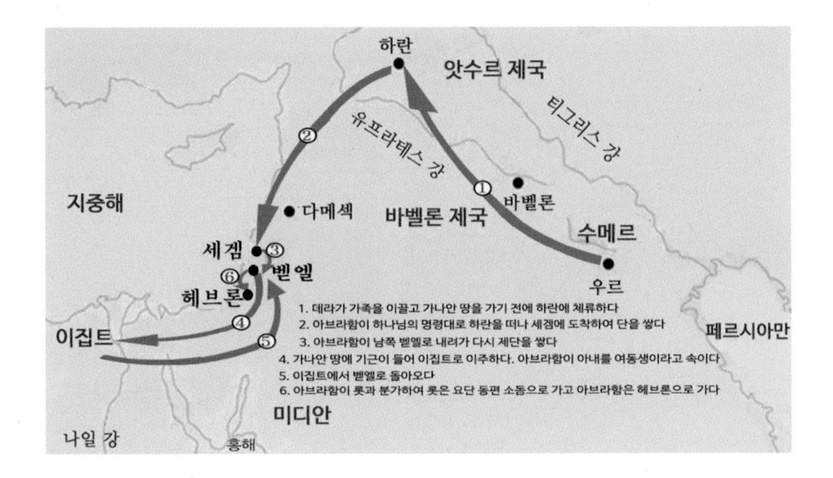

1. **우르**: 우르는 수메르의 대표적 도시국가로서 무역이 번성하던 곳이었습니다. 아브라함은 우르에서 출생하여 50대 중반까지 그곳에서 살았습니다.

2. **하란**: 아브라함의 아버지 데라는 아브라함과 나홀과 하란을 낳았는데 하란은 롯을 낳고 우르에서 죽었습니다. 데라는 아브라함과 아브라함의 아내 사라 그리고 롯을 데리고 사막을 피해 하란을 거쳐서 가나안 땅에 가려고 했습니다. 그러나 어떤 이유인지 모르나 하란에서 10년 이상 살게 되었고 결국 데라는 하란에서 죽었습니다(창 11:25-32). 하나님은 아브라함에게 나타나셔서 하란을 떠나라고 명령하셨습니다. 그리고 아브라함에게 큰 민족을 이루게 하겠다고 약속하셨습니다(창12:1-4).

3. **세겜**: 아브라함은 사라와 롯을 데리고 하란을 떠나 가나안 땅 세겜에 도착했습니다. 하나님은 아브라함에게 이 땅을 네 자손에게 주겠다고 약속하셨습니다(창12:5-7).

4. **벧엘**: 아브라함은 벧엘로 가서 제단을 쌓고 여호와의 이름을 불렀습니다(창12:8-9).

5. **이집트**: 아브라함은 가나안 땅에 기근이 들자 이집트로 이주했습니다. 그곳에서 아내를 여동생이라고 거짓말하여 이집트 왕에게 아내를 빼앗길 뻔했으나 하나님께서 구해주셨습니다(창12:10-20).

6. **벧엘→헤브론**: 이집트에서 돌아와 벧엘에 제단을 쌓았습니다. 롯은 아브라함을 떠나 요단 동편 소돔으로 갔고 아브라함은 헤브론으로 이주하였습니다(창13:1-18).

롯을 구한 아브라함

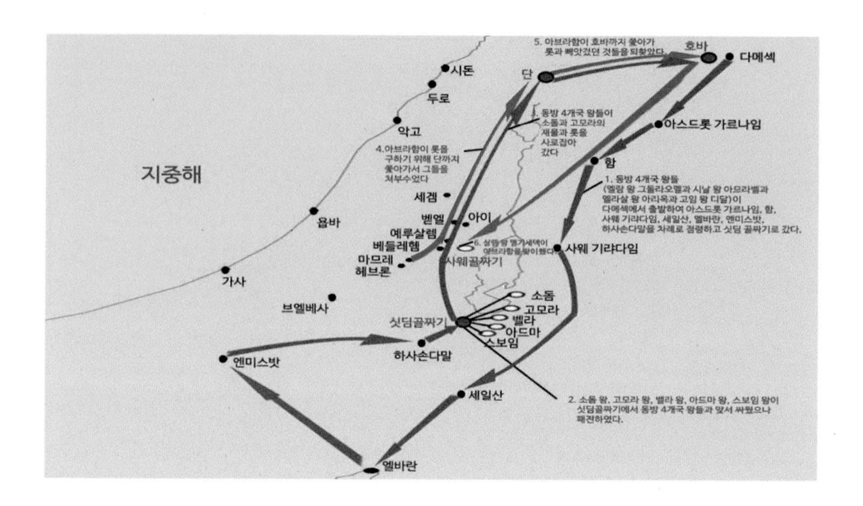

1. **롯이 사로잡혀감**: 사해 근처에 소돔 왕, 고모라 왕, 벨라 왕, 아드마 왕, 스보임 왕이 12년 동안 엘람 왕 그돌라오멜을 섬기다가 배반하였습니다. 그러자 그돌라오멜과 그를 따르는 왕들이 군사를 일으켜 쳐들어왔습니다. 다섯 왕이 싯딤 골짜기에서 그돌라오멜과 전쟁하였으나 패하였습니다. 그돌라오멜이 이끄는 연합군이 소돔과 고모라의 모든 재물과 양식을 빼앗았는데 소돔에 거주하던 아브라함의 조카 롯도 사로잡고 그의 재물까지 약탈하여 갔습니다(창14:1-12).

2. **롯을 구한 아브라함**: 아브라함이 조카 롯이 사로잡혀갔다는 소식을 듣고 훈련된 사람 318명을 데리고 단까지 쫓아가서 그들을 쳐부수었습니다. 도망가는 그들을 호바까지 쫓아가 조카 롯과 그에게 속한 사람과 재물을 다 찾아왔습니다(창14:13-16).

3. **아브라함을 맞이한 멜기세덱**: 아브라함이 승리하고 돌아올 때 살렘 왕 멜기세덱이 떡과 포도주를 가지고 나왔는데 그는 지극히 높으신 하나님의 제사장이었습니다. 그는 하나님께 아브라함을 축복해 달라고 간구하였으며 아브라함은 그에게 얻은 재물의 십 분의 일을 주었습니다(창14:17-20). 멜기세덱이 누구인지 정확히 알 수 없으나 노아의 아들 셈일 가능성이 큽니다. 셈은 그때까지 생존해 있었습니다.

아브라함의 후기 여정

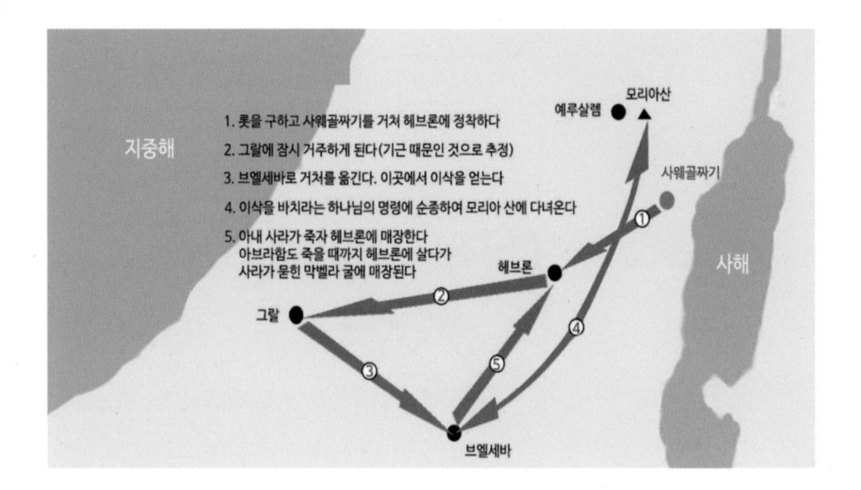

1. **헤브론에 정착함**: 아브라함은 헤브론에서 여종 하갈을 통해 아들 이스마엘을 얻었습니다. 하갈은 임신하자 교만해져서 주인 사라를 멸시했습니다. 그러자 사라가 하갈을 학대했습니다. 하갈이 사라의 학대를 피해 도망가자 하나님께서 사자를 보내 다시 돌아가서 사라에게 순종하라고 명령하셨습니다. 하나님은 아브라함과 그 후손에게 가나안 땅을 주어 영원한 기업이 되게 하겠다고 약속하셨습니다.
   하나님이 이스라엘의 하나님이 되시고 이스라엘은 하나님의 백성으로 선택되어 하나님만 섬겨야 한다는 언약의 표시로 아브라함 집안의 남자는 모두 할례를 받도록 했습니다. 하나님은 사라가 아들을 얻게 된다고 다시 말씀해 주셨습니다. 하나님은 직접 사람의 모습으로 아브라함에게 나타나셔서 아브라함은 강한 민족이 되며 모든 민족이 그로 인해 복을 받는다고 알려 주셨습니다. 하나님이 아브라함을 떠나신 뒤 소돔과 고모라는 죄악 때문에 멸망했으며 롯과 두 딸만 구원받았습니다(창15-19장).

2. **이삭을 바치다**: 아브라함은 그랄에 잠시 거주한 후 브엘세바로 이주하여 이삭을 낳았습니다(창20-21장). 하나님은 아브라함에게 이삭을 모리아 산에서 번제로 바치라고 명령하셨습니다. 아브라함은 이 명령에 순종하였습니다. 그러나 하나님은 이삭을 제물로 받지 않으시고 대신 숫양을 바치라고 하셨습니다. 하나님은 아브라함의 믿음을 의롭게 여기시며 아브라함과의 언약을 다시 확인시켜 주셨습니다(창22:1~18).

이삭의 생애

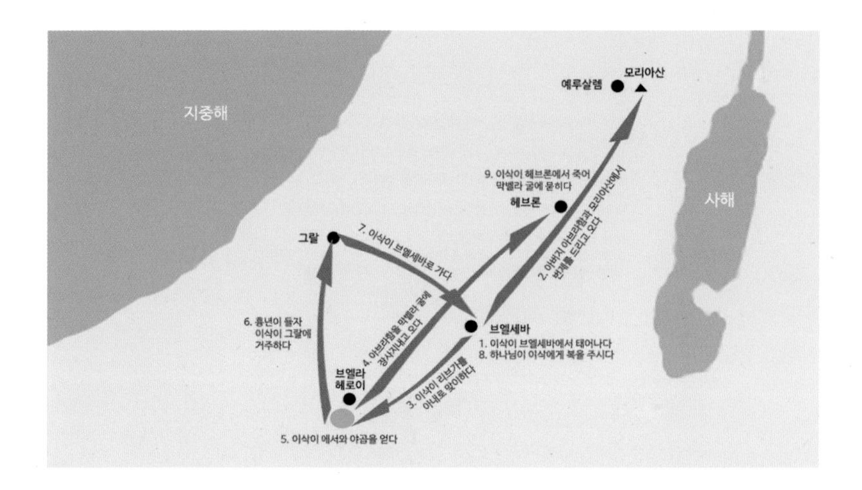

1. **이삭의 탄생**: 이삭은 브엘세바에서 태어났습니다. 그때 아브라함은 100세였습니다.
2. **이삭의 번제**: 하나님은 아브라함을 시험하여 이삭을 모리아 땅에서 번제로 바치라고 하셨습니다. 그러나 아브라함이 순종하는 모습을 보시고 이삭 대신 숫양을 번제로 바치게 하셨습니다.
3. **아내 리브가를 맞이함**: 사라가 죽자 아브라함은 종 엘리에셀을 시켜 자신의 고향으로 가서 이삭의 아내를 구해오도록 지시했습니다. 엘리에셀은 아브라함의 동생 나홀의 손녀인 리브가를 만나 데려왔으며 이삭은 브엘라해로이 근처에서 그녀를 맞아 아내로 삼았습니다. 아브라함이 죽자 이삭은 헤브론의 막벨라 굴에 장사지냈습니다.
4. **야곱과 에서를 얻음**: 브엘라해로이 근처에 살면서 쌍둥이 야곱과 에서를 얻었습니다.
5. **그랄에 거주**: 이삭은 흉년을 피해 그랄로 갔습니다. 하나님은 이삭이 농사지을 때 많은 소출을 얻도록 도와주셨으며 우물을 팔 때마다 물이 나오게 하셨습니다.
6. **하나님과 언약의 확정**: 하나님은 브엘세바에서 이삭에게 복을 주고 자손을 번성하게 하겠다고 약속하셨습니다.
7. **야곱을 축복함**: 야곱이 이삭을 속이고 에서의 축복을 가로챘습니다. 이삭은 야곱에게 밧단아람으로 가서 외삼촌 라반의 딸 중에서 아내를 맞이하라고 했습니다.
8. **이삭의 죽음**: 이삭은 헤브론에서 180세에 죽었으며 막벨라 굴에 묻혔습니다.

야곱의 생애

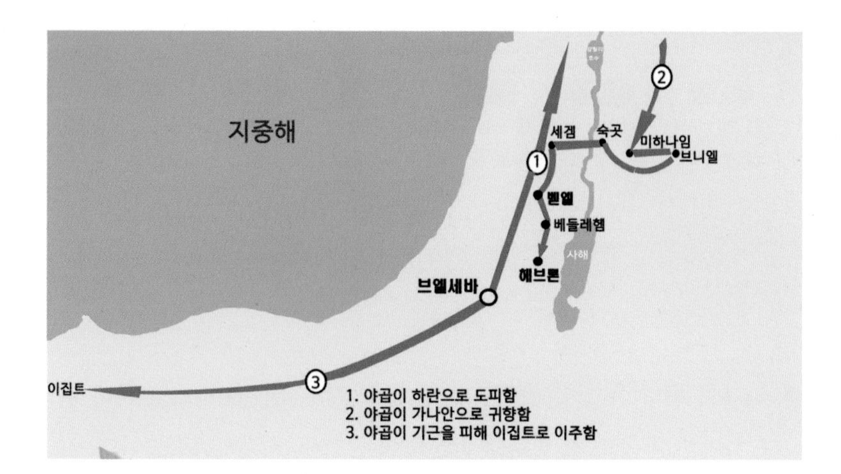

1. **야곱의 출생**: 야곱의 가족은 아버지 이삭과 어머니 리브가, 쌍둥이 형 에서입니다. 에서는 활동적이었지만 야곱은 조용하고 차분했습니다.
2. **도피 생활**: 야곱은 형 에서의 장자권과 축복을 가로챈 후 하란으로 도피했습니다. 하란으로 가는 중에 하나님은 벧엘(하나님의 집)에서 아브라함에게 맺은 언약을 야곱에게 확인시켜 주셨습니다. 야곱은 하란에 있는 외삼촌 라반의 집에서 14년간 봉사하며 두 아내(레아, 라헬)를 얻었습니다. 야곱은 하란에서 20년을 보낸 후 고향으로 돌아가라는 하나님의 명령을 받고 가나안을 향해서 떠났습니다. 가나안으로 가던 중에 얍복 강가에서 하나님과 씨름하였습니다. 하나님은 야곱이라는 이름 대신 이스라엘(하나님과 겨루어 이김)이라는 이름을 주시며 야곱을 축복하셨습니다. 야곱은 그곳을 브니엘(하나님의 얼굴)이라고 불렀습니다.
3. **가나안 생활**: 야곱이 가나안으로 귀향하던 중에 그의 딸 디나가 세겜에서 히위 족속 하몰의 아들 세겜에게 강간당했습니다. 분노한 야곱의 두 아들 시므온과 레위는 세겜 족속의 남자들을 죽이고 노략질했습니다. 야곱은 벧엘로 가라는 하나님의 명령을 받고 벧엘로 갔습니다. 다시 벧엘에서 베들레헴으로 가는 길에 라헬은 베냐민을 낳다가 죽습니다. 야곱은 헤브론으로 가서 아버지 이삭을 만났습니다.
4. **이집트로 이주**: 야곱과 그의 가족은 극심한 기근을 경험하게 되는데 다행히 이집트의 총리가 된 요셉의 도움으로 이집트로 이주하였습니다. 야곱은 이집트 고센 땅에서 평안히 지내다가 하나님의 부름을 받고 가나안 땅 막벨라 굴에 묻혔습니다.

1. **르우벤**: 야곱의 열두 아들 중 장남입니다. 형제들이 요셉을 팔려고 하자 구해주려고 했습니다. 하지만 야곱의 첩 빌하와 간통하여 장자권을 잃어버렸습니다.
2. **시므온**: 여동생 디나를 강간한 세겜 부족 사람들을 살육하고 약탈하였습니다. 이 때문에 야곱에게 이스라엘에서 흩어진다는 저주를 받았습니다.
3. **레위**: 시므온과 함께 세겜 부족 사람들을 살육하여 야곱에게 시므온과 같은 저주를 받았습니다. 후손들은 율법을 가르치고 제사를 주관하는 업무를 담당합니다.
4. **유다**: 야곱으로부터 왕권을 위임받을 것이라는 축복을 받았습니다.
5. **단**: 야곱으로부터 재판권을 위임받을 것이라는 축복을 받았습니다.
6. **납달리**: 라헬이 레아와의 출산 경쟁에서 이겼다는 뜻에서 지은 이름입니다.
7. **갓**: 야곱으로부터 군대를 추격할 것(용맹함)이라는 축복을 받았습니다.
8. **아셀**: 야곱으로부터 비옥한 토지를 소유할 것이라는 축복을 받았습니다.
9. **잇사갈**: 야곱으로부터 노동력이 강성할 것이라는 축복을 받았습니다.
10. **스불론**: 야곱으로부터 해변에 거할 것이라는 예언을 받았습니다.
11. **요셉**: 형들의 시기로 이집트에 팔려 갔으나 이집트 왕의 꿈을 해석하여 이집트 총리가 되었습니다. 야곱으로부터 가장 탁월할 것이라는 축복을 받았으며 두 아들(에브라임, 므낫세) 모두 이스라엘의 지파가 되었습니다.
12. **베냐민**: 라헬은 베냐민을 출산하다가 죽었습니다. 야곱으로부터 호전적인 가문을 형성할 것이라는 예언을 받았습니다.

요셉의 생애

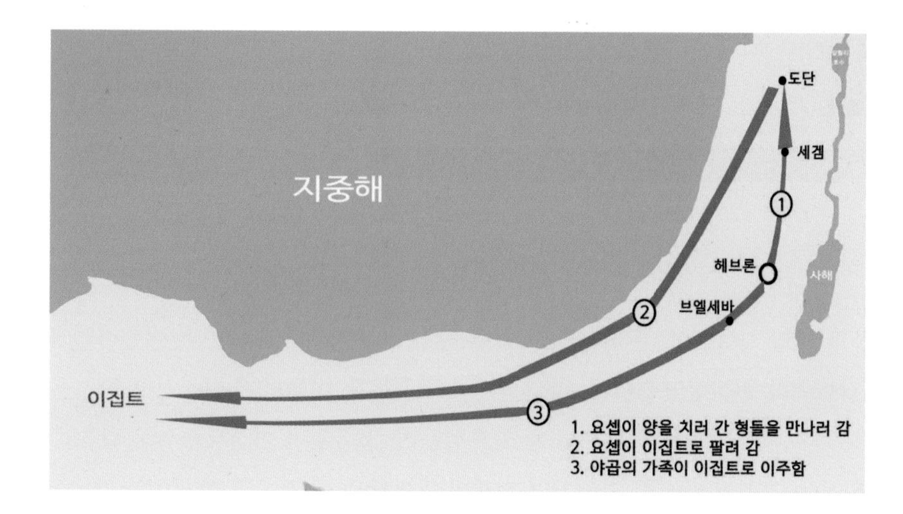

1. **가족 배경**: 요셉은 아버지 야곱과 어머니 라헬 사이에서 태어났습니다. 그는 야곱이 하란에서 도피 생활을 할 때 그곳에서 태어났습니다. 요셉은 야곱의 열한 번째 아들이며 베냐민은 그의 동생입니다. 야곱은 요셉이 사랑하는 아내 라헬의 소생이면서 늙었을 때 얻은 아들이므로 특별히 사랑하였습니다.

2. **이집트로 팔려 간 요셉**: 요셉을 향한 야곱의 편애는 형들에게는 시기의 대상이었습니다. 야곱은 양을 치러간 형들을 살피도록 요셉을 보냈습니다. 그러나 형들은 요셉을 미디안 상인들에게 팔아버립니다.

3. **총리가 된 요셉**: 요셉은 이집트에서 보디발 가정의 종이었으나 신실하게 일하여 주인에게 신뢰를 받습니다. 하지만 보디발의 아내에게 억울하게 고소를 당해 감옥에 갇히게 됩니다. 그러나 이집트 왕의 꿈을 해석한 요셉은 단숨에 총리가 되었습니다.

4. **가족과 재회한 요셉**: 큰 흉년이 들자 요셉의 형들은 곡식을 얻으려고 이집트에 왔습니다. 요셉은 형들의 죄를 용서하고 아버지 야곱과 그의 가족 70명을 이집트로 불러와 고센 땅에 살도록 해주었습니다.

5. **예수님의 예표인 요셉**: 요셉의 형들이 요셉을 죽이려고 공모했듯이 유대인들이 예수님을 죽이려고 공모했습니다. 요셉의 형 유다가 은 20에 요셉을 팔았듯이 예수님의 제자 가룟 유다도 은 30에 예수님을 팔았습니다.

3 이집트 탈출

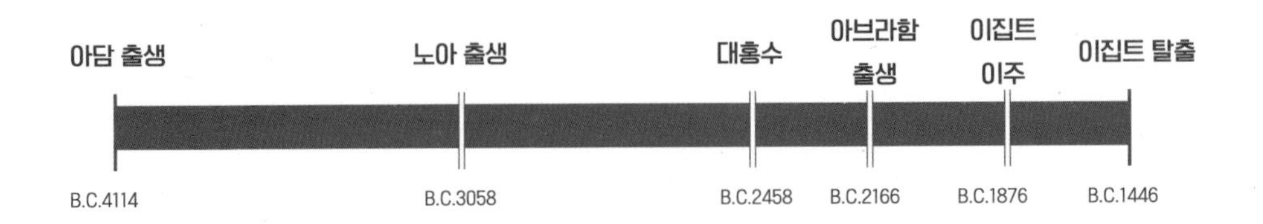

야곱과 그의 가족 70명은 B.C.1876년에 이집트로 이주하였습니다. 이스라엘 백성들은 이집트에서 번성하였습니다. 하나님께서 이집트를 이용하여 이스라엘 백성을 번성하게 해주셨습니다. 어느덧 요셉이 죽고 요셉을 모르는 왕이 이집트를 다스렸습니다. 이집트 왕은 이스라엘 자손이 강해지면 전쟁이 일어났을 때 적군과 합세하여 자신들을 대적한다고 생각했습니다. 그래서 공사 감독자들을 세우고 이스라엘 백성을 노예처럼 부리기 시작했습니다. 그리고 이스라엘에 남자아이가 태어나면 죽이라고 명령하였습니다.

그런 상황에서 모세가 태어났습니다. 모세의 어머니가 그를 삼 개월 동안 숨겨 키우다가 더 이상 숨길 수가 없어서 갈대로 만든 상자에 담아 강에 띄웠습니다. 다행히 파라오의 딸이 모세를 발견하고 양자로 삼아 궁전에서 키웠습니다. 모세가 성장한 후에 어느 날 이집트인이 동족 히브리인을 때리는 모습을 보고 이집트인을 죽여서 모래 속에 감추었습니다. 그러나 그 사실을 파라오가 알고 모세를 죽이려고 하였습니다. 모세는 파라오를 피해 미디안 땅으로 갔습니다. 모세는 그곳에서 미디안 제사장 이드로의 딸 십보라와 결혼하고 아들까지 얻었습니다.

하나님께서 이스라엘 백성들의 고통 소리를 듣고 아브라함과 이삭과 야곱과 맺은 언약을 떠올리셨습니다. 모세가 미디안에서 양을 치며 40년을 보내고 있을 때 하나님께서 모세에게 나타나셔서 이스라엘 백성을 이집트에서 구해 낸 뒤 젖과 꿀이 흐르는 가나안 땅으로 인도하시겠다고 말씀하셨습니다. 그리고 모세를 파라오에게 보내시며 이스라엘 백성들을 이집트에서 데리고 나오라고 명령하셨습니다.

이집트에 내린 10가지 재앙

1. 강물이 피로 변함
아론이 막대기를 들어 올려 강에 있는 물을 치니 강물이 피로 변하였다.

2. 개구리
아론이 막대기 잡은 손을 이집트의 물들 위에 뻗치자 개구리들이 올라와서 온 이집트를 덮었다.

3. 이
아론이 막대기 잡은 손을 뻗쳐서 땅의 흙을 치니 그것이 이집트 전역에 걸쳐 이가 되었다.

4. 파리
하나님께서 파리 떼를 보내니 이집트 땅에 가득하였다. 하지만 고센 땅에는 파리 떼를 보내지 않으셨다.

5. 전염병
하나님이 전염병으로 이집트의 모든 가축을 죽이셨으나 이스라엘 자손들의 가축은 죽이지 않으셨다.

6. 악성종기
모세가 화덕의 재를 하늘을 향해 뿌리니 사람과 짐승에 물집이 생기는 종기가 발생했다.

7. 우박
모세가 하늘을 향해 막대기를 뻗치니 이집트 전역에 우박이 내렸다. 하지만 고센 땅에는 내리지 않았다.

8. 메뚜기
하나님께서 동풍을 일으키셔서 메뚜기들을 몰고 오게 하셨다. 메뚜기들이 모든 것을 먹어 치웠다.

9. 흑암
모세가 하늘을 향해 손을 뻗치니 짙은 어두움이 삼일 동안 이집트 전역을 덮었다.

10. 첫 태생 죽음
어린양의 피를 바르지 않은 집의 사람과 가축의 첫 태생은 모두 죽었다.

모세는 파라오에게 나아가 이스라엘 백성을 보내주도록 요구했으나 파라오는 거절하였습니다. 하나님은 모세를 통해 이집트에 열 가지 재앙을 내리셨습니다. 하나님께서 재앙을 내리신 까닭은 이집트의 신들을 심판하시고, 이스라엘과 이집트를 구분하여 재앙을 내리셔서 사람들이 하나님은 전능하시고 거룩하신 분이라는 사실을 깨닫게 하기 위해서입니다.

첫 태생의 죽음 후에 파라오는 이스라엘 백성들이 이집트를 떠나도록 허락하였습니다.

출애굽 후 이동 경로

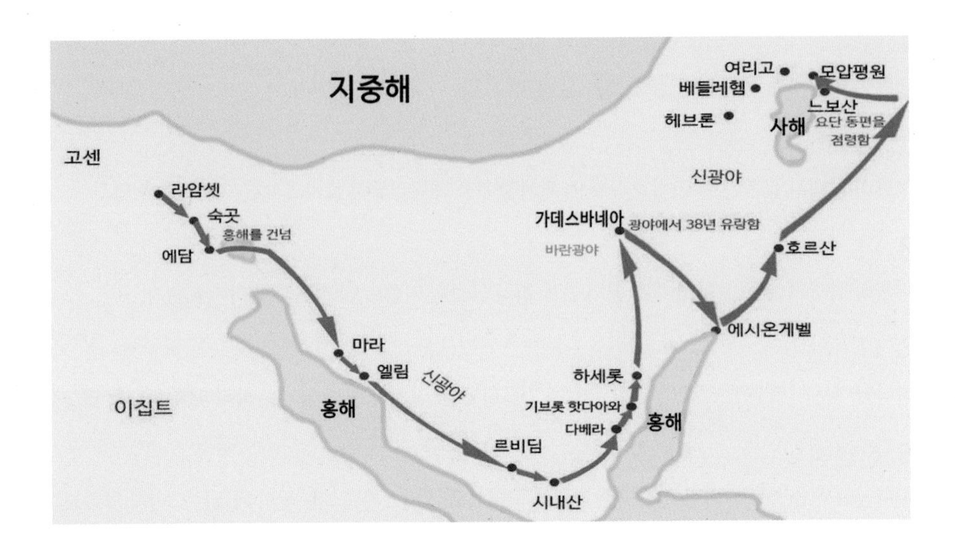

1. 라암셋 출발: 열 번째 재앙인 첫 태생의 죽음 후에 바로는 모세와 아론을 불러 이집트를 떠나도 좋다고 허락했습니다. 이스라엘 백성은 이집트 사람들에게 금은 패물과 의복을 요구했고 이집트인들은 이스라엘 백성이 요구하는 대로 모두 주었습니다. 하나님이 이스라엘 백성들에게 은총을 베푸셨으므로 가능한 일이었습니다. 당시 이집트를 탈출한 사람은 남자만 60만 명 이상이었습니다(출12:32-37).

2. 숙곳: 하나님은 이스라엘 백성을 가나안으로 가는 지름길인 블레셋 땅으로 인도하지 않으셨습니다. 블레셋이 강하여 전쟁이 발생하면 이스라엘 백성이 이집트로 돌아가려고 한다는 사실을 아셨기 때문입니다(출 13:17).

3. 에담: 이스라엘 백성은 숙곳을 떠나 광야 끝에 있는 에담에 천막을 쳤습니다. 이때 하나님은 낮에는 구름 기둥으로 밤에는 불기둥으로 인도하셨습니다(출13:20-22).

4. 홍해: 바로의 마음이 다시 완악해져서 이스라엘 백성을 쫓아갔습니다. 하나님은 모세에게 지팡이를 든 손을 바다에 내밀도록 하여 바다가 갈라지게 하셨습니다. 이스라엘 백성은 바다 가운데 마른 땅으로 걸어갔으나 그들을 쫓아 홍해로 들어간 바로의 군대는 몰살되었습니다(출14:1~31).

5. 마라: 이스라엘 백성은 홍해를 건넌 후 물 없이 3일 동안 광야를 걸어가다 마라에 이르러 물을 찾았으나 써서 마실 수가 없었습니다. 모세가 하나님의 명령대로 물에 나

무토막 하나를 넣었더니 쓴물이 단물이 되었습니다(출15:22-26).

6. **엘림**: 엘림에는 12개의 샘과 70그루의 종려나무가 있었습니다. 백성들은 물가에 천막을 쳤습니다.

7. **신광야**: 이집트에서 나온 지 한 달 후에 신광야에 도착했습니다. 백성들은 고기와 빵을 먹지 못해 모세와 아론을 원망했습니다. 여기서부터 하나님께서 만나와 메추라기를 주셨습니다(출16장).

8. **르비딤**: 르비딤에 천막을 쳤으나 마실 물이 없었습니다. 백성들이 원망하자 모세가 하나님이 명령하신 대로 지팡이로 바위를 치니 물이 나왔습니다. 이스라엘이 르비딤에 있을 때 아말렉이 공격해 왔습니다. 아론과 훌이 모세의 손이 내려가지 않도록 도와주었고 그동안에 여호수아가 아말렉 군을 무찔렀습니다. 하나님은 비겁하게 약자를 공격했던 아말렉을 나중에 진멸하시겠다고 말씀하셨습니다(출17장).

모세의 시내산 등정

1차	하나님이 이스라엘 백성과 언약을 체결하기 원하셨고 모세가 백성들에게 하나님의 뜻을 전함
2차	이스라엘 백성이 하나님께 순종을 약속함. 하나님께서 백성들에게 3일 동안 성결하라고 명령하심
3차	이스라엘 백성들이 하나님을 보려고 시내산에 오르려하자 하나님이 시내산에 오지 말라고 경고하심
4차	모세가 하나님으로부터 십계명과 율법을 받음. 모세가 백성들에게 율법을 알린 후 하나님과 언약 체결식을 함
5차	모세, 아론, 나답, 아비후와 이스라엘 장로 70명은 시내산에 올라 언약체결 기념 식사를 함
6차	모세가 40일 동안 머무르며 십계명 돌판과 성막에 관한 계시를 받음. 이스라엘 백성이 금송아지를 숭배함
7차	모세가 40일 동안 사죄의 중보기도를 드림. 백성들이 회개하며 단장품을 제거함
8차	모세가 40일 동안 금식기도하고 십계명 돌판을 다시 받음. 하산할 때 모세의 얼굴에서 광채가 남

9. **시내산**: 이집트를 탈출한(출애굽) 뒤 시내산까지 약 2개월이 걸렸습니다. 모세는 오래 전에 시내산에서 불꽃 가운데 하나님의 임재를 경험했었습니다. 바로 그곳에서 하나님은 이스라엘 백성과 정식으로 대면하기를 원하셨습니다. 모세는 시내산에 네 번째로 올라가 십계명과 율법을 받고 내려와서 백성들에게 하나님의 모든 말씀을 전하고 기록했습니다. 하나님은 이스라엘 백성들과 언약을 맺고 그들을 거룩하게 구별하기를 원하셨습니다. 하나님은 이스라엘 백성들에게 십계명과 율법을 지킬 수 있는지 물었습니다. 하나님은 언약을 맺도록 강요하지 않으셨습니다. 백성들은 하나님의 제안을 거절할 수도 있었습니다. 그들은 언약을 지키겠다고 약속했습니다.

   모세는 여섯 번째로 시내산에 올라가 십계명을 기록한 두 돌 판과 성막에 대한 계시를 받고 내려왔습니다. 하지만 백성들은 모세를 인내하며 기다리지 못하고 금송아지를 만들어 그것을 하나님으로 여기고 섬겼습니다. 이스라엘 백성은 하나님과 언약을 체결한 지 얼마 되지 않아 바로 어긴 것입니다. 모세는 분노하여 십계명이 새겨진 두 돌 판을 깨뜨렸습니다. 모세는 시내산에 여덟 번째로 올라가 십계명이 새겨진 두 돌 판을 하나님으로부터 다시 받아 왔습니다. 모세가 하산했을 때 그의 얼굴에서 광채가 났습니다. 모세는 시내산을 총 여덟 번 등정하였습니다. 이스라엘 백성들은 시내산에서 약 11개월 동안 머무르면서 성막을 만들었습니다(출18-40장).

10. **다베라**: 다베라에서 백성이 불평하자 하나님께서 진영의 맨 끝에 있는 자들을 불로 태워버리셨습니다(민11:1-3).

11. **기브롯 핫다아와**: 백성들이 메추라기를 탐식하자 하나님이 재앙을 내리셨습니다(민11:4-35).

12. **하세롯**: 미리암이 모세를 비방하며 하나님이 주신 모세의 권위에 도전했습니다. 이 때문에 미리암이 하나님께 벌을 받아 나병에 걸렸습니다(민11:35-12:16).

13. **가데스바네아**(바란 광야): 이스라엘 백성은 시내산을 떠나 가데스바네아에 도착했습니다. 그곳에 도착했을 때는 이집트를 탈출한 지 18개월 정도 지난 시점이었습니다. 모세는 가데스바네아에서 가나안 땅에 12명의 정탐꾼을 보냈습니다. 그들이 정탐하고 돌아온 후 그들 중 10명은 그곳에 거인들이 있으며 그들은 강하므로 우리는 절대 그들을 이길 수 없다고 보고하였습니다. 단지 여호수아와 갈렙만 그곳을 공격하면 능히 이길 수 있다고 자신하였습니다. 정탐꾼들의 보고를 들은 백성들은 좌절하며

여호수아와 갈렙을 죽이려고까지 하였습니다.

하나님은 정탐한 날 수 40일을 40년으로 환산하여 백성들이 광야에서 방황하며, 여호수아와 갈렙을 제외하고 20세 이상은 가나안 땅에 들어갈 수 없다고 말씀하셨습니다(민13:1-14:45). 이스라엘 백성은 하나님께 벌을 받아 37년 6개월 동안 가데스 바네아 근처에서 유랑했습니다. 이곳에서 고라 무리가 모세에게 반역하다가 몰살당했으며 백성들이 원망하여 염병으로 죽는 일이 있었습니다(민16장). 미리암도 이곳에서 죽었습니다. 또한 모세와 아론이 반석에 명령하여 물을 내라는 하나님의 말씀을 거역하고 반석을 치는 잘못을 저질렀습니다. 이 일로 모세와 아론은 가나안 땅에 들어가지 못하게 되었습니다(민20:1-13).

생각해 보세요

1. 하나님과 이스라엘 백성들이 시내산에서 어떤 언약을 체결했나요?

2. 이스라엘 백성들이 광야에서 40년 동안이나 방황한 결정적인 사건은 무엇인가요?

4 가나안 정복

요단강 동편 점령

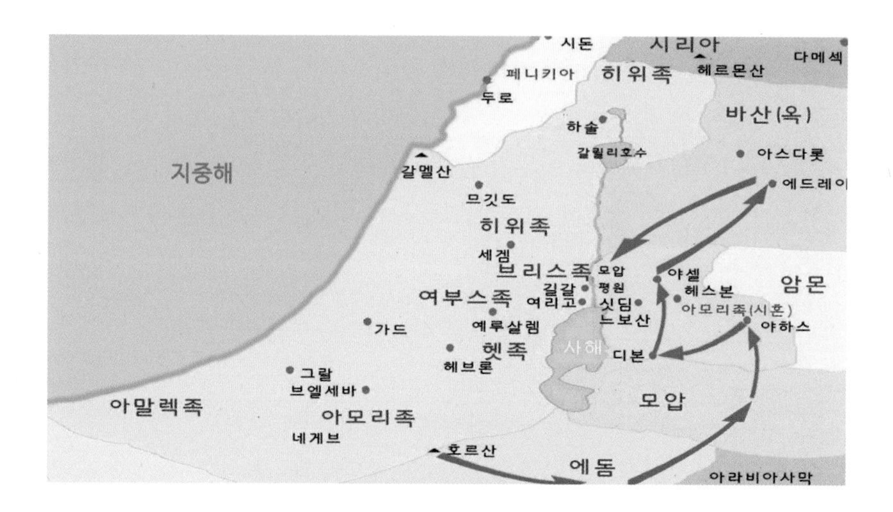

1. **에돔 땅을 우회**: 가데스 바네아에서 모세는 에돔 왕에게 사신을 보내 지름길인 에돔 땅을 지나가도록 허락해 달라고 요청했으나 에돔 왕은 거절하였습니다. 할 수 없이 이스라엘 백성들은 에돔을 우회하는 험난한 길로 갈 수밖에 없었습니다.

2. **아론의 죽음**: 아론은 일전에 반석에 명령하여 물이 나오도록 하라는 하나님의 말씀을 거역하였으므로 가나안 땅에 들어갈 수 없었습니다. 모세는 아론과 엘르아살을 데리고 호르산에 올라가 아론의 옷을 벗겨 아론의 아들 엘르아살에게 입혔습니다. 아론은 호르산에서 죽었고 엘르아살이 대제사장 직분을 계승하였습니다.

3. **불뱀과 놋뱀 사건**: 이스라엘 백성들이 에돔을 우회하여 힘든 길로 가자 불평하였습니다. 하나님은 불뱀을 보내 그들을 물게 하셨습니다. 모세가 하나님 말씀대로 놋뱀을 만들어 장대 위에 달았고 불뱀에게 물린 사람은 놋뱀을 쳐다보면 살 수 있었습니다.

4. **요단강 동편 점령**: 이스라엘이 아모리 왕 시혼에게 그들의 영토를 지나가도록 요청했으나 오히려 시혼은 야하스에서 이스라엘을 공격했습니다. 이스라엘은 그들을 물리치고 헤스본, 디본, 야셀 지역까지 점령하였습니다. 또한 이스라엘은 에드레이에

서 바산 왕 옥과 전쟁하여 승리했습니다. 이로써 이스라엘은 모세의 지휘 아래 요단강 동편 땅을 모두 차지했습니다. 그러나 모세 역시 하나님께 불순종했으므로 가나안 땅에 들어가지 못하고 120세에 모압 땅에 있는 느보산에서 죽음을 맞았습니다.

가나안 정복 준비

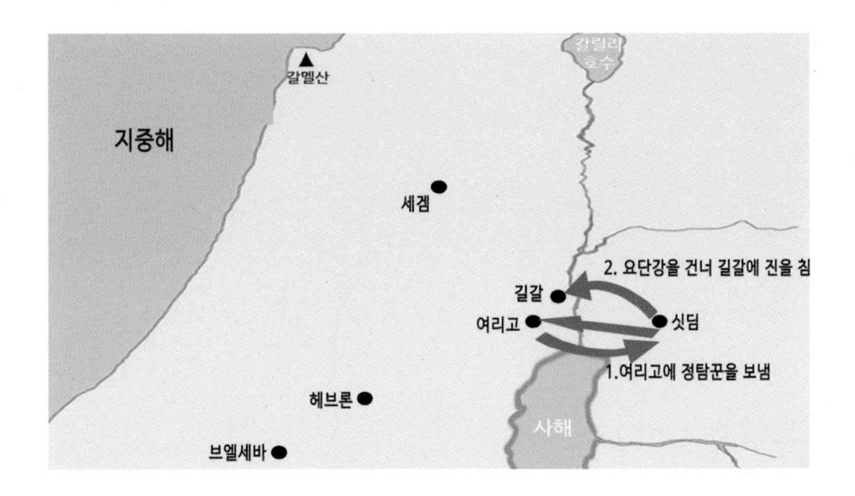

1. **가나안 정복의 준비**: 모세가 하나님께 지도자를 세워 달라고 요청하였습니다. 하나님은 여호수아에게 안수하여 그를 지도자로 삼고 백성들이 그에게 복종하게 하라고 명령하셨습니다. 하나님은 여호수아에게 함께 하시겠다고 약속하시면서 강하고 담대하라고 말씀하셨습니다. 여호수아는 여리고에 두 명의 정탐꾼을 보냈습니다. 여리고에 살고 있던 라합은 정탐꾼들에게 모든 주민이 이스라엘을 두려워하고 있다는 사실을 알려주었으며 정탐꾼들이 무사히 도망가도록 도와주었습니다.

2. **요단강을 건너다**: 여호수아는 백성들에게 성결을 명령했습니다. 언약궤를 멘 제사장들이 먼저 요단강을 건넜습니다. 제사장들의 발이 요단강에 닿자 흐르던 물이 멈추었습니다. 제사장들이 건넌 후에 백성들이 요단강을 건넜습니다.

3. **길갈**: 이스라엘 백성들은 하나님은 강하시다는 사실을 인정하고 하나님을 경외하는 마음을 항상 갖도록 길갈에 기념비를 세웠습니다. 광야에서 할례를 받지 못한 2세대들에게 할례를 행하였습니다. 할례를 한 까닭은 하나님과 했던 약속을 기억하며 오직 하나님만 섬기겠다고 다짐하기 위해서입니다. 여호수아가 여리고로 가는 중에

여호와의 군대 장관을 만났는데 그가 여호수아에게 신을 벗으라고 명령했습니다. 여호와의 군대 장관은 천사는 아니며 예수님으로 추정됩니다. 구약시대에도 예수님과 성령님은 인간의 구원을 위해 일하셨습니다. 신을 벗는 행위는 하나님께 절대 순종을 뜻합니다. 여호수아가 전쟁하기 전에 신을 먼저 벗었듯이 우리도 영적 전쟁에서 이기려면 먼저 하나님께 순종해야 합니다.

가나안 정복

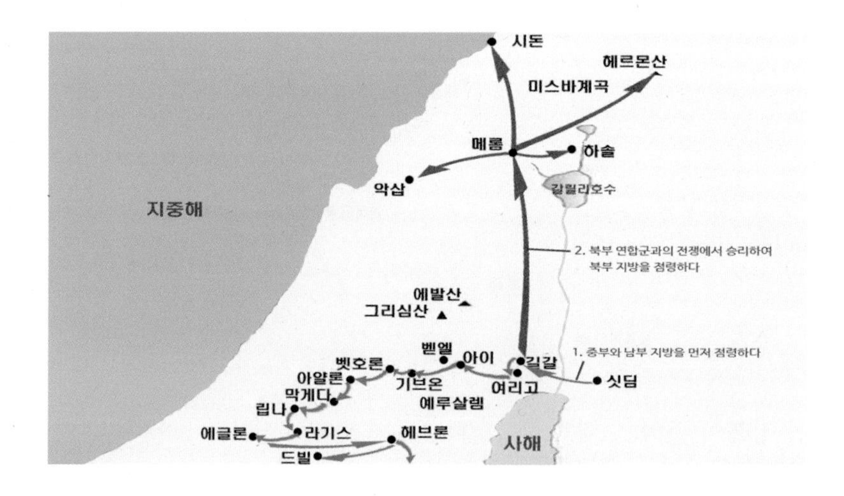

1. **여리고성 점령**: 하나님께서 명령하신 대로 여리고성을 6일 동안 매일 1번씩 돌았습니다. 마지막 7일째에는 7번을 돈 후에 나팔을 불고 함성을 질렀더니 여리고성이 무너졌습니다. 정탐꾼이 탈출하도록 도와주었던 라합과 그녀의 가족만 제외하고 모두 진멸하였습니다. 후에 라합은 보아스를 낳았고, 보아스는 룻과 결혼하여 오벳을 낳았습니다. 오벳은 다윗의 할아버지입니다.

2. **아이성 패배**: 하나님은 여리고성을 점령할 때 그 성의 모든 물건은 저주받았으므로 취하지 말라고 명령하셨습니다. 하지만 아간은 여리고성에서 외투와 금과 은을 취했습니다. 아간의 죄 때문에 이스라엘은 여리고성보다 훨씬 규모가 작은 아이성에서 패배했습니다. 아간과 그의 자녀들은 아골 골짜기에서 모두 죽임을 당하였습니다.

3. **아이성 점령**: 아간이 벌을 받아 죽자 하나님께서 아이성을 이스라엘에게 넘겨주셨습니다. 이스라엘은 복병 전술로 아이성을 점령한 후 역시 진멸하였습니다.

4. **에발산 진출**: 에발산에서 제단을 쌓고 번제와 화목제를 드렸습니다. 여호수아가 돌에 율법을 기록하고 축복과 저주의 말씀을 낭독했으며 백성이 그 말씀을 들었습니다.

5. **기브온의 속임수**: 기브온 사람들은 아이성 근처에 살고 있는데도 먼 곳에 사는 것처럼 속여 이스라엘과 화친을 맺었습니다. 기브온만 제외하고 가나안의 다른 민족은 모두 이스라엘에 대적하였는데 그것은 하나님께서 그들의 마음이 완악하도록 내버려 두어 모세에게 말한 대로 그들을 진멸하기 위해서입니다.

6. **아모리 땅 점령**: 아모리 족속은 이스라엘과 화친한 기브온을 적으로 간주하였습니다. 아모리 족속의 다섯 왕(예루살렘, 헤브론, 야르뭇, 라기스, 에글론)은 연합군을 형성하여 기브온을 침공하였습니다. 기브온은 화친 조약을 근거로 이스라엘에 지원을 요청하였습니다. 여호수아는 기브온에 군대를 파견했고 이스라엘은 기브온 전투에서 승리하였습니다. 하나님은 태양을 중천에 종일토록 머물게 하셔서 이스라엘이 적들을 무찌르도록 도와주셨습니다. 아모리 족속의 다섯 왕은 막게다 굴에 숨었으나 곧 발견되어 죽임을 당했습니다. 막게다를 점령한 후 이스라엘은 립나, 라기스, 에글론, 헤브론, 드빌 전투에서 연승하며 네게브까지 정복하였습니다.

7. **북부 연합군과의 전쟁**: 이스라엘이 중남부 지역을 점령했다는 소식을 들은 하솔 왕 야빈은 연합군을 형성한 후 매롬 물가에 진을 쳤습니다. 이스라엘은 그들을 기습 공격하고 시돈과 미스르봇 마임, 미스바 골짜기까지 추격하여 진멸하였습니다.

가나안 땅의 분배

1. **요단 동편의 분배**: 요단 동편은 모세가 정복한 땅입니다. 그 땅은 르우벤 지파, 갓 지파, 므낫세 반 지파에게 분배되었습니다. 르우벤 지파는 아르논 강에서 헤스본까지, 므낫세 반 지파는 헤르몬산에서 바산 왕 옥의 영토까지, 갓 지파는 르우벤 지파와 므낫세 지파 사이에 있는 땅을 분배받았습니다. 세 지파는 이미 땅을 분배받았으나 다른 지파들이 요단 서편을 정복하러 갈 때 같이 가서 싸웠습니다. 싸움이 끝난 후에 요단 동편에 있는 자신들의 땅으로 돌아갔습니다.

2. **유다 지파의 기업**: 갈렙은 유다 지파입니다. 모세는 갈렙이 정탐꾼으로서 하나님께 충성하였으므로 그에게 땅을 주기로 약속하였습니다. 갈렙은 헤브론을 정복하여 자기 소유로 삼았습니다. 유다 지파의 땅은 예루살렘 남쪽에서 신광야까지 이르렀으나 여부스 족속을 쫓아내지는 못했습니다. 여부스 지역은 후에 다윗이 점령하여 이스라엘의 수도(예루살렘)로 삼았습니다.

3. **에브라임 지파와 므낫세 지파의 기업**: 요셉 자손인 에브라임과 므낫세 지파는 받은 기업이 적다고 불평하면서 더 많은 땅을 요구했습니다. 여호수아는 그들에게 브리스와 르바임 족속의 삼림 지대를 스스로 개척하여 땅을 넓히라고 했습니다.

4. **나머지 일곱 지파의 분배**: 여호수아는 아직 기업을 받지 못한 일곱 지파를 질책하며 각 지파에서 세 명씩 선정하여 나머지 땅을 시찰하라고 지시했습니다. 그들이 땅을 시찰한 후 그 땅을 일곱 등분한 지도를 여호수아에게 가져왔습니다. 여호수아는 하나님 앞에서 제비를 뽑고 일곱 지파에게 그 땅을 분배하였습니다.

5. 레위인의 기업: 하나님이 친히 레위 사람의 기업이 되셨으므로 레위인에게는 땅을 분배하지 않았습니다. 그들에게는 48개의 성읍과 목초지를 제공하였습니다.

생각해 보세요

1. 모세와 아론이 가나안 땅에 들어가지 못한 까닭은 무엇인가요?

2. 이스라엘은 가나안 땅에 들어가기 전에 어떤 준비를 했나요?

3. 이스라엘이 아이성 전투에서 패배한 까닭은 무엇인가요?

4. 기브온 족속이 살아남을 수 있었던 까닭은 무엇인가요?

5 사사 시대

이집트 탈출

사사는 '재판하다', '다스리다'라는 뜻입니다. 가나안 정복이 끝났으나 이스라엘에 아직 왕이 없었습니다. 사사는 이스라엘이 왕국이 되기 전에 약 340년 동안 하나님께서 이방인들의 압제에서 이스라엘을 구원하시려고 세운 군사 및 종교 지도자입니다.

여호수아가 죽고 하나님을 모르는 전후 세대는 언약을 어기고 우상 숭배를 하였습니다. 또한 이방 족속과의 혼인으로 이방인들의 생활을 닮아 타락하였습니다. 하나님이 이방 민족들을 남겨 두신 까닭은 이스라엘 백성들이 하나님의 법을 지켜 행하는지 행하지 않는지를 시험하기 위해서였습니다. 이스라엘은 하나님께 불순종하여 이방 민족들의 압제를 받았습니다. 이스라엘 백성들이 고통을 받아 하나님께 부르짖을 때마다 하나님은 사사를 보내 구원해 주셨습니다. 그러나 사사가 죽은 후에 백성들은 다시 타락하였습니다. 사사 시대에는 이런 악순환이 되풀이되며 각자 옳은 대로 처신하였습니다.

사사들의 활동

이름	통치 기간	압제한 민족	압제 기간	주요 활동
옷니엘	40년	메소포타미아	8년	갈렙의 조카이자 사위이다. 메소포타미아 왕 구산 리사다임에게서 이스라엘을 구하였다.
에훗	80년	모압	18년	모압왕에게 공물을 바치러 갔을 때 속임수를 써서 그를 암살하였다.
삼갈	?	블레셋	?	소를 모는 막대기로 블레셋 사람 육백 명을 죽였다.
드보라	40년	가나안	20년	900대의 철 병거를 거느린 가나안 왕 야빈의 군대장관 시스라를 무찔렀다.
기드온	40년	미디안	7년	기드온과 300용사는 나팔, 항아리, 횃불로 기만전술을 펼쳐 미디안 군사 12만 명을 무찔렀다.
돌라	23년			에브라임 산지 사밀에서 23년 동안 다스렸다.
야일	22년			길르앗 지역 출신으로 사사가 되어 22년 동안 다스렸다.
입다	6년	암몬	18년	암몬을 무찌르고 20개의 성읍을 차지했다. 에브라임 사람들과 싸워 42,000명이나 죽였다.
입산	7년	암몬	18년	베들레헴 출신으로 입다의 뒤를 이어 7년 동안 다스렸다.
엘론	10년	암몬	18년	스불론 출신으로 입산의 뒤를 이어 10년 동안 다스렸다.
압돈	8년	암몬	18년	에브라임 지역 비라돈 출신으로 엘론의 뒤를 이어 8년 동안 다스렸다.
삼손	20년	블레셋	40년	블레셋 사람들이 다곤 신에게 제사를 드릴 때 두 기둥을 쓰러뜨려 많은 사람들을 죽였다.
사무엘	20년	블레셋	40년	전국을 다스렸다. 사무엘과 다윗에게 기름을 부어 왕으로 삼았다.

사사들의 활동 영역은 이스라엘 전체가 아니고 일부인 경우가 대부분입니다. 같은 시기에 두 명의 사사가 활동하기도 했습니다. 따라서 사사들의 활동 기간을 단순 합산하면 안 됩니다. 기드온의 아들인 아비멜렉, 드보라와 함께 야빈을 물리친 바락, 엘리 제사장 등을 사사에 포함하기도 하지만 보통 13명(옷니엘, 에훗, 삼갈, 드보라, 기드온, 돌라, 야일, 입다, 입산, 엘론, 압돈, 삼손, 사무엘)을 사사로 봅니다.

6 통일왕국 시대

마지막 사사 사무엘은 경건한 사람으로 전국을 순회하며 다스렸으나 왕은 아니었습니다. 이스라엘은 하나님이 직접 통치하시는 신정국가였기 때문입니다. 하지만 이스라엘 백성들은 신정정치를 거부하고 다른 이방 민족들처럼 왕을 요구하였습니다. 하나님께서는 이스라엘의 요구를 받아 주시며 사무엘에게 왕을 세우라고 허락하셨습니다.

하나님은 사울을 왕으로 지명하셨고 사무엘은 사울에게 기름을 부었습니다. 사울은 미스바에서 공식적으로 왕이 되었습니다. 그러나 그는 여러 차례 하나님께 불순종했습니다. 결국 하나님은 사울을 버리고 다윗을 왕으로 삼으셨습니다.

사무엘은 사울 몰래 다윗에게 기름을 부었습니다. 다윗이 기름부음을 받은 후 바로 왕이 된 것이 아닙니다. 다윗은 블레셋 장수 골리앗을 물리치고 이스라엘 군대의 장이 되었습니다. 사울은 다윗을 죽이려고 했으나 죽이지 못하고 블레셋과 싸우다 전사합니다. 사울과 다윗은 각각 40년 동안 이스라엘을 통치했습니다. 솔로몬은 다윗의 아들로서 역시 40년 동안 이스라엘을 통치했습니다. 솔로몬이 죽은 뒤 이스라엘은 두 나라로 분열됩니다. 왕이 세워지고 나라가 분열될 때까지 120년의 기간이 통일왕국 시대입니다.

통일왕국 시대를 연 사무엘

사무엘은 '하나님께 구함', '하나님께서 들으셨다'라는 뜻입니다. 사무엘은 이스라엘이 신정정치에서 왕정 정치로 넘어가는 과도기에 이스라엘을 이끈 경건한 지도자입니다.

1. **가족 배경**: 사무엘은 아버지 엘가나와 어머니 한나의 첫 소생입니다. 아버지는 고핫 자손으로 레위인이며 그의 가정은 에브라임 지파 안에 거주하였습니다. 사무엘은 라마(아리마대)에서 태어났는데 어머니 한나는 기도와 서원으로 사무엘을 얻었습니다.

2. **어린 시절의 사무엘**: 한나는 사무엘이 젖을 떼자마자 실로로 데려가 대제사장 엘리에게 맡겨 성막에서 자라게 했습니다. 하나님은 어린 사무엘에게 엘리 집안의 멸망을 계시해 주셨습니다. 엘리의 두 아들(홉니와 비느하스)은 제물이 제단 위에서 하나님께 드려지기 전에 하나님의 것을 갈취했습니다. 그리고 그 기름이 하나님 앞에 태워지기 전에 그것들을 먹어버렸습니다. 그들은 하나님께 드리는 제사를 우습게 여겼으며, 엘리는 하나님보다 자기의 아들을 더 소중히 여겨 제대로 교육하지 않았습니다. 계시는 그대로 이루어져 엘리의 두 아들은 블레셋과의 전투에서 전사하였고 그 소식을 들은 엘리는 앉아 있던 의자가 뒤로 넘어지면서 목이 부러져 죽었습니다.

3. **사무엘의 역할**: 사무엘은 레위인이었습니다. 그는 엘리 제사장의 뒤를 이어 대제사장과 대언자 그리고 사사 역할을 하였습니다. 사무엘은 라마에 주거를 정하고 순회하며 이스라엘을 다스렸습니다. 사무엘은 백성들을 미스바에 소집하고 이방 신들을 버리고 오직 여호와 하나님만 섬기라고 경고하였습니다. 블레셋 사람들이 이스라엘로 쳐들어왔을 때 사무엘은 하나님께 기도를 드렸습니다. 하나님은 사무엘의 기도를 들으시고 큰 우레를 퍼부어 블레셋 사람들을 쫓으셨습니다. 사무엘은 이를 기념하여 돌을 세우고 에벤에셀이라고 불렀습니다. 사무엘은 이스라엘을 위해 하나님께 기도드리는 중보자 역할도 하였습니다.

4. **이스라엘의 왕을 세운 사무엘**: 사무엘은 자기 아들인 요엘과 아비야를 이스라엘의 사사로 지명했습니다. 그러나 그의 아들들이 뇌물을 받고 정의롭지 못하게 판결하였으므로 백성들은 사무엘의 결정에 반대하며 다른 나라처럼 왕을 세워달라고 요구하였습니다. 당시 이스라엘은 하나님이 직접 통치하시는 신정국가이었으므로 사무엘은 그들의 요구를 받아 주지 않았습니다. 그러나 하나님은 사무엘에게 백성들의

요구대로 왕을 세우도록 허락하셨습니다. 사무엘은 사울에게 기름을 부어 이스라엘의 첫 번째 왕으로 삼았습니다. 사울이 교만과 불순종으로 하나님께 버림받자 하나님의 명령에 따라 다윗에게 기름을 붓고 이스라엘의 두 번째 왕으로 삼았습니다.

5. **신약성경에서의 평가**: 베드로는 사무엘을 예언자들의 지도자로 인정하였습니다(행3:24). 바울은 사무엘을 예언자로 선언했습니다(행13:20). 히브리서에서는 사무엘을 믿음의 사람 중 하나로 언급하였습니다(히11:32).

이스라엘의 첫 번째 왕 사울

사울은 사사 시대를 끝내고 왕정 시대를 연 이스라엘의 초대 왕입니다.

1. **가족 배경**: 사울은 베냐민 지파이며 기스의 아들입니다. 사울의 가정에 대해서는 알려진 바가 거의 없습니다. 사울은 탁월하고 준수하였으며 신장은 다른 사람의 어깨 위만큼 더 컸다고 합니다.

2. **왕으로 선택됨**: 이스라엘 백성들은 신정정치(하나님께서 직접 통치하시는 정치)를 거부하고 다른 이방 민족들처럼 왕을 요구하였습니다. 하나님은 백성들의 요구를 들어주시며 사무엘에게 왕을 세우라고 하셨습니다. 사울은 아버지의 잃어버린 암나귀를 찾으러 다니다가 사무엘을 만났습니다. 사무엘은 하나님의 명령대로 사울에게 기름을 부었습니다. 사울은 미스바에서 제비뽑기를 통해 공식적으로 왕이 되었으며 길르앗 야베스 전투에서 암몬 족속을 물리치자 백성들이 그를 왕으로 인정하였습니다.

3. **사울의 몰락**: 사울은 블레셋과 전투를 하려고 길갈에 진을 치고 있었습니다. 하지만 사무엘이 약속한 기한 내에 오지 않자 사무엘을 끝까지 기다리지 않고 자기가 직접 번제를 드려버렸습니다. 번제가 끝난 후 도착한 사무엘은 사울에게 하나님의 명령을 어겼으므로 사울의 통치 기간이 길지 않다고 경고했습니다. 그 후 하나님은 사울에게 아말렉을 쳐서 그들의 모든 소유 즉 남녀와 어린아이와 젖 먹는 아이와 짐승까지 남기지 말고 진멸하라고 명령하셨습니다. 하나님께서 그런 명령을 내리신 까닭은 이스라엘이 이집트에서 나올 때 아말렉이 이스라엘을 비겁한 방법으로 대적했기 때문입니다. 하지만 사울은 아말렉 왕 아각과 좋은 가축은 남겨 두었고 쓸모없고 하찮은 것만 진멸하였습니다. 결국 하나님은 사울을 버리겠다고 하셨습니다.

4. **다윗과의 관계**: 사울이 악령에 들려 괴로워할 때 다윗이 사울에게 악기를 연주하며 사울의 마음을 편안하게 해주었습니다. 다윗은 이스라엘과 블레셋이 싸운 엘라 전투에서 골리앗을 물리쳤는데 이후로 승승장구하며 이스라엘의 영웅으로 떠올랐습니다. 이때부터 사울은 다윗을 시기하여 악기를 연주하고 있는 다윗에게 창을 던져 죽이려고까지 하였습니다. 또한 사울은 병사들을 다윗의 집에 보내 다윗을 죽이려고 했으나 다윗은 아내이자 사울의 딸인 미갈의 도움으로 위기를 모면하고 사무엘이 있는 라마로 도망쳤습니다. 이후에도 사울은 다윗을 죽이려고 그일라, 십 광야, 마온 광야, 엔게디까지 추격하였으나 번번이 실패하였습니다.

5. **사울의 죽음**: 사울은 블레셋과 전쟁을 하려고 길보아 산에 부대를 주둔시켰습니다. 이 전투에서 사울은 블레셋 사람이 쏜 화살에 맞아 중태에 빠졌습니다. 그는 블레셋에게 잡혀 조롱거리가 되느니 차라리 죽는 게 낫다고 여겨 병사에게 자신을 죽이라고 명령하였습니다. 병사가 감히 사울을 죽이지 못하고 망설이자 스스로 자기 칼 위에 엎드려 자살하였습니다. 길보아 전투에서 요나단을 포함하여 사울의 세 아들도 전사하였습니다. 이로써 사울의 40년 통치가 막을 내렸습니다.

하나님의 마음에 합한 왕 다윗

다윗은 '극진히 사랑을 받는 자'라는 뜻입니다. 다윗은 사울에 이어 이스라엘의 두 번째 왕이 되어 40년간 통치하였습니다.

다윗의 가계도

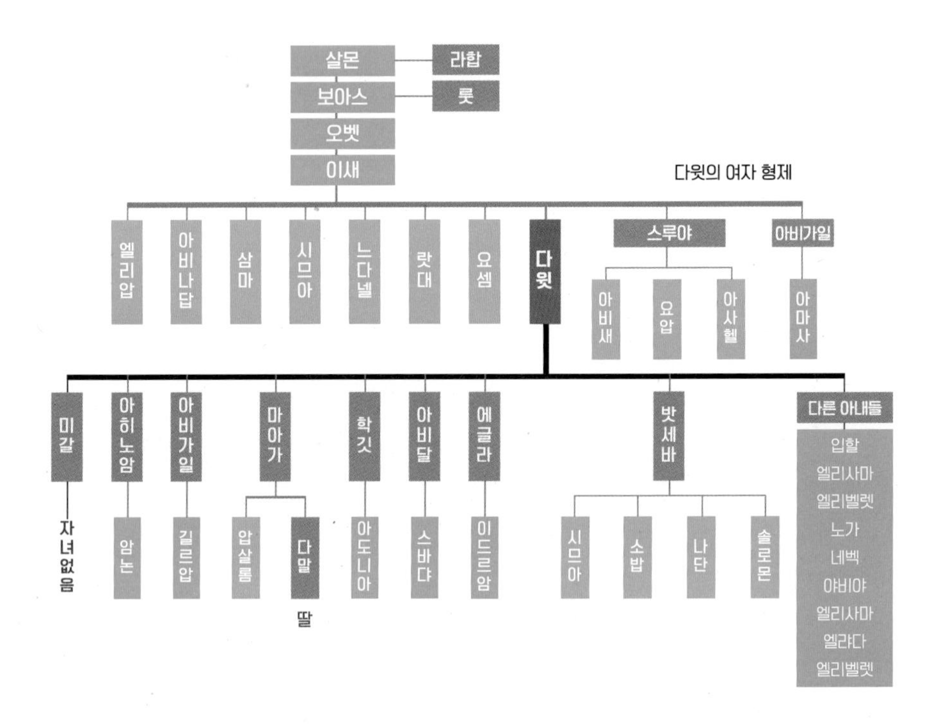

1. **가족 배경**: 다윗은 베들레헴 출신입니다. 유다 지파인 보아스와 모압 출신인 룻의 증손입니다. 보아스는 여리고 정탐꾼들을 숨겨준 라합의 아들입니다. 다윗은 이새의 여덟 명의 아들 중 막내입니다. 그는 여덟 명의 아내에게서 아들 열 명과 딸 하나를 얻었습니다. 그 외에 다른 아내들에게서 태어난 아홉 명의 아들도 있습니다.

2. **기름 부음 받은 다윗**: 하나님이 사울을 버리신 뒤 사무엘에게 이새의 아들 중 한 명에게 기름을 부으라고 명하셨습니다. 사무엘은 사울이 눈치채지 못하게 이새가 있는 베들레헴으로 가서 양을 지키고 있었던 다윗에게 기름을 부었습니다. 그날부터 주의 영이 다윗에게 임하였습니다. 반대로 사울에게는 주의 영이 떠나고 악령이 왔습니다. 다만 다윗이 사울 앞에서 하프를 연주할 때는 악령이 떠나갔습니다.

3. 다윗을 시기한 사울: 다윗은 블레셋 장수 골리앗을 죽인 후 이스라엘 군대의 장이 되었습니다. 다윗이 블레셋 사람들을 죽이고 돌아올 때 여인들이 "사울이 죽인 자는 천천이요, 다윗은 만만이로다."라고 노래를 불렀습니다. 이후부터 사울은 다윗을 시기하여 죽이려고 하였습니다.

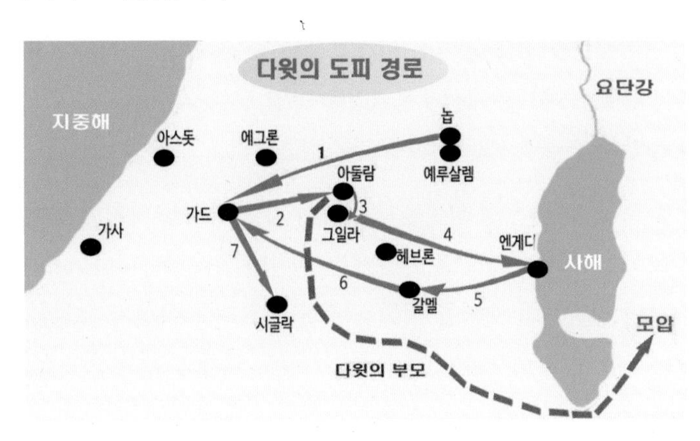

4. 사울을 피해 도망간 다윗: 다윗은 요나단과 헤어진 뒤 놉에 가서 제사장 아히멜렉에게 진설병과 골리앗의 칼을 받았습니다. 아히멜렉은 다윗이 사울에게서 도피 중이라는 사실을 몰랐습니다. 나중에 아히멜렉은 에돔 사람 도엑의 밀고로 죽임을 당합니다. 다윗은 놉을 떠나 가드의 아기스 왕에게 갔는데 그곳에서 미친 척하며 위기를 모면합니다. 다윗은 다시 아둘람 굴로 도망쳤습니다. 그곳에 그의 부모와 형제 그리고 그를 따르는 무리가 400명 정도 모여들었습니다. 아둘람에서 다윗은 부모를 모시고 모압 땅 미스베로 가서 모압 왕에게 부모를 의탁한 뒤 돌아왔습니다. 다윗은 블레셋이 그일라를 공격한다는 소식을 듣고 그곳으로 가서 블레셋과 싸워 그일라를 구했습니다. 하지만 사울이 그일라를 포위하려 하자 십 황무지와 마온 황무지를 거쳐 엔게디 광야로 피하였습니다. 이곳에서 사울을 죽일 기회가 있었으나 사울이 하나님의 기름부음을 받은 사람이므로 죽이지 않고 그의 옷자락만 베었습니다.

사무엘이 죽은 후 다윗은 바란 광야에 갔다가 갈멜로 이동합니다. 갈멜에서 자신의 호의를 무시한 나발이 죽자 지혜롭게 행동한 나발의 아내 아비가일을 자신의 아내로 삼았습니다. 십 광야에서도 다윗은 사울을 죽일 기회가 있었으나 다시 살려 줍니다. 다윗은 사울을 피해 적국 블레셋에 자신을 의탁하려고 블레셋 땅 가드로 갔습니다. 가드 왕은 다윗에게 시글락을 주어 머무르게 하였습니다. 사울은 블레셋과 전투하는 중에 길보아산에서 전사하였습니다. 사울이 죽자 다윗은 헤브론으로 가서 유다 지파의 왕이 되었습니다.

5. **왕이 된 다윗**: 다윗은 헤브론에서 유다 지파의 왕이 되었습니다. 나머지 지파는 사울의 아들 이스보셋을 왕으로 삼았습니다. 하지만 이스보셋과 그의 군대 장관 아브넬이 불화하여 갈라섰으며 그 후 아브넬은 다윗의 군대 장관 요압에게 죽임을 당하고 이스보셋은 암살을 당했습니다. 이스보셋이 죽은 후 모든 지파가 다윗을 왕으로 삼았습니다. 다윗은 헤브론에서 7년 6개월 동안 유다 지파를 다스렸으며 예루살렘에서 33년 동안 이스라엘 모든 지파를 다스렸습니다.

6. **다윗의 영토 확장**: 다윗은 블레셋을 공격하여 가드 지역을 차지했습니다. 모압과 아람을 쳐서 조공을 바치게 했으며 에돔에는 수비대를 두었습니다. 다윗은 암몬 족속이 자기가 보낸 신하들의 수염을 깎고 의복을 자르며 모욕하자 그들을 쳐서 굴복시켰습니다. 다윗이 어디에 가든지 하나님께서 이기게 하셨습니다(역대상18:6).

7. **하나님의 궤를 다시 가져오다**: 하나님의 궤는 법궤, 언약궤, 증거궤로 불리는데 엘리 대제사장 때 블레셋이 탈취했습니다. 블레셋 사람들이 하나님의 궤를 다곤 신상 곁에 두자 다곤 신상이 엎드려져 땅에 닿았고 머리와 두 손목이 끊어져 버렸습니다. 블레셋이 하나님의 궤를 아스돗과 가드로 옮기자 이곳 사람들이 심한 독종에 걸렸습니다. 결국 블레셋은 하나님의 궤를 이스라엘의 벧세메스로 돌려보냈습니다. 하지만 벧세메스 사람들이 하나님의 궤를 함부로 본 까닭에 오만 칠십 명이 죽임을 당했습니다. 하나님의 궤는 기럇여아림으로 옮겨 아비나답의 집에서 이십 년을 보관하게 됩니다. 다윗은 예루살렘 다윗성에 가져오기를 바랐습니다. 하지만 어깨에 메지 않고 수레에 싣고 운반했습니다. 더군다나 운반 중에 웃사가 궤에 함부로 손대어 죽는 일까지 생기자 일단 오벧에돔의 집에 보관하였습니다. 그리고 석 달 후에 어깨에 메어 다윗성으로 가져올 수 있었습니다.

8. **다윗의 범죄**: 하나님께 신실했던 다윗은 간음과 살인죄를 동시에 저질렀습니다. 다윗은 군사들이 암몬과 싸울 때 예루살렘에 머물고 있었습니다. 그는 어느 날 저녁 왕궁 옥상을 거닐다가 밧세바를 보았고 그녀와 동침하였습니다. 밧세바의 남편은 다윗의 장수 우리아였습니다. 밧세바가 자신의 아기를 임신했다는 소식을 듣고 다윗은 우리아의 아기인 것처럼 속이려고 전쟁 중이었던 우리아를 소환하여 아내와 동침하도록 유도하였습니다. 하지만 전쟁 중에 자신만 집에서 편하게 보낼 수 없다고 생각한 우리아는 집에 가지 않고 부하들과 같이 잠을 잤습니다. 할 수 없이 다윗은

군대 장관 요압에게 편지를 보내 우리아를 전쟁 중에 맨 앞에 세워서 죽게 하였습니다. 우리아가 죽은 뒤 다윗은 밧세바를 아내로 삼았습니다.

하나님은 대언자 나단을 보내 다윗을 책망하셨습니다. 다윗은 자신의 잘못을 깨닫고 회개하였으나 밧세바가 낳은 아들은 하나님의 징계로 죽고 말았습니다. 다윗은 인구조사를 하는 죄도 범하였습니다. 다윗은 요압에게 브엘세바에서부터 단까지 인구조사를 하도록 지시하였습니다. 하나님을 의지하지 않고 군사를 의지하려는 다윗의 행위를 하나님은 악하게 여기시고 이스라엘 백성에게 전염병을 내리셨는데 전염병으로 칠만 명이 죽었습니다. 다윗이 회개하고 오르난에게 타작마당을 사서 하나님께 번제를 드리자 재앙이 그쳤습니다. 후에 다윗이 번제를 드렸던 오르난의 타작마당은 솔로몬이 건축한 성전 터가 됩니다.

9. **아들들의 범죄와 반역**: 다윗의 아들 암논은 이복누이 다말을 강간하는 악행을 저질렀습니다. 다말의 친오빠 압살롬은 복수를 결심하였는데 이년 후에 자신의 양 깎는 행사에 암논을 초대하여 죽인 후 그술로 도망쳤습니다. 압살롬은 나중에 다윗의 허락을 받고 3년 만에 예루살렘에 돌아옵니다. 예루살렘에 돌아온 지 2년 만에 다윗에게 정식으로 용서를 받은 압살롬은 백성들을 재판하는 일을 하면서 추종 세력을 모았습니다. 그는 헤브론을 차지하고 자신이 이제 왕이라고 선포하였습니다. 압살롬의 반역에는 다윗의 책사였던 아히도벨도 가담하였습니다. 압살롬이 반역했다는 소식을 들은 다윗은 예루살렘을 황급히 떠났고 압살롬은 손쉽게 예루살렘을 차지하였습니다. 아히도벨은 압살롬에게 지체하지 말고 다윗의 군대를 추격하여 다윗 왕을 죽이라고 건의했습니다. 그러나 다윗의 첩자로서 압살롬에게 접근한 후새는 다윗에게는 용사들이 있으니 바로 추격하지 말고 병력을 모은 후 공격해야 한다고 주장했습니다. 압살롬은 후새의 주장을 받아들였고 덕분에 다윗은 전력을 재정비할 수 있었습니다. 압살롬과 다윗의 군대가 에브라임 수풀에서 싸울 때 압살롬은 상수리나무에 머리가 걸리고 말았습니다. 요압은 압살롬을 살려 주라는 다윗의 명령을 어기고 압살롬을 죽였습니다.

10. **솔로몬을 왕으로 삼다**: 다윗의 아들 중 아도니아가 군대장관 요압, 제사장 아비아달 등과 모의하여 왕이 되려고 하였습니다. 나단 대언자와 밧세바가 이 사실을 다윗에게 알렸습니다. 다윗은 솔로몬을 왕으로 삼았습니다. 왕위에 오른 솔로몬은 아도니아와 요압을 죽이고 아비아달을 고향으로 추방하여 왕권을 강화하였습니다.

솔로몬의 번영과 타락

솔로몬은 '평화롭다'라는 뜻입니다. 다윗과 밧세바 사이에서 네 번째 아들로 태어나 이스라엘 통일 왕국의 세 번째 왕이 되었습니다. 솔로몬 시대에 이스라엘은 최대 영토였습니다. 그는 40년간 통치했으며 아가서, 잠언, 전도서, 시편 두 편을 기록하였습니다.

1. **지혜를 구한 솔로몬**: 솔로몬은 하나님께 일천번제를 드렸습니다. 하나님은 솔로몬에게 무엇을 원하는지 물어보셨습니다. 솔로몬은 송사를 듣고 분별하는 지혜를 구하였습니다. 하나님은 그에게 지혜뿐만 아니라 부귀와 영화도 주셨습니다.
2. **성전 건축**: 하나님은 다윗이 전쟁을 치르면서 피를 많이 흘렸으므로 그가 성전을 건축하도록 허락하지 않으셨습니다. 하나님은 다윗에게 솔로몬의 이름을 지어 주시면서 솔로몬이 성전을 건축하도록 지시하셨습니다. 다윗은 솔로몬이 차질 없이 성전을 건축하도록 많은 준비(설계도, 백향목, 돌, 금, 은, 놋, 철, 장인 등)를 하였습니다. 왕이 된 솔로몬은 성전 건축을 시작하여 7년 만에 완공하였습니다.
3. **솔로몬의 부유함**: 상인과 무역상들에게서 세금으로 금이 들어오고 조공으로도 금이 들어왔습니다. 솔로몬이 보유한 상선들은 금, 은, 상아, 원숭이, 공작새 등을 여러 곳에서 싣고 왔습니다. 그는 1,400대의 전차와 12,000명의 전차부대 요원을 보유하였습니다. 은이 돌과 같이 흔하였고 백향목도 무화과나무처럼 흔하였다고 합니다.
4. **하나님께 범죄한 솔로몬**: 하나님은 이스라엘에 왕이 있기 전부터 왕이 지켜야 할 규범을 미리 말씀하셨습니다(신17:14~17). 그러나 솔로몬은 하나님의 말씀에 순종하지 않았습니다. 그는 자신을 위하여 많은 말을 모았으며 그 말을 모으기 위해 백성들을 이집트로 보냈습니다. 그리고 자신을 위하여 금과 은을 많이 모았습니다. 모두 하나님께서 하지 말라고 명하신 일입니다. 특히 솔로몬은 많은 아내를 취했는데 대부분 이방 여인이었습니다. 솔로몬은 많은 아내에게 그의 마음을 빼앗겼습니다. 그들은 솔로몬을 미혹하여 이방 신들을 섬기게 하였습니다. 솔로몬은 모압의 신 그모스와 암몬의 신 몰록을 위해 예루살렘 앞산에 산당까지 지었습니다.
5. **죄의 결과**: 하나님은 두 번이나 솔로몬에게 나타나셔서 다른 신을 따르지 말라고 경고하셨으나 솔로몬은 하나님의 명령을 듣지 않았습니다. 결국 하나님은 솔로몬이 죽은 후에 이스라엘이 둘로 분열된다고 말씀하셨습니다. 이 일을 솔로몬이 살아

있을 때 하지 않으시고 솔로몬이 죽은 후에 하신 까닭은 오로지 다윗 때문입니다. 이 예언은 실현되어 솔로몬의 아들 르호보암 시대에 이스라엘은 두 나라로 분열됩니다.

생각해 보세요

1. 이스라엘에 왕이 세워진 까닭은 무엇인가요? (삼상8:5)

2. 하나님은 다윗을 어떻게 평가하셨으며 그렇게 평가하신 까닭은 무엇인가요? (행13:22)

3. 솔로몬이 범죄한 까닭은 무엇인가요? (왕상11:1-8)

4. 이스라엘이 두 나라로 분열된 까닭은 무엇인가요? (왕상11:9-13)

7 분열왕국 시대

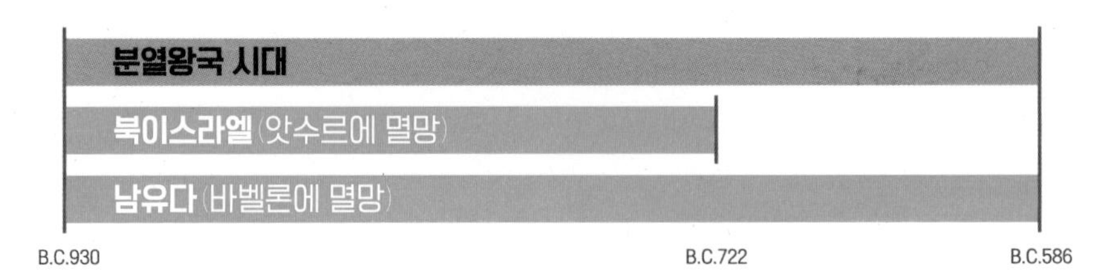

이스라엘 왕국의 분열

헤르몬산
두로
페니키아
단
아람
하솔
지중해
북이스라엘
길르앗 라못
사마리아
요단강
벧엘
여리고
암몬
블레셋
예루살렘
헤스본
헤브론
사해
남유다
모압
에돔

1. 르호보암의 어리석은 행동: 솔로몬에 이어 아들 르호보암이 왕위에 올랐습니다. 그가 세겜에 갔을 때 북쪽 지파 사람들이 모였습니다. 그들은 솔로몬이 부과하였던 고역과 멍에를 가볍게 해달라고 요구했습니다. 그러나 르호보암은 경험과 지혜가 부족한 젊은 친구들의 의견을 받아들여 솔로몬보다 멍에를 더 무겁게 하겠다고 엄포를 놓았습니다. 결국 유다와 베냐민 지파 외에 열 지파는 여로보암을 왕으로 삼았습니다.

2. 여로보암의 악행: 여로보암은 솔로몬의 신임을 받던 공사 감독관이었습니다. 하나님은 솔로몬이 왕위에 있을 때 아히야 대언자를 여로보암에게 보내 장차 왕이 된다는 사실을 알려 주셨습니다. 여로보암은 솔로몬이 자신을 죽이려고 했으므로 이집트로 피신하였습니다. 북이스라엘의 왕이 된 여로보암은 백성들이 예루살렘에 있는 성전에 제사하려고 올라가면 자신을 배반하고 르호보암에게로 돌아간다고 생각했습니다. 그래서 두 금송아지를 만든 뒤 하나는 벧엘에 두고 하나는 단에 두어 백성들이 하나님으로 알고 섬기도록 하는 악행을 저질렀습니다.

분열 왕국 계보

남유다

대	왕	평가	재위	연대(B.C)
1	르호보암	악	17년	930-913
2	아비얌	악	3년	913-910
3	아사	선	41년	910-869
4	여호사밧	선	25년	872-847
5	여호람	악	8년	848-841
6	아하시야	악	1년	841
7	아달랴	극악	6년	841-835
8	요아스	선	40년	835-796
9	아마샤	선	29년	796-767
10	웃시야	선	52년	791-740
11	요담	선	8년	740-732
12	아하스	악	16년	732-716
13	히스기야	선	29년	715-686
14	므낫세	극악	55년	697-642
15	아몬	악	2년	642-640
16	요시야	선	31년	640-609
17	여호아하스	악	3개월	609
18	여호야김	악	10년	609-598
19	여호야긴	악	3개월	598
20	시드기야	악	11년	597-586

남유다 멸망(B.C.586)

북이스라엘

대	왕	평가	재위	연대(B.C)	왕조
1	여로보암 1세	악	22년	930-909	여로보암
2	나답	악	2년	910-909	
3	바아사	악	24년	909-886	바아사
4	엘라	악	2년	886-885	
5	시므리	악	7일	885	시므리
6	오므리	극악	12년	885-874	오므리
7	아합	극악	22년	874-853	
8	아하시야	악	2년	853-852	
9	요람	악	12년	852-841	
10	예후	악	28년	841-814	예후
11	여호아하스	악	17년	814-798	
12	요아스	악	16년	798-782	
13	여로보암 2세	악	41년	793-753	
14	스가랴	악	6개월	753-752	
15	살룸	악	1개월	752	살룸
16	므나헴	악	10년	752-742	므나헴
17	브가히야	악	2년	742-740	
18	베가	악	9년	740-732	베가
19	호세아	악	10년	732-722	호세아

북이스라엘 멸망(B.C.722)

북이스라엘의 왕

1. **여로보암 1세**: 통치 기간 22년, 에브라임 지파 출신으로 북이스라엘의 초대 왕입니다. 솔로몬에게 신임을 받았으나 솔로몬을 피해 이집트로 망명했습니다. 솔로몬이 죽자 이집트에서 돌아와 10지파(유다, 베냐민 제외)의 왕이 됩니다. 백성들이 남유다의 예루살렘 성전으로 가지 못하도록 단과 벧엘에 금송아지를 두어 예배하도록 했습니다. 남유다 아비얌 왕과의 전투에서 패한 후 하나님의 징계를 받아 죽었습니다.

2. **나답**: 통치 기간 2년, 아버지 여로보암처럼 우상을 숭배했습니다. 블레셋 깁브돈을 포위 공격하던 중 반란을 일으킨 부하 장군 바아사에게 살해됩니다.

3. **바아사**: 통치 기간 24년, 역시 우상을 숭배했습니다. 백성들이 남유다로 가지 못하도록 라마에 성곽을 건축하였으나 아람의 원조를 받은 남유다 아사 왕에게 패해 라마를 함락당합니다.

4. **엘라**: 통치 기간 2년, 바아사의 아들입니다. 군 지휘관 시므리에게 암살당합니다.

5. **시므리**: 통치 기간 7일, 백성들이 시므리의 모반 소식을 듣고 군 지휘관 오므리를 왕으로 삼았습니다. 오므리가 다르사를 포위하자 왕궁에 불을 지르고 자살했습니다.

6. **오므리**: 통치 기간 12년, 하나님을 외면하고 우상 숭배를 하였습니다. 은 두 달란트로 세멜에게서 사마리아 산을 산 후 그 산 위에 사마리아 성을 건축하고 북이스라엘의 수도로 삼았습니다. 시돈 왕 엣바알과 동맹을 맺고 그의 딸 이세벨과 자기 아들 아합을 결혼시켰습니다.

7. **아합**: 통치 기간 22년, 오므리의 아들입니다. 군사력이 강해져 모압에게 조공을 받았습니다. 남유다의 여호사밧 왕과 결혼 동맹도 맺었습니다. 하지만 시돈의 공주 이세벨을 아내로 맞아 백성들에게 바알 숭배를 하도록 강요하였습니다. 예언자들을 살해했으며 나봇을 살해하고 포도원을 빼앗았습니다. 아람과 전투하는 중에 한 병사가 쏜 화살에 맞고 죽었습니다.

8. **아하시야**: 통치기간 2년, 아합의 아들입니다. 모압이 이스라엘을 배반했으나 왕궁 다락 난간에 떨어지는 바람에 반란을 진압하지 못했습니다. 하나님께 징계를 받아 병에 걸려 죽었습니다.

9. 요람: 통치기간 12년, 아합의 아들로 형 아하시야를 계승해 왕이 되었습니다. 아합이 만든 바알의 주상은 없앴으나 여로보암이 만든 금송아지는 계속 숭배했습니다. 남유다 그리고 에돔과 연합하여 모압을 정벌할 때 하나님께서 승리하도록 하셨습니다. 하나님은 엘리사를 통해 여러 번 이스라엘이 아람을 물리치도록 하셨습니다. 하지만 아람과 싸울 때 길르앗 라못에서 부상당하였습니다. 요양 중에 반란을 일으킨 예후에게 살해당한 뒤 나봇의 포도밭에 버려졌습니다.

10. 예후: 통치기간 28년, 이스라엘의 군대 장관으로서 대언자 엘리사를 통해 기름부음을 받았습니다. 하나님께서 지시한 대로 이스라엘의 요람 왕과 이세벨, 아합의 왕자 70명을 포함하여 아합에 속한 자들을 모두 멸절했습니다. 요람 왕을 문병 온 남유다의 아하시야 왕까지 살해했습니다. 그는 바알 숭배자들을 죽였으나 자신은 진심으로 하나님을 섬기지 않고 금송아지를 숭배했습니다.

11. 여호아하스: 통치기간 17년, 예후의 아들입니다. 북이스라엘이 여로보암의 죄에서 떠나지 않았으므로 하나님께서 이스라엘을 아람에게 넘겨주셨으나 여호아하스가 간구하자 구원해 주셨습니다. 하지만 계속 금송아지를 섬기고 사마리아에 아세라 목상을 그냥 두었습니다. 결국 다시 아람의 침입을 받아 큰 타격을 받았습니다.

12. 요아스: 통치기간 16년, 여호아하스의 아들입니다. 하나님이 보시기에 악을 행하여 여로보암의 죄에서 떠나지 않았습니다. 엘리사를 병문안할 때 아람을 세 번 무찌를 기회를 얻어 아람으로부터 이스라엘 성읍을 회복하였습니다. 남유다를 침략하여 아마샤 왕을 사로잡고 사람들을 끌고 갔습니다.

13. 여로보암 2세: 통치기간 41년, 요아스의 아들입니다. 하나님이 보시기에 악을 행하여 여로보암의 죄에서 떠나지 않았습니다. 하지만 하나님께서 북이스라엘에 긍휼을 베풀어 주시어 북방의 영토를 회복하도록 하셨습니다.

14. 스가랴: 통치기간 6개월, 여로보암 2세의 아들입니다. 역시 하나님이 보시기에 악을 행하여 여로보암의 죄에서 떠나지 않았습니다. 살룸에게 암살당하였습니다.

15. 살룸: 통치기간 1개월, 스가랴를 죽이고 왕위에 올랐으나 므나헴에게 암살당합니다.

16. 므나헴: 통치기간 10년, 살룸을 죽이고 왕위에 올랐습니다. 그는 자신에 반대하는

딥사 지역을 공격하여 심지어 아이 밴 부녀까지 죽일 정도로 잔인했습니다. 부자들에게서 은 천 달란트를 강탈하여 앗수르 왕에게 주어 침략을 모면하였습니다.

17. **브가히야**: 통치기간 2년, 므나헴의 아들입니다. 역시 여로보암처럼 우상 숭배를 했으며 아버지처럼 친앗수르 정책을 폈습니다. 군대장관 베가에게 암살당합니다.

18. **베가**: 통치기간 9년, 아람 왕 르신과 함께 앗수르에 저항했습니다. 남유다에 동참하도록 요구했으나 남유다의 아하스 왕이 거절하자 남유다를 침공하였습니다. 그러자 아하스는 앗수르 왕에게 도움을 요청했습니다. 앗수르 왕은 아람의 다메섹을 점령하고 아람 왕 르신을 죽였으며 북이스라엘도 침공하여 길르앗, 갈릴리, 납달리 지역의 많은 사람을 포로로 잡아갔습니다. 베가는 호세아에게 살해당했습니다.

19. **호세아**: 통치기간 10년, 북이스라엘의 마지막 왕입니다. 처음에는 앗수르에 조공을 바치고 섬겼으나 후에 이집트를 의지하면서 앗수르에 조공을 바치지 않았습니다. 앗수르는 군사를 이끌고 사마리아로 쳐들어와 3년 동안 포위하여 함락시켰습니다. 호세아 왕과 북이스라엘 백성들은 앗수르로 끌려가 고산 강가에 있는 할라와 하볼과 메대 사람의 여러 성읍에 거주하였습니다.

아합과 이세벨

1. **아합과 이세벨의 결혼**: 아합은 아버지 오므리의 뒤를 이어 왕위에 올랐습니다. 오므리는 시돈(페니키아)과 동맹 관계를 확고히 하고자 아들 아합을 시돈의 왕이자 바알 제사장인 엣바알의 딸 이세벨과 결혼시켰습니다.

2. **아합과 이세벨의 우상 숭배**: 이세벨은 가장 가증한 우상 숭배자이며 영적으로 타락한 여인입니다. 아합은 이세벨의 영향을 받아 바알을 섬기고 예배하였으며 백성들에게도 숭배하도록 강요하는 악행을 저질렀습니다. 사마리아에 건축한 바알의 신전 안에 바알을 위해 제단을 쌓았으며 아세라 목상도 만들었습니다.

3. **엘리야와 바알 선지자들과의 대결**: 엘리야는 아합에게 우상 숭배에 대한 징벌로 수년 동안 비나 이슬도 내리지 않는다고 경고했습니다. 실제로 여러 해 동안 비가 오지 않아 큰 가뭄에 시달렸습니다. 엘리야는 아합에게 바알 선지자 450명, 아세라 선지자 400명을 갈멜산으로 보내라고 했습니다. 그곳에서 바알 선지자들이 자신의 신

에게 제사하였지만 아무 응답이 없었습니다. 엘리야가 하나님께 경배하였더니 하늘에서 불이 내려와 번제물과 도랑의 물까지 태웠습니다. 엘리야는 바알과 아세라 선지자들을 잡아 기손 시내에서 죽였습니다. 그러자 비가 내리기 시작했습니다. 이 소식을 들은 이세벨은 엘리야를 죽이려고 했으므로 엘리야는 광야로 도망쳤습니다.

4. **나봇의 포도원을 빼앗다**: 아합은 나봇의 포도원을 탐내 돈을 주고 사려고 하였으나 나봇은 포도원이 조상의 유산이므로 팔 수 없다며 거절했습니다. 아합이 포도원을 얻지 못해 근심하자 이세벨이 나봇의 성읍에 사는 장로와 귀족들에게 편지를 보내 불량자 두 사람을 매수하여 나봇이 하나님과 왕을 저주했다고 거짓말하도록 지시했습니다. 결국 나봇은 돌에 맞아 죽었고 아합은 나봇의 포도원을 차지했습니다. 하나님은 엘리야를 통해 아합에게 속한 남자를 모두 멸하고 개들이 이스르엘 성읍 곁에서 이세벨을 먹는다고 알려 주셨습니다.

5. **아람과의 전쟁과 아합의 죽음**: 하나님은 아합이 아람 왕 벤하닷과 전쟁할 때 두 차례나 승리하게 하셨습니다. 하지만 아합은 아람 왕 벤하닷을 살려 주는 잘못을 저지릅니다. 이 때문에 하나님은 아합의 목숨이 벤하닷의 목숨을 대신한다고 말씀하셨습니다. 아람과 전쟁을 한 지 삼 년 후에 혼인 관계를 맺은 남유다의 여호사밧 왕이 아합을 찾아왔습니다. 아합은 여호사밧에게 원래 자신들의 땅인 길르앗 라못을 아람으로부터 되찾자고 제안했습니다. 마지못해 그 제안을 수용한 여호사밧은 아람과의 전투에서 다행히 살아 돌아왔으나 아합은 한 병사가 쏜 화살에 맞은 후 저녁쯤 죽고 맙니다. 아합의 전차에 피가 묻었는데 그 전차를 사마리아 못에서 씻을 때 개들이 그의 피를 핥았습니다. 하나님께서 말씀하신 예언이 성취되었습니다.

6. **이세벨의 죽음**: 예후는 반란을 일으킨 후 아합의 아들 요람 왕을 죽이고 이세벨도 창밖으로 던져 죽게 하였습니다. 개들이 그녀의 시체를 먹는다는 하나님의 말씀이 그대로 이루어졌습니다.

엘리야와 엘리사

엘리야는 "여호와는 나의 하나님"이라는 뜻입니다. 그는 길르앗 지방 디셉 출신입니다. 북이스라엘의 아합 왕은 이세벨과 결혼하면서 백성들이 바알에게 예배하도록 하였고 사마리아에 바알 제단도 세웠습니다. 엘리야는 하나님의 심판으로 이스라엘에 가뭄이 온다고 경고했습니다.

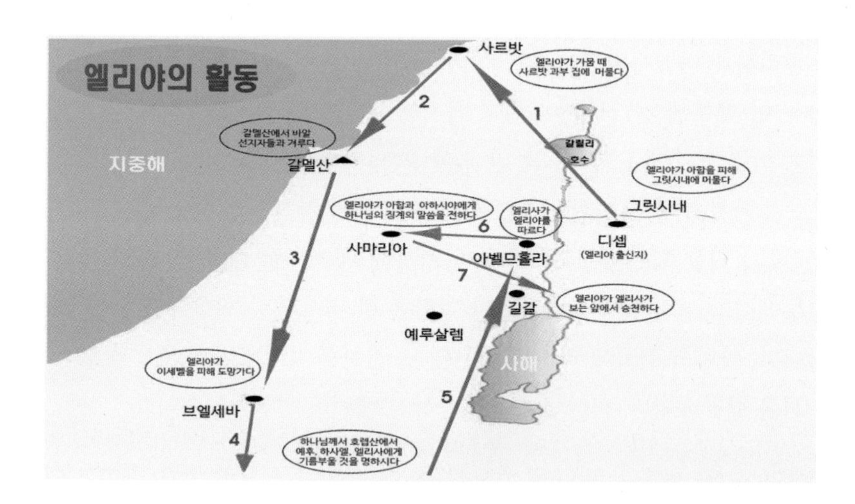

1. 엘리야는 아합을 피해 그릿시내에 숨어 있다가 하나님의 명령을 받고 사르밧에 사는 과부의 집으로 갔습니다. 하나님은 가뭄 기간에 엘리야와 과부의 식구들을 먹이셨습니다. 하나님은 엘리야를 통해 과부의 아들도 살려 주셨습니다.

2. 엘리야는 누가 참된 신인지 밝히려고 바알 선지자 450명, 아세라 선지자 400명을 갈멜산으로 불렀습니다. 그곳에서 하나님만이 참된 신이라는 사실이 밝혀졌고 바알과 아세라 선지자들은 모두 죽임을 당했습니다.

3. 엘리야는 자신을 죽이려는 이세벨을 피해 광야로 갔습니다.

4. 하나님께서 호렙산에 있는 엘리야에게 나타나 기름을 부어 예후를 이스라엘 왕으로 삼고, 하사엘을 아람 왕으로 삼으며, 엘리사를 후계자로 삼으라고 명령하셨습니다.
5. 엘리야가 아벨므홀라에 사는 엘리사를 만나 후계자로 삼았습니다.
6. 엘리야는 아합이 나봇을 죽이고 포도원을 차지하였으므로 아합과 이세벨이 비참하게 죽는다는 하나님의 말씀을 전했습니다. 아합이 죽은 뒤 아합의 아들인 아하시야 왕에게도 하나님의 징계를 받아 죽게 된다는 사실을 알려주었습니다.
7. 엘리야와 엘리사가 요단강을 건너자 불 수레와 불 말들이 두 사람을 갈라놓았고 엘리야는 회오리바람으로 하늘로 올라갔습니다.

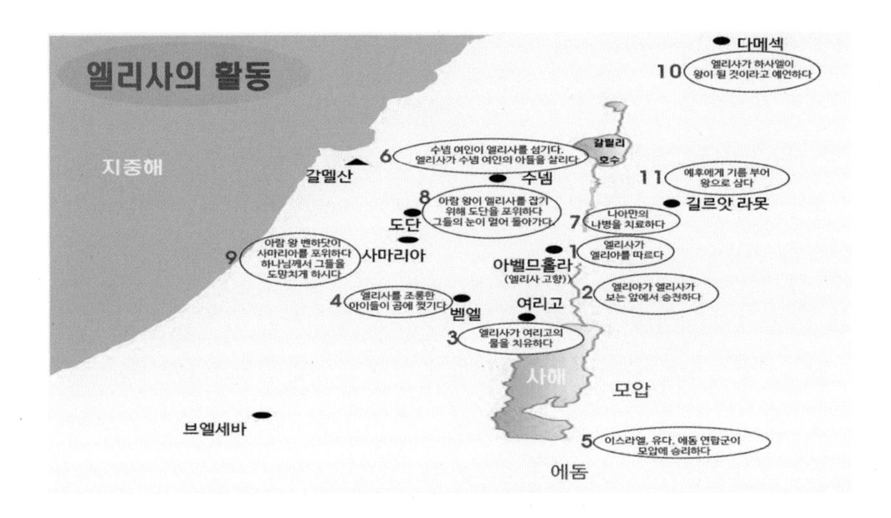

엘리사는 '하나님은 구원이시다'라는 뜻으로 아벨므홀라의 농부 출신입니다. 그는 엘리야의 뒤를 이어 요람, 예후, 여호아하스, 요아스 왕까지 약 50년 동안 이스라엘의 영적 지도자로 활동했습니다.

1. 엘리사가 밭을 갈고 있을 때 엘리야가 찾아와 하나님의 종의 옷을 입으라는 의미로 자신의 겉옷을 엘리사에게 던졌습니다. 그 즉시 엘리사가 엘리야를 따랐습니다.
2. 엘리야와 엘리사가 요단강을 건너자 불 수레와 불 말이 두 사람을 갈라놓았고 엘리야는 회오리바람으로 하늘로 올라갔습니다.
3. 여리고는 위치는 좋으나 물이 좋지 않아 불모지나 다름없었습니다. 엘리사가 물의 근원으로 가서 소금을 던지자 하나님께서 물을 치유하여 주셨습니다.

4. 엘리사가 벧엘로 가고 있을 때 어린아이들이 하나님의 종인 엘리사를 대머리라고 부르며 조롱하였습니다. 엘리사가 주의 이름으로 저주하자 수풀에서 암곰 둘이 나와 42명의 아이를 찢었습니다.

5. 모압이 북이스라엘을 배반하자 여호람 왕이 모압을 정벌하려고 남유다의 여호사밧 왕 그리고 에돔 왕과 연합하였습니다. 하나님은 엘리사를 통해 연합군에게 물을 공급해 주셨고 모압을 이기도록 하셨습니다.

6. 엘리사가 수넴을 지날 때 한 여인이 자기의 집에 엘리사의 거처를 마련해 주며 섬겼습니다. 하나님은 엘리사를 통해 수넴 여인에게 아들을 주셨습니다. 엘리사가 갈멜산에 있었을 때 수넴 여인의 아들이 죽었으나 하나님이 엘리사를 통해 수넴 여인의 아들을 살려 주셨습니다.

7. 엘리사가 사마리아에 있을 때 아람의 군대장관 나아만이 나병을 치료하려고 엘리사를 찾아왔습니다. 엘리사는 나아만에게 요단강에서 몸을 일곱 번 씻으라고 했습니다. 나아만이 엘리사의 말대로 하자 하나님께서 나아만의 살을 어린아이의 살처럼 회복시켜 주셨습니다.

8. 아람 왕이 자신을 방해하는 엘리사를 잡으려고 엘리사가 있는 도단을 포위했습니다. 하나님께서 아람 사람들의 눈을 어둡게 하여 그들의 땅으로 돌려보내셨습니다.

9. 아람 왕 벤하닷이 사마리아를 포위하자 사람들이 자기 아이를 잡아먹을 정도로 굶주렸습니다. 하나님이 아람 군사들에게 전차와 군대 함성을 들려주어 스스로 도망치도록 했습니다.

10. 엘리사가 다메섹에 갔을 때 아람 왕 벤하닷이 신하 하사엘을 시켜 자기 병이 나을 수 있는지 물었습니다. 엘리사는 하사엘이 왕이 된다는 하나님의 말씀을 전하였습니다. 하사엘은 엘리사의 말을 듣고 벤하닷을 암살한 뒤 왕이 됩니다.

11. 엘리사가 제자 중 한 명을 길르앗 라못으로 보내 군대 장관 예후에게 기름을 부었습니다. 예후는 이스라엘 왕 요람과 그의 어머니 이세벨을 죽이고 왕이 됩니다.

12. 엘리사가 병이 들자 이스라엘 왕 요아스(예후의 손자)가 병문안하였습니다. 엘리사는 요아스에게 화살을 땅에 내리치라고 했습니다. 엘리사가 그 화살이 주의 구원의 화살이라고 말했는데도 요아스는 세 번밖에 내려치지 않았습니다. 하나님은 요아스가 아람을 세 번 이기게 하셨습니다.

북이스라엘의 멸망

1. **잦은 왕조의 교체**: 북이스라엘 말기에 스가랴는 살룸에게, 살룸은 므나헴에게, 므나헴의 아들 브가히야는 베가에게, 베가는 마지막 왕인 호세아에게 암살당하였습니다.
2. **강성해진 앗수르**: 앗수르는 디글랏 빌레셀 3세(성경에서 앗수르 왕 불로 언급됨) 시대에 전성기를 맞습니다. 앗수르는 바벨론까지 지배하였습니다.
3. **앗수르에 조공을 바친 므나헴**: 북이스라엘의 국력은 쇠약해져 므나헴 왕은 앗수르 왕(디글랏 빌레셀 3세)에게 조공을 바쳐야 했습니다.
4. **반(反)앗수르 정책을 펼친 베가**: 베가는 브가히야를 죽이고 왕위에 오른 뒤 반앗수르 정책을 폈습니다. 그는 앗수르와 대항하려고 아람 왕 르신과 동맹을 맺은 뒤 남유다의 아하스 왕에게도 동맹을 맺자고 제안했으나 아하스는 거절하였습니다. 오히려 아하스 왕은 앗수르에 도움을 요청했습니다. 전쟁의 좋은 명분을 얻은 앗수르는 다메섹을 점령한 뒤 북이스라엘도 침략하여 길르앗, 갈릴리, 납달리 지역의 많은 사람을 포로로 끌고 갔습니다. 힘을 잃은 베가는 호세아에게 암살당하였습니다.
5. **앗수르를 배반한 호세아**: 호세아는 즉위한 뒤 처음에는 앗수르에 조공을 바쳤습니다. 하지만 이집트를 의지하면서 앗수르에 조공을 바치지 않았습니다. 앗수르는 군사를 이끌고 사마리아로 쳐들어와 3년 동안 포위한 뒤 함락시켰습니다. 북이스라엘은 B.C.722년에 앗수르에 멸망하였습니다.

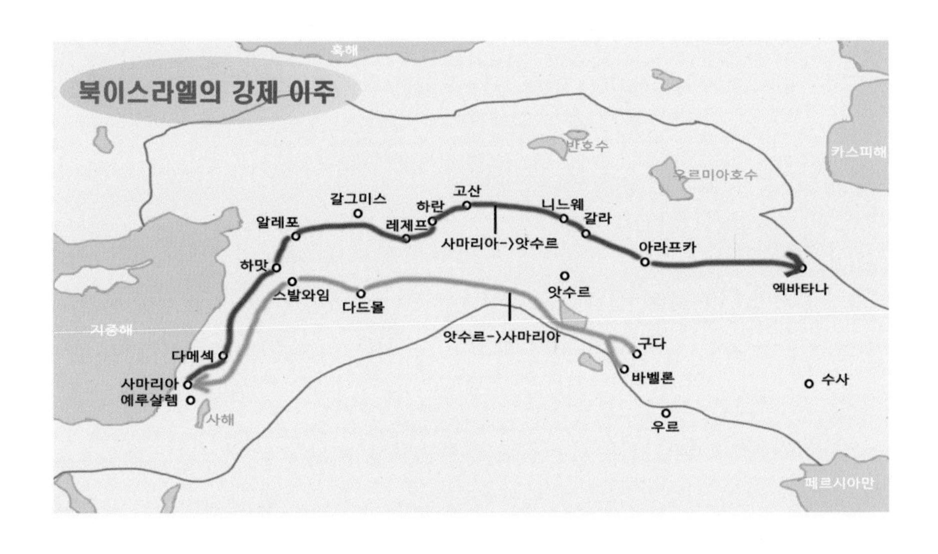

6. 앗수르의 강제 이주 정책: 앗수르는 반란을 막고자 정복지 주민 강제 이주 정책을 폈습니다. 북이스라엘 사람들을 앗수르 땅 고산 강가에 있는 할라와 하볼과 메대의 여러 성읍에 강제 이주시켰습니다. 반대로 바벨론, 구다, 다드몰, 하맛, 스발와임에 사는 사람들을 사마리아로 이주시켰습니다. 사마리아로 이주한 이방인들은 하나님만 섬기지 않았습니다. 이전에 섬기던 우상과 하나님을 함께 섬겼습니다. 이것이 혼합주의 신앙입니다. 유대인들은 이런 사마리아인들을 천대하기 시작했습니다.

남유다의 왕

1. 르호보암: 통치기간 17년, 솔로몬의 뒤를 이어 왕이 되었습니다. 그러나 지나친 조세 부담과 부역에 반발한 열 지파가 여로보암을 주축으로 반란을 일으켜 북이스라엘을 건국하였습니다. 이에 18만의 군사를 일으켜 북이스라엘을 공격하려고 하였으나 스마야 대언자의 만류로 북벌 계획을 중단했습니다. 결국 남유다는 유다와 베냐민 두 지파만 남게 되었습니다. 그 후 3년간 성실히 하나님을 섬겼으나 얼마 되지 않아 우상 숭배를 했고 하나님의 진노로 이집트 왕 시삭의 공격을 받아 왕궁까지 약탈당하는 위기를 겪었습니다.

2. 아비얌: 통치기간 3년, 북이스라엘 여로보암의 죄악을 지적했습니다. 북이스라엘의 열 지파를 다시 차지하려고 여로보암과 싸워 여러 성읍을 빼앗았습니다.

3. 아사: 통치기간 41년, 아사는 가증한 신상과 제단을 없애는 등 신앙 부흥 운동에 힘을 쏟았습니다. 그러나 그는 북이스라엘의 바아사를 치려고 아람 왕 벤하닷과 동맹을 맺었는데 그로 인해 대언자 하나니의 책망을 받았습니다. 이에 분노한 아사는 하나니를 옥에 가두고 백성을 학대하였습니다. 이 같은 악행 때문에 하나님의 징계를 받아 왕이 된 지 39년째 병에 걸리고 맙니다.

4. 여호사밧: 통치기간 25년, 여호사밧은 왕위에 오른 뒤 우상과 산당을 파괴하고, 백성에게 율법을 가르치며 오직 하나님만 의지하도록 하였습니다. 하지만 여호사밧은 북이스라엘의 악한 왕 아합과 연합하여 아합의 딸 아달랴를 며느리로 맞아들이는 실수를 저지릅니다. 그런 실수에도 불구하고 하나님이 보시기에 정직히 행하며 하나님을 경외하였으므로 선왕(善王)으로 인정받았습니다.

5. **여호람**: 통치기간 8년, 그는 아내 아달랴의 사주를 받아 우상을 섬겼습니다. 또한 형제와 신하들을 살해하는 악행을 저질렀습니다. 결국 블레셋과 아라비아의 침공으로 나라가 초토화되었고 자신도 불치병을 얻어 2년간 고생하다가 죽었습니다.

6. **아하시야**: 통치기간 1년, 어머니 아달랴의 영향으로 북이스라엘과 긴밀히 교류했습니다. 북이스라엘 요람 왕을 병문안하던 중에 반란을 일으킨 북이스라엘의 군대 장관 예후에게 므깃도에서 살해당하였습니다.

7. **아달랴**: 통치기간 6년, 남유다의 유일한 여왕입니다. 그녀는 아합과 이세벨의 딸로서 사마리아에서 성장하면서 바알을 섬겼습니다. 유다 왕 여호람과 결혼하여 아하시야를 낳았으나 아하시야가 죽자 왕족을 몰살한 후 왕위에 올라 6년간 통치했습니다. 그러나 즉위 칠 년째 제사장 여호야다에게 살해됩니다.

8. **요아스**: 통치기간 40년, 아달랴가 왕족을 몰살할 때 고모인 여호세바와 고모부인 대제사장 여호야다의 도움으로 간신히 화를 면하고 6년간 성전에서 몰래 생활했습니다. 아달랴가 살해당하자 7살에 왕이 되었습니다. 대제사장 여호야다가 살았을 때는 파괴된 성전을 수리하는 등 영적 부흥을 이끌었으나 여호야다가 죽자 우상 숭배를 허락하였습니다. 자기 부하들에게 침상에서 살해당했습니다.

9. **아마샤**: 통치기간 29년, 요아스의 아들로 에돔을 정복한 후에 교만해져서 북이스라엘까지 공격하다가 실패하여 포로가 됩니다. 후에 백성들의 모반으로 피살됩니다.

10. **웃시야**: 통치기간 52년, 유능하여 잃었던 땅을 탈환하고 영토를 확장하였습니다. 하지만 제사장 직분을 무시하고 제사장만 할 수 있는 분향을 하려다가 징계를 받아 문둥병으로 죽습니다.

11. **요담**: 통치기간 8년, 부친 웃시야가 문둥병에 걸리자 일찍이 아버지 대신 통치하였습니다. 왕이 된 후 정직하게 다스렸으나 산당은 제거하지 않았습니다. 이 시기에 이사야가 대언자 활동을 시작합니다.

12. **아하스**: 통치기간 16년, 그는 하나님의 말씀을 무시하고 하나님보다 외세에 더 의존하였으며 배교와 가증한 우상 숭배로 유다를 부패시켰습니다. 이사야의 권면을 듣지 않고 하나님보다 앗수르 왕을 더 의지하여 큰 재난을 재촉하였습니다.

13. **히스기야**: 통치기간 29년, 부친 아하스 왕이 더럽혔던 성전을 깨끗이 정화하였으며 성전 문을 다시 열어 예배를 회복시켰습니다. 앗수르 왕 산헤립의 침공을 받아 멸망

의 위기에 처하자 하나님께 간구하였습니다. 하나님은 히스기야의 기도를 들으시고 앗수르 군을 전멸시키셨습니다. 그 후 히스기야는 병에 걸려 거의 죽게 되었으나 하나님께서 생명을 15년 연장하여 주셨습니다.

14. **므낫세**: 통치기간 55년, 히스기야의 아들이지만 남유다의 가장 악한 왕입니다. 철저한 우상 숭배자입니다. 그는 대언자 이사야까지 죽였습니다. 결국 하나님의 징계를 받아 앗수르의 포로가 되었으나 귀환한 뒤 회심하여 우상을 철폐하였습니다.

15. **아몬**: 통치기간 2년, 부왕의 타락한 정치를 반복하였습니다. 2년간 통치한 후 신복들에게 살해당합니다. 이 시기에 앗수르는 약해지고 바벨론의 힘이 강해집니다.

16. **요시야**: 통치기간 31년, 하나님을 섬긴 경건한 왕입니다. 우상을 없애고 성전을 수리하였습니다. 성전 수리 시 율법 책이 발견되자 자기 앞에서 읽게 하였으며 옷을 찢으며 회개하였습니다. 가장 성대하게 유월절을 지켰습니다. 이집트가 바벨론과 전쟁하려고 남유다 영토를 지나가게 해 달라고 요청했으나 요시야 왕은 거절하며 이집트 군대를 뒤쫓아 갔습니다. 불행히도 그는 므깃도라는 곳에서 전사했습니다.

17. **여호아하스**: 통치기간 3개월, 요시야의 넷째 아들입니다. 요시야가 전사하자 백성들이 왕으로 추대했습니다. 하지만 이집트 왕 느고가 바벨론과 싸우러 가는 길에 자신의 허락 없이 왕이 된 여호아하스를 폐위시키고 여호야김을 왕으로 앉혔습니다.

18. **여호야김**: 통치기간 10년, 요시야의 둘째 아들입니다. 처음에는 이집트에 조공을 바치며 섬겼습니다. 하지만 바벨론이 이집트를 이기자 바벨론을 섬겼습니다. 나중에는 예레미야의 충고를 무시하고 바벨론을 배반하였으므로 바벨론 왕 느부갓네살이 쳐들어와 여호야김을 바벨론으로 끌고 갔습니다.

19. **여호야긴**: 통치기간 3개월, 왕이 된 지 3개월 후에 바벨론에 항복했습니다. 바벨론은 여호야긴 왕과 포로 일만 명을 바벨론으로 데려갔습니다. 바벨론은 여호야긴의 숙부 시드기야를 왕으로 앉혔습니다.

20. **시드기야**: 통치기간 11년, 유다의 마지막 왕입니다. 바벨론에 조공을 바치며 섬기다가 마음이 변하여 이집트 왕과 내통하고 바벨론을 배반했습니다. 바벨론의 느부갓네살은 군대를 이끌고 와서 예루살렘을 함락하고 성전을 불태웠습니다. 시드기야는 두 눈이 뽑힌 후 바벨론으로 끌려갔습니다. 이로써 남유다도 멸망했습니다.

남유다의 선한 왕

1. 여호사밧

여호사밧은 아사 왕의 아들입니다. 여호사밧은 남유다의 3대 선왕(여호사밧, 히스기야, 요시야)으로 인정받고 있습니다. 그는 산당과 아세라 목상들을 제거했습니다. 제사장과 레위인들을 백성들에게 보내 율법을 가르치도록 지시했습니다. 오직 하나님께만 구했으며 하나님의 계명을 지켰습니다. 하나님은 유다 사방의 모든 나라에 두려움을 주어 여호사밧과 싸우지 못하도록 하셨습니다(대하17:10). 모압과 암몬 사람들이 연합하여 남유다를 공격하려고 했습니다. 여호사밧은 하나님께 간구하였으며 모든 백성에게 금식을 선포하였습니다. 하나님은 복병을 두셔서 적군들끼리 서로 죽이게 하셨습니다.

여호사밧은 자기의 아들 여호람을 북이스라엘 아합 왕의 딸 아달랴와 정략 결혼시키는 잘못을 하고 말았습니다. 정략결혼으로 당장 남북 간에 전쟁은 없었으나 후에 아달랴의 아들 아하시야와 아달랴가 남유다의 왕과 여왕이 되면서 우상 숭배가 남유다에 널리 퍼졌습니다. 북이스라엘과 정략결혼을 하고 몇 년 후에 여호사밧은 아합을 방문했습니다. 그때 아합이 여호사밧에게 아람의 길르앗 라못을 공격하자고 제안하였습니다. 이 전투에서 아합은 한 병사가 쏜 화살에 맞아 전사했습니다. 여호사밧도 죽을 위기에 처했으나 하나님이 도와주셔서 간신히 살아남아 남유다로 돌아올 수 있었습니다. 대언자 예후는 여호사밧에게 악한 아합을 도왔으므로 하나님께서 진노하셨다는 사실을 알려주었습니다.

2. 히스기야

히스기야는 남유다의 13대 왕입니다. 히스기야의 아버지 아하스 왕은 바알을 섬기고 성전에서 거룩한 기구를 취하여 우상에게 희생제물을 드리는 악한 짓들을 행했습니다. 히스기야는 왕이 되자 예루살렘 성전을 수리하고 청결하게 하였습니다. 여러 산당을 제거했고 주상을 깨뜨렸으며 아세라 목상을 찍었습니다. 백성들이 모세가 만든 놋 뱀에 분향하자 그것도 부수어 버렸습니다. 또한 예루살렘에서 유월절을 지킨다고 전국에 공포하였습니다.

히스기야 당시 앗수르 세력은 막강하여 북이스라엘을 멸망시키고 남유다를 공격해 왔습니다. 앗수르 왕 산헤립은 그의 대변자 랍사게를 보내 하나님보다 자기의 능력이 우월하다고 과시하면서 예루살렘을 공포 분위기로 몰아넣었습니다. 히스기야는 항복을 요구하는 산헤립의 편지를 하나님께 펼쳐 보이며 하나님께 간구했습니다. 하나님은 이사야를 히스기야에게 보내서 산헤립을 그의 나라에서 칼로 죽이겠다고 말씀하셨습니다(사37:7). 하나님은 천사를 보내셔서 하룻밤 사이에 앗수르 군사 185,000명을 전멸시키셨습니다. 패전한 산헤립은 본국으로 돌아갔는데 하나님의 말씀대로 두 아들에게 살해당했습니다.

히스기야는 병에 걸려 죽게 되었으나 하나님께 간구하여 생명을 15년 연장받았습니다. 그러나 그는 바벨론 사신이 병문안하러 왔을 때 나라의 보물과 무기고까지 보여 주었습니다. 하나님은 히스기야의 교만한 행동 때문에 바벨론이 히스기야가 모은 모든 재물을 약탈한다고 말씀하셨습니다.

3. 요시야

요시야는 남유다의 16대 왕으로 여덟 살에 왕위에 올랐습니다. 그의 아버지는 아몬 왕이었는데 우상을 섬긴 악한 왕이었습니다. 아몬 왕은 신하에게 암살당하였습니다. 왕이 된 요시야는 산당, 아세라 목상, 아로새긴 우상, 부어 만든 우상들을 제거하였으며 바알의 제단을 헐고 태양상을 찍어 버리는 등 유다와 예루살렘을 정결하게 하였습니다. 성전을 수리하면서 발견된 율법 책을 낭독하게 한 뒤 참회하며 옷을 찢고 하나님의 뜻을 물었습니다. 또한 예루살렘에서 유월절을 성대하게 지켰습니다. 요시야처럼 마음을 다하고 뜻을 다하고 힘을 다하여 모세의 모든 율법을 따라 여호와께로 돌이킨 왕은 요시야 전에도 없었고 후에도 없었습니다.

하지만 하나님께서 유다를 향한 진노를 돌이키지 아니하셨는데 이는 므낫세가 우상 숭배로 하나님을 격노하게 했기 때문입니다. 대신에 하나님은 요시야가 하나님이 내리시는 모든 재앙을 보지 못하고 죽는다고 말씀하셨습니다. B.C.609년에 이집트 왕 느고는 바벨론과 전쟁을 하려고 요시야에게 남유다를 통과하게 해 달라고 요청하였습니다. 그러나 요시야는 거절했습니다. 결국 이집트와 남유다는 므깃도에서 전투를 벌였습니다. 전쟁 중에 요시야는 화살에 맞아 중상을 입었습니다. 그는 전차를 타고 급히 예루살렘에 도착했으나 결국 죽고 말았습니다. 모든 백성이 그의 죽음을 슬퍼하였습니다.

이사야와 예레미야

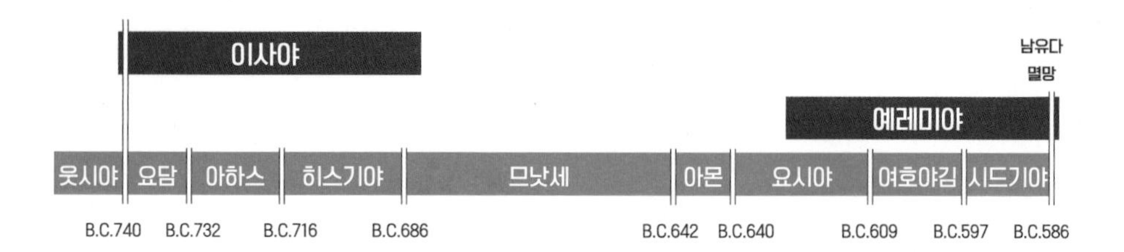

이사야는 '여호와는 구원'이라는 뜻입니다. 아버지 아모스(대언자 아모스와 동명이인)는 아마샤 왕의 형제이므로 이사야는 왕족 출신이며 웃시야 왕의 사촌입니다. 그러나 그는 왕족의 옷차림을 하지 않았으며 머리털로 만든 옷을 두르고 다니면서 백성들에게 회개를 촉구했습니다.

1. **사역 기간**: 웃시야 왕의 마지막 해(B.C.740년)부터 므낫세 왕 초기(B.C.680년경)까지 약 60년간 사역했습니다.

2. **활동 장소**: 이사야는 주로 예루살렘 도시 안에서 활동하였습니다.

3. **아하스 왕 때 사역**: 남유다의 아하스 왕 때 앗수르는 서쪽으로 세력을 확장하려고 하였습니다. 이스라엘 왕 베가와 아람 왕 르신이 앗수르에 대항하려고 연합하였고 아하스에게도 동맹을 요구하였습니다. 아하스가 동맹을 거절하자 베가와 르신이 남유다를 공격했습니다. 이사야가 아하스에게 어느 나라에도 의존하지 말고 하나님만 의지하라고 경고했으나 아하스는 이사야의 말을 무시하고 앗수르에 도움을 청했습니다. 결국 남유다는 사실상 앗수르의 속국이 되었고 앗수르의 우상까지 숭배하였습니다.

4. **히스기야 왕 때 사역**: 히스기야는 초기에 앗수르에 충성했으나 앗수르의 정권 교체기에 이집트의 지원을 받아 블레셋 등과 반앗수르 동맹을 결성하였습니다. 이사야는 반앗수르 동맹에 반대하면서 이집트가 곧 앗수르에 굴복한다고 알려주었습니다. 앗수르 왕 산헤립은 반앗수르 동맹을 무너뜨리며 남유다를 침공했습니다. 산헤립의 대변자 랍사게는 남유다를 조롱하며 항복을 요구했습니다. 히스기야는 항복을 요구하는 앗수르의 편지를 하나님께 펼쳐 보이며 간구했습니다. 하나님은 천사를 보내

하룻밤 사이에 앗수르 군사 185,000명을 전멸시키셨습니다. 히스기야가 병들어 죽게 되었을 때 이사야는 히스기야가 곧 죽는다는 하나님의 말씀을 전했습니다. 히스기야가 하나님께 간절히 기도하자 하나님은 이사야를 통해 수명을 15년 연장하여 주겠다고 약속하셨습니다. 그러나 바벨론 사신이 병문안 왔을 때 교만해진 히스기야는 보물과 무기고와 궁중의 소유물을 그들에게 보여 주며 자랑하였습니다. 하나님은 이사야를 통해 히스기야의 모든 소유와 지금까지 쌓아 둔 재물이 모두 바벨론으로 가며 히스기야의 자손 중 몇 명은 바벨론의 환관이 된다고 말씀하셨습니다.

5. **이사야의 죽음**: 이사야는 히스기야의 아들이자 남유다의 가장 악한 왕인 므낫세에게 죽임을 당하였습니다.

예레미야는 예루살렘 북쪽에 있는 작은 마을인 아나돗 지방에서 제사장 힐기야의 아들로 태어났습니다. 그래서 그는 제사장의 업무를 보면서 성장했습니다. 예레미야는 나훔이나 스바냐 대언자와 동시대 인물입니다.

1. **사역 기간**: 이사야가 죽은 지 약 60년 후에 예레미야가 사역을 시작했습니다. 요시야 왕(재위:B.C.640-609년) 13년부터 남유다가 멸망할 때까지(B.C.586년) 사역했습니다.
2. **활동 장소**: 예루살렘, 라마, 아나돗(이상 유대 땅), 이집트 등지에서 활동했습니다.
3. **사역 대상**: 남유다와 백성들, 포로 된 유대인들입니다.
4. **사역의 시작**: 하나님께서 예레미야를 대언자로 부르셨으나 예레미야는 나이가 어리고, 경험이 없으며, 말을 잘하지 못한다는 이유를 들어 거절했습니다. 당시 예레미야의 나이는 20세 이하로 추정됩니다. 하나님은 자신의 말을 직접 예레미야의 입에 넣어주시겠다고 약속하셨습니다. 예레미야는 엘리야처럼 능력의 사람도 아니었고 이사야처럼 웅변가도 아니었으며 에스겔처럼 율법에 정통하지도 못했지만 양보하거나 타협이 없는 강직한 하나님의 종이었습니다. 그는 하나님의 말씀을 듣지 않아서 멸망하는 조국을 바라보며 괴로워한 눈물의 대언자였습니다. 그는 결혼도 하지 않았습니다. 하나님의 말씀을 선포하는 중에 여러 번 감옥에 갇히기도 하였고 매도 많이 맞았습니다. 하지만 가족이나 고향 사람조차도 그의 말을 듣지 않았습니다.
5. **요시야 왕 시절의 사역**: 예레미야는 요시야 왕 13년부터 사역을 시작했습니다. 당

시 요시야의 지시로 성전을 수리하면서 율법 책이 발견되었는데 이를 계기로 요시야는 대대적인 종교개혁을 단행하였습니다. 우상 숭배의 자취를 없애는 성전 청결 작업을 예루살렘 성전뿐만 아니라 전국에서 시행하였습니다. 예레미야는 성전 문 앞에서 하나님의 말씀을 전하였습니다. 예레미야는 마음속 성전을 청소하라고 외쳤습니다. 그는 요시야가 므깃도 전투에서 전사하자 애가를 지어 그의 죽음을 슬퍼했습니다(성경에 있는 예레미야 애가는 예루살렘이 파괴된 현실을 처절하게 슬퍼하며 노래한 것으로 요시야의 죽음을 슬퍼해서 지은 애가와는 다릅니다).

6. **여호아하스 왕 시절의 사역**: 여호아하스는 악한 왕입니다. 하나님은 예레미야를 통해서 그가 이집트에 포로로 잡혀가 그곳에서 죽는다고 말씀하셨습니다.

7. **여호야김 왕 시절의 사역**: 여호야김 통치 초기에 예레미야는 이스라엘 백성들이 회개하지 않는다면 예루살렘과 성전이 파괴된다고 경고하였습니다. 제사장들과 거짓 대언자들은 예레미야를 죽이려고 했으나 아히감(그의 아들 그달랴는 후에 바벨론에 의해 유다 총독으로 임명됨)이 예레미야를 구해주었습니다. 예레미야는 죽음을 두려워하지 않고 말씀을 전하다 감금되었습니다. 그는 바룩을 불러 하나님의 말씀을 두루마리에 기록하게 한 뒤 성전에서 백성에게 낭독하도록 지시했습니다. 고관들이 그 두루마리에 적힌 하나님의 말씀을 여호야김 왕에게 낭독해 주었으나 여호야김은 회개하지 않았을 뿐만 아니라 두루마리를 찢어 불태웠습니다. 하나님은 여호야김의 시체가 버려져서 낮에는 더위, 밤에는 추위를 당하며 그의 자손과 신하들과 백성들은 죄악으로 벌을 받는다고 말씀하셨습니다.

8. **여호야긴 왕 시절의 사역**: 여호야긴도 하나님이 보시기에 악한 왕이었습니다. 하나님은 예레미야를 통해 여호야긴이 친어머니와 함께 예루살렘에서 쫓겨나 바벨론에 끌려가 그곳에서 죽으며 그에게는 후사가 없다고 말씀하셨습니다. 하나님의 말씀대로 여호야긴이 왕이 된 지 석 달 만에 느부갓네살이 그를 바벨론으로 끌고 갔습니다.

9. **시드기야 왕 시절의 사역**: 예레미야는 목에 멍에를 메고 돌아다니면서 이스라엘도 하나님의 뜻대로 바벨론의 멍에를 메야 한다고 외쳤습니다. 그리고 바벨론에서 포로 생활을 하는 동족에게 금방 고국으로 돌아간다는 거짓 예언을 믿지 말고 70년 동안 그곳에서 정착하여 살라고 말했습니다. 거짓 대언자 하나냐는 예레미야 목에 있던 멍에를 빼앗아 꺾어버렸습니다. 하나냐는 하나님께서 바벨론 멍에를 꺾어서 여호야긴 왕 시절에 바벨론으로 사로잡혀간 자들을 돌려보내시며, 바벨론에 빼앗긴

성전 기구들도 2년 안에 되찾는다는 거짓 예언을 했습니다. 하나냐는 거짓 예언을 한 지 두 달 만에 하나님의 말씀대로 죽고 맙니다. 시드기야가 감옥에 갇힌 예레미야를 불러내어 조언을 구할 때마다 예레미야는 왕에게 바벨론에 항복하라고 경고했습니다. 시드기야는 만약에 항복하면 자신은 바벨론에 끌려가서 그곳에 사는 유대인들에게 조롱을 받는다며 걱정했습니다. 그래서 예레미야의 말을 듣지 않고 끝까지 항복하지 않았습니다. 그는 결국 두 눈이 뽑혀서 바벨론에 포로로 끌려갔습니다. 예레미야는 예루살렘이 함락될 때까지 감옥(근위대 뜰)에 갇혀 있었습니다.

10. **남유다 멸망 후 사역**: 예루살렘이 함락되자 바벨론은 갇혀 있던 예레미야를 풀어주며 안전하게 바벨론으로 데리고 가겠다고 제안했습니다. 예레미야는 그들의 제안을 거절하며 예루살렘에 남겠다고 했습니다. 바벨론은 유다 총독으로 임명된 그달랴에게 예레미야를 맡겼습니다. 하지만 몇몇 유대인들이 그달랴를 암살한 후 예레미야를 이집트로 끌고 갔습니다. 예레미야는 B.C.570년경 이집트에서 동료 유대인들이 던진 돌에 맞아 순교했다고 전해집니다.

남유다의 멸망

1. **주변 정세의 변화**: B.C.626년에 바벨론의 나보폴라사르(느부갓네살의 부친)가 앗수르 군대를 무찌르고 신바빌로니아제국을 세웠습니다. B.C.612년에 바벨론과 메대 군인들로 구성된 연합군이 앗수르의 니느웨 성을 함락했습니다. B.C.609년에 하란에서 남아 있던 앗수르 군대를 격퇴하여 앗수르는 멸망하였습니다. B.C.609년에 이집트의 왕 느고가 앗수르를 도와 바벨론과 전쟁하려고 하란으로 진군했습니다. 이집트는 바벨론의 세력 확장을 저지하여 팔레스타인 지역을 자신들이 차지할 속셈으로 앗수르를 도와주었습니다. B.C.609-605년까지 이집트와 바벨론 사이에 벌어진 전쟁이 갈그미스 전투입니다. 이 전투는 역사상 중요한 전투인데 이 전투에서 바벨론은 승리하여 강대국이 되었으며 이집트는 패배하여 점점 약소국이 되어 갔습니다.

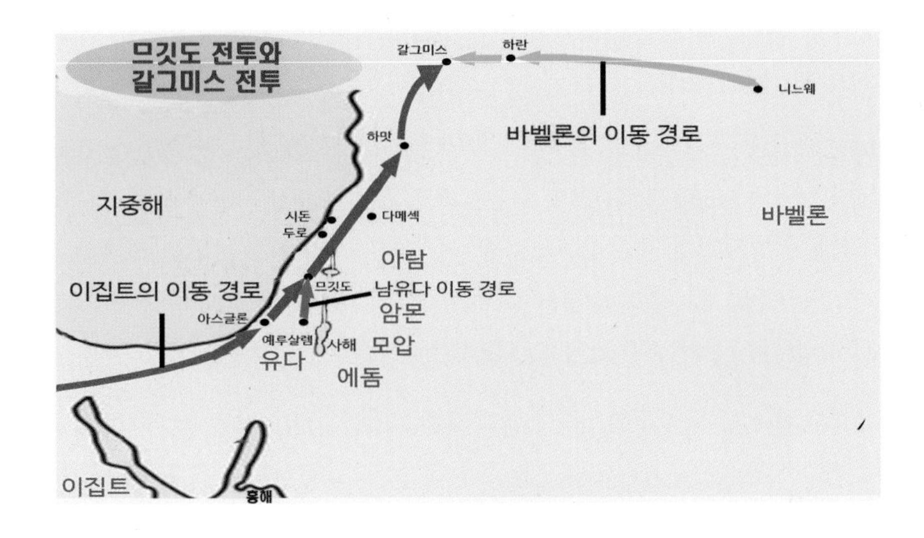

2. **므깃도 전투**: 므깃도 전투는 B.C.609년에 이집트와 남유다 사이에 일어난 전쟁입니다. B.C.609년에 이집트의 왕 느고는 앗수르를 도와 바벨론과 싸우려고 출발했습니다. 이집트의 군대가 하란으로 진격하려면 남유다 영토를 지나가야만 했습니다. 그러나 요시야 왕은 그들이 남유다의 땅을 지나가도록 허락하지 않았고 결국 므깃도에서 이집트와 전쟁을 벌였습니다. 요시야 왕은 이집트가 팔레스타인 지역을 차지하려는 야욕을 알고 있었기 때문입니다. 안타깝게도 요시야는 전투에서 화살에 맞아 전사했습니다. 남유다의 패배와 멸망은 요시야 때문이 아니라 백성들의 우상 숭배와 특히 므낫세의 죄가 하나님을 격노하게 했기 때문입니다(왕하23:26). 하나님은 앞으로 다가오는 예루살렘의 멸망과 포로로 끌려가는 모든 재앙을 요시야가 보지 않도록 그를 먼저 데려가셨습니다(왕하22:20).

3. **이집트의 지배에 들어간 남유다**: B.C.609년에 므깃도 전투에서 패배한 남유다는 사실상 이집트의 지배를 받습니다. 요시야가 죽자 백성들이 그의 넷째 아들인 여호아하스를 왕으로 세웠으나 이집트 왕은 자기 허락 없이 왕으로 삼은 여호아하스를 왕위에 오른 지 3개월 만에 폐위시켰습니다. 대신 요시야의 둘째 아들 여호야김(B.C.609-598)을 왕으로 세웠습니다. 그리고 남유다에 은 백 달란트와 금 한 달란트를 전쟁 배상금으로 내게 하였습니다.

4. **바벨론의 지배에 들어간 남유다**: B.C.605년에 이집트와 바벨론 사이에 벌어진 갈그미스 전투에서 바벨론이 승리하자 남유다는 자연스럽게 바벨론의 지배에 들어가게 됩니다. B.C.605년에 왕위에 오른 느부갓네살은 점령 지역 사람들이 자신에게 충

성하도록 백성을 인질로 데려갔습니다. 이때 다니엘을 포함하여 왕족과 귀족들이 바벨론에 포로로 끌려갔습니다(바벨론 1차 포로).

5. **바벨론을 배반한 여호야김**: B.C.601년에 느부갓네살이 이집트를 다시 공격했으나 실패하고 돌아갔습니다. 이를 본 여호야김은 바벨론의 힘이 약해졌다고 오판하고 바벨론에게 조공을 바치지 않았습니다. B.C.598년 느부갓네살은 예루살렘을 공격하여 여호야김을 쇠사슬로 결박한 뒤 바벨론으로 끌고 갔습니다. 이때 성전의 기구들도 바벨론으로 가져가서 자기 신당에 두었습니다.

6. **바벨론에 항복한 여호야긴**: B.C.598년 바벨론이 침공하여 여호야김을 바벨론으로 끌고 갔으므로(바로 처형을 한 것으로 추정) 그를 대신하여 여호야김의 아들 여호야긴이 왕위에 올랐습니다. 그는 왕위에 오른 지 3개월 만에 바벨론과의 전쟁은 무모하다고 판단하고 항복했습니다. 느부갓네살은 항복한 여호야긴과 그의 어머니, 아내들, 내시들, 나라에 권세 있는 자들, 용사 칠천 명과 장인, 대장장이 천 명을 사로잡아 바벨론으로 데리고 갔습니다. 이때 에스겔도 포로로 끌려갑니다(바벨론 2차 포로). 느부갓네살은 여호야긴의 숙부이자 요시야의 셋째 아들인 시드기야를 왕위에 앉혔습니다. 37년 후에 여호야긴은 바벨론의 에윌므로닥 왕(느부갓네살의 아들) 때에 석방되어 좋은 대우를 받게 됩니다.

7. **바벨론을 배반한 시드기야**: B.C.597년에 느부갓네살이 왕위에 앉힌 시드기야는 처음에는 바벨론에 충성했으나 예레미야의 경고를 무시하고 주변국(두로, 시돈, 모압, 암몬 등)과 연합하여 반바벨론 동맹을 체결하였습니다. 그는 이집트의 왕 호브라를 의지하여 바벨론에 반역하였습니다. B.C.586년에 느부갓네살은 예루살렘을 포위하고 공격하여 함락시켰으며 도망가는 시드기야를 붙잡아 립나로 끌고 갔습니다. 느부갓네살은 시드기야가 보는 앞에서 두 아들을 죽인 다음에 시드기야의 두 눈을 뽑은 후 사슬에 묶어 바벨론으로 데려갔습니다. 그리고 성전과 모든 궁실을 불태우고 예루살렘 성벽을 헐어버린 뒤 하층민을 제외하고 모두 바벨론으로 끌고 갔습니다(바벨론 3차 포로). 이로써 남유다는 멸망하였습니다.

생각해 보세요

1. 르호보암 왕 시절에 어떤 일을 계기로 왕국이 분열되었나요?

2. 북이스라엘의 여로보암 왕이 금송아지를 만든 까닭은 무엇인가요?

3. 북이스라엘 아합 왕 시절에 특히 우상 숭배가 극심하게 된 까닭은 무엇인가요?

4. 이세벨이 엘리야를 죽이려고 한 까닭은 무엇인가요?

5. 북이스라엘은 언제 어느 나라에 멸망했나요?

6. 앗수르가 북이스라엘 백성들을 강제로 이주시킨 까닭은 무엇인가요?

7. 유대인들이 사마리아인들을 천대하기 시작한 시기와 까닭은 무엇인가요?

8. 남유다의 히스기야 왕은 앗수르 군대를 어떻게 무찔렀나요?

9. 남유다의 요시야 왕 때 므깃도 전쟁이 일어난 까닭은 무엇인가요?

10. 므깃도 전쟁은 남유다에 어떤 영향을 주었나요?

11. 예레미야는 시드기야에게 무슨 조언을 했나요?

12. 남유다는 언제 어느 나라에 멸망했나요?

8 피지배 시대

바벨론에 포로로 끌려간 남유다

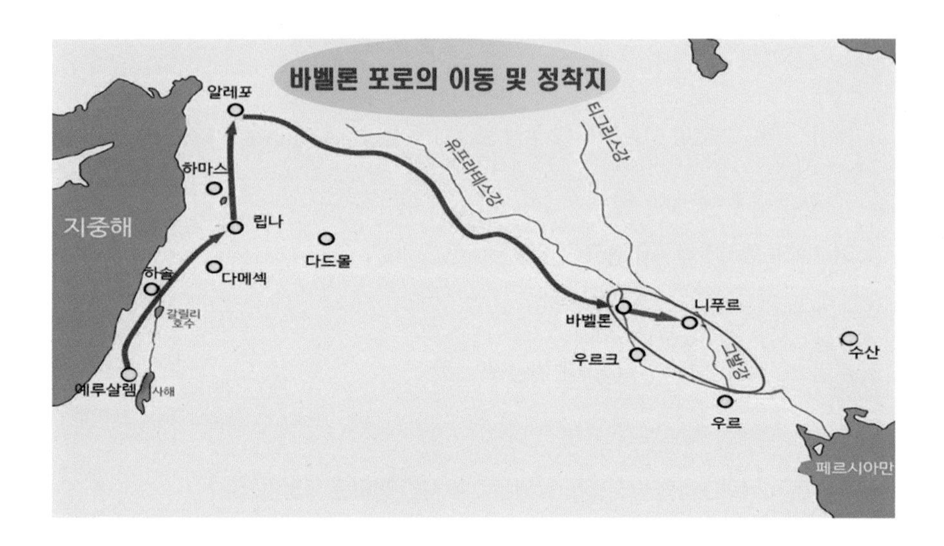

1차 포로

B.C.605년 이집트와 바벨론 사이에 벌어진 갈그미스 전투에서 바벨론이 승리하자 남유다는 바벨론의 지배에 들어가게 됩니다. 느부갓네살은 갈그미스 전투가 끝나고 본국으로 돌아가면서 남유다의 왕족과 통치자들을 데려갔는데 이때 다니엘도 포로로 끌려갔습니다. 느부갓네살은 성전 기구 중 일부를 가져다가 바벨론의 신당에 보관하였습니다.

2차 포로

B.C.597년 여호야긴 왕 1년에 느부갓네살이 예루살렘 성을 함락하고 여호야긴과 왕의 어머니, 아내들, 용사 7천 명을 포함한 방백과 백성 총 1만 명, 기술자와 대장장이 1천 명을 데려갔는데 이때 에스겔과 모르드개의 조상도 포로로 끌려갔습니다. 남유다를 무력화시키려고 반란을 일으킬 만한 지도자들과 탁월한 사람을 모두 데려갔습니다. 또한 성전의 모든 보물과 왕궁 보물을 약탈해 갔습니다.

3차 포로

B.C.586년 느부갓네살은 예루살렘 성을 함락하고 시드기야 왕과 성 중에 남아 있는 백성, 바벨론 왕에게 항복한 자들까지 모두 사로잡아 갔습니다. 단지 비천한 사람들만 남겨두어 포도원을 경작하도록 했습니다. 그리고 성전을 불사르고 성전 기구들의 금. 은, 놋을 모두 취해 가져갔으며 사면 성벽을 헐어 버렸습니다.

바벨론에 끌려간 포로들은 바벨론과 니푸르, 그발 강가에 텔멜라, 텔하르사, 체룹, 아단, 이메르, 텔아비브 등에 정착하였습니다. 그들은 예루살렘 성이 함락된 날을 금식과 애통의 날로 지켰습니다. 그들은 우상을 숭배하고 하나님의 말씀을 거역하며 그 거룩하신 뜻을 멸시하여 결국 하나님의 징계를 받아 포로로 끌려갔습니다. 하지만 70년 후에 하나님은 메대와 바사의 연합군을 사용하여 바벨론을 멸망시키시고 이스라엘 백성들을 언약대로 귀환시키셨습니다(렘50:1-4).

경건한 사람 다니엘

1. **이름의 뜻**: 다니엘은 '하나님은 나의 심판자'라는 뜻입니다.

2. **가족 배경**: 다니엘은 유다 지파입니다. 그는 왕족이나 귀족 출신으로 추정됩니다.

3. **바벨론 포로**: B.C.605년 다니엘은 바벨론에 1차 포로로 끌려갔습니다. 느부갓네살은 왕족과 귀족 가운데 용모가 아름답고 지혜와 지식이 풍부한 소년들을 골라 바벨론의 언어와 학문을 배우도록 지시했는데 다니엘이 그중에 한 명입니다.

4. **환관이 된 다니엘**: 다니엘과 그의 친구들인 하나냐, 미사엘, 아사랴는 환관장 밑에서 삼 년간 교육을 받았습니다. 그들은 부정한 음식을 먹어 몸을 더럽히지 말라는 율법을 지키려고 왕이 제공한 음식과 포도주를 거절한 채 채식만 하였습니다. 왕이 제공한 음식은 바벨론 신에게 바쳤던 음식이기 때문입니다. 교육이 끝난 후 왕이 그들에게 질문하여 시험하였는데 그들의 지혜와 총명이 다른 사람보다 월등하였습니다.

5. **느부갓네살의 꿈을 해석한 다니엘**: 다니엘은 느부갓네살의 꿈(머리는 순금, 가슴과 두 팔은 은, 배와 넓적다리는 놋, 종아리는 쇠, 발은 쇠와 진흙으로 이루어진 신상에 대한 꿈)을 맞히고 해석하여 전국을 다스리는 지위를 얻었습니다.

6. 금 신상에 절하지 않은 다니엘의 친구들: 느부갓네살은 자신의 영광과 권세를 자랑하려고 금 신상을 만든 뒤 백성들이 그 신상에 절하도록 명령하였습니다. 다니엘의 친구인 사드락과 메삭과 아벳느고는 금 신상에 절하지 않았습니다. 그들은 왕의 명령에 불복종하였으므로 풀무 불에 던져졌으나 머리털 하나도 그슬리지 않았습니다. 그 모습을 본 느부갓네살은 하나님을 찬송하고 세 친구를 높여 주었습니다.

7. 벽에 쓴 글씨를 해석한 다니엘: 바벨론 제국의 마지막 왕 나보니두스의 아들이자 대리 통치자인 벨사살은 잔치 때 예루살렘 성소에서 약탈한 금 그릇을 가져오라고 지시했습니다. 그는 거기에 술을 부어 마시며 하나님을 모독했습니다. 그러나 잔치 중에 갑자기 손이 나타나 벽에 글씨를 쓰자 모두 두려움에 휩싸였습니다. 벨사살은 그 글씨를 해석한 사람을 제국에서 세 번째로 높은 지위에 앉히겠다고 약속했습니다. 다니엘은 그 글씨는 하나님이 바벨론을 나누어서 메대와 바사 사람에게 준다는 뜻이라고 알려주었습니다. 다니엘은 약속대로 바벨론에서 세 번째로 높은 지위를 얻었으나 바벨론은 그날 밤 예언대로 페르시아의 공격을 받아 멸망했습니다.

8. 사자 굴 속에서 살아남은 다니엘: 다리오 왕(페르시아 왕 고레스가 메대의 통치권을 잠시 위임한 분봉왕)은 다니엘을 세 명의 총리 중 한 명으로 삼았습니다. 다니엘이 왕의 총애를 받았으므로 다른 신하들은 다니엘을 몹시 시기하였습니다. 총리들과 방백들은 다니엘이 왕의 명령을 어기고 왕 외에 다른 신 즉 하나님께 기도한 사실을 고발하면서 다니엘을 사자 굴에 넣도록 요구했습니다. 그러나 하나님은 천사를 보내 사자 입을 막아 다니엘을 보호하셨습니다. 왕은 다니엘을 사자 굴에서 꺼내 주고 그를 모함한 사람들을 대신 그곳에 집어넣었습니다.

바벨론 포로의 귀환

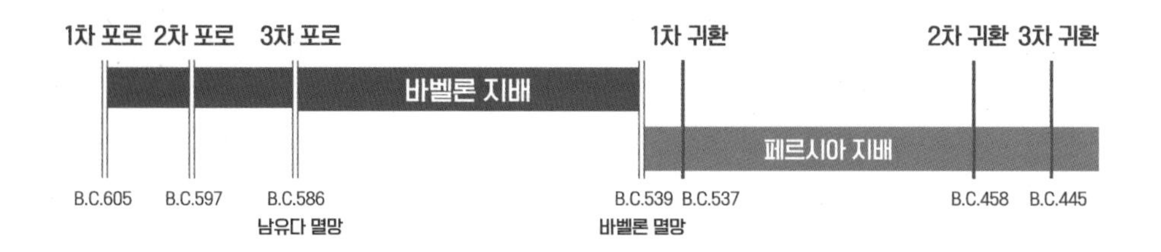

고레스 왕은 바벨론을 점령하고 페르시아 제국을 건설하였습니다. 하나님은 고레스의 마음을 감동하게 하여 그가 왕이 된 해에 유다 포로들을 귀환하도록 하셨습니다(스1:2). 바벨론에 처음으로 포로로 잡혀갔던 해가 B.C.605년이고 고레스가 유다 포로의 귀환을 허락한 해는 B.C.538년입니다. 그리고 성전 건축을 시작한 해는 B.C.536년입니다. 1차 포로로 끌려가고 성전 건축을 시작할 때까지 70년이 지났는데 이 기간은 이미 하나님이 예레미야를 통해 말씀해 주셨습니다(렘29:10).

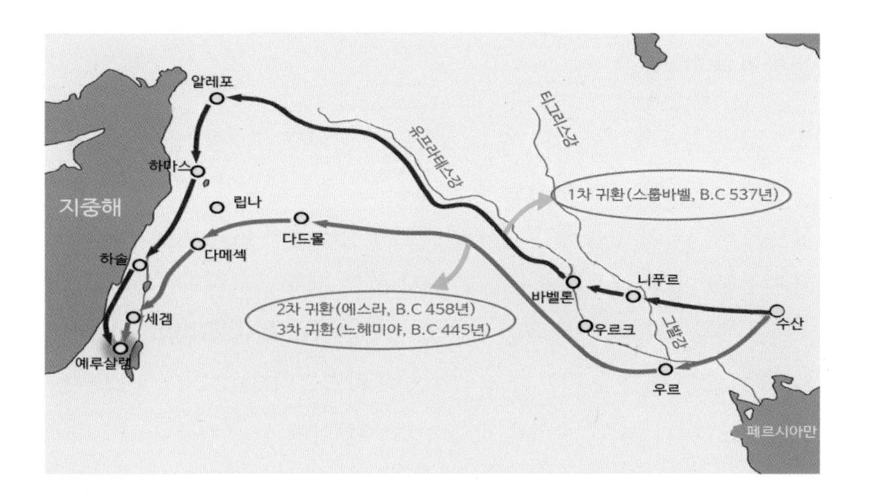

1차 귀환

1차 귀환은 B.C.537년에 이루어졌습니다. 고레스가 바벨론에 포로로 끌려온 유대인들의 본국 귀환을 허락하자 스룹바벨은 유다 총독으로 임명받아 1차 귀환을 이끌었습니다. 스룹바벨과 예수아의 인솔로 49,897명(일반 백성 42,360명, 남종과 여종 7,337명, 노래하는 자 200명)이 귀환하였습니다. 스룹바벨은 남유다 왕 여호야긴의 손자이며 스알디엘의 아들입니다. 그는 바벨론에서 태어났으며 바벨론 이름은 세스바살입니다. 스룹바벨은 그리스도의 계보에 속한 사람입니다. 예수아는 대제사장으로서 스룹바벨과 함께 귀환하여 신앙 회복과 부흥에 힘썼습니다. 예수아의 아버지는 바벨론에 3차 포로로 끌려갔던 대제사장 여호사닥입니다. 고레스는 느부갓네살이 예루살렘 성전에서 가져와 자기 신당에 두었던 그릇들을 귀환할 때 가져가도록 호의를 베풀었습니다.

예루살렘에 귀환한 다음 해인 B.C.536년에 성전 건축이 시작됩니다. 고레스가 명령하여 백향목을 레바논에서 욥바까지 운송하였습니다. 석수와 목수에게 일한 대가를 지급하였으며 20세 이상의 레위 사람들에게 성전공사를 감독하게 하였습니다.

성전을 건축한다는 말을 듣고 사마리아 사람들을 중심으로 한 유다의 대적들이 자신도 성전을 건축하는 데 동참하게 해 달라고 요구했으나 스룹바벨과 예수아는 그 제안을 거절합니다. 사마리아인들은 하나님뿐만 아니라 다른 신도 섬기는 종교 혼합주의자이었기 때문입니다. 그러자 그들은 페르시아 관리들에게 뇌물을 주고 교활한 방법으로 성전 건축을 방해하였습니다. 또한 페르시아 왕에게 유대인들이 성전을 짓는 것이 아니라 성벽을 짓는다고 거짓 보고하였습니다. 사마리아인들의 방해로 성전 건축이 어려워졌으며 성전은 기초를 놓은 지 채 1년이 되지 않은 상태에서 중단되어 16년 동안 방치됩니다.

학개는 성전 건축에는 관심이 없고 자신들의 안락만 추구하는 백성들을 책망했습니다. 스가랴도 백성들에게 하나님께 돌아오라고 촉구했습니다. 학개와 스가랴는 반드시 성전은 건축되며 성읍들이 다시 넘치도록 풍부하게 된다는 하나님의 약속을 전했습니다. 스룹바벨과 예수아의 주도로 다시 성전 건축이 시작되었습니다. 그러자 이번에는 인근 총독 일행이 와서 무슨 근거로 성전을 건축하는지 이의를 제기하며 다리우스 1세에게 성전 건축을 시작한 사실을 보고하였습니다. 그러나 다리우스 1세(다리오 왕)는 고레스 왕의 문서를 찾아낸 뒤 오히려 예루살렘 성전 건축을 신속히 재개하라는 명령과 함께 성전 재건에 필요한 경비까지 지원하도록 했습니다.

성전공사를 다시 시작한 지 4년 후인 B.C.516년에 드디어 성전이 완공되었습니다. 성전은 공사를 시작한 지 20년 만에 완성됐으나 실제 공사 기간은 5년이 안 됩니다. 솔로몬 성전이 파괴된 때(B.C.586년)로부터 만 70년 후에 재건된 것입니다. 새로 완공된 성전을 스룹바벨 성전이라고도 부릅니다. 스룹바벨 성전은 규모나 완성도 면에서 솔로몬 성전에 크게 못 미쳤으므로 솔로몬 성전을 기억하는 사람은 크게 실망하였습니다. 백성들은 성전 봉헌식을 행하고 한 달 후에 유월절을 지켰습니다.

2차 귀환

2차 귀환은 B.C.458년에 이루어졌습니다. 2차 귀환은 에스라가 주도했습니다. 에스라는 바벨론에서 태어났습니다. 그는 훌륭한 학자이며 아론의 16대 후손으로 제사장이었습니다. 그는 왕의 자문을 맡기도 하였습니다. 에스라는 하나님의 율법을 연구하였고 율법을 준행하였습니다. 그는 율례와 규례를 유대 백성들에게 가르치고자 귀환을 결심했습니다. 아닥사스다 왕은 예루살렘으로 돌아가고 싶은 사람은 누구든지 데려갈 수 있도록 하였습니다. 그리고 에스라가 예루살렘 성전을 위해 필요한 모든 재물을 페르시아 궁중 창고에서 가져다 쓸 수 있도록 배려하였습니다. 유프라테스강 건너편 창고지기에게도 에스라가 요구하는 것을 채워주도록 지시하였습니다. 에스라는 재판권까지 부여받습니다.

그는 1,754명(일반 남자 1,496명, 레위인 38명, 성전 일꾼 220명)을 인솔하여 예루살렘에 도착했습니다. 에스라는 귀환한 백성들이 하나님의 율법을 준수하도록 족장들의 계보를 정리하여 역대기를 기록하였습니다. 에스라는 이스라엘 백성이 이방 민족과 섞이면 안 된다고 판단했습니다. 그래서 이방인과 결혼한 사람들에게 아내를 돌려보내도록 했습니다. 에스라는 이스라엘 백성들이 과거의 죄를 철저하게 회개하고 올바른 예배를 복원하여 하나님과 올바른 관계를 맺도록 최선을 다하였습니다.

3차 귀환

3차 귀환은 에스라가 귀환한 지 13년 후인 B.C.445년에 이루어졌습니다. 3차 귀환은 느헤미야가 주도하였습니다. 느헤미야는 아닥사스다 왕의 술 맡은 관원장이란 높은 지위에 있었습니다. 그는 예루살렘 성벽이 폐허 상태라는 소식을 듣고 슬퍼하면서 성벽을 재건할 수 있도록 왕에게 부탁했습니다. 그는 만반의 준비를 한 뒤 백성들(정확한 숫자는 모름)을 이끌고 예루살렘에 도착했습니다.

그는 백성들과 함께 한 손에는 무기를 들고 대적들을 방어하면서 한 손으로는 성벽을 재건하기 시작했습니다. 산발랏과 도비야가 이끄는 이방인들이 성벽 재건을 방해했으나 52일 만에 예루살렘 성벽을 재건하였습니다. 성벽을 다 완성한 후에 에스라와 느헤미야는 공동사역을 합니다. 그들은 백성들에게 율법 책을 낭독했고 회개를 촉구했으며 개혁을 위한 서약을 하도록 하였습니다. 느헤미야와 에스라는 통치 질서를 바로잡으려고 인구조사를 하였으며 초막절을 지키고 레위 지파를 정비하여 제사 제도를 확립하였습니다.

느헤미야는 유대 총독으로 12년을 재직한 후 다시 페르시아로 돌아갔다가(B.C.433년경) 이듬해 다시 예루살렘으로 귀환하였습니다(B.C.432년경). 귀환해 보니 이스라엘 백성들이 십일조와 헌물을 내지 않았으므로 생계를 위해 레위인들과 제사장들은 다시 흩어져 버린 상태였습니다. 그리고 백성들은 이방 여인을 아내로 맞아서 자식을 낳아 기르고 있었습니다. 느헤미야는 성전을 깨끗이 하고 이방 여인과 결혼한 사람들을 처벌했으며 백성들과 지도자들이 다시 율법을 잘 지키도록 권면하였습니다.

민족을 구한 에스더

에스더의 본명은 하닷사(도금양이라는 나무 종류)이며 에스더는 페르시아어로 별이라는 뜻입니다. 에스더는 베냐민 지파 아비하일의 딸로 태어났습니다. 모르드개의 증조부 기스는 2차 포로로 바벨론에 끌려갔습니다. 모르드개는 에스더와 사촌 관계였으나 에스더를 양녀로 삼았습니다. 모르드개는 페르시아 수도인 수산성의 관리였습니다. 에스더의 남편은 크세르크세스 1세(아하수에로, B.C.486-465)이며 에스더서에 기록된 사건은 B.C.484-474년에 일어났습니다. 이 시기는 1차 포로 귀환(B.C.537년경)과 2차 포로 귀환(B.C.458년경) 사이에 해당합니다. 페르시아에 사는 유대인 약 200만 명 중에 고국으로 귀환한 사람은 약 5만 명에 불과했습니다. 페르시아에 삶의 기반이 있었기 때문입니다. 하나님은 그들도 버리지 않으셨습니다. 에스더서를 통해 전멸 직전에서 유대인들을 구해주신 하나님의 놀라운 섭리와 은총을 깨달을 수 있습니다.

1. **왕비가 된 에스더**: 아하수에로는 자기가 다스리는 약 120여 개국의 장군들과 귀족들을 초대하여 잔치를 베풀었습니다. 왕이 잔치 자리에서 왕후 와스디를 불렀으나 왕이 무리한 요구를 했는지 그녀는 왕의 요구를 거절하였습니다. 화가 난 왕은 신하들의 의견을 받아들여 와스디를 폐하고 왕비를 새로 뽑도록 지시하였습니다. 에스더는 후궁으로 뽑혀 궁에 들어간 뒤 절차대로 열두 달 동안 몸을 정결하게 한 뒤 왕에게 나아갔습니다. 왕은 에스더를 왕비로 삼았습니다. 에스더는 모르드개의 지시대로 자신이 유대인이라는 사실을 누구에게도 말하지 않았습니다.

2. **하만의 음모**: 하만은 총리대신입니다. 그는 아말렉 족속 출신으로 다른 아말렉인처럼 유대인을 증오했습니다. 왕이 하만을 높여 주었으므로 모든 신하가 하만에게 무

릎을 꿇었습니다. 그러나 모르드개는 하만에게 무릎을 꿇지 않았습니다. 유대인으로서 하만을 우상처럼 경배하는 행위를 거부했거나 하만이 아말렉 출신이므로 경배하지 않았던 것으로 보입니다. 분노한 하만은 모르드개뿐만 아니라 모든 유대인을 진멸하겠다고 결심한 뒤 날짜를 제비 뽑아 정한 후 왕에게 허락을 받았습니다.

3. **왕 앞으로 나아간 에스더**: 모르드개는 하만의 음모를 에스더에게 전해 주고 민족을 구해 달라고 요청하였습니다. 그러나 당시 아무리 왕비라고 할지라도 왕이 부르지 않으면 왕 앞에 나갈 수 없었습니다. 왕 앞에 나아갔다가 왕이 황금 홀을 내밀지 않는다면 죽임을 당합니다. 당시 그녀는 왕의 부름을 받지 못한 지 한 달이나 되었습니다. 그러나 그녀는 죽으면 죽으리라는 각오로 왕에게 나아갔고 다행히 왕은 그녀를 사랑스럽게 여겨 황금 홀을 내밀었습니다. 왕은 에스더에게 소원을 물었고 에스더는 왕과 하만을 자신의 잔치에 초대하고 싶다고 말했습니다.

4. **대적 하만의 죽음**: 왕이 잔치에서 에스더에게 다시 소원을 묻자 그녀는 자기 민족이 멸족을 당하게 되었다는 사실을 알려줍니다. 왕은 이 음모를 꾸민 자가 하만이라는 사실을 알고 진노하였습니다. 하만은 모르드개를 처형하려고 나무를 만들었으나 오히려 자신이 그 나무에서 처형되었습니다. 유대인들은 하만이 계획한 대량학살로부터 구원받은 사실을 기념하려고 부림절을 정했습니다.

헬라 제국의 지배와 마카비 혁명

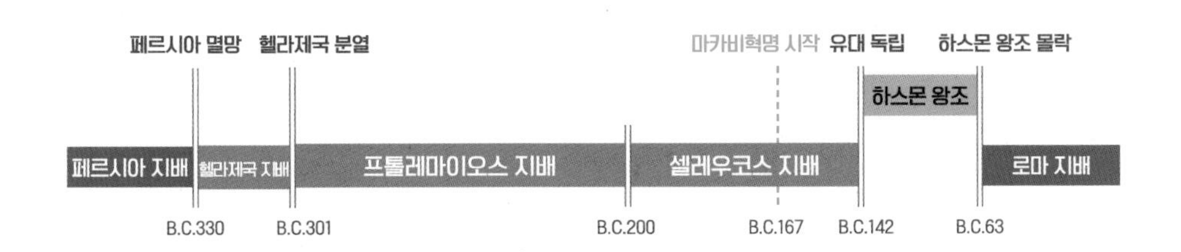

유대는 페르시아의 지배를 받다가 B.C.330년에 알렉산더 대왕이 이끈 헬라 제국(그리스 제국)이 페르시아 제국을 멸망시킴으로써 헬라 제국의 지배를 받았습니다. 알렉산더가 죽은 뒤 헬라 제국은 네 왕조로 분할됩니다. 유대는 네 왕조 중에 프톨레마이오스 왕조의 지배를 받다가 다시 셀레우코스 왕조의 지배를 받게 됩니다. B.C.167-142년까지 셀레우코스 왕조를 상대로 한 유대의 독립 전쟁이 마카비 혁명입니다.

1. **프톨레마이오스 왕조의 지배**: B.C.301년경에 헬라 제국은 네 개 왕조로 분리되었고 유대는 약 100년간 프톨레마이오스 왕조의 통치를 받았습니다.
2. **셀레우코스 왕조의 지배**: B.C.200년경 셀레우코스의 안티오쿠스 3세는 파네아 전투에서 프톨레마이오스를 물리치고 팔레스타인 지역을 차지했습니다.
3. **안티오쿠스 4세(재위 B.C.175-164)의 유대 탄압**: 안티오쿠스 4세는 스스로 신의 현현이라는 뜻의 에피파네스라 칭하고 자신을 숭배하게 하였는데 이를 부인하는 유대인들을 가혹하게 핍박하였습니다. 예루살렘에 제우스 신전을 세우고 돼지고기를 먹도록 강요했으며 할례와 안식일 준수도 금지했습니다. 대제사장 야손과 후임인 메넬라오스는 오히려 안티오쿠스 4세에게 뇌물을 바치며 그에게 동조하였습니다. B.C.168년 안티오쿠스 4세는 이집트 원정에 실패하고 돌아오는 길에 예루살렘에 들어가서 율법 책을 압수해 불태우고, 성전에 제우스 상을 세웠으며, 돼지 피를 성전 벽에 바르고 성전의 금고와 기물을 약탈하는 만행을 저질렀습니다.
4. **마카비 혁명의 시작**: B.C.167년 안티오쿠스 4세의 대리인이 예루살렘 북서쪽에 있는 모데인 지역을 방문하여 유대인들에게 그리스 신에 제사하라고 강요하였습니다. 이 지역의 제사장인 맛다디아는 이를 거부하고 왕의 대리자를 죽인 후 아들들과 유대 광야로 가서 반란군을 조직하였습니다. 이 저항 운동에 하시딤(엄격한 율법주의를 추구했던 유대인)이 가세하였습니다.
5. **유다(마카비)의 투쟁**: B.C.166년에 맛다디아가 죽자 그의 셋째 아들인 유다가 독립 투쟁을 이끌었습니다. 마카비는 유다의 별명으로 '망치'라는 뜻입니다. 마카비는 팔레스타인 각 도시를 공격하여 헬라파 유대인들을 색출하여 살해하고 셀레우코스 군에 대규모 공격을 감행하여 많은 승리를 거두었습니다. B.C.164년에 마카비는 예루살렘에 입성하여 성전을 정화하고 하나님께 성전을 봉헌한 후 8일간의 봉헌 축제를 열었는데 이것이 하누카(수전절)의 시초가 됩니다. 그러나 그는 B.C.160년 셀레우코스 군과 싸우다 전사하였습니다.
6. **마카비를 계승한 요나단**: 유다(마카비)가 죽자 그의 막내동생 요나단이 마카비를 계승하였습니다. 그는 뛰어난 외교 활동으로 로마와 동맹 관계를 구축하고 셀레우코스 왕 알렉산드로스 발라스와의 친분으로 유대의 통치자로 임명받았으며 대제사장

직도 겸했습니다. 그러나 셀레우코스의 장군 트리폰이 반란을 일으키면서 그의 흉계에 빠져 죽임을 당했습니다.

7. **하스몬 왕조의 성립**: 요나단을 계승한 시몬(요나단과 마카비의 형)은 셀레우코스의 데메트리오스 2세와 동맹을 맺고 팔레스타인 지역을 차지하려는 트리폰에 맞서 싸웠습니다. 그리고 그의 자손은 79년간 하스몬 왕조(B.C.142-63)를 계승하였습니다.

유대의 독립과 하스몬 왕조

하스몬 왕조는 B.C.586년에 남유다가 바벨론에 멸망한 후 최초로 독립하여 세워진 왕조입니다. 하스몬은 시몬의 선조 이름에서 유래되었습니다. 하스몬 왕조는 맛다디아의 둘째 아들 시몬이 유대의 실질적인 통치자가 된 B.C.142년부터 로마의 속국이 된 B.C.63년까지 79년 동안 지속하였습니다.

하스몬 왕조 가계도

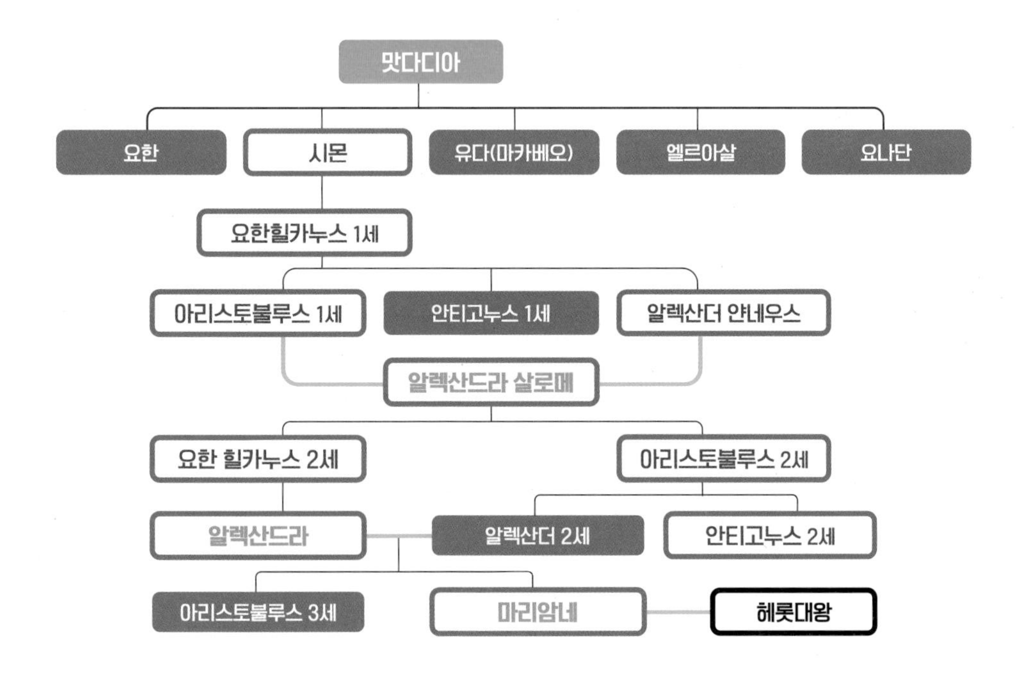

1. **시몬**(통치기간 B.C.142-135): 시몬은 그의 동생 요나단이 죽은 뒤 유대의 실질적인 통치자가 됩니다. 그러나 그는 사위 아브보스에게 암살당했습니다.

2. **요한 힐카누스 1세**(B.C.135-104): 시몬의 장남으로 유대의 최고 통치자이며 대제사장이 되었습니다. 셀로우코스 군을 물리치고 B.C.100년경에 완전한 독립을 이루었습니다. 그는 사마리아와 이두매 지역을 정복하여 강제로 유대교로 개종시켰습니다. 하시딤(보수파 유대인)들은 하스몬 왕가는 제사장 가문이 아니므로 요한 힐카누스 1세에게 대제사장직을 내려놓으라고 요구했습니다. 그러자 요한 힐카누스 1세는 하시딤과 단절하고 사두개파와 손을 잡습니다. 사두개파는 모세오경에 없는 관례나 관습, 내세, 천사, 부활, 마귀 등을 인정하지 않는 사람들이었습니다. 요한 힐카누스 1세의 대제사장직을 인정한 사두개파는 하시딤과 대립하였습니다. 권력에서 멀어진 하시딤은 후에 바리새파가 됩니다. 바리새파는 율법뿐만 아니라 관례나 관습을 추가로 만들어 엄격히 지켰습니다. 그들은 부활과 내세, 천사와 마귀의 존재도 믿었습니다.

3. **아리스토불루스 1세**(B.C.104-103): 요한 힐카누스 1세는 아내에게 유대의 통치를 맡기고 장남 아리스토불루스 1세에게는 대제사장직을 맡겼습니다. 그러나 아리스토불루스 1세는 왕권에 욕심을 내어 자기 모친을 옥에 가두어 굶겨 죽였습니다. 자기 형제들도 옥에 가두었으며 가장 사랑하던 동생 안티고누스마저 죽입니다. 그는 겨우 일 년밖에 통치하지 못했고 심한 정신적 고통에 시달리다가 병에 걸려 죽었습니다.

4. **알렉산더 얀네우스**(B.C.103-76): 아리스토불루스 1세의 동생입니다. 아리스토불루스 1세가 아들이 없이 죽자 그의 아내인 알렉산드라 살로메는 알렉산더 얀네우스를 석방하고 그와 결혼한 후 왕으로 세웠습니다. 사두개파는 얀네우스를 지지했으나 바리새파는 얀네우스와 대립하였습니다. 바리새파는 셀레우코스 왕에게 도움을 요청했고 셀레우코스 군은 유대를 공격하였습니다. 그러자 유대인들은 셀레우코스의 지배를 우려하여 얀네우스를 지지하고 셀레우코스 군을 물리쳤습니다. 얀네우스는 반란을 주도한 사람 800명을 십자가에 매달아 죽이고 그의 가족들도 몰살하였습니다. 그러나 이런 잔인한 통치가 유대인들에게 불만을 가져왔습니다.

5. **알렉산드라 살로메**(B.C.76-67): 알렉산더 얀네우스가 죽자 아내인 알렉산드라 살로메가 유대를 통치했습니다. 그녀는 율법을 지키려고 노력하여 백성들의 지지를 받았으며 추방된 바리새인들과도 화해하였습니다. 그러나 여성이 대제사장직을 수행

할 수는 없었으므로 정통성을 확보하려고 장남인 요한 힐카누스 2세를 대제사장으로 임명하였습니다.

6. **아리스토불루스 2세**(B.C.67-63): 알렉산드라 살로메 사후 아리스토불루스 2세는 사두개파를 규합하고 요한 힐카누스 2세는 바리새파를 규합하여 서로 대립하였습니다. 다행히 아리스토불루스 2세가 유대를 통치하고 요한 힐카누스 2세는 대제사장직을 유지하기로 합의했습니다. 그러나 아리스토불루스 2세와 사이가 좋지 않았던 헤롯 안티파터 2세(헤롯 대왕의 아버지)가 요한 힐카누스 2세를 충동질하였습니다. 두 형제는 서로 권력을 차지하고자 로마 폼페이우스에게 도움을 청했습니다. 이 기회를 이용하여 폼페이우스는 B.C.63년에 예루살렘을 함락시킨 후 아리스토불루스 2세를 로마로 끌고 갔고 요한 힐카누스 2세는 대제사장으로 임명하였습니다. 이후 유대와 예루살렘은 로마 제국에 속한 시리아 총독 휘하의 행정장관이 통치하였습니다. 결국 유대는 로마의 속국이 되었으며 하스몬 왕조는 사실상 무너졌습니다.

7. **요한 힐카누스 2세**(B.C.63-40): 요한 힐카누스 2세가 대제사장이었으나 실질적인 권력은 헤롯 안티파터 2세에게 있었습니다. 헤롯 안티파터 2세는 카이사르가 로마의 권력을 쥐자 카이사르를 도와준 대가로 B.C.47년에 유대 행정장관이 되었습니다. 그는 두 아들 파사엘과 헤롯 대왕을 각각 예루살렘과 갈릴리 행정장관으로 임명하였습니다.

8. **안티고누스 2세**(B.C.40-37): B.C.40년에 안티고누스 2세가 사두개인들을 규합하고 파르티아의 후원을 받아 로마에 반란을 일으킨 뒤 예루살렘을 정복하고 왕위에 올랐습니다. 그리고 요한 힐카누스 2세를 바벨론으로 축출하였습니다. 헤롯 안티파터 2세의 아들 파사엘은 파르티아 군에 잡혀 살해당했고 헤롯 대왕은 겨우 도망하여 로마로 가서 도움을 요청했습니다. 헤롯은 B.C.40년 로마로부터 유대인의 왕으로 인정받았고 로마군을 앞세워서 예루살렘으로 귀환하였습니다. 그는 안티고누스 2세와 삼 년간 전쟁을 치른 후 권력을 장악했습니다. B.C.37년에 헤롯 대왕은 로마의 지지를 받아 실질적인 유대인의 왕이 되었으며 안티고누스 2세는 처형되었습니다.

헤롯 가문의 유대 지배

헤롯 가문은 이두매(에돔) 출신 이방 가문으로서 팔레스타인과 그 인접 지역을 B.C.47년에서 A.D.70년까지 통치하였습니다.

1. **헤롯 안티파터**: 유대의 하스몬 왕조를 몰락시키고 유대를 로마의 속국으로 만든 사람입니다. 그는 로마의 율리우스 카이사르와 폼페이우스가 권력 다툼을 벌일 때 율리우스 카이사르 편에 섰습니다. 이후 B.C.47년 유대 행정장관으로 부임하였습니다.

2. **헤롯 대왕**(통치기간 B.C.37-4년): 헤롯 안티파터의 아들입니다. 아버지 덕분에 B.C. 47년 갈릴리의 첫 번째 총독이 됩니다. 유대 하스몬 왕조의 딸인 마리암네와 결혼하여 정통성을 확보하려고 했습니다. B.C.40년경 하스몬 왕조의 안티고누스 2세가 로마에 반란을 일으켜 예루살렘을 장악하자 로마로 피신했다가 로마군을 앞세우고 예루살렘으로 귀환하여 권력을 장악했습니다. B.C.37년에 실질적인 유대인의 왕이 됩니다.

   그는 산헤드린 공회의 정치적 권력을 빼앗아 의회 기능만 유지하게 했으며 대제사장도 종교적 기능만 수행하도록 권력을 제한했습니다. 그는 각종 건축 사업을 벌여 요새지, 저수지, 수로, 경기장, 궁전, 극장 등을 건설하였습니다. B.C.20년경에 헤롯 대왕은 유대인의 환심을 사려고 예루살렘 성전 건축을 시작했습니다. 성전 외형은 9년 만에 완성하였으나 세부 공사까지 완료된 시점은 그 후 사후인 A.D.64년경입니다. 하지만 A.D.70년에 로마가 유대 반란을 진압하면서 헤롯 성전을 완전히 파괴하였습니다. 예수님의 탄생 소식을 듣고 베들레헴의 어린아이들을 살육한 사람도 헤롯 대왕입니다. B.C.4년에 그가 죽고 세 아들(헤롯 아켈라오, 헤롯 안디바, 헤롯 빌립2세)이 그가 다스린 땅을 나누어 통치하였습니다.

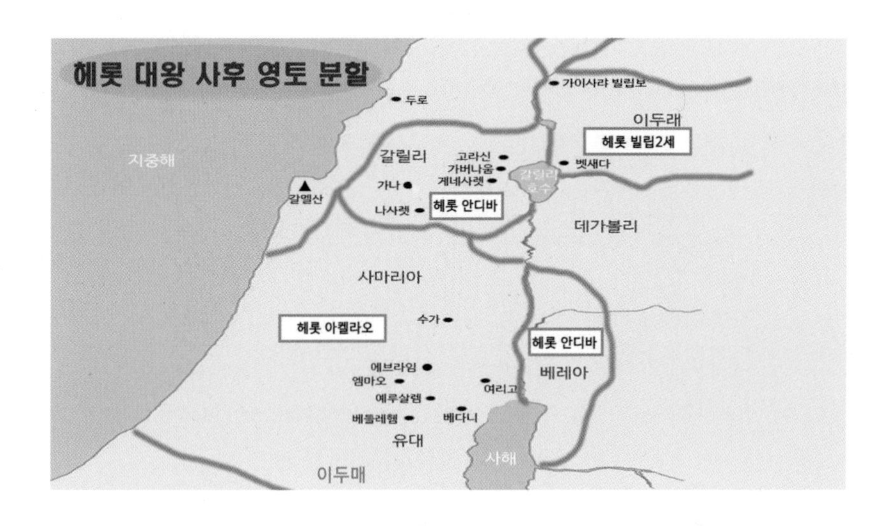

3. 헤롯 아켈라오(통치기간 B.C.4-A.D.6): 그는 아버지 헤롯 대왕이 죽은 후 유대, 예루살렘, 사마리아, 이두매 지역을 분할받았으나 정치를 가혹하게 하였으므로 로마가 그를 해임하였습니다. 예수님은 헤롯 대왕을 피해 이집트로 피신했다가 헤롯 대왕이 죽고 헤롯 아켈라오가 왕위에 오르자 이집트에서 돌아와 나사렛으로 가셨습니다.

4. 헤롯 안디바(통치기간 B.C.4-A.D.39): 그는 예수님 공생애 기간에 갈릴리와 베레아 지방을 다스렸습니다. 본처와 이혼하고 그의 동생 헤롯 빌립 1세의 아내 헤로디아와 결혼했으며 그 점을 책망한 세례 요한을 살해했습니다. 예수님을 희롱한 후 빌라도에게 넘겨준 사람이 헤롯 안디바입니다.

5. 헤롯 빌립 2세(통치기간 B.C.4-A.D.34): 헤롯 빌립 2세는 갈릴리 북동부 지역인 이두래 지방을 다스렸습니다. 그는 황제와 자신의 이름을 조합하여 만든 '가이사랴 빌립보'라는 도시를 건설했습니다. 그는 온순한 사람이어서 예수님이 갈릴리 지역에서 큰 박해 없이 복음을 전파하실 수 있었습니다.

6. 헤롯 아그립바 1세(통치기간 A.D.41-44): 헤롯 대왕의 손자입니다. 그는 로마에서 자랐기 때문에 로마 황제 칼리굴라와 친분이 있었습니다. 그래서 헤롯 빌립 2세가 죽자 갈릴리 북동부 지역을 다스리게 되었고 헤롯 안디바가 쫓겨나자 갈릴리와 베레아 지방까지 통치했습니다. 헤롯 아그립바 1세는 사도 야고보를 처형하였고 베드로를 옥에 가두었습니다. 그는 백성들이 자신에게 환호할 때 하나님께 영광을 돌리지 않았으므로 하나님의 징계를 받아 죽었습니다.

7. 헤롯 아그립바 2세(통치기간 A.D.53-70): 헤롯 아그립바 1세의 아들입니다. 사도 바울의 증언을 듣고 가이사에게 상소하지 않았으면 석방될 수 있었다고 말한 사람입니다. 그는 헤롯 가문의 마지막 왕으로 A.D.70년에 예루살렘이 파괴되자 로마로 가서 행정관이 되었습니다.

생각해 보세요

1. 느부갓네살의 꿈(머리는 순금, 가슴과 두 팔은 은, 배와 넓적다리는 놋, 종아리는 쇠, 발은 쇠와 진흙으로 이루어진 신상에 대한 꿈)은 무슨 의미인가요? (단2:36-46)

2. 1차에서 3차까지 바벨론 포로의 귀환은 각각 누가 주도하였으며 무슨 일을 했나요?

3. 에스더서에 기록된 사건은 언제 일어났나요?

4. 마카비 혁명이 일어난 계기는 무엇인가요?

5. 헤롯 가문은 어떻게 유대를 지배하게 되었나요?

9 이스라엘을 지배한 제국

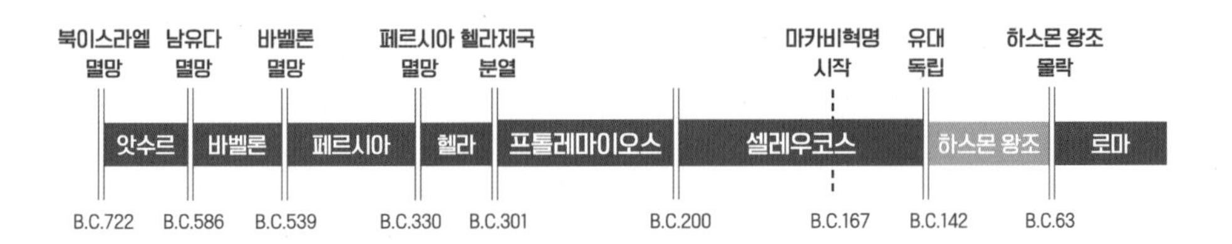

앗수르 제국

앗수르의 조상은 셈의 아들인 앗수르입니다. 앗수르는 티그리스강 상류(오늘날의 이라크) 지역을 무대로 B.C.3000년경에 형성된 도시 국가입니다. B.C.730년에 앗수르는 바벨론을 점령하고 메소포타미아 지역을 차지하였습니다.

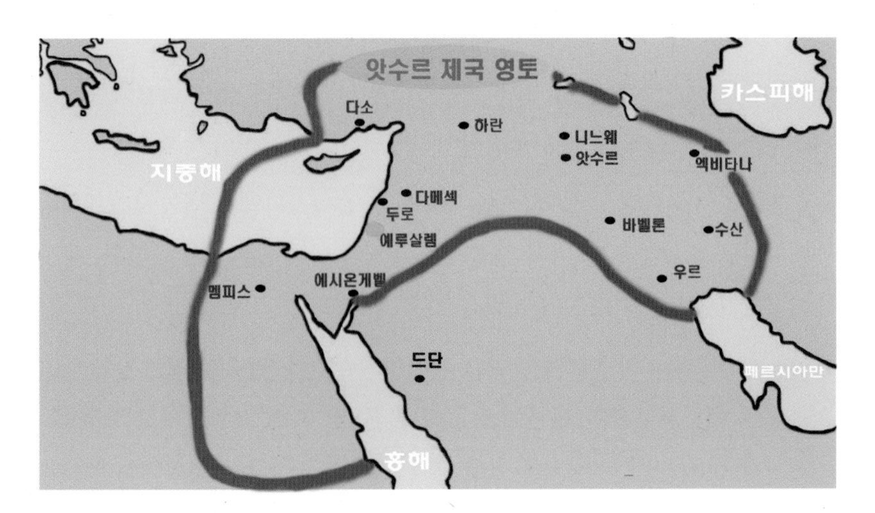

1. **앗슈르 우발리트 1세**(B.C.1353-1318년경): 국가 형태를 벗고 점차 제국의 기반을 다져 이집트와 대등한 위치까지 올라갔습니다.
2. **디글랏 빌레셀 1세**(B.C.1115-1076년): 지중해, 터키 동부 지역의 반 호수까지 영토를 확장하여 제국의 기틀을 공고히 하였으나 이후 200년간 쇠퇴하였습니다.
3. **앗슈르 나시르 팔 2세**(B.C.884-858년): 강력한 철기로 무장한 군사력을 기반으로 잔혹하기 그지없는 침탈 전쟁을 일으켜 주변국들을 정복해 나갔습니다.

4. **살만에셀 3세**(B.C.858-824): 아람과 팔레스타인을 공략하였습니다. 북이스라엘의 아합과 예후는 아람과 연합하여 앗수르에 맞섰으나 후에 예후는 앗수르에 굴복하여 조공을 바쳤습니다.

5. **아다드 니나리 3세**(B.C.810-783): 서부 원정에 나서 다메섹, 두로, 시돈, 에돔, 블레셋 등을 복종시켰습니다. 북이스라엘 요아스 왕은 앗수르에 조공을 바쳤습니다.

6. **아슈르단 3세**(B.C.771-754년): 이 시점에 요나가 니느웨를 방문하여 회개의 메시지를 선포하였습니다.

7. **디글랏 빌레셀 3세**(B.C.745-727): 성경에서 앗수르 왕 불로 기록된 왕입니다. 바벨론까지 점령하면서 앗수르의 전성기를 이룹니다. 북이스라엘 므나헴 왕은 디글랏 빌레셀 3세에게 조공을 바쳤습니다. 그러나 베가 왕이 배반하자 앗수르는 북이스라엘을 침략하여 길르앗, 갈릴리, 납달리 지역의 많은 사람을 포로로 끌고 갔습니다. 앗수르는 호세아가 베가를 암살하도록 부추겼으며 베가가 죽은 후 호세아를 왕으로 세웠습니다. 북이스라엘(호세아)과 남유다(아하스) 모두 앗수르에 조공을 바쳤습니다.

8. **살만에셀 5세**(B.C.727-722): 호세아가 반역하자 남아 있던 땅(에브라임 지파와 므낫세 지파의 지역, 사마리아 남쪽)을 모두 점령하고 사마리아를 3년간 포위하였습니다.

9. **사르곤 2세**(B.C.722-705): 사마리아를 정복하고 북이스라엘을 멸망시켰습니다. 북이스라엘 사람들을 앗수르의 여러 성읍에 이주시켰고 바벨론, 구다, 아와, 하맛, 스발와임 사람들을 사마리아에 이주시켰습니다.

10. **산헤립**(B.C.705-681): 바벨론의 반역을 진압하였습니다. 남유다 히스기야 왕 때 유다를 침공하여 예루살렘까지 접근했으나 하나님께서 히스기야의 기도를 들어 주셔서 주의 천사가 185,000명의 앗수르 군을 몰살시켰습니다. 그는 전쟁에서 패한 뒤 본국으로 돌아갔으나 두 아들에게 살해되었습니다.

11. **에살핫돈**(B.C.681-669): 산헤립의 아들로 아버지를 죽이는 반역에는 가담하지 않았습니다. 이방인들을 사마리아 땅에 이주시키는 혼합주의 정책을 펼쳤습니다. 이집트를 정복하여 영토를 최대로 확장했으며 유다 왕 므낫세를 사로잡아 바벨론으로 데려갔습니다.

12. **앗수르바니팔**(B.C.669-627): 이집트의 반란을 진압하였습니다. 그러나 앗수르바니팔 왕 이후 앗수르는 쇠퇴의 길을 걷게 됩니다.

13. 앗수르의 멸망: B.C.626년에 나보폴라사르(느부갓네살의 부친)가 바벨론 외곽에서 앗수르 군대를 무찌르고 신바빌로니아제국을 세웠습니다. B.C.612년에 바벨론과 메대 군인들로 구성된 연합군대가 앗수르의 니느웨 성을 함락했습니다. B.C.609년에 남아 있던 앗수르 군대를 하란에서 격퇴하여 앗수르를 멸망시켰습니다. B.C.609년에 앗수르와 바벨론이 싸울 때 앗수르를 지원하기 위해 이집트의 왕 느고가 남유다를 통과하도록 요시야에게 요청했습니다. 요시야 왕이 거절하자 므깃도에서 남유다와 전쟁을 했는데 그 전쟁에서 요시야는 전사했습니다. 하나님은 나훔과 스바냐 등을 통해 앗수르가 멸망한다는 사실을 미리 알려 주셨습니다(나2:10, 습2:13).

바벨론 제국

바벨론 제국은 함의 손자인 니므롯이 세운 도시 중 하나입니다. B.C.2400년경 바벨론은 작은 도시 국가에 불과했습니다. 이후 셈족 계열의 아모리인들은 바벨론을 중심으로 B.C.1894년에 구바빌로니아 제국을 건설하였습니다. B.C.1792년에 즉위한 함무라비 왕은 강력한 힘을 바탕으로 주변 국가들을 제압하고 메소포타미아 전 지역을 자신의 지배하에 두었습니다.

1. 함무라비 왕(B.C.1792-1750): 함무라비 법전을 공포하고 도시 국가들을 연합하여 종교적인 통합을 시도했습니다. 구바빌로니아 시대를 번영으로 이끌었습니다.

2. 카시트 왕조(B.C.1570~1155): 동방 산악 지대로부터 바벨론 평원을 침입하여 약 400년간 바벨론을 지배하였습니다.

3. **느부갓네살 1세**(B.C.1124~1103): 바벨론을 약탈한 엘람의 수도 수사를 습격하여 바벨론의 수호신 마르둑을 되찾아 왔습니다.

4. **앗수르의 공격**: 바벨론은 중앙 메소포타미아의 패권을 놓고 앗수르와 경쟁하였습니다. 앗수르 왕 디글랏 빌레셀 3세(B.C.745-727) 때 앗수르의 지배를 받기도 했으나 끊임없이 저항했습니다. 앗수르 왕 산헤립(B.C.705-681)은 B.C.689년에 바벨론의 반란을 진압하고 약탈과 파괴를 자행했습니다.

5. **나보폴라사르**(B.C.626-605): B.C.626년에 나보폴라사르(느부갓네살 2세의 부친)가 바벨론 외곽에서 앗수르 군을 무찌르고 신바빌로니아제국을 세웠습니다. B.C.612년에 바벨론과 메대 연합군대가 앗수르의 니느웨 성을 함락했습니다. B.C.609년에 남아 있던 앗수르 군대를 하란에서 격퇴하여 앗수르를 멸망시켰습니다.

6. **느부갓네살 2세**(B.C.605-562): 나보폴라사르의 아들입니다. 그는 군대 지휘관으로서 4년 동안(B.C.609-B.C.605) 계속된 갈그미스 전투에서 이집트 군대를 무찔렀습니다. 유다의 여호야김은 바벨론을 섬겼으나 3년 만에 바벨론을 배반합니다. 느부갓네살 2세는 여호야김과 여호야긴을 바벨론으로 끌고 간 뒤 요시야의 셋째 아들 시드기야를 남유다의 왕으로 삼았습니다. 하지만 시드기야도 바벨론에 반역하자 B.C.586년에 예루살렘을 함락하고 남유다를 멸망시켰습니다. 그는 두로, 수리아, 모압, 암몬, 블레셋을 함락하고 이집트 원정도 단행하였습니다. 그는 포로를 동원하여 바벨론에 성벽과 왕궁, 신전, 대운하를 건설하였으며 왕비를 위해 공중정원도 만들었습니다. 하나님은 여러 나라를 징계하기 위한 수단으로 그를 선택했을 뿐인데 느부갓네살 2세는 모든 영광이 자신의 능력과 권세 덕분이라고 착각했습니다. 그는 다니엘이 해석한 꿈대로 정신질환을 앓다가 7년 만에 제정신으로 돌아왔습니다.

7. **에윌므로닥**(B.C.562-560): 느부갓네살 2세의 아들로 여호야긴 왕을 풀어주고 잘 대해주었습니다(왕하25:27).

8. **네르글리시르**(B.C.560-556): 그는 예루살렘이 포위되었을 때 시드기야 왕 앞에 나타난 궁중 장관 네르갈사레셀로 추정됩니다(렘39:3). 네르글리시르는 느부갓네살 2세의 사위로서 에윌므로닥 왕을 살해하고 왕위에 올랐습니다.

9. **나보니두스**(B.C.556-539): 바벨론의 마지막 왕입니다. 그는 느부갓네살의 집안 출신이 아니라 하란 출신으로 달의 신 신(Sin)의 제사장 아들이었습니다. 바벨론 백성은

'마르둑'이라는 신을 섬겼으나 나보니두스와 그의 아들 벨사살은 '신(sin)'이라는 이름의 신을 섬겼기 때문에 기존 세력과 마찰이 있었습니다. 나보니두스는 명확한 이유 없이 아라비아 사막에서 10년 동안 머물렀습니다. 그를 대신하여 아들 벨사살이 바벨론을 다스렸습니다. 벨사살이 다니엘을 세 번째 높은 자리에 임명한 까닭은 부친 나보니두스에 이어 자신이 두 번째 위치에 있었기 때문입니다. 페르시아 왕 고레스는 B.C.550년에 메디아를 정복했습니다. 뒤를 이어 B.C.546년에는 리디아까지 정복했습니다. B.C.539년에 고레스는 유프라테스강 물줄기를 돌리고 말라 버린 강바닥으로 군대를 진격시켜 바벨론을 점령하였습니다. 하나님은 고레스가 바벨론을 점령한다는 사실을 이사야를 통해 이미 170년 전에 예언하셨습니다(사44:27-28).

페르시아 제국

페르시아(Persia)라는 말의 기원은 고대 그리스인들이 이란 남서부 해안 지역에 사는 사람들을 파르스(Fars)라고 부른 데서 비롯되었습니다. 키루스 2세(고레스 대왕)가 메디아를 정복한 때인 B.C.550년을 페르시아 제국의 시작으로 봅니다.

1. **키루스 2세**(고레스, B.C.559-529): 메디아(메대) 왕 아스티아게스에게는 만다네라는 딸이 있었습니다. 왕은 만다네가 낳은 아들이 자기를 반역하고 아시아 전체를 점령하는 꿈을 꿉니다. 그는 만다네를 페르시아(바사)의 하층민인 캄비세스에게 시집보냈습니다. 만나네가 아들을 낳자 왕은 신하 하르파고스를 시켜 만다네의 아들을 죽이라고 명령하였습니다. 하르파고스는 왕의 명령을 듣지 않고 고레스를 소를 치는 집에

맡겼습니다. 고레스가 10살 때 친구들과 놀이를 하였는데 고레스가 왕의 역할을 하면서 자기 명령을 어긴 아이를 심하게 매질하였습니다. 심하게 매질 당한 아이는 메디아 귀족의 아들이었습니다. 이 소식을 들은 아스티아게스 왕은 고레스를 데려오게 하였는데 고레스를 보자마자 자기의 외손자라는 사실을 알아차렸습니다. 왕은 고레스가 친부모와 살도록 허락하였습니다. 그러나 자신의 명령을 어긴 신하 하르파고스는 용서할 수가 없어서 하르파고스의 아들을 죽여 버립니다.

원한을 품은 하르파고스는 왕에게 반란을 꾀하였고 고레스가 메디아를 정복하도록 도와줍니다. 고레스는 메디아의 도시 엑바타나로 진군하여 메디아를 점령하였습니다(B.C.550). 그리고 B.C.546년에는 페르시아(바사)와 메디아가 연합하여 리디아까지 점령하였습니다. 부유한 나라인 리디아를 정복하여 가난한 나라였던 페르시아는 갑자기 부유하게 되었습니다. B.C.539년 고레스는 바벨론도 정복하였습니다. 바벨론 백성들이 나보니두스에게 등을 돌렸으므로 바벨론 정복은 신속하면서도 큰 저항 없이 이루어졌습니다. B.C.538년 고레스는 칙령을 내려 유대인들이 고국으로 돌아가도록 허락했습니다. 이것은 하나님이 고레스의 마음을 감동시켰기 때문입니다(스1:2).

2. **캄비세스 2세**(B.C.528-522): 고레스의 아들인데 폭군이었습니다. 그는 여동생 아토사(후에 다리우스 1세의 아내가 됨)와 메로에를 아내로 삼았습니다. 캄비세스 2세는 이집트 원정을 떠나기 전 남동생 스메르디스를 죽이라고 명령하였습니다. 스메르디스의 죽음을 슬퍼한 아내 메로에까지 죽였습니다. 그는 반란군을 진압하러 이집트에서 페르시아로 돌아오는 길에 말에서 떨어져 죽었습니다.

3. **다리우스 1세**(다리오, B.C.521~486): 페르시아의 군인이며 왕족 출신입니다. 가짜 스메르디스 흉내를 내며 반란을 일으킨 가우마타를 죽이고 왕위에 올랐습니다. 그는 그리스를 점령하려 했으나 마라톤 전투에서 패해 실패했습니다. 말년에 이집트가 반란을 일으키자 이집트 원정을 준비하다가 죽고 맙니다. 그는 왕이 되기 전부터 스룹바벨과 친구 사이였습니다. 그래서 스룹바벨에게 중단된 성전을 재건하도록 허락해 주었습니다. 다니엘서에 나오는 다리오 왕과는 동명이인입니다.

4. **크세르크세스 1세**(아하수에로, B.C.486-465): 다리우스 1세와 고레스의 딸 아토사 사이에 태어난 아들입니다. 이집트와 바벨론의 반란은 진압하였으나 살라미스의 해전에서 그리스 군대에 패배하여 그리스는 정복하지 못했습니다. 그는 왕후 와스디를 내

쫓고 에스더를 왕비로 삼았습니다. 아하수에로 왕 때 페르시아의 영토는 동쪽으로 현재 파키스탄, 서쪽으로 중앙아시아와 서아시아, 북쪽으로 마케도니아, 남쪽으로 시나이 반도를 거쳐 이집트까지 이르렀습니다. 말년에 왕궁에서 호화생활을 누리다가 신하에게 살해되었습니다.

5. **아닥사스다 1세**(B.C.464-424): 아하수에로의 아들로 부친을 암살한 아르파타나를 죽이고 왕위에 올랐습니다. 왕의 자문 역할을 맡았던 에스라에게 포로 귀환(2차)을 허락하였습니다. 왕의 술 맡은 관원장인 느헤미야를 유대 총독으로 임명한 뒤 포로 귀환(3차)을 허락해 주었습니다.

6. **다리우스 3세**(B.C.336~330): B.C.333년 이수스 전투에서 마케도니아의 알렉산더에게 대패했습니다. 재기를 도모하는 중 박트리아 총독인 베수스에게 암살되어 페르시아 제국은 멸망했습니다.

헬라[그리스] 제국

마케도니아 왕국은 필리포스 2세 때 그리스 도시 국가 연합체를 이끌었습니다. 필리포스 2세의 아들 알렉산드로스 3세(알렉산더 대왕)는 페르시아, 이집트, 인더스강까지 점령하여 헬라 제국을 건설했습니다. 하지만 알렉산드로스 3세 사후에 왕국은 부하 장군들이 나누어 통치했습니다.

1. **필리포스 2세**(재위 B.C.359~336): 알렉산더 대왕의 아버지입니다. B.C.338년에 카이로네아 전투에서 아테네와 테베를 이기고 코린토스 동맹을 조직하여 그리스를 연합하였습니다. 하지만 페르시아 원정을 준비하는 과정에서 암살당하였습니다.

2. **알렉산드로스 3세**(알렉산더 대왕, 재위 B.C.336~B.C.323): 왕위에 오른 알렉산더는 그리스 도시 국가 테베의 반란을 진압하고 그리스를 통합했습니다. 그는 페르시아 원정길에 올라 B.C.333년에 이수스 전투에서 다리우스 3세의 군대를 대파했습니다. 그리고 두로, 유대, 가자, 이집트를 점령했습니다. 알렉산더는 바벨론, 수사, 페르세폴리스, 엑바타나 등 여러 도시를 점령하고 인도의 인더스강까지 진군했으나 열병이 퍼지고 장마가 계속되자 B.C.324년에 페르세폴리스로 돌아왔습니다. B.C.323년 바벨론에서 아라비아 원정을 준비하던 중 33세의 젊은 나이로 갑자기 죽었습니다. 그는 정복한 땅에 자기 이름을 딴 알렉산드리아라는 도시를 70개나 건설하였습니다. 고

대 동방의 문화를 오리엔트 문화라고 합니다. 알렉산더는 오리엔트 문화와 그리스 문화를 합하여 헬레니즘 문화를 탄생시켰습니다. 알렉산더는 유대인들을 배려하여 7년마다 다가오는 안식년에는 조공을 바치지 않도록 하였다고 합니다.

알렉산더가 사망한 후 알렉산더의 이복동생 필리포스 아리다이오스가 왕으로 선출되었습니다. 그리고 알렉산더가 죽을 때 그의 아들은 태아였는데 태어나면 공동 통치자로 추대하겠다고 결의하였습니다. 하지만 이복동생과 알렉산더의 아들은 단지 권력 투쟁의 도구였습니다. 결국 둘 다 암살당하고 맙니다. 알렉산더의 장군 안티고노스가 알렉산더 제국을 모두 차지하려고 하자 장군들 사이에 전쟁이 벌어졌습니다. B.C.301년에 안티고노스가 입소스 전투에서 패하자 헬라 제국은 4개로 분할(셀레우코스, 프톨레마이오스, 카산드로스, 리시마코스)되었습니다. 이후 헬라 제국은 크게 셀레우코스 왕조(이집트와 일부 영토를 제외하고 예전의 페르시아 영토의 대부분), 프톨레마이오스 왕조(이집트), 안티고노스 왕조(마케도니아)로 나뉘었으며 그 외에 군소 왕국들도 있었습니다.

알렉산더가 유대를 향해 진격해 왔을 때 대제사장은 자주색과 주홍색 옷에 하나님의 이름을 새긴 금패가 달린 모자를 쓰고 나왔으며 백성들은 흰옷을 입고 알렉산더를 맞이했다고 합니다. 알렉산더는 유대인들에게 비교적 관대하여 안식년마다 조공을 받지 않겠다고 하였습니다. 알렉산더 사후 유대는 약 100년 동안 프톨레마이오스 왕조의 지배를 받습니다. 프톨레마이오스 왕조는 세금을 바치는 조건으로 대제사장을 중심으로 한 유대의 자치권을 용인했습니다. 하지만 B.C.200년경 셀레우코스 왕조가 파네아 전투에서 프톨레마이오스 왕조에 승리하자 유대는 셀레우코스 왕조의 지배하에 들어갑니다.

셀레우코스의 안티오쿠스 4세 에피파네스(재위 B.C.175-164)는 예루살렘을 약탈하고 아론의 후손이 아닌 사람을 대제사장으로 앉혔습니다. 그는 유대인들에게 우상을 숭배하게 하고 돼지고기를 먹도록 강요하는 악행을 저질렀습니다. 이에 반발해 B.C.167년에서 B.C.142년까지 유대인들은 셀레우코스 왕조와 전쟁을 하였으며 마침내 독립하였습니다. 그러나 B.C.63년에 로마의 속국이 되고 맙니다.

로마 제국

B.C.8세기 무렵 그리스에서 지중해를 건너 이주한 한 집단이 테베레강 근처에 정착하면서 로마의 역사가 시작됩니다. 설화에 의하면 테베레강에 버려진 로물루스와 레무스가 늑대의 젖을 먹고 자랐는데 후에 로물루스가 레무스를 죽이고 약 3,000명의 백성을 거느리고 로마라는 작은 도시 국가를 건설했다고 합니다. 로마는 로물루스의 이름을 따서 지었습니다. 로물루스는 최고 의결기구인 원로원을 창설했습니다. 로마는 로물루스 이후 왕정 체제(B.C.753-510)를 거치면서 국가의 기초를 다집니다. B.C.510년부터 시작된 공화정 체제가 대제국으로 발전한 원동력입니다. 로마는 카르타고와 벌인 포에니 전쟁에서 승리하면서 점차 세력을 키워 지중해 연안, 북아프리카, 아시아, 북유럽, 영국까지 세력을 확장하였습니다. 로마의 영토가 커지자 정복지를 속주로 삼아 통솔하는 사람의 권력도 커졌는데 이때 등장한 인물이 율리우스 카이사르입니다.

1. **율리우스 카이사르**(B.C.100년 출생, B.C.44년 사망): 카이사르는 로마의 황제는 아니었으나 황제와 같은 권력을 휘둘렀습니다. 사람들은 율리우스 카이사르를 '줄리어스 시저'라고 불렀습니다. 신약성경에는 '가이사'로 나옵니다. 그는 동전에 자신의 얼굴을 새겼는데 예수님께서 가져오라고 한 동전에도 그의 얼굴이 새겨 있었습니다. 카이사르는 로마가 공화정 체제에서 황제 체제로 바뀌어야 한다고 주장했습니다. 공화정은 원로원과 시민의 협의체입니다. 공화정을 지지하는 세력들은 공화정이 없어지는 사태를 막고자 카이사르를 암살했습니다. 그가 죽은 후에 원로원은 그의 양자인 옥타비아누스를 로마 제국의 첫 번째 황제로 삼았습니다.

2. **옥타비아누스**(B.C.27-A.D.14): 옥타비아누스는 카이사르의 양자로서 그의 후계자가 되었습니다. 그는 이집트 여왕 클레오파트라와 사랑에 빠진 정적 안토니우스를 악티움 해전에서 물리치고 정권을 잡았습니다. 성경에서는 '가이사 아구스도'로 나옵니다. '가이사'는 율리우스 카이사르의 성으로 황제를 지칭하며 '아구스도'는 '아우구스투스'로 존엄한 자라는 뜻입니다. 이는 원로원이 옥타비아누스에게 바친 존칭입니다. 옥타비아누스는 세금의 누수를 막고자 나라 전체 인구를 파악하려고 모두 자기 고향으로 가서 조세 등록(호적)을 하라는 칙령을 내립니다. 요셉과 마리아도 이 칙령에 따라 조세 등록을 하러 베들레헴으로 갔습니다. 옥타비아누스 이후 로마는 황제 한 사람에게 모든 권력을 집중하는 실질적인 황제국가가 됩니다.

3. **티베리우스**(A.D.14-37): 옥타비아누스는 첫 부인과 이혼한 뒤 유부녀인 리비아를 이혼시키고 그녀와 결혼하였습니다. 티베리우스는 리비아가 옥타비아누스와 결혼하기 전에 이미 키우고 있던 아들입니다. 옥타비아누스는 자신의 뒤를 이을 아들이 없어 결국 자신의 딸인 율리아를 티베리우스에게 아내로 주고 그를 후계자로 삼았습니다. 티베리우스의 재위 기간은 예수님의 청소년기부터 십자가 처형과 사도행전 초기까지 해당합니다. 신약성경에서는 디베료 황제로 나옵니다. 그가 황제가 되고 15년 후에 본디오 빌라도가 유대 총독으로 부임합니다. 티베리우스는 카프리 섬에 은둔하며 문서로 정치를 했기 때문에 빌라도 입장에서는 유대에 민란이 나면 황제와 대면하여 제대로 항변할 수 없다고 판단하여 예수님을 십자가에 못 박도록 내어주었습니다.

4. **칼리굴라**(A.D.37-41): 그의 아버지는 티베리우스의 양자였으나 갑작스럽게 죽고 말았습니다. 칼리굴라는 할아버지인 티베리우스 황제가 죽자 원로원의 추대를 받아 황제가 됩니다. 4년간 황제의 자리에 있었으나 근위대 대대장과 근위병들에게 암살

당했습니다. 그는 자기의 흉상을 만들어 곳곳에 세워놓고 숭배하도록 하였습니다. 그리스인은 유대인의 회당에 칼리굴라 동상을 놓고 절하도록 강요했으며 유대인들이 황제를 숭배하지 않는다고 칼리굴라에게 고발했습니다. 보고를 받은 칼리굴라는 유대인들을 알렉산드리아와 로마에서 추방하였습니다.

5. **글라우디오**(A.D.41-54): 티베리우스의 조카로 근위대가 그를 왕으로 옹립하였습니다. 헤롯 아그립바와 개인적으로 친분이 두터웠다고 합니다. 그는 예루살렘에 머물던 로마 총독과 군단을 가이사랴로 옮겨 예루살렘에 사는 유대인을 자극하지 않으려고 했습니다. 그는 사도행전에 나오는 벨릭스를 유대 총독으로 임명했습니다. 글라우디오는 유대를 삼등분하여 아그립바 2세와 총독 두 명이 다스리게 했으나 다시 양분하여 아그립바 2세와 총독 한 명이 다스리게 하였습니다. 로마에서 유대교도와 기독교도 간에 잦은 충돌이 발생하자 유대인들을 로마에서 추방하였습니다. 그때 브리스길라와 아굴라도 추방당하여 고린도에서 사도 바울을 만날 수 있었습니다. 그는 남편과 사별하고 네로라는 아들까지 둔 아그리피나와 결혼했으나 그녀에게 독살당합니다.

6. **네로**(A.D.54-68): 네로의 어머니는 네로를 데리고 글라우디오와 결혼한 후 글라우디오와 그의 자식들을 암살하고 네로를 황제에 앉혔습니다. 하지만 그녀도 네로에게 살해당합니다. A.D.64년 7월에 이틀간 로마에 대화재가 일어났습니다. 네로가 일부러 로마에 불을 냈다는 소문이 나돌았습니다. 위기에 몰린 네로는 대화재의 책임을 기독교인에게 돌립니다. 당시 기독교가 성찬식 때 사람의 살과 피를 먹는다는 괴소문이 그리스도인의 학살에 명분을 주었습니다. 그리스도인들은 짐승에게 물려 몸이 찢겨 죽거나 몸이 태워져 등불로 사용되었습니다. 사도 바울을 비롯한 많은 기독교 지도자들이 이때 순교를 당했습니다. 로마의 박해는 A.D.64년부터 A.D.313년 콘스탄티누스 황제가 기독교를 공인할 때까지 계속되었습니다.

7. **티투스**(A.D.79-81): 티투스는 베스파시아누스 황제의 아들로 A.D.70년에 유대 반란을 진압한 인물입니다. 유대인은 선민사상이 있었는데 로마 총독이 유대인의 정서를 무시하고 신전에 바친 헌금까지 압류하는 사건이 일어나자 A.D.66년에 반란을 일으켰습니다. 로마 제국에 대한 반란은 열심당이 주도했는데 열심당은 선민사상으로 무장한 급진파였습니다. 당시 로마는 네로가 죽고 황제들이 암살되는 혼란한 가운데 있어서 반란 진압이 지연되었습니다. 그러나 베스파시아누스가 황제로 즉위하면서 아들 티투스를 보내 예루살렘의 반란을 진압하도록 지시했습니다. 당

시 예루살렘 인구는 약 60만 명이었으며 무장한 반란군은 약 2만 5천 명이었습니다. A.D.70년에 로마군은 예루살렘을 다섯 달 동안 포위한 뒤 성을 함락했습니다. 많은 사람이 십자가형을 당했고 성전은 완전히 파괴되었습니다. 약 10만 명의 유대인이 포로로 잡혀가 로마의 콜로세움 등을 건축하는 노예가 되었습니다.

A.D.79년 그가 황제로 있을 때 베수비오 화산이 폭발하여 폼페이가 땅속에 매몰되었고, A.D.80년에는 로마에 대화재가 발생했으며, A.D.81년에는 페스트가 만연하였습니다. 그러나 티투스는 로마의 재건과 구제 사업에 최선을 다해 로마 시민들에게 존경을 받은 황제였습니다.

8. **콘스탄티누스**(A.D.306-337): A.D.313년, 그는 밀라노 칙령을 공포하여 기독교를 로마 제국의 공식적인 종교로 인정하였습니다. 당시까지 전국적으로 벌어지고 있던 기독교 박해를 중단시켰고 교회의 사법권과 재산권을 인정하였습니다.

9. **테오도시우스**(A.D.379-395): A.D.391년, 그는 모든 비기독교 의식을 금지하였습니다. A.D.392년에는 기독교를 로마의 국교로 정했습니다. 그리고 로마 제국 전역에서 공적이나 사적으로 행해지는 모든 형태의 이교 숭배를 불법으로 규정하였습니다.

10. **로마제국의 분열**: 테오도시우스는 로마 제국을 혼자서 통치할 수 없다고 판단했습니다. A.D.395, 그는 제국을 동서로 나눠 자기 아들들에게 맡겼습니다.

11. **로마 제국의 멸망**: 서로마 제국은 A.D.476년에 게르만족의 침입으로 멸망했으며 동로마 제국은 A.D.1453년에 오스만 제국에 멸망했습니다.

생각해 봅시다

1. 이스라엘을 지배했던 제국의 이름을 순서대로 써 보세요.

2. 북이스라엘을 멸망시킨 제국의 이름은 무엇인가요?

3. 남유다 히스기야 왕 시절에 남유다를 침공한 왕은 어느 제국의 누구인가요?

4. 남유다를 멸망시킨 제국의 이름은 무엇이며 그 제국의 왕은 누구인가요?

5. 페르시아 제국을 세웠으며 유대인 포로 귀환을 허락한 왕은 누구인가요?

6. 2차와 3차 포로 귀환을 허락한 페르시아 왕은 누구인가요?

7. 헬라 제국이 분열된 까닭은 무엇인가요?

8. 마리아가 임신했을 때 요셉과 마리아가 베들레헴으로 간 까닭은 무엇인가요?

9. 빌라도가 예수님을 십자가에 처형하도록 허락한 까닭은 무엇인가요?

10. 네로가 로마 대화재의 책임을 그리스도인에게 돌린 까닭은 무엇인가요?

11. 기독교를 로마의 국교로 정한 황제는 누구인가요?

10 이스라엘의 주변 국가

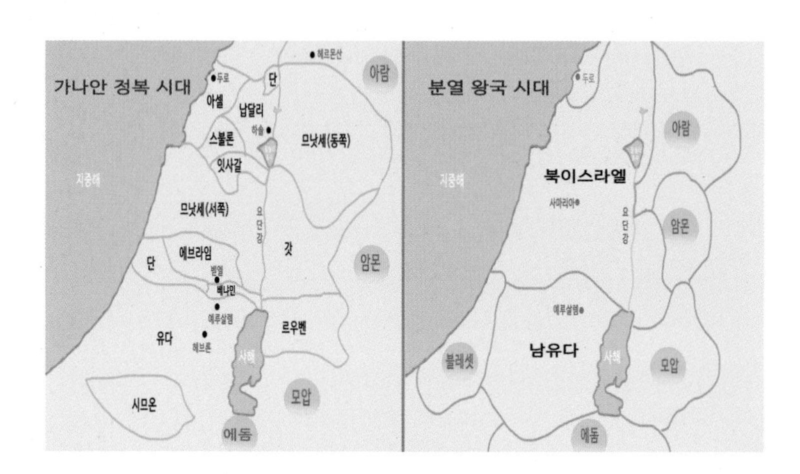

에돔

에돔은 '붉은'이란 뜻이며 이삭의 장남 에서의 후손이 세운 나라입니다. 에돔의 위치는 지금의 이스라엘 남쪽 지방 사해 주변과 요르단의 산악 지방(세일 산이 근거지)입니다. 이곳은 수리아와 메소포타미아, 아라비아, 이집트를 연결하는 교통의 요지이며 군사적, 정치적, 경제적으로 중요한 곳이었습니다.

에서는 야곱과 함께 아버지 이삭을 장사한 후 가나안 땅을 떠났습니다. 소유가 너무 많아 야곱과 함께 있을 수 없었기 때문입니다. 야곱의 가족이 기근을 피해 이집트로 이주하였을 때도 에서의 후손은 계속 그곳에 머물렀습니다. 이스라엘이 이집트를 탈출한 후 가나안에 들어가기 위해 에돔 땅을 통과하게 해 달라고 요청했으나 에돔인들은 거절했습니다. 하나님은 세일 산을 에서에게 주었으므로 에돔과 싸우지 말라고 하셨습니다.

에돔은 다윗 왕에게 패해 남유다에 복속되었습니다. 이후 종종 반란을 일으켜 남유다를 괴롭혔습니다. 유다가 공격을 당할 때 에돔이 침입하여 약탈하였는데 이 때문에 하나님으로부터 멸망 선고를 받았습니다. 이후 바벨론의 침략을 받아 쇠퇴하였고 동쪽에서 이주해 온 나바테아인들에게 밀려나 유다 남쪽 브엘세바로 이주하였습니다. 이곳에서 유대인들과 점차 동화되어 이두매 사람으로 불렸습니다. 헤롯이 이두매 출신입니다. A.D.70년에 예루살렘이 로마에 함락되면서 에돔은 역사 속으로 사라졌습니다.

모압

모압은 '아버지의 소생'이란 뜻입니다. 롯의 첫째 딸이 아버지와 근친상간하여 모압을 낳았는데 그가 모압 족속의 조상입니다. 남쪽 세렛 골짜기가 에돔과 경계이며, 북쪽 아르논 강이 암몬과 경계입니다. 사해 동편 고원 지대를 중심으로 거주하였습니다.

모압은 이스라엘과 계속 갈등 관계를 유지했습니다. 이스라엘 백성들이 가나안 땅으로 가는 지름길인 모압 땅을 지나가기를 원했으나 모압인들은 허락하지 않았습니다. 이스라엘은 모압 땅을 우회하면서 아모리 족속과 전쟁을 하였는데 전쟁에서 승리하여 그들의 땅을 정복하였습니다. 이에 두려움을 느낀 모압 왕 발락이 술사 발람을 초청하여 이스라엘을 저주하도록 부탁했습니다. 발람은 재물에 눈이 어두워 이스라엘을 저주하고 싶었으나 하나님이 두려워 저주하지 못했습니다. 하지만 모압 왕에게 이스라엘 남자가 모압 여자와 음행하도록 조언하여 이스라엘이 하나님의 징계를 받도록 하였습니다.

모세는 가나안 땅에 들어가지 못하고 모압 땅 느보산에서 죽음을 맞았습니다.

사사 시대에 모압 왕 에글론이 이스라엘을 18년간 압제하였을 때 사사 에훗이 에글론을 살해하여 모압의 압제에서 벗어났습니다. 사사 시대에 모압 출신 여인 룻이 시어머니 나오미를 따라 베들레헴에 돌아와서 보아스와 결혼한 일이 있었습니다. 룻은 다윗의 증조할머니가 되었습니다.

모압은 이스라엘의 분열 왕국 시기에 사울과 적대 관계였으나 사울에게서 도피 중이던 다윗의 부탁을 받아 그의 부모를 보호해 주기도 하였습니다. 하지만 다윗이 왕이 된 후 이스라엘에 정복당하여 조공을 바치는 신세가 되었습니다.

솔로몬은 모압과 결혼 동맹을 맺었습니다. 모압 여인들은 그들의 신 그모스를 이스라엘에 들여왔습니다. 그로 인해 이스라엘은 우상 숭배의 죄를 범하고 말았습니다. 이스라엘이 분열된 후 모압은 아합 왕 때까지 북이스라엘의 지배를 받았습니다. 아합이 죽은 후 모압 왕 메사가 독립 전쟁을 벌이기도 하였습니다.

모압은 앗수르와 바벨론에 많은 침략과 지배를 받다가 B.C.5세기경 나바테아인들에게 정복당하여 그들의 왕국에 편입되었습니다. 하나님은 모압이 멸망한다는 사실을 이미 대언자를 통해 말씀하셨습니다. 모압의 멸망은 우상 숭배와 음행, 교만에 대한 하나님의 심판이었습니다.

암몬

암몬은 '친족의', '근친의'라는 뜻입니다. 소돔과 고모가 멸망한 뒤 살아남은 롯의 둘째 딸이 소알 근처에서 아버지와 근친상간하여 '벤암미'라는 아들을 낳았는데 그가 암몬 족속의 조상입니다. 암몬은 요단강 동편에 위치하였습니다. 이스라엘과 경계는 요단강이며 모압과 경계는 남쪽 아르논강입니다. 암몬의 수도는 랍바입니다.

암몬의 신은 말감인데 '그들의 왕'이란 뜻입니다. 말감은 밀곰과 몰렉이라고도 불립니다. 암몬인들은 말감에게 어린아이를 희생제물로 드리는 인신 제사를 했습니다. 인신 제사는 신의 마음을 달래려고 하거나 전쟁에서 승리하고 복을 받기 위해 행하였는데, 불로 말감의 손을 뜨겁게 한 다음에 말감의 손 위에 아이를 올려놓아 태워 죽였습니다. 하나님은 인신 제사를 극도로 혐오하셨습니다. 암몬 족속은 원수의 눈을 빼며 잉태한 여자의 배를 가를 정도로 잔인하였습니다.

사사 시대에 암몬은 모압과 동맹을 맺고 이스라엘을 여러 차례 공격하였습니다. 암몬이 이스라엘을 공격하려고 하자 길르앗 장로들이 입다에게 지도자가 되어 암몬과 싸워 달라고 요청하였습니다. 입다는 전쟁에서 승리하였으나 하나님께 잘못된 서원을 하여 자신의 딸을 잃게 됩니다.

사울 왕 시대에 암몬의 지도자 나하스가 이스라엘의 화친을 거부하면서 이스라엘을 조롱하였습니다. 사울 왕은 소를 잡아 열두 지파에 보내고 군사를 모았는데 30만 명이나 모였습니다. 사울 왕은 암몬 족속을 무찔렀으며 이 전쟁을 계기로 사울은 이스라엘의 왕으로 인정받습니다.

남유다 르호보암 왕의 어머니가 암몬 족속입니다. 르호보암은 어머니의 영향을 받아 영적으로 타락했습니다. 남유다 여호사밧 왕 때 암몬은 모압, 에돔과 동맹을 맺고 이스라엘을 공격하였습니다. 그러나 하나님께서 복병을 두어 연합군들이 서로 싸우게 하여 이스라엘이 승리하도록 해 주셨습니다. 남유다의 요담 왕이 암몬을 정벌하여 조공을 바치게 한 적도 있습니다.

하나님은 이스라엘 땅을 빼앗은 암몬을 책망하셨으며 암몬의 수도 랍바가 폐허가 된다고 말씀하셨습니다. 결국 B.C.582년에 암몬은 바벨론에 멸망했습니다.

아람

아람은 '높이다', '높은 지방'이란 뜻입니다. 아람은 셈의 다섯째 아들입니다(창 10:22). 아람은 특정 지역이 아닌 주로 아람 사람들이 거주하는 지방을 가리키므로 경계가 불분명합니다. 아람 사람들은 대체로 티그리스강과 유프라테스강 유역, 요단강의 동쪽과 팔레스타인 북동부 지역에 거주하였습니다. 아람을 수리아(아람의 그리스 명칭)로 부르기도 합니다. 아람인은 처음에는 유목 민족이었지만 후에는 육로를 통해 무역 활동을 하였습니다.

히브리인은 아브라함의 자손 이스라엘 사람을 가리킵니다. 아브라함은 아람의 도시 하란을 자신의 고향으로 여겼습니다. 아브라함과 이삭과 야곱은 히브리인이지만 이삭의 아내인 리브가와 야곱의 아내인 레아, 라헬은 아람인입니다. 아람인들은 히브리인들이 가나안에 정착한 후에 끊임없이 이스라엘을 괴롭히며 적대 관계를 유지했습니다.

B.C.745년 앗수르는 디글랏 빌레셀이 왕위에 오르면서 중동 지역의 강대국으로 성장했습니다. 당시 아람의 왕 르신과 이스라엘의 왕 베가가 남유다를 침략하자 남유다의 왕 아하스는 앗수르에 도움을 요청하였습니다. 디글랏 빌레셀은 이에 응하였습니다. B.C.730년경 아람은 앗수르에 순식간에 무너졌으며 수도인 다메섹은 앗수르 제국의 중동 거점 도시가 되어 버렸습니다. 아람인들은 이후 바벨론, 페르시아, 그리스 등의 지배를 받았고 로마 시대에는 시리아 속주가 되었습니다.

신약시대에 이 지역 사람들은 예수님을 구주로 영접하면서 처음으로 '그리스도인'으로 불리게 되었습니다. 기원후 7세기부터는 이슬람, 오스만 등의 영향을 받아 아랍 문화권의 일원이 됩니다.

히브리인들은 원래 히브리어를 사용했으나 바벨론에 멸망하고 포로로 끌려간 후에는 점차 히브리어를 잃어버리고 아람어를 사용하기 시작했습니다. 바벨론 포로 이후에 기록된 다니엘서가 아람어로 쓰인 까닭은 이 때문입니다. 유대인들은 일상생활에서도 아람어를 사용하기 시작했으며 히브리어는 종교어로 율법 등을 가르칠 때만 사용하였습니다. 예수님 역시 아람어를 사용했을 것입니다. 골고다, 달리다굼, 마라나타 등 신약성경 곳곳에 아람어의 흔적을 볼 수 있습니다.

블레셋

블레셋의 조상은 함의 후손 가슬루힘입니다(창10:14). 그들은 본래 북쪽 지역에 거주하던 해양 민족으로 그리스를 거쳐 지중해의 크레타섬(갑돌)에 살고 있었습니다(암9:7). 이후 블레셋 족속은 이집트로 이주하려다 저지당했고 이스라엘이 이집트에서 탈출한 시기에 가나안 땅에 이주한 것으로 추정됩니다.

블레셋의 주요 5대 성읍은 가사, 아스돗, 아스글론, 가드, 에그론입니다. 그들은 도시 국가 연맹을 조직하였고 각 도시는 '세렌'이라고 불리는 왕들이 다스렸습니다. 블레셋 족속은 여러 신을 숭배했는데 가사와 아스돗 사람들이 숭배했던 다곤이 대표적입니다. 다곤의 상체는 사람의 모양이며 하체는 물고기 모양입니다. 그리고 다곤 외에 아스다롯과 바알세붑도 섬겼습니다.

블레셋 사람들은 철기를 만들 수 있어서 군사력이 막강했습니다. 당시 이스라엘은 청동기 문화에서 벗어나지 못했으므로 블레셋 사람들을 상대하기 힘들었습니다. 하나님은 이스라엘 백성이 이집트에서 나올 때 지름길인 블레셋 지역이 아닌 광야로 우회하도록 지시하셨습니다. 왜냐하면 블레셋이 강력한 군사력을 가졌으므로 이스라엘과 전쟁을 하게 되면 이스라엘 백성들이 마음을 돌이켜 이집트로 돌아가려고 한다는 사실을 아셨기 때문입니다(출13:17).

사사 시대에도 블레셋은 끊임없이 이스라엘을 괴롭혔습니다. 사사 삼갈이 소를 모는 막대기로 블레셋 군사 600명을 죽인 적이 있었습니다(삿3:31). 삼손은 블레셋 사람을 많이 죽였으나 결국에는 블레셋인들에게 잡히고 맙니다. 사사 시대 말기 엘리 대제사장 때 언약궤가 블레셋에게 탈취되기도 했습니다.

이스라엘 왕정 시대에 다윗은 엘라 전투에서 블레셋 장수 골리앗을 물리쳤습니다. 블레셋과 이스라엘이 싸운 길보아 전투에서 사울과 세 아들은 전사했습니다. 블레셋은 다윗과 솔로몬 시대에 이스라엘에 완전히 예속되어 조공을 바치는 신세로 전락합니다(삼하5:17-25). 그러나 이스라엘의 분열 왕국 시대인 여호람과 아하스 왕 때 남유다를 공격하여 큰 위협을 가하기도 하였습니다.

블레셋의 멸망은 성경에 이미 예고되었습니다. 블레셋은 앗수르와 이집트에 끊임없이 공격을 당했고 결국 B.C.604년 바벨론 왕 느부갓네살에게 완전히 멸망했습니다.

A.D.135년, 로마의 황제 하드리아누스는 유대인들의 반란을 진압하였습니다. 그는 정복한 지역을 나누면서 이스라엘을 유다로 부르도록 허용하지 않았으며 '블레셋 사람의 땅'이란 뜻의 '팔레스티아'로 바꾸어 버렸습니다. 1948년 이스라엘이 건국할 때까지 그 땅은 '팔레스티아'에서 유래한 '팔레스티나'로 불렸습니다. 그러나 성경의 블레셋 사람들은 오늘날의 팔레스타인과 무관합니다. 블레셋 사람들은 바벨론 포로로 끌려간 후 다시는 돌아오지 않았기 때문입니다.

생각해 보세요

1. 에돔인들은 이스라엘이 자기 땅을 통과하여 가나안에 들어가도록 허락하지 않았습니다. 하나님께서 에돔과 싸우지 말고 우회하라고 하신 까닭은 무엇인가요? (신2:4-5)

2. 이스라엘이 음행하도록 한 발람은 어떤 벌을 받았나요? (수13:22)

3. 암몬 족속은 어떤 방법으로 인신 제사를 했나요? (왕하21:6, 겔16:20)

4. 다니엘서가 아람어로 기록된 까닭은 무엇인가요?

5. 하나님께서 이스라엘이 가나안 땅을 갈 때 블레셋 땅으로 가지 못하도록 하신 까닭은 무엇인가요? (출13:17)

2

예수님의 행적

1 예수님의 탄생

예수님에 관한 구약의 예언

1. **예수님은 하나님의 아들이심**: 하나님은 예수님이 이 땅에 오시기 전부터 아들로 선포하셨습니다(시2:7). 예수님이 세례를 받으시고 물속에서 올라오실 때 하나님은 이는 내 사랑하는 아들이요 그 안에서 내가 매우 기뻐한다고 말씀하셨습니다(마3:17).
2. **여자의 후손으로 태어남**: 하나님은 뱀에게 저주하시면서 여자의 후손이 네 머리를 상하게 할 것이라고 말씀하셨습니다(창3:15). 하나님은 자기 아들을 보내시어 여자에게서 나게 하셨으므로(갈4:4) 여자의 후손은 예수님을 말합니다.
3. **처녀로부터 태어남**: 하나님은 한 처녀가 아들을 낳는데 그의 이름이 임마누엘이 된다고 미리 알려 주셨습니다(사7:14). 마리아가 약혼자 요셉과 동침하기 전에 예수님은 성령의 능력으로 잉태되었습니다(마1:18). 천사가 꿈에 요셉에게 나타나 마리아에게 잉태된 아기는 성령의 능력으로 되었다는 사실을 알리며 아기 이름을 '예수'로 지으라고 하였습니다. 천사는 구약에 기록된 말씀을 이루려고 이 모든 일이 일어난다고 알려주었습니다(마1:21-23).
4. **유다 지파로 오심**: 야곱은 죽기 전에 유다에게 홀이 너에게서 떠나지 않으며 실로가 오실 때까지 다스리는 자가 그의 발 사이에서 떠나지 않는다고 축복해 주었습니다(창49:10). 홀은 지팡이로서 왕권을 상징하며 실로는 메시아이신 예수 그리스도를 말합니다. 야곱의 예언대로 예수님은 유다 지파에서 나오셨습니다(히7:14).
5. **다윗의 자손으로 오심**: 하나님은 다윗에게서 한 의로운 가지가 일어나 그가 왕이 되어 지혜롭게 다스리며 세상에서 정의와 공의를 행한다고 말씀하셨습니다(렘23:5). 하나님은 약속대로 다윗의 후손으로 이스라엘을 위하여 구주 곧 예수님을 세우셨습니다(행13:22-23).
6. **베들레헴에서 나심**: 베들레헴은 유대 지역에서 작은 곳에 속해 있으나 그곳에 영원부터 계신 분으로 이스라엘을 다스릴 분이 나온다고 하였습니다(미5:2). 예수님이 어린 시절을 보낸 곳은 나사렛이지만 탄생하신 곳은 베들레헴입니다(마2:1).
7. **세례 요한이 길을 예비함**: 요한이 광야에서 사람들에게 천국이 가까이 왔으니 회개하라고 외쳤습니다(마3:1-2). 요한은 이사야가 예언한 사람입니다(마3:3, 사40:3).

8. **갈릴리에서 사역을 시작하심**: 예수님은 요한이 감옥에 갇혔다는 소식을 듣고 나사렛을 떠나 스불론과 납달리 지경의 해변에 있는 가버나움에 가서 사셨습니다(마4:12-13). 이는 갈릴리와 스불론 땅과 납달리 땅에 사는 흑암에 앉은 백성들이 큰 빛을 보았고 죽음의 땅과 그늘에 앉은 자들에게 빛이 비치었다는 이사야서의 말씀을 이루기 위해서입니다(사9:1-2).

9. **기적을 행하심**: 예수님은 소경들을 보게 하셨고 문둥병자들을 깨끗하게 하셨으며 절름발이들을 걷게 하셨고 죽은 자들을 살리셨습니다(마11:5). 예수님이 행하신 기적도 이미 이사야서에 기록되어 있습니다(사35:5-6).

10. **나귀 새끼를 타시고 예루살렘 성에 들어가심**: 예수님은 벳바게에서 나귀 새끼를 타시고 예루살렘에 들어가셨습니다(마21:1-7). 스가랴서에 공의로우시며 구원을 지니셨고 겸손하신 왕이 나귀 새끼를 타고 오신다는 사실이 기록되어 있습니다(슥9:9).

11. **가룟 유다가 예수님을 배반함**: 유다는 선임 제사장들에게 은 삼십을 받고 예수님을 넘겼습니다(마26:14-16). 나중에 유다는 뉘우치고 그 돈을 성소에 던진 후 스스로 목매어 죽었는데 선임 제사장들이 그 돈으로 토기장이의 밭을 사서 나그네의 묘지로 삼았습니다(마27:3-8). 스가랴는 예수님의 몸값으로 은 삼십 개를 달았으며 그 돈을 토기장이에게 던졌다고 예언하였습니다(슥11:12-13).

12. **예수님이 고소를 한 자 앞에서 침묵하심**: 예수님은 종교 지도자들에게 고소를 당하셨으나 아무 대답도 하지 않으셨습니다(마27:12). 이사야서에는 예수님이 억압과 고난에도 입을 열지 아니하시고 어린양처럼 도살장으로 끌려가셨다고 기록되어 있습니다(사53:7).

13. **예수님이 자기를 핍박하는 자들을 위해 기도하심**: 예수님은 십자가에 못 박히신 후에도 하나님께 자기를 핍박했던 자들의 용서를 구하셨습니다(눅23:34, 사53:12).

14. **병사들이 예수님의 옷을 나눔**: 병사들이 예수님을 십자가에 못 박은 뒤 예수님의 겉옷을 나누어 가졌으며 속옷은 제비를 뽑아 가져갔습니다(요19:23-24, 시22:18).

15. **예수님의 뼈를 꺾지 않음**: 병사들이 예수님을 빨리 죽게 하도록 다리를 꺾고자 했으나 이미 죽은 모습을 보고 그분의 다리를 꺾지 않았습니다(요19:33, 시34:20).

16. **부활하심**: 십자가에서 죽은 예수님을 하나님께서 살리셨으므로 예수님의 혼이 지옥에 버려지지 않았고 그의 육신도 썩지 않았습니다(행2:31-32, 시16:10).

세례요한의 사역

세례 요한은 구약의 마지막 대언자입니다(마11:13-14). 말라기서(3:1, 4:5-6)에 그의 탄생과 역할에 관해 예언되어 있습니다.

1. **가족 관계**: 요한의 아버지는 사가랴이고 어머니는 엘리사벳입니다. 부모는 아론의 자손이며 아버지 사가랴는 예루살렘 성전의 제사장이었습니다. 어머니는 예수님의 모친 마리아와 사촌지간입니다.

2. **요한의 탄생**: 아버지 사가랴가 예루살렘 성전에 들어가 제단 위에 분향할 때 가브리엘 천사가 나타나서 요한의 탄생을 알려주었습니다. 사가랴는 자기와 엘리사벳의 나이가 많았으므로 가브리엘의 말을 의심하였습니다. 사가랴가 의심하였으므로 9개월 동안 벙어리가 되었으며 요한을 낳아 이름을 지은 후에야 말할 수 있었습니다. 엘리사벳은 잉태한 후 5개월 동안 숨어서 지냈습니다. 가브리엘에게 엘리사벳의 잉태 소식을 들은 마리아가 엘리사벳을 방문하였습니다.

3. **요한의 사역**: 그는 요단강 부근에서 세례를 베풀며 이스라엘 백성들에게 회개를 촉구하였습니다. 그의 임무는 이스라엘 백성들이 그리스도를 영접하도록 준비시키며 예수님이 그리스도라고 알려주는 것입니다. 그는 백성들에게 자신은 메시아가 아니라고 분명히 말했습니다. 요한은 **빛이 아니며 빛이신 그리스도를 알려주려고 왔습니다.**

4. **요한과 예수님**: 예수님은 요한의 만류에도 요단강에서 요한에게 세례를 받으셨습니다. **예수님은 결코 죄가 없으신 분이시므로 세례를 받으실 필요가 없었습니다. 그러나 십자가의 길을 가기 위해 인류의 죄와 자신을 동일시하였습니다.** 스스로 죄인이 되셨으므로 세례를 받으신 것입니다. 세례 요한은 예수님을 세상 죄를 지고 가는 하나님의 어린 양이라고 말했습니다.

5. **요한의 죽음**: 헤롯 안디바가 이복동생 빌립 1세의 아내 헤로디아를 자기 아내로 삼았습니다. 요한이 헤롯의 잘못을 지적하고 책망하자 헤롯은 요한을 옥에 가두었습니다. 헤로디아는 요한을 원수로 여겨 죽이려고 했으나 헤롯은 요한을 의로운 사람이라고 생각하여 죽이지는 않았습니다. 헤롯의 생일에 헤로디아의 딸이 춤을 추며 기쁘게 하자 헤롯은 그녀에게 소원을 들어주겠다고 했습니다. 그녀는 어머니의 요구대로 요한의 머리를 요구하였으며 요한은 순교하였습니다.

예수님의 탄생과 유년 시절

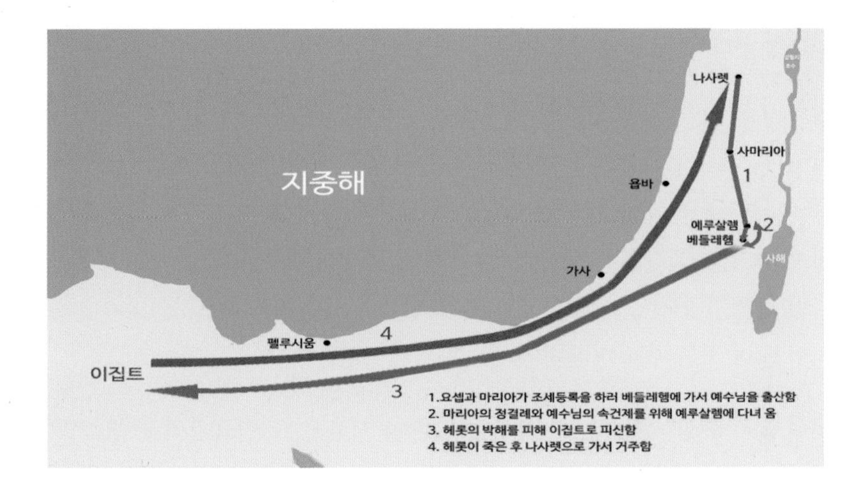

1. **마리아에게 기쁜 소식을 전한 가브리엘 천사**: 가브리엘 천사가 마리아에게 찾아와 하나님의 은총을 받아 한 아들을 낳는다는 소식을 전하며 이름을 '예수'로 지으라고 했습니다. 마리아는 아직 남자와 동침하지 않은 처녀였으며 다윗의 가문 요셉과 약혼한 사이였습니다. 마리아가 천사에게 남자를 모르는 내게 어떻게 이런 일이 있을 수 있겠느냐고 물었습니다. 천사는 성령께서 너에게 임하고 하나님의 능력이 너를 덮으므로 가능하다며 너에게서 태어날 거룩한 이는 하나님의 아들이라고 알려주었습니다. 마리아는 나는 주의 여종이니 말씀대로 이루어지길 바란다며 순종하였습니다.

2. **요셉의 꿈에 나타난 주의 천사**: 마리아가 임신했다는 사실을 알게 된 요셉은 이 일을 공개하지 않고 마리아를 은밀히 버리려고 하였습니다. 주의 천사가 꿈에 요셉에게 나타나 마리아에게서 잉태된 아기는 성령의 능력으로 잉태되었으며 그가 자기 백성을 그들의 죄들에서 구원하므로 이름을 '예수'로 지으라고 했습니다. 요셉은 잠에서 깨어나 주의 천사가 하라는 대로 마리아를 아내로 삼아 데려왔습니다. 예수님은 이렇게 성령의 능력으로 잉태되어 성육신(하나님이 육신을 입고 세상에 오심)으로 이 땅에 오셨습니다.

3. **예수님이 태어나시다**: 로마 황제 가이사 아구스도(옥타비아누스)는 나라 전체 인구를 확인하여 세금 누수를 막고자 모두 자기 고향으로 가서 조세 등록을 하라는 칙령을

내렸습니다. 요셉은 나사렛 성읍에 살고 있었으나 다윗 가문이었으므로 마리아와 함께 조세 등록하러 베들레헴으로 갔습니다. 베들레헴 여관에 빈방이 없으므로 마구간에서 자게 되었는데 예수님이 태어나자 포대기로 싸서 구유에 누였습니다.

4. **목자들이 방문하다**: 예수님이 태어나신 고을에서 목자들이 밤에 양 떼를 지키고 있었습니다. 천사가 그들에게 나타나 오늘 다윗의 성읍에 너희에게 구주가 나셨으며 그 표적으로 포대기에 싸여 구유에 누워 있는 아기를 보게 된다고 말했습니다. 천사들이 떠나 하늘로 간 후 목자들이 황급히 가서 구유에 누워 있는 예수님을 보았으며 하나님께 영광과 찬양을 드리고 돌아가 천사가 그들에게 한 말을 널리 알렸습니다. 마리아는 이 모든 말을 마음속에 간직하였습니다.

5. **예루살렘 성전을 방문하다**: 예수는 헬라어 이름으로 '여호와의 구원, 여호와께서 구원하신다.'라는 뜻입니다. 예수님은 태어나신 지 팔 일 만에 할례를 받으셨습니다. 남자아이는 태어난 지 팔 일 만에 첫 번째 정결 예식인 할례를 받아야 합니다. 그래야 진정한 하나님의 백성이며 이방인과 구별된 온전한 선민이라 여겼기 때문입니다(창17:9-14). 지금 우리 그리스도인은 할례를 받지 않습니다. 그러나 당시는 십자가 사건 전이었으므로 예수님도 율법에 따라 할례를 받으셨습니다.

여자가 아들을 낳으면 40일간 불결하다고 여겼고(딸은 80일) 이 기간이 지나면 제물을 바치면서 번제를 드린 후 결례 의식을 행했습니다(레12:1-8). 사람이나 동물이나 관계없이 처음 난 모든 것은 하나님께 성별하여 드렸습니다(출13:2). 하지만 아기의 생명을 직접 드릴 수 없기에 아기의 부모는 다섯 세겔을 주고 자기 아들을 하나님으로부터 다시 사는 의식을 행했습니다. 예수님의 가족은 이 예식들을 위해 예루살렘을 방문했습니다. 그때 성전에서 메시아를 고대하던 시므온과 여자 대언자 안나가 예수님을 만났습니다.

6. **동방에서 박사들이 방문하다**: 예수님이 예루살렘에서 돌아와 베들레헴에 있었을 때 동방으로부터 박사들(현자들)이 유대인의 왕에게 경배하기 위하여 예루살렘을 방문했습니다. 동방은 이스라엘 동쪽에 있는 바벨론 지역으로 추정됩니다. 그들은 점성술사가 아니라 하나님을 믿는 이방인이었습니다. 헤롯은 동방 박사들의 이야기를 듣고서 대제사장과 서기관을 통해 그리스도가 베들레헴에서 태어난다는 사실을 알게 됩니다. 헤롯은 동방 박사들을 베들레헴으로 보내면서 어린아이를 찾거든 자기

에게 알려주도록 부탁하였습니다. 그들이 길을 가는 중에 동방에서 보았던 그 별이 예수님 있는 곳 위에서 멈추었습니다. 그들은 예수님께 경배하고 황금과 유향과 몰약을 예물로 드렸습니다. 그리고 헤롯에게 가지 말라는 하나님의 경고를 받고 다른 길로 갔습니다.

7. **헤롯이 사내아이들을 죽이다**: 헤롯은 동방 박사들에게 속았다는 사실을 알았습니다. 그는 별이 나타난 때를 기준으로 베들레헴과 그 지경 안에 있는 사내아이를 두 살부터 그 아래로 다 죽였습니다. 이로 보아 박사들이 방문한 시기는 예수님이 태어나고 일 년 정도 지난 시점입니다. 동방 박사들은 마구간을 방문한 것이 아니라 예수님의 가족이 베들레헴에 잠시 머물던 곳을 방문한 것입니다(마2:11).

8. **이집트로 피신하다**: 동방에서 온 박사들이 떠난 후 주의 천사가 꿈에 요셉에게 나타나 헤롯이 예수님을 죽이려고 하니 가족을 데리고 이집트로 피하라고 알려주었습니다. 요셉이 일어나 밤에 마리아와 예수님을 데리고 이집트로 떠났습니다.

9. **이집트에서 나사렛으로 이주하다**: 헤롯이 죽은 후 주의 천사가 요셉에게 꿈에 나타나 마리아와 예수님을 데리고 이스라엘 땅으로 가라고 하였습니다. 요셉은 가족을 데리고 갈릴리 지방 나사렛이라는 성읍에 와서 살았습니다.

10. **유월절에 예루살렘에 가시다**: 예수님은 자라면서 영 안에서 강건해지고 지혜로 충만하였으며 하나님의 은혜가 예수님 위에 있었습니다. 예수님이 열두 살 되었을 때 유월절을 맞아 예루살렘에 갔는데 요셉과 마리아는 예수님이 예루살렘에 남아 있다는 사실을 모르고 갈릴리로 돌아가 버렸습니다. 당시에는 단체로 이동할 때 길이 좁아서 여러 사람이 한 줄로 이동했는데 요셉과 마리아는 예수님이 어딘가에 있다고 착각했습니다. 예수님이 없다는 사실을 알고 예루살렘에 돌아와 삼 일 후에야 성전에서 박사들과 문답하고 있는 예수님을 발견했습니다.

마리아가 예수님께 내가 근심하며 찾았다고 말하자 예수님은 내가 나의 아버지의 일을 해야 한다는 사실을 알지 못하셨느냐고 대답하였습니다. 이 말씀은 성경에 기록된 예수님의 첫 번째 말씀인데 예수님은 자신이 하나님의 아들이며 자신이 해야 할 일이 무엇인지 이미 알고 계셨다는 사실을 알 수 있습니다. 예수님은 하나님의 아들이셨지만 요셉과 마리아에게도 순종하셨습니다(눅2:51).

2 예수님의 공생애

공생애 초기 활동

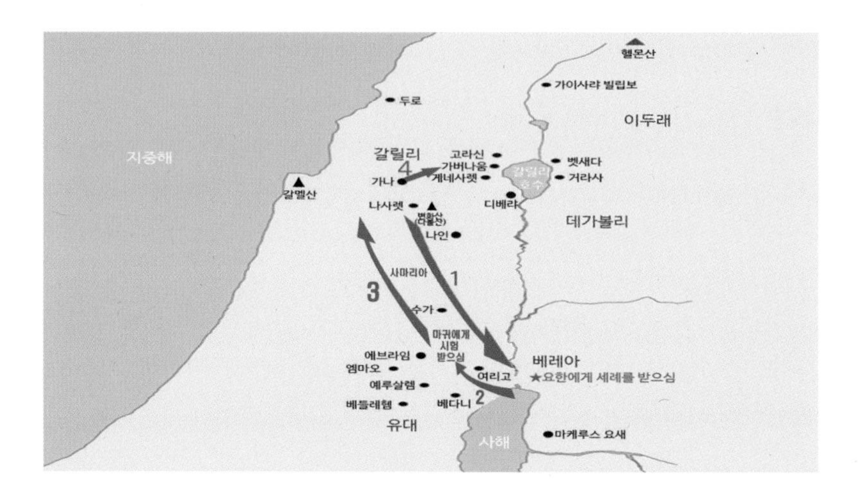

1. **요한에게 세례를 받으심**: 예수님은 요단강에서 요한에게 세례를 받으셨습니다.

2. **유대 광야에서 시험받으심**: 예수님은 마귀에게 시험을 받으시려고 성령의 인도로 광야에 가셨습니다. 그곳에서 40일을 금식하시자 마귀가 와서 하나님이 아들이라면 이 돌들에게 명하여 빵이 되게 하라고 했습니다. 예수님은 사람이 빵만으로 사는 것이 아니라 하나님의 입에서 나오는 말씀으로 산다고 하셨습니다. 마귀가 예수님을 성전 꼭대기에 세운 후 하나님의 아들이라면 뛰어내려도 천사들이 받아 준다고 말하자 예수님은 하나님을 시험하지 말라고 하셨습니다. 마귀는 예수님을 아주 높은 산으로 데리고 가서 자기에게 경배하면 모든 나라와 영광을 주겠다며 미혹했습니다. 예수님은 사탄에게 물러가라고 하시면서 오직 하나님만 경배하며 섬기라고 말씀하셨습니다.

3. **가나 혼인 잔치에서 첫 번째 기적을 행하심**: 예수님은 세례 요한의 제자였던 안드레, 요한 그리고 빌립과 그가 전도한 나다나엘, 안드레의 형 베드로를 데리고 가나 혼인 잔치에 가셨습니다. 그곳에서 물을 포도주로 바꾼 첫 번째 기적을 행하셨습니다.

4. **예수님은 어머니와 형제들, 제자들과 가버나움으로 가셔서 복음을 전하셨습니다.**

공생애 1년 차 활동

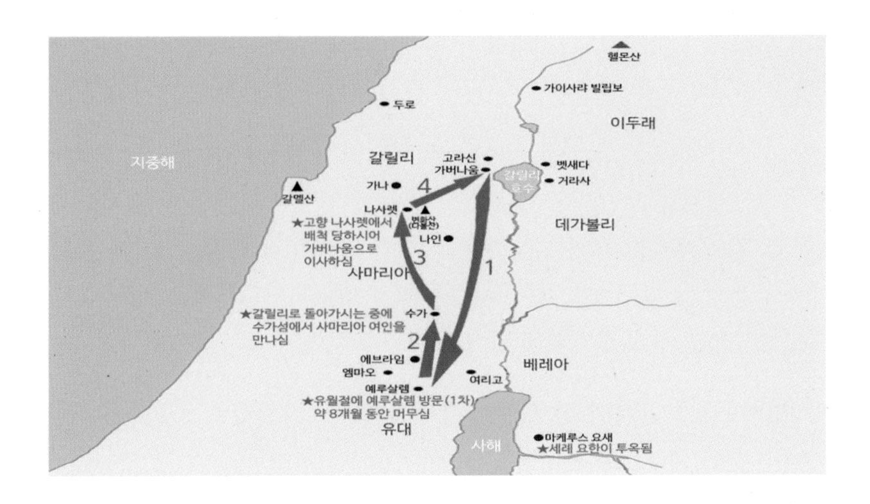

1. **유월절에 예루살렘을 방문하심**: 예수님은 공생애 기간 중 첫 번째 유월절을 맞아 몇 명의 제자들과 예루살렘에 방문하셔서 8개월 동안 활동하셨습니다. 예수님은 성전 안에 있던 장사꾼들과 환전상들을 몰아내시며 내 아버지의 집을 장사하는 집으로 만들지 말라고 책망하셨습니다. 예수님은 두 차례 성전 정화를 하셨는데 나머지 한 번은 십자가에서 돌아가시기 며칠 전에 하셨습니다. 유대인들이 예수님께 표적을 보여 달라고 하자 이 성전을 헐면 삼 일 안에 다시 일으키겠다고 말씀하셨습니다. 유대인들은 예수님이 말씀하신 성전이 헤롯 성전이라고 생각했으나 예수님은 자신의 몸을 가리켜 성전이라고 하신 것입니다.

공의회 의원인 니고데모가 예수님을 찾아왔습니다. 그는 예수님이 행하신 기적을 보고 하나님께서 보내신 분이라는 사실을 믿었습니다. 예수님은 니고데모에게 사람이 거듭나지 아니하면 즉 물과 성령으로 다시 태어나지 않으면 하나님 나라에 들어갈 수 없다고 하셨습니다. 물로 태어난다는 의미는 육체를 통한 첫 번째 출생을 말하며, 성령으로 태어나는 의미는 성령님이 영을 깨워 하나님께 속하게 된다는 뜻입니다.

2. **예루살렘을 떠나심**: 헤롯 안디바가 이복동생 빌립 1세의 아내 헤로디아를 자기 아내로 삼자 요한은 헤롯을 책망하였습니다. 그러자 헤롯은 요한을 마케루스 요새에 있는 감옥에 가두었습니다. 그러자 예수님은 예루살렘을 떠나 갈릴리로 향하셨습니다.

3. **사마리아 여인을 만나심**: 예수님은 갈릴리로 가시는 길에 사마리아 땅 수가성에 들어가셨습니다. 우물가에서 한 여인을 만나 그 여인에게 내가 주는 물을 마시는 자는 영원히 목마르지 아니하고 그 속에서 영생하도록 솟아나는 샘물이 된다고 가르쳐 주셨습니다. 예수님이 생수를 주신다는 의미는 영원한 생명을 값없이 주신다는 뜻입니다. 여인이 예수님께 우리 조상은 이 산에서 경배를 드렸다고 말하자 예수님은 이제는 하나님께 영과 진리로 경배드려야 한다고 말씀하셨습니다. 영으로 예배를 드린다는 말은 성령의 능력으로 거듭난 영이 있어야 살아계신 하나님과 만남이 있는 예배를 드릴 수 있다는 뜻입니다. 진리로 예배를 드린다는 말은 하나님이 어떤 분이신지 성경 말씀을 통해 정확히 알고 예배를 드려야 한다는 뜻입니다.

4. **왕의 신하 아들을 고쳐 주심**: 예수님께서 유대에서 갈릴리로 오셨다는 소식을 듣고서 왕의 신하가 예수님께 가버나움에 있는 자기 아들의 병을 고쳐 달라고 요청하였습니다. 예수님은 직접 가보시지 않고 네 아들이 살아 있다고만 말씀하셨는데 그 즉시 아들의 병이 나았습니다.

5. **나사렛에서 배척당하심**: 예수님은 안식일에 나사렛 회당에서 이사야서에 나오는 말씀으로 자신이 누구인지 설명하셨습니다. 그들은 예수님의 말씀을 놀랍게 여겼으나 예수님의 가족을 알고 있었으므로 예수님을 배척하였습니다. 그러자 예수님은 나사렛에서 능력을 많이 행하지 않으시고 거처를 가버나움으로 옮기셨습니다.

6. **갈릴리 사역**: 예수님과 예루살렘에 동행했던 제자들은 갈릴리로 돌아오자 흩어졌습니다. 예수님은 베드로를 찾아 그의 배에 오르신 뒤 깊은 데로 가서 그물을 내려 고기를 잡으라고 지시하셨습니다. 그러자 물고기가 많이 잡혔습니다. 예수님은 베드로에게 너는 이제부터 사람을 낚게 된다고 말씀하셨습니다. 예수님은 먼저 네 제자(베드로, 안드레, 야고보, 요한)를 택하셨습니다. 예수님은 가버나움에서 마귀 들린 자와 베드로 장모의 열병을 치료해 주셨습니다. 예수님은 제자들과 1차 갈릴리 순회 전도를 하시면서 말씀을 가르치고 마귀를 쫓으셨으며 문둥병자와 중풍병자를 고치셨습니다. 어느 날 예수님은 세관에 앉아 있는 마태를 제자로 삼으셨습니다.

공생애 2년 차 활동

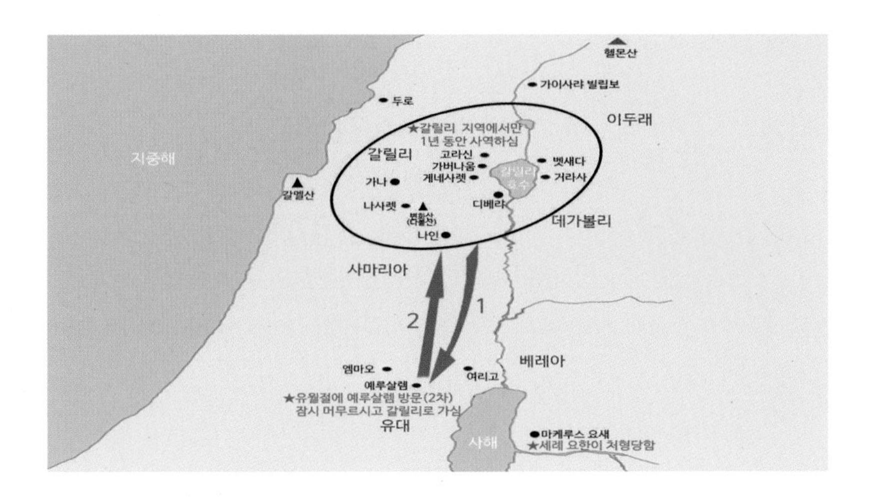

1. **유월절에 예루살렘에 가심**: 예수님은 공생애 기간 두 번째 유월절을 맞아 예루살렘으로 가셨습니다. 예루살렘에 있는 베데스다 연못에서 38년 된 병자를 치유하셨습니다. 유대인들은 예수님이 안식일에 병자를 고친 모습을 보았습니다. 그들은 예수님이 자신을 하나님의 아들이라고 말한 것은 신성 모독이라며 예수님을 죽이려고 하였습니다. 예수님은 예루살렘에서 잠시 머무시고 갈릴리로 가셨습니다.

2. **갈릴리에서 1년 동안 사역하심**: 예수님의 제자들이 안식일에 곡식밭에서 이삭을 따서 먹는 모습을 본 바리새인들은 예수님께 안식일에 해서는 안 되는 일을 했다며 비난했습니다. 예수님은 다윗과 그 일행이 배고팠을 때 성전에 들어가 차려 놓은 빵을 먹었던 사건과 제사장들은 안식일에 성전에서 일해도 죄가 되지 않는다는 점을 말씀하시면서 자신이 성전보다 더 위대한 안식일의 주인이라고 하셨습니다. 예수님은 안식일에 갈릴리 회당에서 한쪽 손 마른 사람을, 갈릴리 지방에서 마귀 들려 눈멀고 말을 못 하는 사람을 치료해 주셨습니다. 바리새인들은 이곳에서도 안식일에 병 고치는 행동이 타당한지 예수님께 물었습니다. 예수님은 양 한 마리가 구덩이에 빠지면 안식일이라도 구해주듯이 사람이 양보다 더 귀하므로 안식일에 선을 행하는 일이 타당하다고 대답하셨습니다.
   갈릴리와 유대, 예루살렘, 이두매, 두로, 시돈 지방에서 예수님의 소문을 듣고 몰려들었습니다. 예수님은 열두 제자를 확정하시고 갈릴리 호숫가 근처의 작은 산에서 설교하셨습니다. 이를 산상 설교라고 합니다. 산상에서 예수님은 팔복, 빛과 소금의 역할을 할 것, 살인하지 말 것, 형제와 화해할 것, 음욕을 품지 말 것, 간음하지 말 것, 거짓 맹세를 하지 말 것, 원수를 사랑할 것, 위선적인 자선과 기도와 금식을 하지 말 것, 하늘에 보화를 쌓아둘 것, 먼저 하나님의 나라와 그분의 의를 구할 것, 남을 판단하지 말 것, 성령을 구할 것, 좁은 문으로 갈 것, 거짓 대언자를 조심할 것, 하나님의 뜻대로 행할 것, 반석 위에 집을 지을 것 등에 관하여 설교하셨습니다(마5-7장).

가버나움에서 한 백부장이 예수님께 와서 자기 하인을 말씀만으로 치유해 달라고 간청하였습니다. 예수님은 이스라엘에서 이처럼 큰 믿음을 본 적이 없다고 하시고 그의 하인을 치유해 주셨습니다. 예수님이 나인 성문 가까이 이르렀을 때 사람들이 한 과부의 죽은 외아들을 메고 나왔습니다. 예수님은 그 과부를 불쌍히 여기시어 그녀의 외아들을 살려 주셨습니다.

세례 요한의 제자들이 예수님을 찾아와 예수님의 제자들이 금식하지 않는 까닭을 물었습니다. 예수님은 신혼집 손님들이 신랑과 함께 있을 때는 슬퍼할 수 없으나 신랑을 빼앗기는 날에는 금식한다고 대답하셨습니다. 세례 요한은 자기 제자들을 예수님께 보내 예수님이 메시아인지를 물었습니다. 예수님은 요한의 제자들에게 자신이 행한 것을 보고 들은 대로 전하라고 하셨습니다. 세례 요한은 예수님을 의심한 것이 아니라 그도 인간이기 때문에 확신을 얻고자 한 것입니다.

예수님이 한 바리새인의 집에 초대를 받았을 때 죄를 지은 한 여자가 예수님께 향유를 부어드렸습니다. 예수님이 십자가에 돌아가시기 5일 전에 마르다의 동생 마리아가 예수님께 향유를 부어드린 적이 있었는데 이때는 이름을 알 수 없는 다른 여인이 향유를 부어드린 것입니다. 예수님은 그 여인의 사랑을 보시고 그녀의 죄를 용서해 주셨습니다. 바리새인 등 함께 식사하는 사람들은 속으로 "이 사람이 누구이기에 죄들도 용서하는가?"라고 생각하였습니다.

예수님은 2차로 갈릴리 순회 전도를 하시면서 바리새인들의 누룩을 조심할 것, 하나님만을 두려워할 것, 사람들 앞에서 예수님을 시인할 것, 탐심을 피할 것, 육신의 일을 염려하지 말고 하나님의 나라를 구할 것, 재림을 준비할 것 등에 관해 설교하셨습니다. 순회 전도 중에 마리아와 형제들이 예수님을 찾아왔는데 예수님은 하나님 뜻대로 사는 사람이 형제요 자매요 모친이라고 말씀하셨습니다.

예수님과 제자들이 배를 타고 갈릴리 호수를 건널 때 큰 폭풍이 일어나 파도가 배를 덮었습니다. 예수님이 바람과 바다를 꾸짖자 조용해졌습니다. 거라사에서는 마귀 들린 두 사람을, 가버나움에서는 혈루병 앓는 여자와 두 소경과 마귀 들린 장애인을 치유하시고 야이로의 딸을 살리셨습니다. 예수님이 나사렛 회당에서 가르치셨는데 사람들이 예수님의 지혜와 능력에 놀라면서도 예수님의 가족을 알고 있으므로 믿지 않았습니다. 그래서 예수님은 그곳에서 능력을 많이 행하지 않으셨습니다. 예수님은 열두 제자에게 모든 마귀를 다스리고 병을 고치는 권세를 주시며 하나님 나라를 전파하도록 파송하셨습니다. 열두 제자들이 전도하는 동안 세례 요한이 참수 당하였습니다.

공생애 3년 차 활동

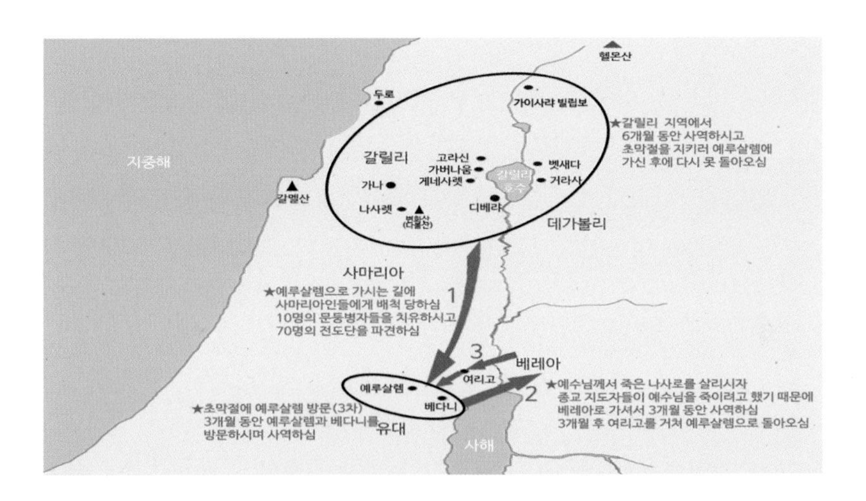

1. **갈릴리에서 6개월 동안 사역하심**: 예수님은 공생애 기간에 맞이하는 세 번째 유월절을 예루살렘이 아닌 갈릴리에서 보내시면서 그곳에서 계속 사역하셨습니다. 예수님이 파송하였던 열두 제자가 전도한 후에 더 많은 무리가 모여들었습니다. 예수님은 말씀을 들으러 온 사람들을 불쌍히 여겨 보리빵 다섯 개와 물고기 두 마리로 그들을 배불리 먹이시는 기적을 행하셨습니다. 예수님은 제자들에게 먼저 배를 타고 건너편에 가도록 하신 뒤 기도하러 홀로 산으로 올라가셨습니다. 강풍으로 파도가 일어났을 때 예수님이 바다 위를 걸어오셨습니다. 예수님은 게네사렛에서 많은 병자를 치유하셨습니다. 두로와 시돈 경계까지 가셔서 이방인 수로보니게 여인의 딸도 치유해 주시고 그녀의 믿음을 칭찬해 주셨습니다. 다시 갈릴리 호수 근처로 오셔서

귀먹고 말 더듬는 사람을 치유하셨습니다. 사람들이 예수님과 사흘을 같이 있었는데 그때 예수님은 갈릴리 호숫가에서 빵 일곱 덩어리와 작은 물고기 두 마리로 사천 명을 먹이는 기적을 다시 행하셨습니다. 그리고 벳새다에서 한 소경을 치유해 주셨습니다. 예수님은 자신이 하나님의 아들이라는 사실을 사람들이 믿도록 많은 기적을 보여 주셨습니다.

2. **갈릴리 사역을 마무리하심**: 바리새인들과 사두개인들은 예수님께 하늘로부터 온 표적을 보여 달라고 요구했습니다. 예수님은 그들에게 요나의 표적밖에는 보여 줄 표적이 없다고 대답하셨습니다. 가이사랴 빌립보에서 베드로가 예수님께 주는 그리스도이시며 살아 계신 하나님의 아들이시라고 고백하였습니다. 예수님은 제자들에게 자신이 종교 지도자들에게 많은 고난을 받아 죽지만 셋째 날에 다시 살아난다는 사실을 처음으로 알려 주셨습니다.

예수님은 베드로, 야고보, 요한을 데리고 높은 산(변화산)으로 올라가셨습니다. 그곳에서 예수님의 얼굴은 해처럼 빛나고 옷은 빛처럼 하얗게 되었습니다. 제자들은 모세와 엘리야가 나타나서 예수님과 함께 이야기하는 모습을 보았으며 구름 속에서 "이는 내 사랑하는 아들이요, 그 안에서 내가 기뻐하노니 너희는 그의 말에 순종하라"라고 말씀하신 하나님의 음성을 들었습니다. 예수님이 변화산에서 내려오실 때 남아 있던 제자들은 마귀 들린 소년을 고치지 못해 쩔쩔매고 있었습니다. 예수님은 그 소년을 치유해 주신 후에 제자들의 부족한 믿음을 책망하셨습니다.

예수님과 제자들이 가버나움에 있을 때 성전세를 거두는 사람이 베드로에게 와서 예수님은 왜 세금을 내지 않느냐고 물었습니다. 세상의 왕이 자기 자손들에게 세금을 걷지 않듯이 예수님은 하나님의 아들이시므로 성전세를 낼 필요가 없었습니다. 그러나 예수님은 그들이 실족하지 않도록 베드로에게 지시하여 물고기를 잡아서 그 입을 열면 동전을 얻을 것이니 그것으로 성전세를 내라고 하셨습니다. 제자들이 예수님께 천국에서 누가 큰지 묻자 예수님은 어린아이처럼 자기를 낮추는 자가 가장 크며 내 이름으로 어린아이 하나를 영접하면 나를 영접하는 것이라고 말씀하셨습니다. 예수님은 베드로에게 형제가 죄를 지으면 일흔 번씩 일곱 번까지 용서하라고 하셨습니다.

3. **초막절을 지키러 예루살렘으로 가심**: 예수님의 형제들 즉 마리아가 낳은 자식들

이 예수님이 유대로 가서 활동하지 않고 갈릴리에 숨어서 활동한다고 비난하였습니다. 예수님은 그들에게 아직 때가 차지 않았기 때문이라고 알려 주셨습니다. 예수님은 형제들이 초막절을 지키러 예루살렘으로 간 후에 비밀리에 예루살렘으로 가셨습니다. 이후로 예수님은 다시는 갈릴리로 돌아오시지 못하고 십자가에서 돌아가셨습니다.

예수님과 제자들이 갈릴리에서 예루살렘으로 가는 길에 사마리아인들이 영접하지 않자 화가 난 야고보와 요한이 불을 내려 그들을 태워버리자고 했습니다. 예수님은 그들을 꾸짖으시며 나는 생명을 멸하려고 온 것이 아니라 구원하려고 왔다고 깨우쳐 주셨습니다. 예수님이 예루살렘에 가시는 길에 어떤 마을에 들르셨는데 그곳에서 문둥병자 열 명이 예수님께 자비를 베풀어 달라고 간청하였습니다. 예수님은 그들을 치유해 주셨으나 그들 중 오직 사마리아 사람만 돌아와서 하나님께 영광을 돌리고 예수님께 감사를 드렸습니다. 예수님은 70명을 임명하시고 자신이 가려고 했던 모든 성읍과 장소에 먼저 둘씩 보내며 하나님 나라가 가까이 왔다는 사실을 선포하도록 하셨습니다. 나중에 70명이 기쁨으로 돌아와 주의 이름을 대면 마귀까지도 복종하였다고 보고하였습니다.

4. **예루살렘에서 활동하심**: 예수님은 예루살렘에 도착하셔서 예루살렘과 베다니를 오가시며 약 3개월 동안 활동하셨습니다. 예수님이 예루살렘에 계실 때 서기관들과 바리새인들이 예수님을 시험하려고 간음한 여자를 예수님께 데려왔습니다. 예수님은 무리에게 너희 중에 죄 없는 자가 먼저 그 여인에게 돌을 던지라고 말씀하셨습니다. 그러자 모두 흩어져 버렸습니다. 한편 예루살렘에서 한 율법교사가 무엇을 해야 영생을 얻을 수 있는지 예수님께 질문하자 그에게 선한 사마리아인의 비유를 해 주셨습니다.

예수님은 베다니에 사는 마르다의 초대를 받아 가셨습니다. 동생 마리아는 예수님의 말씀을 듣고 있었으나 마르다는 준비할 일이 많아 마음이 분주하였습니다. 마르다가 예수님께 동생이 자기를 돕도록 해 달라고 부탁했으나 예수님은 마르다에게 필요한 것은 한 가지뿐이니 많은 일로 염려하며 수고하지 말라고 하시며 마리아가 좋은 편을 택하였다고 말씀하셨습니다.
제자 중 한 명이 세례 요한이 자기 제자에게 기도를 가르쳐 준 것처럼 자기들에게도 기도를 가르쳐 달라고 예수님께 요청했습니다. 예수님은 기도를 가르쳐 주신 후에 성령을 구하라고 하셨습니다. 예수님과 제자들이 길을 가면서 처음부터 소경으로 태어난 사람을 만났습니다. 예수님은 진흙을 이겨 그의 눈에 바르시고 실로암 못에서 씻으라고 지시하셨습니다. 예수님의 말씀에 순종하였더니 그의 눈이 밝아졌습니다. 수전절에 예수님은 성전에서 유대인들에게 목자와 양에 관한 비유를 하시고 자신이 하나님의 아들이라는 사실을 밝히셨습니다. 유대인들은 신성 모독이라며 예수님을 잡으려고 했으므로 그들을 피해 다시 베다니로 가셨습니다. 예수님은 베다니에서 죽은 나사로를 살리셨습니다. 종교 지도자들이 나사로가 다시 살았다는 이야기를 듣고 모든 사람이 예수님을 믿을까 두려워 예수님을 죽이려고 모의하였습니다. 그러자 예수님께서는 베레아로 이동하셨습니다.

5. **베레아에서 활동하심**: 예수님은 베레아에서 3개월 동안 활동하셨습니다. 회당에서 18년 동안 더러운 영에 사로잡혀 허리가 굽어진 여자를 치유해 주셨고 안식일에 한 바리새인의 집에 초대를 받으셨을 때 수종병 걸린 사람을 치유해 주셨습니다.

예수님은 베레아에서 여러 교훈을 말씀해 주셨습니다. 바리새인들이 예수님께 자기 아내를 버리는 것이 타당하냐고 묻자 예수님은 하나님께서 결합한 부부관계를 사람이 나누지 못한다고 가르쳐 주셨습니다. 또 예수님은 어린아이들이 내게 오려는 행동을 막지 말라고 충고하셨습니다. 예수님은 부자 청년에게 네가 가진 재물을 가난한 사람들에게 주고 나를 따르라고 하셨으나 그는 재산이 많았으므로 근심하며 돌아갔습니다. 바리새인과 서기관들이 예수님이 세리와 죄인들과 음식을 먹는다고 불평하자 그들에게 잃어버린 양의 비유, 탕자의 비유, 불의한 청지기의 비유, 부자와 나사로 이야기를 해 주셨습니다. 제자들에게는 믿음, 용서, 섬김에 관해 가르쳐 주셨습니다.

6. **베레아에서 예루살렘으로 돌아가심**: 베레아에서 예루살렘으로 가시는 길에 제자들에게 십자가에 못 박히시고 셋째 날에 살아난다고 다시 말씀하셨습니다. 예수님은 여리고에 들러 바디매오와 다른 한 소경을 치유해 주셨고 삭개오를 만나 주셨습니다. 예수님을 만난 삭개오는 회심한 뒤 자기 재산 일부를 내놓겠다고 약속하였습니다.

생각해 보세요

1. 세례 요한의 역할은 무엇인가요?

2. 헤롯이 요한을 감옥에 가둔 까닭은 무엇인가요?

3. 성육신이란 무슨 뜻인가요?

4. 예수님의 가족이 이집트로 피신한 까닭은 무엇인가요?

5. 예수님은 마귀에게 어떤 시험을 받으셨으며 어떻게 대응하셨나요?

6. 예수님은 니고데모에게 어떻게 해야 하나님 나라에 들어갈 수 있다고 하셨나요?

7. 영과 진리로 예배드린다는 의미는 무엇인가요?

8. 유대인들은 예수님이 왜 신성 모독을 했다고 주장했나요?

9. 예수님이 많은 기적을 보여 주신 까닭은 무엇인가요?

10. 예수님은 성전세를 낼 필요가 없는 까닭은 무엇인가요?

11. 종교 지도자들이 예수님을 죽이려고 모의한 까닭은 무엇인가요? (요11:43-53).

3 예수님의 마지막 일주일

금요일

예수님은 유월절 엿새 전, 즉 십자가에서 돌아가시기 엿새 전인 금요일에 베다니에 오셨습니다. 베다니는 예수님께서 죽었던 나사로를 살리신 곳입니다.

토요일

예수님이 베다니에 사는 문둥병자 시몬의 집에 계셨을 때 마르다는 시중을 들고 있었고 마르다의 오빠 나사로는 예수님과 함께 식탁에 앉아 있었습니다. 그때 마르다의 동생 마리아가 매우 값진 감송향유 한 리트라를 가지고 와서 예수님의 발에 붓고 자기의 머리카락으로 예수님의 발을 닦았습니다. 그 모습을 본 가룟 출신 유다가 왜 이 향유를 삼백 데나리온에 팔아 가난한 사람들에게 주지 않았느냐며 불만을 표시했습니다. 그러나 그가 그런 말을 한 까닭은 가난한 사람을 염려해서가 아니라 자기가 돈궤를 맡고 있었는데 그 향유를 돈궤에 넣으면 훔쳐 가려고 했기 때문입니다. 예수님은 그녀를 내버려 두라고 하시면서 마리아가 나의 장례 날을 위해 이것을 간직해 두었다고 알려 주셨습니다. 그리고 가난한 사람들은 항상 너희와 함께 있으나 나는 항상 너희와 함께 있지 않는다고 말씀하셨습니다.

마리아는 당시 노동자의 일 년 임금에 해당하는 향유를 예수님을 위해 드렸습니다. 마리아는 예수님이 곧 죽는다는 사실을 알고 있었습니다. 그래서 예수님 말씀대로 장례 날을 위해 향유를 간직하고 있다가 부어드렸습니다. 마리아가 예수님이 아직 죽지 않았는데도 미리 향유를 부어드린 까닭은 예수님이 죽고 부활하신다는 사실을 믿었기 때문입니다. 그 사실을 몰랐던 막달라 마리아는 예수님이 돌아가신 지 삼 일 후에 향유를 가지고 무덤에 갔으나 예수님의 시신이 없었으므로 향유를 사용하지 못하고 돌아왔습니다. 가룟 유다는 이 향유를 팔아 가난한 사람들에게 나누어 주지 않았다고 화를 내었습니다. 얼핏 보면 옳은 말 같으나 그가 그렇게 말한 까닭은 향유를 자기가 가져가지 못해 화가 났기 때문입니다. 그리고 그는 예수님이 하나님이라는 사실을 인정하지 않았습니다. 예수님이 하나님이라는 사실을 알았다면 이웃을 사랑하기 전에 하나님이신 예수님을 먼저 사랑했을 것입니다.

일요일

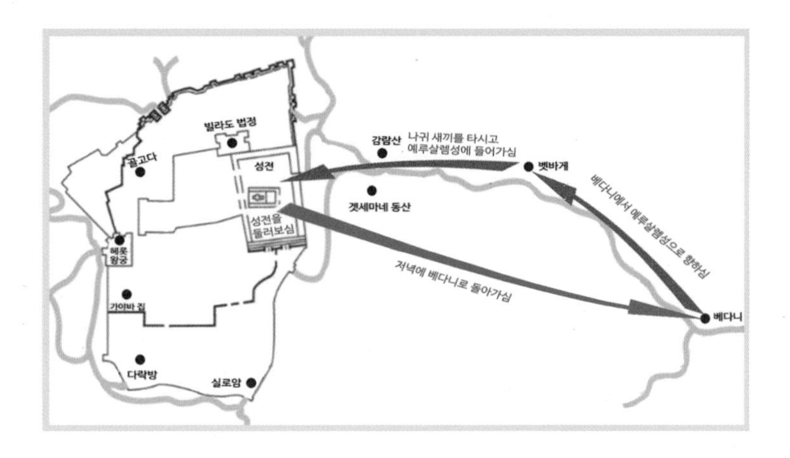

예루살렘 입성: 예수님은 베다니에서 출발하여 예루살렘을 향해 가시다가 감람산 근처 벳바게에서 제자 두 명에게 맞은편 마을로 가라고 하셨습니다. 그러면 거기에 아직 아무도 타 보지 않은 나귀 새끼 한 마리를 볼 텐데 그것을 풀어서 끌고 오라고 지시하셨습니다. 제자들이 나귀 새끼를 끌고 와서 자기들의 겉옷을 그 위에 얹자 예수님이 나귀 새끼 위에 타셨습니다.

유월절을 맞아 예루살렘에 온 많은 사람이 예수님이 예루살렘으로 오신다는 소식을 듣고 그들의 겉옷을 길에 폈으며, 어떤 사람들은 나뭇가지를 꺾어 길에 깔았습니다. 예수님이 감람산 내리막길에 가까이 오실 때 예수님의 능력을 직접 보았던 많은 사람이 기뻐 소리 높여 "호산나! 다윗의 자손이여, 찬송하리로다. 주의 이름으로 오시는 분, 이스라엘의 왕이시여! 하늘에는 평화요 가장 높은 곳에는 영광이로다."라고 외쳤습니다.

예수님이 예루살렘에 들어가시자 온 도성이 소란하였는데 어떤 사람들은 "이분이 누구이신가?"라고 물었습니다. 예수님을 따르는 무리가 "이분은 갈릴리 나사렛의 선지자 예수시다."라고 대답하였습니다. 어떤 바리새인들은 예수님께 소란을 피우지 않도록 요구하였으나 예수님은 이 사람들이 침묵을 지킨다면 돌들이 즉시 소리를 지른다고 말씀하셨습니다. 예수님은 성전을 둘러보시고 저녁에 베다니로 돌아가셨습니다.

월요일

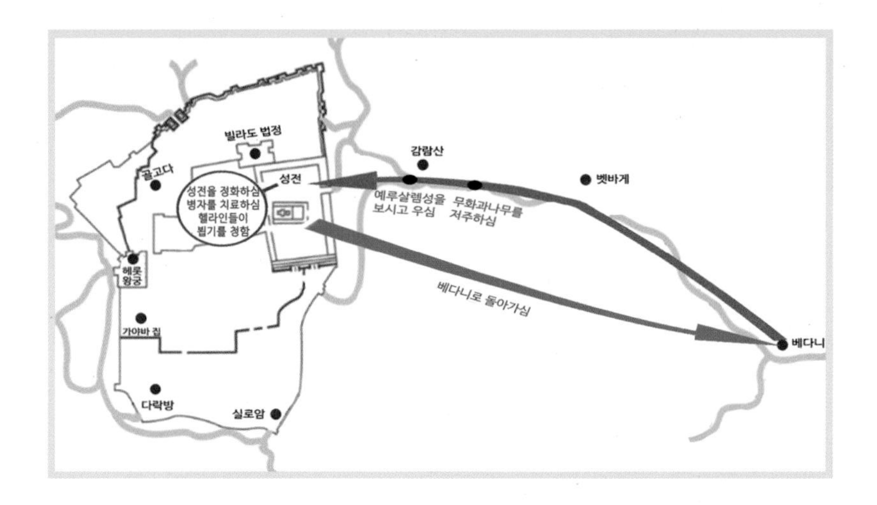

1. **무화과나무를 저주하시다**: 예수님이 베다니에서 출발하여 예루살렘으로 향하실 때 배고픔을 느끼셨습니다. 멀리서 길가에 잎사귀가 달린 무화과나무를 보시고 혹 그 나무에 무엇이 있을까 하여 가셨으나 무화과 때가 아니므로 잎사귀 외에 아무것도 없었습니다. 예수님은 무화과나무에 이제부터 영원토록 사람이 네게서 열매를 따 먹지 못한다고 말씀하셨습니다. 옆에서 제자들이 그 말을 들었습니다.

2. **예루살렘 성을 보시고 우시다**: 예수님은 예루살렘 도성을 가까이서 보시고 우시며 너도 오늘 평화에 관한 일을 알았더라면 좋았으련만 지금 네 눈에 숨겨졌다고 말씀하셨습니다(눅19:42). 이 말씀은 유대인들이 예수님을 유대인의 왕으로 받아들이지 않고 거부하여 재앙을 피하지 못한다는 뜻입니다. 예수님은 네 원수가 흙으로 언덕을 쌓고 너를 둘러 사면으로 가두고 또 너와 그 가운데 있는 네 자식을 땅에 메어치며 돌 하나도 돌 위에 남지 않는다고 예언하셨습니다(눅19:43-44). 이는 A.D.70년에 로마의 티투스 장군이 예루살렘과 성전을 파괴하는 일을 미리 말씀하신 것입니다.

3. **성전을 정화하시다**: 예수님은 성전에 들어가셔서 성전 안에서 사고파는 사람들을 내쫓으시고 환전상들의 상과 비둘기를 파는 사람의 자리를 뒤엎으셨습니다. 그리고 누구든지 성전 안에서 어떤 기물도 옮기지 못하도록 하시면서 내 집은 만민이 기도하는 집이라고 성경에 기록되어 있거늘(사56:7) 너희가 강도들의 소굴로 만들었다고 책망하셨습니다. 제사장들과 서기관들이 예수님의 말씀을 듣고 죽이려고 했으나 모

든 백성이 예수님의 교리를 놀랍게 여겼으므로 어찌할 방도를 찾지 못하였습니다.

4. **성전에서 병을 고쳐 주시다**: 예수님은 성전에서 눈먼 자들과 절름발이들을 고쳐 주셨습니다. 하지만 제사장들과 서기관들은 그 모습을 몹시 불쾌하게 여겼습니다.

5. **헬라인들이 뵙기를 청하다**: 명절에 경배하러 온 사람 중에 어떤 헬라인들이 예수님을 뵙고자 청했습니다. 예수님은 인자가 영광 받을 시간이 왔다고 말씀하셨습니다. 헬라인은 이방인입니다. 인자가 영광 받을 시간이 왔다는 말은 이제 예수님이 구세주라는 사실을 이방인들도 깨닫게 된다는 뜻입니다. 예수님은 제자들에게 자신이 곧 십자가에 못 박혀 죽는다고 다시 말씀하셨습니다(요12:20-33). 예수님과 제자들은 예루살렘 도성에서 나가 베다니로 돌아갔습니다.

화요일

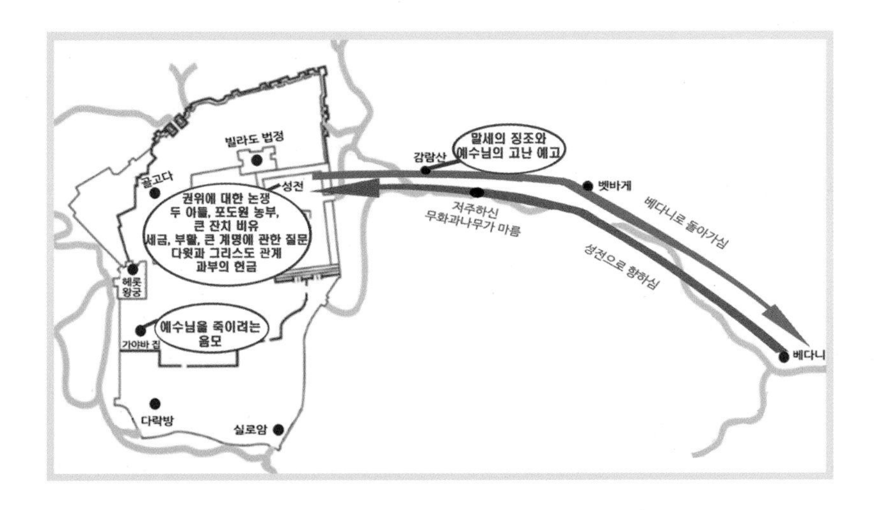

1. **저주하신 무화과나무가 마르다**: 예수님과 제자들이 아침에 베다니에서 예루살렘 성전으로 가실 때 어제 예수님이 저주하신 무화과나무가 뿌리까지 말라 버린 모습을 보았습니다. 예수님은 제자들에게 하나님을 믿으라고 말씀하시면서 기도할 때 바라는 것을 이미 받았다고 믿는다면 그대로 이루어진다고 가르쳐 주셨습니다.

2. **권위 논쟁**: 예수님이 성전에서 사람들을 가르치시고 복음을 전파하실 때 제사장들과 서기관들과 장로들이 와서 무슨 권위로 이런 일을 하는지 말하라고 하였습니다. 예수님은 그들의 질문에 대답하지 않으시고 요한의 세례가 하늘로부터 왔는지 아

니면 사람에게서 나왔는지를 물으셨습니다. 그들이 서로 의논하기를 만일 하늘에서 왔다고 하면 왜 믿지 않았느냐고 할 테고, 사람에게서 나왔다고 하면 백성이 요한을 대언자로 믿으므로 자기들을 돌로 칠까 염려하였습니다. 결국 그들이 말할 수 없다고 하자 예수님도 무슨 권위로 이런 일을 하는지 나도 말하지 않겠다고 대답하셨습니다. 예수님이 그들의 질문에 답하지 않으신 까닭은 어떤 대답을 하든지 어차피 그들은 믿지 않기 때문입니다(눅22:67).

3. **두 아들의 비유**: 권위 논쟁 후에 예수님이 제사장들과 서기관들과 장로들에게 두 아들의 비유를 말씀해 주셨습니다. 어떤 사람이 두 아들에게 포도원에 가서 일하라고 지시했습니다. 첫째는 처음에는 안 가겠다고 말했다가 나중에 뉘우치고 갔습니다. 둘째는 가겠다고 말했지만 가지 않았습니다. 예수님이 그 둘 중 누가 아버지의 뜻을 행했느냐고 묻자 그들이 첫째라고 대답하였습니다.

첫째 아들은 세리나 창녀들을 가리킵니다. 그들은 율법으로 볼 때 죄인이었으나 요한의 말을 듣고 자신의 죄를 회개한 뒤 하나님의 뜻을 따르려고 하였습니다. 둘째 아들은 제사장, 서기관, 바리새인, 장로들입니다. 그들은 겉으로는 율법을 지키고 순종하는 척했으나 실제로는 하나님의 뜻대로 행하지 않았습니다. 예수님은 이 비유를 통해 권위에 대한 답을 주셨습니다. 예수님은 그들에게 나는 하늘에 계신 아버지의 권한으로 가르치고 있으나 너희는 권한도 없으면서 위선이 가득 찼으므로 세리나 창녀보다 못하다고 알려 주셨습니다.

4. **포도원 농부의 비유**: 예수님은 포도원 주인의 아들을 죽인 농부들을 비유로 말씀해 주셨습니다. 선임 제사장들과 서기관들은 농부들이 자기들을 가리킨다는 사실을 알고 예수님을 잡으려고 했으나 백성들을 두려워하여 잡지 못했습니다.

5. **큰 잔치의 비유**: 예수님은 종교 지도자들에게 큰 잔치의 비유를 들어 말씀해 주셨습니다. 어떤 사람이 큰 잔치를 베풀고 많은 사람을 초청했지만 모두 핑계를 대며 오지 않았습니다. 처음 초대받은 사람들은 종교 지도자들인데 그들은 예수님을 믿지 않았습니다. 나중에 초대받은 세리나 창녀들은 예수님을 믿고 영접하였습니다.

6. **세금에 관한 질문**: 바리새인들과 서기관들이 예수님의 말씀에 흠을 찾아 총독에게 넘겨주려고 정탐꾼을 보냈습니다. 그들은 예수님께 로마 황제에게 세금을 내야 하는지 아니면 내지 말아야 하는지 물었습니다. 예수님은 그들의 간계를 아시고 왜 시

험하느냐고 하시면서 데나리온 한 닢을 내게 보이라고 말씀하셨습니다. 예수님이 그들에게 동전에 누구의 형상이 새겨져 있느냐고 물으시자 그들은 가이사라고 대답하였습니다. 예수님은 가이사의 것은 가이사에게 하나님의 것은 하나님께 바치라고 하셨습니다. 그들은 예수님의 대답에 놀라며 대꾸하지 못했습니다.

예수님이 가이사에게 세금을 내라고 하셨다면 유대인들은 예수님을 적대시했을 것입니다. 왜냐하면 그들은 유대인만이 유대인의 왕이 될 수 있다고 생각하기 때문입니다(신17:15). 반대로 예수님이 세금을 내지 말라고 말씀하셨다면 종교 지도자들은 예수님을 로마 총독에 고소할 참이었습니다. 모든 권세는 하나님께서 주셨으므로 각 사람은 권세에 복종해야 합니다(롬13:1). 따라서 모든 사람에게 줄 것은 주어야 하고 조세를 받을 자에게는 조세를 바쳐야 합니다(롬13:7). 단 모든 일에 무조건 다 복종하라는 뜻이 아니라 하나님의 명령과 상반될 때는 반대해야 합니다(행4:19).

7. **부활에 관한 질문**: 사두개인 중 몇 사람이 예수님께 와서 일곱 형제가 있었는데 첫째가 자손 없이 죽었고 그 아우들도 자손이 없이 죽어 순서대로 첫째의 아내와 결혼했다면 부활 때에 그 여인은 누구의 아내가 되느냐고 물었습니다. 예수님은 그들에게 이 세상의 자녀들은 장가가고 시집도 가지만 육신이 죽어 가는 곳에서는 장가가거나 시집가지 않으며 다시 죽지도 않는다고 가르쳐 주셨습니다.

8. **큰 계명에 관한 질문**: 서기관 중 한 사람이 예수님께 모든 계명 중 첫째가 무엇이냐고 물었습니다. 예수님은 첫째는 네 마음을 다하고 혼을 다하고 힘을 다하여 유일하신 하나님을 사랑하는 것이고, 둘째는 네 이웃을 자신처럼 사랑하는 것이니 이보다 더 큰 계명이 없다고 가르쳐 주셨습니다. 서기관은 예수님의 말씀이 옳다고 하면서 하나님은 한 분이시니 마음과 지성과 혼과 힘을 다해 하나님을 사랑하고 이웃을 자기 자신처럼 사랑하는 것이 모든 번제와 희생제보다 더 크다고 말하였습니다. 예수님은 그가 지혜 있게 대답하자 네가 하나님의 나라에 가까이 있다고 칭찬하셨습니다.

9. **다윗과 그리스도**: 예수님이 종교 지도자들에게 그리스도가 어떻게 다윗의 아들이 될 수 있느냐고 물으셨습니다. 예수님은 다윗이 시편에서 주께서 내 주께 말씀하시기를 내가 네 원수를 네 발판으로 삼을 때까지 너는 나의 오른편에 앉아 있으라고 한 말을 인용하시면서 다윗이 그리스도를 주라고 불렀는데 어떻게 그리스도가 다윗의 아들이 되겠느냐고 말씀하셨습니다. 시편110편 1절에 "주께서(성부 하나님) 내 주께(성

자 하나님) 말씀하시기를"이라는 문구가 나오는데 나의 오른편에 앉아 있으라고 말씀하신 분은 성부 하나님이시고 그 말씀을 듣는 분 즉 오른편에 앉으실 분은 성자 하나님이신 예수님이십니다. 다윗이 예수님을 주라고 불렀으므로 그리스도는 육신적으로 다윗의 후손으로 출생하였으나 인성과 함께 신성을 가지신 하나님의 아들이시며 곧 하나님이라는 사실을 종교 지도자들에게 알려 주신 것입니다.

10. **종교 지도자들의 위선**: 예수님은 제자들에게 바리새인과 서기관들을 조심하라고 말씀하시면서 그들은 긴 옷을 입는 것, 시장에서 인사받는 것, 회당과 잔치에서 가장 높은 자리에 앉는 것을 좋아하고 과부들의 집을 삼키며 남들에게 보이고자 길게 기도하는 위선자이므로 큰 저주를 받는다고 말씀하셨습니다.

11. **과부의 헌금**: 예수님이 성전 헌금함에 부자들이 돈을 넣는 모습과 어떤 가난한 과부가 두 렙돈 넣는 모습을 보시고 가난한 과부가 다른 모든 사람보다 많이 넣었다고 칭찬하셨습니다. 왜냐하면 모든 사람은 풍족한 가운데 헌금을 넣었으나 과부는 가난한 가운데 자기가 가진 생계비 전부를 넣었기 때문입니다.

12. **말세의 징조와 비유**: 예수님은 성전을 떠나 베다니로 돌아가시는 길에 감람산에서 제자들에게 말세에 있을 징조, 충성된 종과 악한 종의 비유, 열 처녀 비유, 달란트 비유, 양과 염소의 비유를 말씀해 주셨습니다. 예수님은 유대인들이 자신을 메시아로 받아들이지 않으며, 자신이 곧 죽는다는 사실을 아시고 자신이 다시 오실 때까지 제자들이 믿음을 지키도록 앞으로 있을 환난과 재림에 관하여 제자들에게 미리 말씀해 주신 것입니다.

13. **예수님의 수난 예고**: 예수님은 감람산에서 말씀을 마치시고 제자들에게 자신이 넘겨져 십자가에 못 박힌다는 사실을 알려 주셨습니다.

14. **예수님을 죽이려는 음모**: 제사장들과 서기관들과 장로들은 대제사장 가야바의 관저에 모여 은밀하게 예수님을 붙잡아 죽이려고 의논하였습니다.

15. **예수님을 팔기로 약속한 유다**: 가룟 유다가 대제사장들과 성전 경비대장들을 만나 예수님을 넘겨주는 대가로 은 30을 받기로 약정하였습니다.

수요일

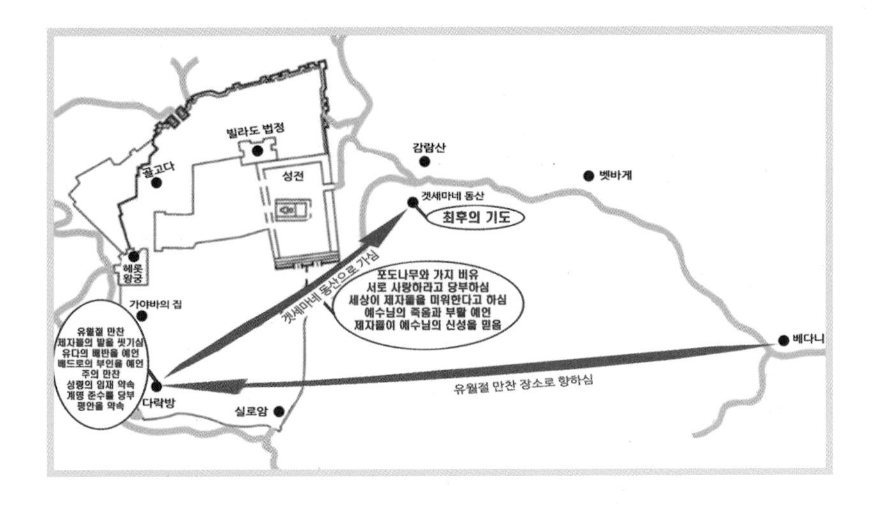

1. **유월절을 준비**: 예수님은 베드로와 요한에게 성읍으로 들어가면 물통을 지고 가는 사람이 유월절 양을 먹을 큰 다락방을 제공해 준다고 하시며 거기서 유월절을 예비하라고 지시하셨습니다. 그들이 가서 예수님이 말씀하신 대로 유월절을 준비했습니다.

2. **예수님과 제자들이 만찬 자리에 모임**: 예수님은 제자들과 다락방에 함께 앉으셨습니다. 예수님은 고난을 받기 전에 제자들과 유월절 어린양을 함께 먹고 싶었다고 하시면서 이 유월절이 하나님 나라에서 이루어질 때까지 내가 그것을 다시 먹지 않겠다고 말씀하셨습니다. 이 말씀은 예수님이 유월절 어린양이 되어 희생하시므로 이제는 유월절을 지킬 필요가 없고 유월절 음식을 먹을 필요도 없다는 뜻입니다.

3. **누가 더 큰지 논쟁**: 이 와중에 제자들이 누가 큰지 서로 다투었습니다. 예수님은 큰 사람은 스스로 작은 사람이 되고, 다스리는 사람은 섬기는 사람이 되라고 충고하셨습니다. 예수님은 섬김을 받으러 오지 않고 섬기러 왔다고 말씀하셨습니다(막10:45).

4. **제자들에게 하나님 나라를 맡김**: 예수님은 제자들에게 너희는 나의 모든 시험 중에 항상 나와 함께 한 자들이었으니 내 아버지께서 왕국을 내게 맡기셨듯이 너희가 내 왕국 식탁에서 같이 먹고 마시며 보좌에 앉아 이스라엘 열두 지파를 다스리게 하겠다고 약속하셨습니다.

5. **가룟 유다에게 마귀가 들어감**: 저녁 식사가 끝나자 마귀가 이미 가룟인 유다의 마

음에 예수님을 팔려는 생각을 넣었습니다. 마귀가 유다를 조종한 것이 아니라 유다를 미혹한 것이며 유다가 마귀의 생각을 받아들여 실천해 옮겼습니다.

6. **제자들의 발을 씻기신 예수님**: 예수님은 자신이 이제 하나님께로 갈 때가 되었음을 아시고 식탁에서 일어나셔서 제자들의 발을 씻어 주신 뒤 닦아 주셨습니다. 베드로가 예수님께 내 발뿐만 아니라 손과 머리도 씻겨 달라고 하자 예수님은 이미 목욕한 사람은 온몸이 깨끗하므로 발만 씻으면 된다고 하셨습니다. 이 말씀은 구원받은 사람이 죄를 용서받고 깨끗하게 되었더라도 일상생활에서 죄를 지을 수가 있으니 회개와 결단으로 매일 발을 씻어야 한다는 의미입니다.

7. **유다가 배반한다고 말씀하심**: 예수님은 괴로워하시며 너희 가운데 한 사람이 나를 배신한다고 알려 주셨습니다. 요한이 그 사람이 누구인지 묻자 예수님은 내가 빵 한 조각을 적셔서 주는 사람이라고 하시면서 빵 한 조각을 적셔서 가룟 유다에게 주시고 네가 하는 일을 속히 행하라고 말씀하셨습니다. 사탄이 유다에게 들어가고 그는 빵 조각을 받고 나서 곧 나갔습니다.

8. **베드로가 예수님을 부인한다고 알려주심**: 예수님은 베드로에게 사탄이 너를 밀처럼 키질하려고 찾았으나 네 믿음이 약해지지 않도록 내가 너를 위해 기도하였으니 네가 회심하면 형제들을 굳게 하라고 당부하셨습니다. 예수님은 베드로가 자신을 세 번 부인한 후에 회심한다는 사실을 알고 계셨습니다. 그래서 회심하면 형제들을 굳게 하라고 미리 말씀해 주셨습니다(요21:15-17). 베드로는 예수님께 감옥이든 죽음이든 주님과 함께 갈 준비가 되어 있다고 했으나 예수님은 베드로에게 오늘 닭이 울기 전에 네가 나를 안다는 사실을 세 번 부인한다고 하셨습니다.

9. **제자들에게 돈, 식량, 칼을 준비하라고 명하심**: 예수님은 제자들에게 전에는 전대(돈지갑)와 배낭(식량 주머니)과 신발도 없이 너희들을 보낼 때 부족함이 없었으나 이제는 돈지갑과 식량 주머니와 칼을 준비하라고 하셨습니다. 예수님은 전에는 제자들을 유대인들에게만 파송하였습니다(마10:6). 그러나 예수님이 승천하신 후에는 제자들은 이방인들에게 복음을 전해야 합니다. 예수님은 제자들이 이방인들에게 복음을 전하면서 유대인들에게 핍박까지 받게 되므로 철저하게 대비하라는 뜻에서 이 말씀을 해 주셨습니다.

10. **주의 만찬**: 예수님은 빵을 가지고 감사를 드린 후 떼어 제자들에게 주시며 이것은

너희를 위하여 주는 나의 몸이니 이것을 행하여 나를 기억하라고 하셨습니다. 잔도 감사를 드린 후 제자들에게 주시며 이것은 많은 사람을 위하여 흘리는 나의 새 언약의 피라고 말씀하셨습니다. 지금 성만찬 의식을 행하는 까닭은 주님께서 십자가에서 희생하시어 죄인들을 구원하셨으므로 이제 주님과 그리스도인이 하나가 되었다는 사실을 주님이 오실 때까지 기억하기 위해서입니다(고전11:26).

11. **처소를 예비하러 간다고 하신 예수님**: 주의 만찬 후에 예수님은 제자들에게 마음에 근심하지 말라고 하시면서 내가 너희를 위하여 처소를 마련하러 가며 처소를 마련하면 내가 있는 곳에 너희를 영접하겠다고 약속하셨습니다. 예수님은 내가 아버지 안에 있고 또 아버지께서 내 안에 계신다는 사실을 믿으라고 하시면서 너희가 내 이름으로 무엇이든지 구하면 내가 그것을 행한다고 약속하셨습니다.

12. **성령을 보내주심**: 예수님은 하나님이 너희에게 영원히 함께 할 또 다른 위로자를 보내주신다고 하셨습니다. 세상은 진리의 영인 그를 보지도 알지도 못하므로 영접할 수 없으나 너희는 그를 알고 그가 너희 안에 계신다고 가르쳐 주셨습니다. 위로자인 성령은 너희에게 모든 것을 가르치시며 또 내가 너희에게 말한 모든 것을 기억나게 하신다고 말씀하셨습니다.

13. **계명을 지키도록 당부**: 예수님은 자신의 계명을 지키는 사람은 나를 사랑하는 사람이니 나를 사랑하는 사람은 아버지의 사랑을 받으며 나도 그를 사랑하여 그 사람에게 나를 나타내겠다고 하셨습니다. 반면에 나를 사랑하지 않는 사람은 나의 말들을 지키지 않는다고 말씀하셨습니다.

14. **평안을 약속**: 예수님은 제자들에게 화평을 주겠다고 하시면서 내가 주는 화평은 세상이 주는 화평과 같지 아니하니 너희는 마음에 근심하지도 말고 두려워하지도 말라고 위로해 주셨습니다.

15. **포도나무와 가지의 비유**: 예수님은 겟세마네로 가시는 길에 제자들에게 나는 참 포도나무요 내 아버지는 농부라고 하시면서 내 안에서 열매를 맺지 못하는 가지는 그분께서 제거하시고 열매를 맺는 가지는 더 많은 열매를 맺게 하신다고 말씀하셨습니다. 예수님은 나는 포도나무요 너희는 가지들이니 너희가 내 안에 내가 너희 안에 거하면 열매를 많이 맺어 아버지를 영화롭게 한다고 가르쳐 주셨습니다.

16. **서로 사랑할 것**: 예수님은 제자들에게 내가 내 아버지의 계명들을 지켜서 그분의

사랑 안에 있듯이 너희도 나의 계명들을 지키면 나의 사랑 안에 있다고 말씀하셨습니다. 예수님의 계명은 예수님이 제자들을 사랑하듯이 제자들도 서로 사랑하는 것입니다. 예수님은 제자들에게 너희들은 종이 아니라 나의 친구라고 하셨습니다.

17. **세상이 제자들을 미워함**: 예수님은 제자들에게 너희가 세상에 속한다면 세상이 너희를 사랑하나 내가 너희를 세상에서 선택하였으므로 너희는 세상에 속하지 않았으며 이 때문에 세상이 너희를 미워한다고 하셨습니다. 또 사람들이 나를 박해한다면 너희도 박해하며 반대로 나의 말을 지킨다면 너희 말도 지킨다고 말씀하셨습니다. 예수님은 내가 그들에게 말해주지 않았다면 그들은 죄가 없으나 그들이 듣고 보았으므로 이제 자기들의 죄에 대해 변명할 수 없다고 하셨습니다.

18. **성령님의 사역**: 예수님은 제자들에게 내가 가면 위로자인 성령님이 오므로 오히려 내가 가는 것이 유익하다고 하셨습니다. 성령님은 예수님을 믿지 않은 죄에 대하여, 의에 대하여, 심판에 대하여 세상을 책망하신다고 알려 주셨습니다.

19. **죽음과 부활에 대한 예언**: 예수님은 제자들에게 잠시 후면 너희가 나를 보지 못하나(십자가 죽음) 또 잠시 후면 너희가 나를 본다고(부활) 하시면서 너희는 울고 애통하나 세상은 기뻐하며 너희는 슬퍼하겠으나 슬픔이 기쁨이 된다고 하셨습니다.

20. **제자들이 예수님의 신성을 믿음**: 제자들은 예수님이 하나님으로부터 오신 사실을 믿는다고 고백했습니다. 그러나 예수님은 너희가 각자 자기 집으로 흩어지고 나만 혼자 남겨 놓을 때가 오겠으나 그때가 오더라도 나는 혼자가 아니라 아버지와 함께 있다고 말씀하셨습니다.

21. **겟세마네 동산 부근에서 기도하심**: 예수님은 겟세마네 동산 부근에서 하나님께 기도하셨습니다. 예수님은 하나님께 내가 땅에서 아버지를 영화롭게 하였으며 아버지께서 내게 하라고 주신 그 일을 완성하였다고 하셨습니다. 예수님은 제자들이 하나가 되게 하시며 그들이 세상에 속하지 않았으니 그들을 보호해 달라고 간구하셨습니다. 또 예수님은 아버지께서 내 안에 계시고 내가 아버지 안에 있듯이 제자들과 그들의 말을 통해 앞으로 나를 믿을 사람들이 우리 안에서 하나가 되어 아버지께서 나를 보내셨으며 아버지께서 그들을 사랑한 사실을 세상에 전하게 해 달라고 기도드렸습니다.

22. **겟세마네 동산에서 최후의 기도**: 예수님이 제자들과 함께 늘 기도하시던 감람산

에 있는 겟세마네 동산에 도착하셨습니다. 예수님은 제자들에게 내가 저기 가서 기도할 동안에 너희는 여기 앉아 있으라고 하신 뒤 베드로와 요한, 야고보를 데리고 가셨습니다. 예수님은 하나님께 아버지는 전능하시므로 이 잔을 내게서 지나가게 해 달라고 요청하셨습니다. 그러나 내가 원하는 대로 하지 마시고 아버지께서 원하시는 대로 하시라고 기도드렸습니다. 예수님께서 성부 하나님께 옮겨 달라고 요청한 잔은 십자가의 형벌이 아닙니다. 그 잔은 십자가 형벌이 있기 전에 하나님께서 예수님을 죄 덩어리로 간주하시고 예수님을 향해 퍼붓는 진노를 말합니다(갈3:13). 하나님께서 죄를 알지도 못하는 예수님을 죄 덩어리로 여기신 까닭은 우리가 예수님 안에서 하나님의 의로운 자가 되기를 바라셨기 때문입니다(고후5:21).

목요일

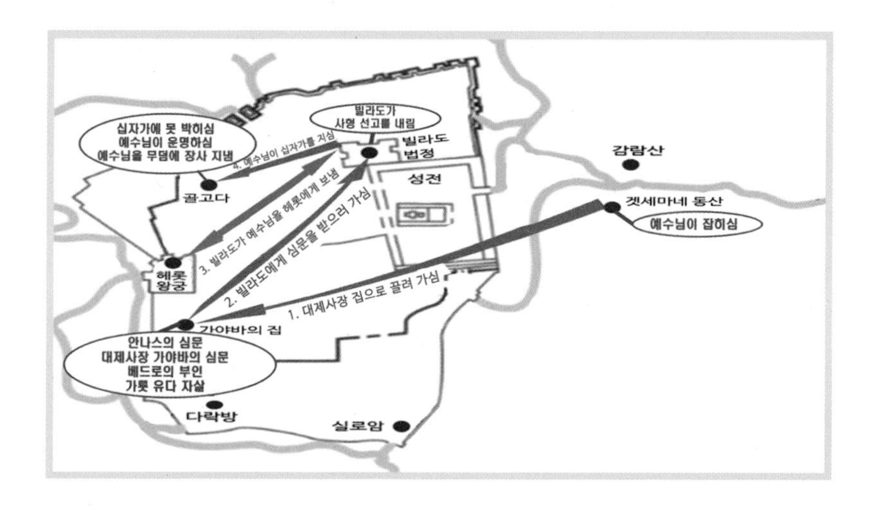

1. **예수님을 잡으러 온 무리**: 목요일 이른 새벽 가룟 유다가 군대와 제사장들과 바리새인들이 보낸 사람들을 데리고 등불과 칼과 몽둥이를 들고서 겟세마네 동산에 왔습니다. 유다가 예수님께 선생님이라고 말하며 입을 맞추자 예수님은 그에게 친구여, 네가 무슨 일로 여기 왔느냐고 말씀하셨고 곧바로 그들이 예수님을 붙잡았습니다.
2. **베드로가 말고의 귀를 자름**: 베드로가 칼을 빼서 대제사장의 종 말고의 귀를 자르자 예수님은 베드로에게 네 칼을 칼집에 꽂으라고 하시면서 내 아버지께서 내게 주시는 잔을 마시겠다고 하셨습니다. 그리고 말고의 귀를 만져서 치료해 주셨습니다.

3. **안나스의 심문**: 예수님을 붙잡았던 군대와 유대인 관원들이 예수님을 전임 대제사장인 안나스에게 끌고 갔습니다. 그는 대제사장 가야바의 장인입니다. 안나스가 예수님께 교리에 관해 질문하였으나 예수님은 아무것도 비밀리에 말하지 않았으므로 나의 말을 들은 사람들에게 직접 질문하라고 대답하셨습니다. 그러자 안나스가 예수님을 대제사장 가야바에게 보냈습니다.

4. **대제사장 가야바의 심문**: 가야바 집의 뜰에는 서기관들과 장로들이 모여 있었습니다. 그들은 예수님이 사형 선고를 받도록 거짓 증거를 찾았으나 찾지 못했습니다. 대제사장이 예수님께 네가 하나님의 아들 그리스도인지 우리에게 말하라고 하였습니다. 예수님은 그렇다고 하시면서 인자가 권능의 오른편에 앉아 있는 모습과 하늘의 구름을 타고 오는 모습을 보게 된다고 대답했습니다. 이 말을 들은 가야바가 옷을 찢으며 저 사람이 하나님을 모독하였으니 무슨 증인이 더 필요하겠느냐며 모인 사람들에게 어떻게 생각하느냐고 물었습니다. 모두 사형에 해당한다고 대답했습니다. 그들은 예수님의 얼굴에 침을 뱉고 주먹과 손바닥으로 치며 예수님을 모독했습니다.

5. **베드로가 예수님을 부인하다**: 베드로는 잡혀가는 예수님을 멀리서 따라갔습니다. 베드로는 대제사장 관정 한가운데에 불이 피워져 있는 곳에 앉아 있었습니다. 한 여종이 베드로를 보고 이 사람도 갈릴리 사람 예수와 함께 있었다고 말했으나 베드로는 부인하였습니다. 다른 여종과 말고의 친척도 베드로가 예수님의 제자라고 지적했으나 이 또한 부인했습니다. 곧 닭이 울었습니다. 예수님이 돌아서서 베드로를 쳐다보시니 베드로는 닭이 울기 전에 예수님을 세 번 부인한다는 말을 기억하고 울었습니다.

6. **가룟 유다의 자살**: 예수님을 배반한 유다가 예수님이 수난당하시는 모습을 보고 자신이 한 일을 후회하였습니다. 그는 제사장들과 장로들을 찾아가 내가 무죄한 피를 배반하였다고 말하면서 은 삼십 개를 돌려주었습니다. 그들이 돈을 받지 않자 은전들을 성전에 내던지고 나가서 목매어 죽었습니다. 그들은 유다가 준 돈은 핏값이므로 금고에 넣어두면 안 된다고 합의하여 그 돈으로 나그네(타국인)들을 위한 묘지를 만드는 데 사용하려고 밭을 샀습니다.

7. **예수님을 빌라도에게 넘겨줌**: 새벽에 제사장들과 장로들이 예수님을 사형시키려고 의논하였습니다. 그들은 예수님을 총독 빌라도에게 넘겨주었습니다.

8. 빌라도가 심문하다: 빌라도가 예수님을 고소하러 온 사람들에게 무슨 일로 이 사람을 고소하느냐고 물었습니다. 그들은 예수님이 행악자라고 대답했습니다. 빌라도가 그들에게 너희 율법대로 알아서 재판하라고 했으나 그들은 자기들에게는 사형을 시키는 권한이 없다고 말했습니다. 그들은 예수님이 자신을 그리스도 왕이라고 했다며 빌라도에게 고소하였으나 빌라도는 예수님에게서 아무 죄도 찾지 못했습니다. 빌라도가 예수님을 놓아 주려고 했으나 무리가 강하게 반발하며 그가 온 유대에서 가르치면서 갈릴리부터 여기까지 백성이 소동하도록 부추겼다고 주장하였습니다. 종교 지도자들은 예수님의 추종자들이 많아지자 시기하여 죽이려고 한 것입니다(막 15:10).

9. 헤롯 앞에 선 예수님: 빌라도는 예수님이 갈릴리에서 왔다는 말을 듣고서 헤롯의 통치 구역에 속한 사실을 알고 마침 예루살렘에 와 있던 헤롯에게 예수님을 보냈습니다. 헤롯은 전부터 예수님에 관해 많이 들었으므로 기적을 보기를 원했습니다. 헤롯이 예수님께 많은 질문을 했으나 예수님은 아무 대답도 하지 않으셨습니다. 그러자 헤롯은 예수님을 조롱한 후에 화려한 옷을 입혀 빌라도에게 다시 보냈습니다.

10. 사형 선고를 받으신 예수님: 명절(유월절)이 되면 총독이 백성이 원하는 죄수 한 사람을 놓아주는 전례가 있었습니다. 당시 성읍에서 난동을 부리고 강도와 살인죄로 옥에 갇힌 바라바라 하는 유명한 죄수가 있었습니다. 빌라도는 사람들에게 바라바와 예수 중에 누구를 놓아주기를 원하는지 물었습니다. 이미 종교 지도자들에게 매수된 사람들은 한목소리로 예수님을 처단하고 바라바를 놓아달라고 소리 질렀습니다. 빌라도는 무리가 소요를 일으키는 모습을 보고 민란이 일어날까 두려워하였습니다. 결국 그는 예수님을 십자가에 못 박으라고 넘겨주었습니다.

11. 골고다로 가심: 병사들이 예수님을 조롱한 후에 십자가에 못 박으려고 끌고 갔습니다. 골고다로 가는 중에 병사들이 구레네 출신인 시몬에게 강제로 예수님의 뒤에서 십자가를 지고 가게 하였습니다. 많은 사람이 예수님을 위해 통곡하였고 여인들이 울며 예수님을 따라갔습니다. 예수님은 그들을 돌아보시며 나를 위해 울지 말고 너희와 너희 자녀를 위하여 울라고 말씀하셨습니다. 예수님의 십자가를 대신 지고 간 시몬은 나중에 예수님을 구주로 영접하였습니다.

12. 십자가에 못 박히심: 예수님이 골고다(갈보리) 즉 해골의 장소라는 곳에 도착했습니다. 빌라도가 '유대인의 왕 나사렛 예수'라고 써서 십자가 위에 붙였습니다. 병사들

이 예수님을 십자가에 못 박고 나서 예수님의 겉옷을 네 조각으로 나누어 갖고 예수님의 속옷은 통으로 짰으므로 제비를 뽑아 가져갔습니다. 예수님과 함께 십자가에 매달린 범죄자 중 한 명이 예수님께 주의 왕국이 임할 때 나를 기억해 달라고 부탁하자 예수님은 오늘 네가 나와 함께 낙원에 있는다고 말씀하였습니다. 예수님의 십자가 옆에는 예수님을 낳은 마리아와 이모, 글로바의 아내 마리아와 막달라 마리아가 서 있었습니다. 예수님은 요한에게 자신을 낳은 마리아가 이제 너의 어머니라고 말하자 그때부터 요한이 마리아를 자기 집에 모셨습니다.

13. 예수님이 운명하심: 여섯 시(정오)에서 아홉 시(오후 3시경)까지 어두움이 온 땅을 덮었습니다. 아홉 시경에 예수님께서 큰 음성으로 "엘리, 엘리, 라마 사박타니?"라고 외치셨는데 이는 아람어로서 "나의 하나님, 나의 하나님, 어찌하여 나를 버리셨나이까?"라는 뜻입니다. 예수님이 그 말씀을 하신 까닭은 그 순간에 하나님이 우리를 대신하여 예수님을 엄청난 죄인으로 여기셨기 때문입니다. 예수님은 어떤 사람이 적셔 준 식초를 받으시고 "다 이루었다."라고 말씀하셨습니다. 속죄가 끝났다는 뜻입니다. 예수님은 큰 음성으로 "아버지시여, 내 영을 아버지의 손에 의탁하나이다."라고 말씀하신 뒤 숨을 거두셨습니다.

예수님은 오후 3시경에 운명하셨습니다. 예수님이 숨을 거두시자 성전의 휘장이 위에서 아래까지 둘로 찢어지고 땅이 흔들리며 바위들이 갈라지고 무덤들이 열리며 잠들었던 많은 성도의 몸이 일어났습니다. 백부장이 일어난 일들을 보고 크게 두려워하여 참으로 하나님의 아들이라고 고백했습니다.

14. 예수님을 무덤에 장사지내다: 아리마대에 사는 요셉이라는 공회 의원이 있었는데 그는 예수님을 죽이자는 의견에 찬성하지 않았습니다. 날이 저물었을 때 요셉이 빌라도에게 가서 예수님의 시체를 달라고 간청했습니다. 요셉과 니고데모는 예수님의 시체를 가져다가 유대인의 장례 관례대로 향료를 넣어 깨끗한 세마포로 쌌습니다. 그들은 예수님의 시체를 새 무덤에 안치하고 큰 돌을 굴려 무덤 문에 놓은 후에 돌아갔습니다. 갈릴리에서 예수님을 따라온 막달라 마리아와 다른 마리아는 예수님의 무덤과 시체를 어떻게 두었는지 확인하고 돌아간 뒤에 향료와 향유를 준비하였습니다.

그 이튿날 제사장들과 바리새인들이 빌라도에게 가서 예수가 생전에 삼 일 후에 다시 살아난다고 했으므로 그의 제자들이 밤에 시체를 훔쳐 간 다음에 백성들에게 살아났다고 속일까 염려된다고 하였습니다. 빌라도는 그렇게 염려된다면 너희에게 경비병이 있으니 알아서 굳게 지키라고 말하였습니다. 그들이 가서 돌문을 봉인하고 경비병을 세워 무덤을 지키게 하였습니다.

생각해 보세요

1. 마리아가 예수님께 향유를 부어 드린 까닭은 무엇인가요?

2. 예수님이 저주하신 무화과나무는 무엇을 상징하나요? (눅13:7)

3. 예수님이 종교 지도자들에게 요한의 세례가 하늘에서 왔는지 사람에게서 나왔는지 물었으나 그들은 왜 대답하지 않았나요? (눅20:5-7)

4. 바리새인과 서기관들이 예수님께 로마 황제에게 세금을 내는 것이 옳은지 물어본 까닭은 무엇인가요? (마22:15)

5. 예수님이 제자들에게 돈, 식량, 칼을 준비하라고 하신 까닭은 무엇인가요?

6. 빌라도는 예수님이 죄가 없다는 사실을 알면서 왜 사형 판결을 내렸나요? (막15:15)

7. 예수님이 십자가에서 운명하시기 전에 성부 하나님께 어찌하여 나를 버리셨느냐고 말한 까닭은 무엇인가요?

8. 예수님이 운명하시기 전에 다 이루었다는 말은 무슨 뜻인가요?

4 예수님의 부활과 승천

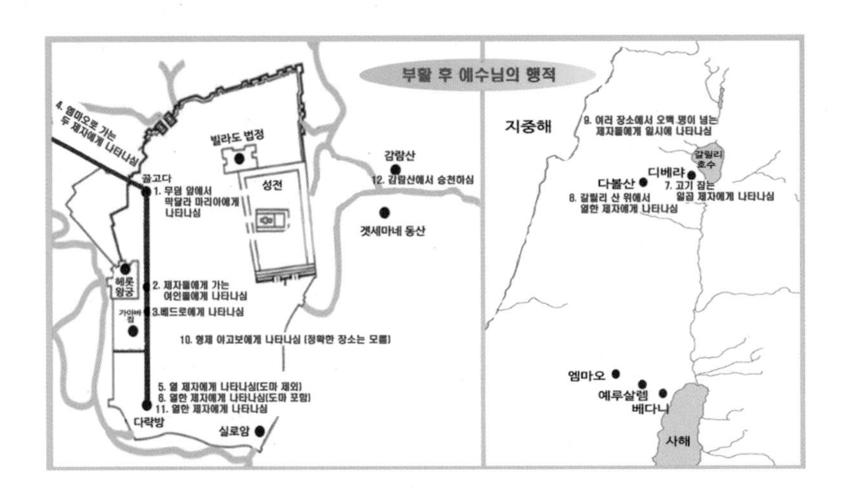

1. **큰 지진이 나고 예수님이 부활하심**: 안식일이 지나고 그 주의 첫날에 예수님의 무덤에 큰 지진이 일어났습니다. 주의 천사가 하늘에서 내려와 무덤 문의 돌을 굴려내고 그 위에 앉아 있었는데 용모가 번개와 같고 옷은 눈처럼 희었습니다. 이를 본 경비병들이 천사를 두려워하여 떨었습니다.

2. **여인들이 무덤을 찾아감**: 안식일이 지난 후 그 주의 첫날 새벽에 막달라 마리아와 야고보의 모친 마리아와 살로메가 미리 사 놓은 좋은 향료를 예수님께 부어드리려고 무덤에 갔습니다. 그들은 가면서 누가 무덤 문의 돌을 굴려 줄지 걱정하였으나 무덤에 도착해 보니 이미 큰 돌이 굴려져 있었습니다.

3. **막달라 마리아가 베드로와 요한에게 달려감**: 막달라 마리아가 돌이 무덤에서 옮겨진 모습을 보고 베드로와 요한에게 달려가서 사람들이 예수님의 시신을 가져갔는데 어디에 모셔 두었는지 알 수 없다고 말했습니다.

4. **여인들에게 천사가 나타남**: 막달라 마리아는 급히 베드로와 요한에게 달려갔고 남아 있던 여인들은 매우 당황해하고 있었습니다. 그때 빛나는 옷을 입은 두 사람이 그들 곁에 서 있었습니다. 그들이 무서워서 땅에 엎드리자 오른편에 긴 흰옷을 입고 앉아 있는 한 젊은 남자가 여인들에게 놀라지 말라고 말한 뒤 예수님이 살아나셨다고 알려 주었습니다. 그리고 예수님이 갈릴리로 가실 예정이니 그곳에서 주를 만난다는 소식을 제자들과 베드로에게 전하라고 하였습니다.

5. **베드로와 요한이 무덤으로 달려감**: 막달라 마리아의 말을 듣고 베드로와 요한이 무덤으로 달려갔는데 무덤 안에서 세마포 옷과 예수님의 머리에 둘렀던 수건을 보았습니다. 그러나 여인들이 보았던 천사는 보지 못하고 다시 집으로 돌아갔습니다.

6. **예수님이 막달라 마리아에게 나타나심**: 베드로와 요한은 돌아갔으나 마리아는 가지 않고 무덤 밖에서 울고 있었습니다. 그녀가 뒤를 돌아보니 예수님이 서 계셨는데 마리아는 예수님을 동산지기로 착각하였습니다. 예수님은 마리아에게 내가 아직 내 아버지께로 올라가지 않았으니 나를 만지지 말라고 하시면서 내가 하나님께로 올라간다는 사실을 제자들에게 전하라고 하셨습니다.

7. **예수님이 여인들에게 나타나심**: 무덤을 찾아간 여인 중 몇 사람이 예수님이 살아나셨다는 소식을 제자들에게 말하려고 갔습니다. 여인들이 가는 중에 예수님께서 그들에게 나타나셨습니다. 예수님이 모두 평안하냐고 물으시자 그들이 예수님께 나아와 예수님의 발을 붙잡고 경배하였습니다. 예수님은 두려워 말라고 하시며 제자들에게 가서 갈릴리로 가면 나를 본다는 말을 전하라고 하셨습니다.

8. **제사장들이 경비병을 매수**: 무덤을 지키던 경비병 몇 사람이 성읍에 들어가서 그동안 일어난 일을 제사장들에게 보고하였습니다. 제사장들은 장로들과 함께 의논한 뒤 경비병들에게 돈을 주면서 예수님의 제자들이 밤에 예수님의 시신을 훔쳤다고 거짓말하도록 지시했습니다. 경비병들이 돈을 받고 그들이 하라는 대로 하였습니다.

9. **제자들이 여인들의 말을 믿지 않음**: 여인들이 사도들에게 예수님과 천사의 말을 전하였으나 사도들은 그들의 말을 하찮게 여기고 믿지 않았습니다.

10. **예수님이 베드로를 만나심**: 예수님이 부활하신 후 베드로를 별도로 만나셨는데 그 사실은 엠마오로 가던 두 제자의 대화를 통해 알 수 있습니다(눅24:34).

11. **예수님이 엠마오로 가는 두 제자를 만나심**: 예수님을 따르던 사람 중에 두 사람이 예루살렘에서 엠마오 마을로 가면서 예수님에 관해 이야기하고 있을 때 예수님이 오셔서 그들과 동행하셨습니다. 그들은 동행하는 분이 예수님이라는 사실을 모른 채 예수님께서 고난받고 죽었다가 살아난 이야기를 예수님께 알려 주었습니다. 예수님은 그들에게 자신에 관하여 성경에 기록된 모든 것을 설명해 주셨습니다. 예수님이 그들과 식사하시면서 빵을 가지고 축복하신 후 그들에게 주니 그들의 눈이 열려서 주를 알아보게 되었습니다. 예수님은 그 즉시 사라지셨습니다.

12. 예수님이 열 제자에게 나타나심: 주의 첫날 즉 예수님이 부활하신 날 저녁에 제자들은 예루살렘 한 다락방에서 문을 잠그고 있었습니다. 유대인들을 두려워하였기 때문입니다. 예수님께서 그들에게 오셔서 너희에게 평강이 있으라고 말씀하셨습니다. 제자들이 놀라고 무서워하자 예수님은 불안해하거나 의심하지 말고 자기의 손과 발을 만져보라고 하시며 영은 살과 뼈가 없지만 나는 있다고 말씀하셨습니다. 그들에게 손과 옆구리를 보여주시자 제자들이 보고 기뻐하였습니다. 그때 도마는 그곳에 없었습니다. 예수님은 제자들에게 내 아버지께서 나를 보내셨듯이 나도 너희를 보낸다고 하신 후 성령을 받으라고 하시고 너희가 누구의 죄든지 용서하면 그들이 죄 사함을 받으나 용서하지 않으면 죄가 그대로 있다고 말씀하셨습니다.

13. 도마가 예수님의 부활을 믿지 못함: 다른 제자들이 도마에게 주를 보았다고 말했으나 도마는 내가 직접 예수님의 몸을 만지기 전에는 믿지 않겠다고 말하였습니다.

14. 예수님이 열한 제자에게 나타나심: 예수님이 제자들에게 나타나신 지 팔 일 후에 다시 제자들이 있는 다락방에 오셨습니다. 예수님은 제자들에게 평강이 있으라고 하신 후 도마에게 손가락으로 나의 손을 만져보고 옆구리에 손을 넣어 보라고 하시면서 믿음 없는 사람이 되지 말고 믿는 사람이 되라고 깨우쳐 주셨습니다.

15. 예수님이 디베랴 바다에서 일곱 명의 제자들에게 나타나심: 디베랴 바닷가에 베드로, 도마, 나다나엘, 요한, 야고보 그리고 다른 두 제자가 있었습니다. 그들이 고기를 잡으러 나갔으나 그날 밤 아무것도 잡지 못했습니다. 아침에 예수님이 바닷가에 서서 그들에게 그물을 배 오른편에 던지라고 지시하셨습니다. 그들이 순종하여 던졌더니 그물을 잡아당길 수 없을 정도로 많이 잡혔습니다. 그때까지 제자들이 예수님이신 줄 알지 못했는데 베드로가 먼저 알아보고 바닷속으로 뛰어 들어갔습니다. 예수님은 육지에서 숯불과 생선과 빵을 준비해 놓고 계셨으며 제자들에게 빵과 생선을 친히 집어 주셨습니다.

모두 식사를 끝마쳤을 때 예수님은 베드로에게 네가 이 사람들보다 나를 더 사랑하느냐고 물으시자 베드로는 주께서 내가 주를 사랑하는 줄 아신다고 대답하였습니다. 그러자 내 어린양들을 먹이라고 당부하셨습니다. 예수님은 베드로에게 네가 젊어서는 원하는 곳으로 다녔지만 늙으면 원치 않는 곳으로 너를 데려간다고 말씀하셨습니다. 이 말씀을 통해 예수님은 베드로가 어떠한 죽음으로 하나님께 영광을 돌릴지 미리 알려 주셨습니다.

16. **예수님께서 갈릴리 어느 산에 제자들에게 나타나심**: 제자들은 예수님이 지시하신 갈릴리 어느 산으로 갔습니다. 그들은 예수님을 뵙고 경배를 드렸습니다. 예수님은 성부 하나님이 하늘과 땅에 있는 모든 권세를 나에게 주셨다고 말씀하셨습니다. 그리고 온 세상에 가서 복음을 전파하라고 하시면서 믿고 세례를 받으면 구원받으나 믿지 않으면 정죄 받는다고 하셨습니다. 그리고 세상 끝까지 너희와 항상 함께 있겠다고 약속하셨습니다.

17. **예수님께서 오백여 형제와 야고보에게도 나타나심**: 그 후에 예수님은 오백 명이 넘는 제자와 형제인 야고보에게 나타나셨습니다(고전15:6-7).

18. **예수님이 제자들에게 사명을 주심**: 예수님께서 예루살렘에 있는 제자들을 찾아오셔서 성경을 깨닫게 해 주셨습니다. 제자들은 그리스도의 고난과 부활이 성경에 기록되어 있다는 사실을 알았습니다. 예수님은 자신의 이름으로 회개와 죄 사함의 선포가 예루살렘에서 시작하여 모든 민족에게 도달해야 한다고 하셨습니다. 제자들에게 이런 일의 증인이 되라고 당부하시면서 일단 예루살렘을 떠나지 말고 아버지의 약속을 기다리라고 하셨습니다. 예수님은 요한은 물로 세례를 주었으나 너희는 곧 성령으로 세례를 받는다고 알려 주셨습니다. 제자들이 이스라엘 나라를 회복하시는 때가 이때인지를 묻자 예수님은 그때는 아버지께서 자신의 권한에 두셨으니 너희가 알 바가 아니라고 하시면서 성령께서 너희에게 임하시면 너희가 능력을 받으리니 예루살렘과 온 유대와 사마리아와 땅끝까지 내 증인이 되라고 명령하셨습니다.

19. **예수님께서 승천하심**: 부활하신 지 사십 일째 되는 날에 예수님은 제자들을 감람산에 데리고 나가시어 두 손을 들고 그들을 축복하셨습니다. 그리고 그들이 보는 데서 위로 들려 올라가셨습니다. 그들이 하늘을 보고 있을 때 흰옷 입은 두 사람이 예수님은 올라가신 그대로 오신다는 사실을 알려 주었습니다. 예수님은 하나님 오른편에 앉으셨습니다. 그 후 제자들이 곳곳마다 복음을 전파하였습니다.

3. 바울의 행적

1 초대교회의 활동

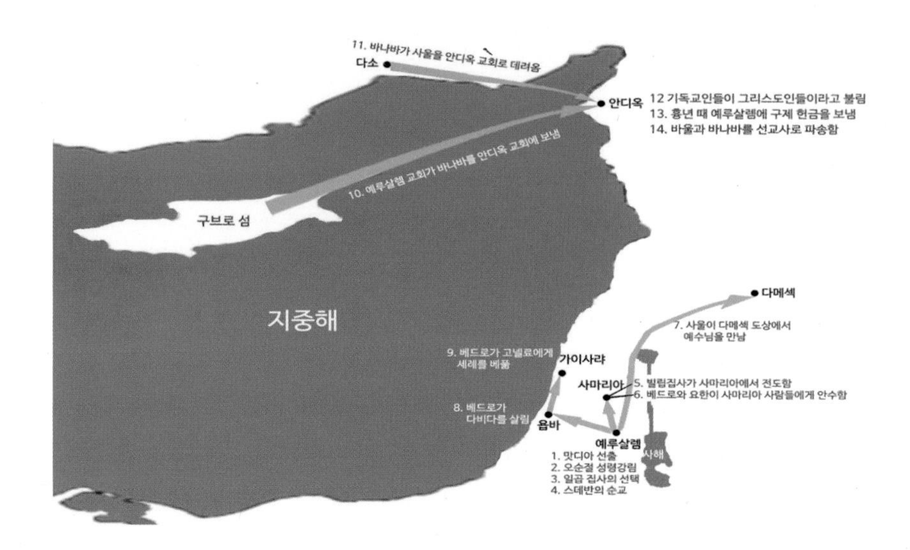

1. **예수님의 승천**: 예수님은 제자들이 보는 앞에서 감람산(올리브 산)에서 승천하셨습니다. 승천하시기 전 예루살렘과 온 유대와 사마리아와 땅끝까지 이르러 내 증인이 되라고 말씀하셨습니다.

2. **맛디아를 사도로 선출**: 가룟 유다를 대신해서 맛디아가 열두 사도에 합류하였습니다.

3. **오순절 성령 강림**: 예수님이 부활하신 후 50일이 지난 오순절에 제자들이 한 장소에 모였는데 불의 혀처럼 보이는 형체가 갈라져서 각 사람에게 임하였습니다. 그리고 모두가 성령으로 충만하여 다른 방언으로 말하기 시작했습니다. 여기서 방언은 특정 지역의 언어를 말합니다. 당시 예루살렘에는 각지에서 오순절을 지키러 온 유대인들이 머무르고 있었는데 갈릴리 사람들(예수님의 제자들)이 기도할 때 그 기도를 자기들의 언어로 알아들었으므로 놀라워했습니다.

   베드로는 유대인들에게 회개하고 너희들이 십자가에 못 박은 예수를 믿어 죄 사함을 받으면 성령을 선물로 받는다고 설교하였습니다. 그날 베드로의 말을 듣고 세례를 받은 사람이 삼천 명이나 되었습니다.

4. **공동체의 모습**: 예수님을 구주로 영접하고 세례를 받은 사람들은 사도들의 가르침을 받아 서로 교제하고 떡을 떼며 힘써 기도하였습니다. 사도들을 통해 많은 기적과

표적이 나타났고 믿는 사람들이 함께 생활하면서 물건을 공동으로 사용했으며 자기 재산과 소유를 팔아 각 사람의 필요에 따라 나누어 주었습니다. 바나바도 자기 토지를 팔아 사도들에게 주었습니다. 그들이 하나님을 찬양하고 모든 사람에게 칭찬을 받으니 주께서 교회에 사람들을 날마다 더해 주셨습니다. 그러나 아나니아와 삽비라 부부는 자기 소유를 팔아서 받은 돈을 일부 감추고 마치 전부를 내놓은 것처럼 하나님을 속였으므로 징계를 받아 죽고 말았습니다.

5. **일곱 집사의 선택**: 그리스 지역에 살다가 예루살렘에 돌아와서 초대교회의 일원이 된 유대인들은 그들의 과부들이 구제에서 소외되자 예루살렘에 계속 살고 있었던 유대인들에게 불만이 생겼습니다. 그러자 교회는 갈등을 해결하고자 평판이 좋은 일곱 사람을 택하여 구제하는 일을 맡겼습니다.

6. **스데반 집사의 순교**: 일곱 집사 중 하나였던 스데반은 믿음과 능력이 충만한 사람이었습니다. 유대인들이 스데반과 논쟁을 했으나 당해내지 못하였습니다. 그러자 그들은 사람들을 매수하여 스데반이 모세와 하나님을 모독하였다고 거짓말을 하게 한 후 그를 붙잡아 공회로 끌고 갔습니다. 스데반은 공회에서 구약에서 예언한 메시아가 예수님인데 너희들이 그분을 죽였으니 이는 율법을 받고서도 지키지 않았다고 책망하였습니다. 유대인들은 스데반의 말을 듣고 분노하여 그를 돌로 쳐서 죽였습니다. **스데반의 순교 이후 예루살렘 교회에 큰 박해가 가해지자 많은 사람이 여러 지역으로 흩어졌습니다.** 예루살렘에 남은 사람들은 예수님을 믿으면서도 유대교의 전통과 규범도 같이 지켰는데 이는 아직 기독교 교리가 확립되지 못했기 때문입니다.

7. **집사 빌립의 전도**: 예루살렘 교회의 일곱 집사 중 하나였던 빌립은 사마리아 성읍에 가서 복음을 전하고 기적도 행하였습니다. 사마리아 사람들이 하나님의 말씀을 받았다는 소식을 듣고 예루살렘에 있던 베드로와 요한이 가서 그들에게 안수하니 그들도 성령을 받았습니다. 빌립이 예루살렘에서 가사로 가는 길에 에디오피아에서 재정을 담당하는 큰 권세를 가진 내시를 만났습니다. 빌립은 내시가 읽고 있던 이사야의 구절이 예수 그리스도를 가리킨다는 사실을 알려주었고 내시는 빌립의 말을 믿고 그 자리에서 세례를 받았습니다.

8. **바울의 회심**: 바울은 예수님을 믿는 사람들을 잡으러 다메섹(다마스커스)으로 가는 길에 예수님의 음성을 듣고 회심한 뒤 다메섹에서 바로 복음을 전했습니다.

9. 베드로의 기적: 베드로는 많은 기적을 행했는데 성전 문 앞에서 구걸하는 앉은뱅이의 손을 잡아 걷게 하였고 중풍으로 8년 동안 누워 있던 애니아도 치료해 주었습니다. 또한 욥바에서 선행과 구제하는 일을 많이 하다 죽은 다비다도 살려 주었습니다. 제자들은 자기의 능력이 아닌 예수님의 이름으로 기적을 행했습니다. 하나님은 많은 사람이 제자들의 말을 믿어 예수님을 구주로 영접하도록 기적을 보여 주셨습니다.

10. 이방인에게 복음이 전해짐: 이탈리아 부대의 백부장인 고넬료는 하나님을 두려워하고 백성을 많이 구제하며 하나님께 항상 기도하던 사람이었습니다. 그가 가이사랴에 있을 때 하나님의 천사가 환상 중에 나타나 욥바에 있는 베드로를 초청하라고 하였습니다. 고넬료가 보낸 병사들이 베드로가 있는 곳에 가까이 왔을 즈음 베드로는 하늘이 열리고 큰 보자기가 내려오는 환상을 보았습니다. 그 보자기에는 네 발 가진 짐승, 들짐승, 기어 다니는 것, 공중의 새들이 있었습니다. 베드로는 하나님이 깨끗하게 하셨으므로 그것들이 더 이상 속되지 않다는 음성을 들었습니다. 베드로가 고넬료와 그의 친척과 친구들에게 복음을 전할 때 그들에게 성령이 임하였습니다. 이를 본 베드로가 그들에게 물세례를 베풀어 주었습니다.

11. 안디옥 교회의 부흥: 안디옥은 로마 제국에 속한 시리아의 지방행정 수도로서 로마나 알렉산드리아에 버금가는 큰 도시였습니다. 스데반의 순교로 박해가 일어나자 사람들이 여러 지역으로 흩어졌는데 베니게와 구브로와 안디옥까지 가서 유대인에게 복음을 전하였습니다. 구브로와 구레네 출신 몇 사람은 안디옥에서 가서 그리스인에게도 복음을 전하였습니다. 예루살렘 교회가 이 소식을 듣고 구브로 출신인 바나바를 안디옥에 보냈습니다. 바나바는 다소에 있던 바울을 데려와 안디옥 교회에서 같이 사역하였습니다. 바울과 바나바의 열정으로 안디옥 교회는 부흥하였습니다. A.D.45년경 큰 흉년으로 예루살렘 교회가 어려워지자 안디옥 교회는 바나바와 바울을 통해 예루살렘 교회에 구제헌금을 보냈습니다. 안디옥 시민들은 예수님을 믿는 사람을 그리스도인이라고 불렀는데 이는 그리스도께 속한 자들이라는 뜻입니다.

12. 헤롯의 박해와 죽음: 헤롯왕(아그립바 1세)은 요한의 형제 야고보를 칼로 죽였는데 유대인들이 기뻐하는 모습을 보고 베드로도 잡아 감옥에 가두고 교대로 지키게 하였습니다. 그러나 주의 천사가 베드로를 감옥에서 구해 주었습니다. 한편 헤롯이 두로와 시돈에 식량 수출을 제한하자 그 지역의 사람들은 식량을 얻고자 헤롯에게 잘 보이고 싶었습니다. 헤롯이 연설할 때 그들은 헤롯의 목소리가 신의 음성이라고 아부

하였습니다. 헤롯이 그들의 음성을 듣고 하나님께 영광을 돌리지 않았으므로 주의 천사가 그를 쳤습니다. 벌레들이 그를 먹었고 결국 죽고 말았습니다.

생각해 보세요

1. 예루살렘 교회가 일곱 집사를 선택한 까닭은 무엇인가요?

2. 예루살렘에 있던 성도들이 여러 지역으로 흩어진 계기는 무엇인가요? (행8:1)

3. 베드로가 고넬료를 만나기 전 보았던 환상의 의미는 무엇일까요? (행10:34-35)

4. '그리스도인'이라는 말은 어떻게 생겨났나요? (행11:26)

5. 지금 이 시대는 초대교회처럼 기적이 많이 일어나지 않습니다. 왜 그럴까요?

2 바울의 초기 행적

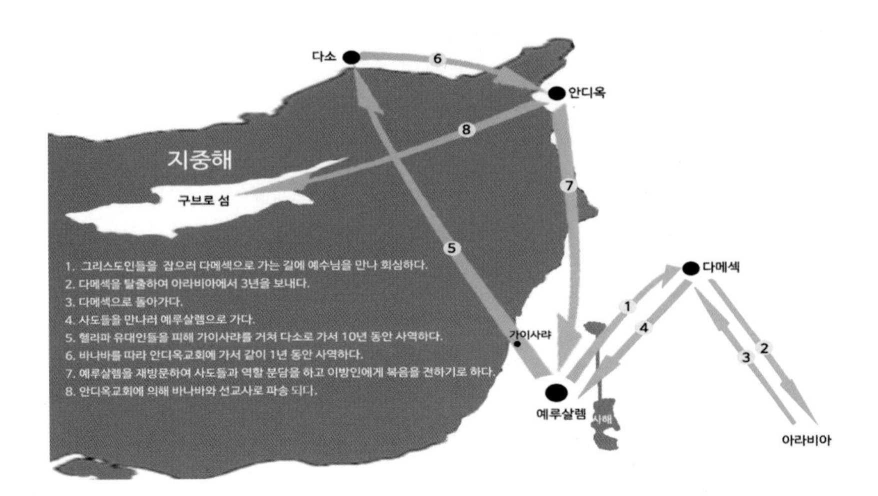

1. 바울의 이력: 사울은 히브리 이름이며 바울은 로마 이름입니다. 바울은 길리기아의 수도인 다소에서 출생했습니다(행21:39). 그는 유대인으로서 베냐민 지파에 속했으며 바리새인이었습니다(빌3:5). 바울은 태어날 때부터 로마 시민권이 있었습니다. 로마 시민권은 로마인뿐만 아니라 외국인 중에서도 로마에 공이 있는 사람에게 주어졌는데 돈을 주고 사거나 세습할 수 있었습니다. 로마 시민은 재판 없이 구금이나 투옥될 수 없으며 지방 통치자에게 정당한 대우를 받지 못했을 때 로마 황제에게 상소할 수 있습니다. 로마 시민권자는 십자가형을 당하지 않았으므로 후에 바울은 십자가형이 아닌 참수형으로 순교하였습니다.

바울은 예루살렘에서 최고의 랍비로 백성들의 존경을 받았던 가말리엘의 제자였습니다(행22:3). 가말리엘은 바리새인이었지만 율법의 해석을 엄격하게 하지 않았으며 관용과 포용력을 잃지 않았습니다. 그는 산헤드린 공회원이기도 하였는데 사도들이 붙잡혔을 때 그들을 상관하지 말고 내버려 두라고 조언하기도 하였습니다(행5:35-39). 그는 율법에 정통하고 해석에 뛰어난 능력이 있었으나 예수 그리스도를 구주로 받아들이지는 않았습니다.

2. 교회를 핍박한 바울: 바울은 교회를 파괴하고 믿는 사람들을 끌어내어 감옥에 넘겨주었습니다(행7:57-8:3). 그는 스데반의 순교 현장에 있었으며 그의 죽음을 당연하게 여겼습니다.

3. **회심한 바울**: 바울은 다메섹 여러 회당에 보낼 서신을 대제사장에게 받은 뒤 예수님을 믿는 자들을 잡아서 예루살렘으로 데려오려고 다메섹으로 떠났습니다. 그가 다메섹 가까이 이르렀을 때 갑자기 하늘로부터 한 줄기 빛이 그를 둘러 비추었습니다. 바울이 땅에 엎드리자 예수님은 그에게 성읍으로 들어가면 할 일을 알려주겠다고 하셨습니다. 바울은 사흘 동안 보지도 먹지도 마시지도 못했습니다. 다메섹에 '아나니아'라는 예수님의 제자가 있었는데 예수님은 그에게 바울을 찾아가라고 하셨습니다. 아나니아가 바울을 찾아가 그에게 안수하자 바울의 눈에서 비늘 같은 것이 떨어져 앞이 보였습니다. 바울은 곧바로 회당으로 가서 복음을 전파하였습니다.

4. **다메섹을 탈출한 바울**: 바울은 회심한 후 예수님이 하나님의 아들이라는 사실을 전파하였습니다. 유대인들은 처음에는 바울의 행동에 당황했으나 곧 바울을 죽이기로 모의하였습니다. 그들이 바울을 죽이려고 밤낮 성문을 지키자 바울의 제자들이 바울을 광주리에 들어가게 한 뒤 성벽을 타고 내려 탈출시켰습니다.

5. **아라비아에서 선교활동을 준비함**: 다메섹을 떠난 바울은 아라비아에서 3년을 체류하였습니다(갈1:17-18). 이 시기에 대한 성경 기록은 없으나 선교활동을 준비했을 것이라고 추정됩니다.

6. **예루살렘을 방문한 바울**: 아라비아 생활 3년을 마치고 다메섹으로 돌아온 바울은 사도들과 함께 활동하려고 예루살렘으로 갔습니다. 사도들은 바울이 예수님의 제자가 되었다는 사실을 믿지 않았으므로 그를 두려워하였습니다. 이때 바나바가 바울을 데리고 사도들에게 가서 그가 예수님을 만난 경위와 예수님이 하신 말씀 그리고 그가 얼마나 담대하게 예수님을 전했는지를 알려주었습니다(행9:26-27). 바울은 그곳에서 베드로와 15일 동안 머물면서 예수님의 형제 야고보도 만났습니다(갈1:18-19). 바울이 예수님의 이름으로 담대하게 전하였으므로 그리스 출신 유대인들과 마찰이 있었으며 그들은 바울을 죽이려고까지 하였습니다. 그때 형제들이 이 사실을 알고 바울을 가이사랴로 데려갔다가 다시 그의 고향인 다소로 보냈습니다(행9:29-30).

7. **다소에서 선교활동을 한 바울**: 본인의 계획과는 달리 다소로 온 바울은 그곳에서 약 10년 동안 머물렀습니다. 다소에서의 생활은 성경에 기록되어 있지 않으나 그곳에서 선교활동을 했을 것으로 추정됩니다.

8. **안디옥교회에서 사역하게 된 바울**: 안디옥교회에서 사역하고 있던 바나바는 다소에 가서 바울을 만나 설득한 뒤 안디옥으로 데리고 왔습니다. 바나바와 바울은 안디옥 교회에서 함께 많은 사람을 가르쳤으며 그때부터 예수님을 믿는 사람들이 그리스도인이라고 불리게 되었습니다(행11:22-26).

9. **예루살렘을 재방문한 바울**: 바울은 회심한 지 14년 후에(아라비아 3년, 다소 10년, 안디옥 1년) 디도를 데리고 다시 예루살렘을 방문하였습니다(갈2:1). 이때 사도들은 유대인에게 복음을 전하고 바울과 바나바는 이방인에게 복음을 전하는 역할 분담이 이루어졌습니다(갈2:7-9).

10. **바울과 바나바가 선교사로 파송됨**: 안디옥교회는 성령의 지시대로 바울과 바나바를 선교사로 파송하였습니다.

생각해 보세요

1. 바나바는 바울에게 어떤 도움을 주었나요? (행9:26-27), (행11:25-26)

2. 바울은 예수님의 제자가 아닌데도 사도라고 불리는 까닭은 무엇인가요? (고전15:8), (롬1:5)

3. 바울은 회심하고 선교사로 파송되기까지 어떤 과정을 얼마나 거쳤나요?

3 바울의 선교여행

1차 선교여행

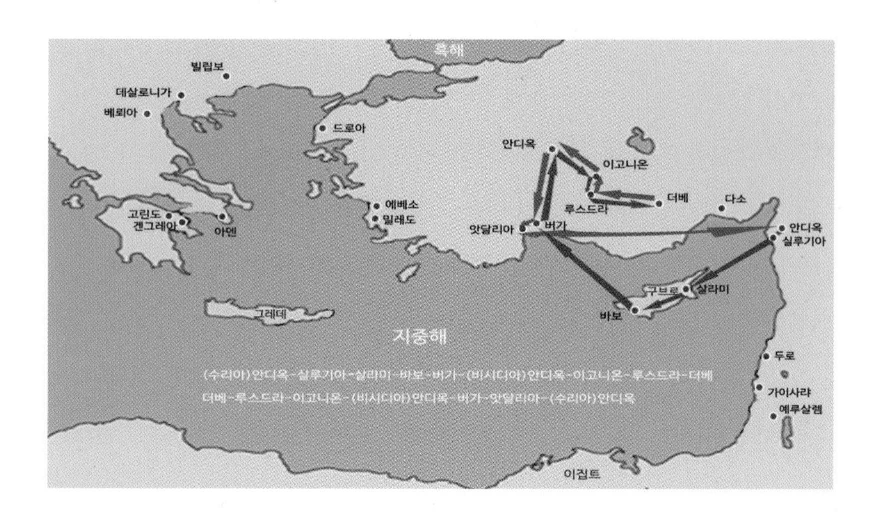

최초 이방 교회인 수리아의 안디옥 교회가 처음으로 바울과 바나바를 선교사로 파송하였습니다. **1차 선교여행은 수리아 안디옥에서 출발하여 더베까지 약 2년간**(A.D.47-49) **지속되었습니다.** 구브로는 지금의 섬나라 키프로스이며 나머지 선교 지역은 지금의 터키 영토입니다.

1. **구브로섬**: 바울 일행은 살라미에 도착하여 여러 회당에서 복음을 전하고 바보로 이동하였습니다. 총독인 서기오 바울에게 복음을 전하자 거짓 대언자 엘루마(바예수라 불림)가 방해하였습니다. 바울은 엘루마를 소경으로 만들었고 이 광경을 목격한 총독 서기오 바울은 놀라워하며 예수님을 믿었습니다(행13:6-12).
2. **버가**: 버가는 소아시아 남쪽 해안 도시입니다. 이곳에서 바나바의 조카인 마가는 선교활동을 포기하고 예루살렘으로 돌아가 버렸습니다(행13:13).
3. **비시디아 안디옥**: 유대인 회당에서 복음을 전하여 많은 이방인을 회심시켰습니다. 이를 시기한 유대인들이 도시 유지들을 선동하여 방해하자 바울과 바나바는 이고니온으로 떠났습니다(행13:14-52).
4. **이고니온**: 유대인 회당에서 복음을 전하였으며 유대인과 그리스인이 많이 믿었습니

다. 하지만 믿지 않는 유대인들의 핍박으로 루스드라로 떠났습니다(행14:1-7).

5. 루스드라: 바울은 이곳에서 앉은뱅이를 고쳤습니다. 이를 본 사람들이 바울과 바나바를 신으로 숭배하려 했으나 바울과 바나바는 극구 만류하였습니다. 바울은 이고니온에서 추격해 온 유대인들에게 돌에 맞아 성 밖에 버려졌으나 다행히 회복하여 더베로 갔습니다(행14:8-20).

6. 더베: 더베는 1차 선교여행의 종착지입니다. 바울과 바나바는 이곳에서도 복음을 전하여 많은 사람을 제자로 삼았습니다(행14:20-21).

7. 루스드라, 이고니온, 비시디아 안디옥, 버가: 전도한 지역을 돌아보며 성도들을 굳게 세웠고 교회마다 지도자를 세워 교회를 돌보도록 하였습니다(행14:21~25).

8. 앗달리아, 수리아 안디옥: 앗달리아에서 배를 타고 출발지인 수리아 안디옥에 도착하였습니다(행14:25-28).

2차 선교여행

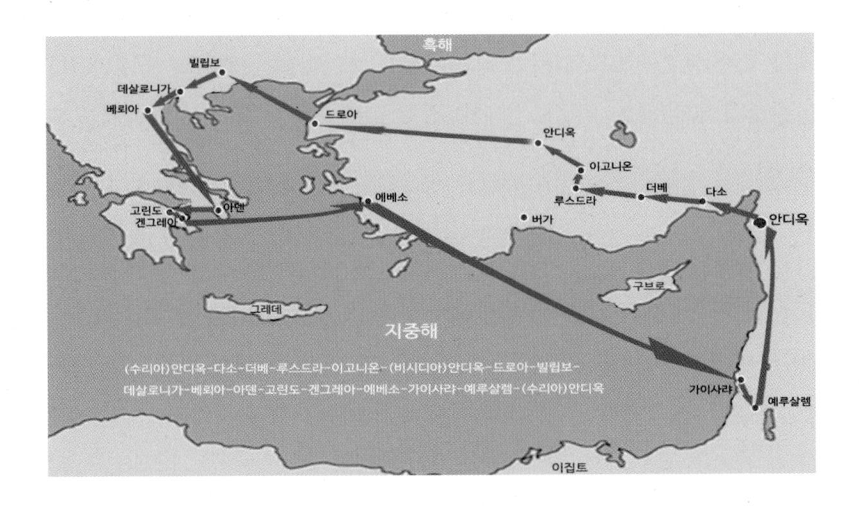

2차 선교여행은 A.D.50-52년까지 약 3년 동안 지속되었습니다. 바울은 1차 선교여행 중에 포기한 바나바의 조카 마가를 데려가지 않으려고 했으나 바나바는 데려가자고 했습니다. 이 문제로 바울과 바나바가 심히 다투어 둘이 갈라섰으므로 바울은 실라와 동행하였습니다. 바울과 실라는 먼저 1차 선교여행 때 세워진 교회를 살피러 갔습니다.

1. 루스드라: 루스드라에서 영적인 아들 디모데를 만나 조력자로 삼았습니다(행16:1-5).

2. 드로아: 바울은 드로아에서 마케도니아 사람이 나타나 도와달라고 요청하는 환상을 보았습니다(행16:8-10). 바울은 마케도니아에 갈 생각이 없었으나 환상을 본 뒤 배를 타고 지중해를 건너 마케도니아 지방으로 갔습니다.

3. 빌립보: 빌립보에서 자색 옷감 장사 루디아가 예수님을 영접했습니다. 루디아는 바울이 자신의 집에서 머물도록 배려하여 복음 전파에 협력하였습니다. 바울이 귀신 들린 점치는 여자를 고쳐 주자 그 여자로 많은 이익을 얻었던 주인들이 고소하여 바울과 실라가 투옥되었습니다. 지진으로 감옥 문이 열렸으나 바울은 도망가지 않았습니다. 이에 감동한 간수와 그 가족이 예수님을 영접하였습니다(행16:12-40).

4. 데살로니가: 바울은 회당에서 복음을 전하였고 경건한 그리스인과 귀부인이 복음을 듣고 믿었습니다. 그러나 유대인들의 방해로 밤중에 베뢰아로 떠났습니다(행17:1-9).

5. 베뢰아: 베뢰아 사람들은 교양 있고 너그러웠습니다. 그들은 바울의 말이 맞는지 성경을 자세히 살핀 뒤 간절한 마음으로 복음을 받아들였습니다. 그러나 바울은 데살로니가에서 유대인들이 쫓아오자 실라와 디모데를 남겨 둔 채 유대인들을 피해 아덴으로 가야만 했습니다(행17:10-15).

6. 아덴: 바울은 아레오바고 법정에서 철학자들과 변론하고 복음을 전하였습니다. 바울의 예상과는 달리 아덴 사람들은 복음을 잘 받아들이지 않았습니다. 아레오바고 관리와 '다마리'라는 이름의 여자 등 몇몇만이 복음을 듣고 믿었습니다(행17:16-34).

7. 고린도: 바울은 고린도에서 실라와 디모데를 다시 만났습니다. 바울은 이곳에서 브리스길라와 아굴라 부부의 도움을 받아 18개월 동안 머무르며 전도하였습니다. 이곳에서도 유대인들의 고소를 당하였습니다(행18:1-17).

8. 에베소: 에베소에서는 잠시 머물기만 했습니다. 그러나 3차 선교여행에서는 많은 시간을 에베소에서 보냅니다. 바울은 회당에서 복음을 전한 후 고린도에서부터 동행한 아굴라 부부를 에베소에 남겨 두고 떠났습니다(행18:19-21).

9. 가이사랴, 안디옥: 가이사랴, 예루살렘을 거쳐 안디옥으로 돌아왔습니다(행18:22).

3차 선교여행

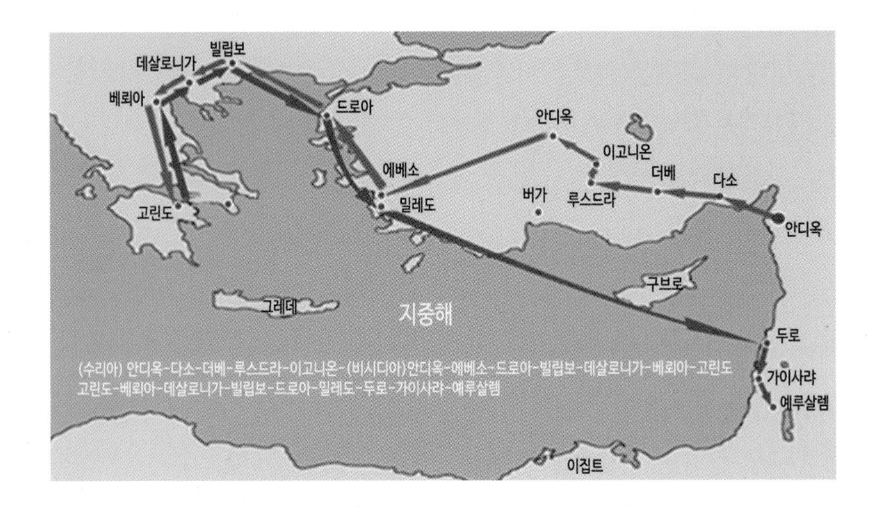

바울은 2차 선교여행이 끝난 뒤 몇 개월이 지나지 않아 3차 선교여행을 시작하였습니다(A.D.53). **3차 선교여행은 약 5년 동안 지속되었고**(A.D.53-58년) **그중 절반을 에베소 교회에서 보냈습니다.** 선교여행의 출발지인 수리아 안디옥과 다소, 더베, 루스드라, 이고니온, 비시디아 안디옥, 에베소, 드로아는 현재 터키 영토에 속합니다. 빌립보, 데살로니가, 베뢰아, 고린도는 현재 그리스 영토에 속합니다.

1. **더베, 루스드라, 이고니온, 비시디아 안디옥**: 1차와 2차 선교지를 다시 방문하였습니다(행18:23).
2. **에베소**: 바울은 에베소에 있는 회당에서 3개월을 가르쳤고 그곳에서 양육된 제자들을 두란노에서 2년 동안 더 가르쳤습니다. 그렇게 양육된 제자들은 후에 소아시아 지역에 여러 교회를 세웠습니다. 마술을 하던 사람들이 복음을 듣고 마술을 버리고 관련된 책을 불태웠습니다. 하지만 아데미 여신상을 제작하던 데메드리오가 주도하여 소요를 일으키는 바람에 바울은 마케도니아로 떠났습니다(행18:23~19:41).
3. **드로아, 빌립보, 데살로니가, 베뢰아, 고린도**: 2차 선교여행 때 개척한 교회들을 두루 방문하여 교제를 나누었습니다(행20:1-3).
4. **빌립보, 드로아**: 그리스에서 배를 타고 수리아 안디옥으로 돌아가려고 했으나 유대인들이 죽이려고 모의한다는 사실을 알고 빌립보에 가서 배를 타고 드로아에 상륙

하였습니다. 바울은 드로아에서 일주일 동안 체류하면서 강연했습니다. 그때 강연을 듣다가 유두고가 죽자 그를 살려 주었습니다(행20:3-12).

5. **밀레도**: 바울은 이곳에서 에베소 교회 장로들을 만나 그들에게 다시는 보지 못한다고 말하며 자신의 훈계를 잊지 않도록 당부하였습니다. 장로들은 다시는 못 본다는 바울의 말에 슬퍼하며 서로를 위로했습니다(행20:17-38).

6. **두로, 가이사랴, 예루살렘**: 순교할 각오로 예루살렘에 와서 선교 보고를 했습니다(행 21:17-19).

생각해 보세요

1. 1차 선교여행의 경로를 순서대로 써 보세요.

2. 2차 선교여행의 경로를 순서대로 써 보세요.

3. 3차 선교여행의 경로를 순서대로 써 보세요.

4. 바울의 2차 선교여행에 바나바가 동행하지 않은 까닭은 무엇인가요?

5. 하나님께서 바울이 2차 선교여행 중일 때 드로아에서 어떤 환상을 보여 주셨으며 그 환상을 보여주신 까닭은 무엇인가요? (행16:8-10)

6. 2차 선교여행에서 아덴 사람들이 복음을 받아들이지 않은 까닭은 무엇인가요? (행17:17-18).

7. 바울이 선교여행을 마치고 예루살렘에 가면서 순교를 각오한 까닭은 무엇인가요? (행21:26-30)

4 바울의 로마행과 4차 선교여행

체포된 바울

바울은 3차 선교여행을 마치고 예루살렘에 도착하여 교회 지도자들에게 하나님께서 이방인들에게 행하신 모든 일을 간증하였습니다(행21:15-26). 그러나 믿지 않는 유대인들은 바울을 고소하였고 바울은 결백을 주장하며 로마 황제에게 상소하였습니다.

1. **바울을 죽이려는 유대인들**: 아시아에서 온 유대인들이 바울이 각처에서 백성과 율법을 비방하며 헬라인을 데리고 성전에 들어가서 거룩한 곳을 더럽혔다고 모함하였습니다. 그러자 무리가 바울을 성전 밖으로 끌어내 죽이려고 했습니다(행21:27-30).

2. **로마군에게 체포된 바울**: 소동이 일어나자 로마의 천부장이 부하들을 데리고 나타났습니다. 천부장을 보자 무리가 바울을 때리다가 멈추었습니다. 천부장이 진상을 파악하고자 바울을 끌고 가려고 하니 바울이 천부장에게 사람들 앞에서 해명하게 해달라고 요청했습니다. 천부장이 바울의 요청을 허락하였습니다. 바울은 다메섹으로 가는 중에 회심한 사건부터 이방인의 사도로 파송된 경위까지 말하였습니다. 바울의 말을 듣고 무리가 바울을 죽이려고 했습니다. 천부장은 바울을 데리고 가서 채찍질하며 심문하려고 했습니다. 그러나 바울이 천부장에게 자신은 로마 시민이라고 말하자 천부장은 로마 시민인 바울을 함부로 결박하였으므로 두려워했습니다(행21:31-22:30).

3. **공회에 선 바울**: 천부장이 진상을 파악하려고 공회를 소집하였습니다. 바울이 그곳에서 자신이 바리새인이라고 말하자 바울을 옹호한 바리새인과 사두개인 사이에 다툼이 일어났습니다. 그러자 천부장이 바울을 병영 안으로 데리고 왔습니다(행23:1-10).

4. **바울 암살 계획**: 바울은 유대인 40명이 자신을 암살하려고 한다는 말을 듣고 조카를 통해 그 사실을 천부장에게 알렸습니다. 천부장은 바울을 보호하려고 벨릭스 총독이 있는 가이사랴로 보냈습니다(행23:11-35).

5. **벨릭스의 재판**: 대제사장과 장로들은 바울이 유대인 사이에 소요를 일으켰으며, 나사렛 이단의 두목이고, 성전을 더럽혔다는 이유로 고소하였습니다. 바울은 그런 일이 없다고 항

변하였습니다. 벨릭스는 바울에게 돈을 받으려고 자주 불러 질문하였으나 소득이 없자 유대인의 환심을 사려고 바울을 2년 동안 감금하였습니다(행24:1-27).

6. **베스도의 재판**: 베스도가 새로운 총독으로 부임하였습니다. 대제사장과 유대인들이 베스도에게 바울을 다시 고소하면서 바울을 예루살렘으로 보내 달라고 요구하였습니다. 그들은 바울이 예루살렘으로 이송되어 가는 도중에 죽일 계획이었습니다. 베스도가 바울에게 예루살렘에 가서 재판을 받겠느냐고 묻자 바울은 로마 황제에게 상소한다고 하였습니다. 헤롯 아그립바 2세가 베스도를 찾아왔을 때 바울은 베스도와 헤롯 앞에서 자신을 변호하면서 그들에게 복음도 전하였습니다. 베스도와 헤롯은 바울의 복음을 받아들이지 않았으나 바울이 죄가 없다는 사실을 인정했으며 상소하지 않았다면 석방될 수 있었다고 말하였습니다(행25:1-26:32).

바울의 로마행

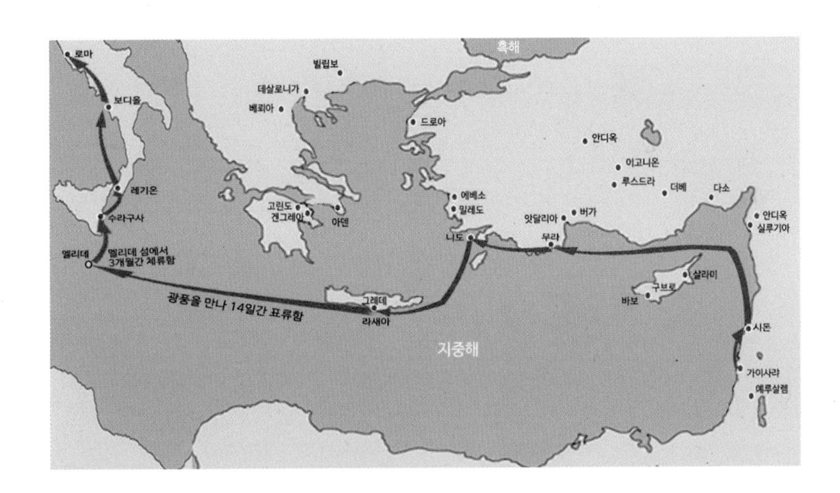

1. **로마로 출발함**: 바울이 로마 황제에게 상소하였으므로 재판을 받으러 로마로 가야만 했습니다. 백부장 율리오는 바울을 포함해서 총 276명의 죄수를 이끌고 로마로 출발하였습니다. 그는 바울이 시돈에서 친구들을 만나도록 배려해 주었습니다(행27:1-3).

2. **배를 옮겨 탐**: 바울 일행은 구브로 섬 해안을 따라 항해한 후 루기아의 무라에서 이탈리아로 가는 알렉산드리아 배로 옮겨 탔습니다. 그리고 니도 맞은편을 지나 그레데 섬(크레타섬)을 향해 갔습니다(행27:4-8).

3. **광풍을 만나 표류함**: 바울은 그레데 섬의 라새아에서 백부장에게 지금 항해하는 것은 위험하다고 건의했으나 백부장은 바울보다 선장의 의견을 받아들여 항해를 계속했습니다. 결국 그레데 섬을 떠난 지 얼마 지나지 않아 유라굴로 광풍을 만나서 14일간 표류하였습니다. 멜리데 섬 근처에서 배가 암초에 부딪혔습니다. 병사들이 죄수들이 달아나기 전에 죽이려고 하자 백부장이 이를 막으면서 바울을 구해 주려고 사람들에게 배에서 내려 멜리데 섬으로 가라고 지시하였습니다(행27:9-44).

4. **멜리데 섬에서 체류함**: 멜리데 섬의 원주민들은 바울 일행에게 친절을 베풀었습니다. 원주민들은 바울이 독사에 물리고도 아무 이상이 없자 그를 신으로 여겼습니다. 바울은 그곳에서 3개월 동안 체류하면서 병자들을 치료해 주었습니다(행28:1-10).

5. **로마에 도착함**: 바울은 멜리데 섬을 떠나 로마에 도착하였습니다. 그는 로마에서 2년 동안 가택 연금 중에도 자신을 방문하는 사람들에게 복음을 전했습니다(행28:11-31).

4차 선교여행

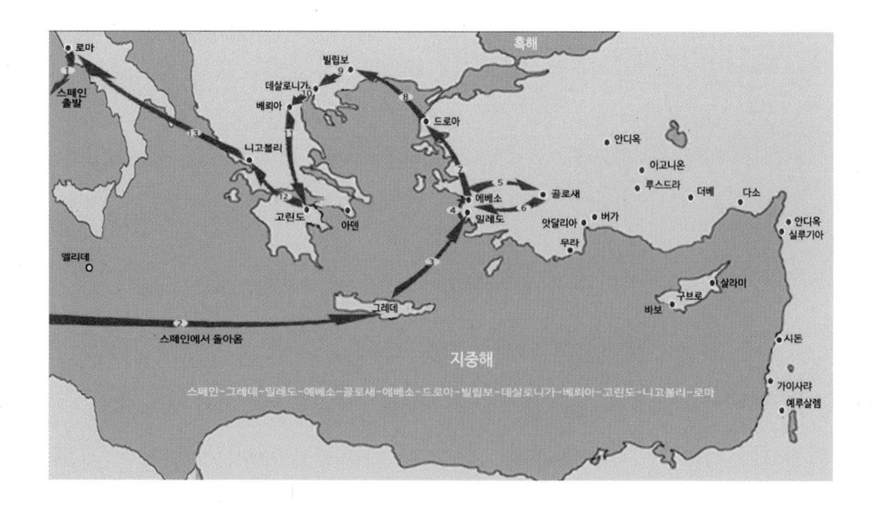

사도행전은 바울이 로마에서 2년 동안 가택 연금하는 상황까지 기록하였습니다. **바울은 가택 연금에서 풀려난 후(A.D.63) 약 4년 동안 4차 선교여행을 하였습니다.** 그리고 로마 대화재로 기독교인들이 박해를 받을 때 체포되어 참수형을 당했습니다(A.D.67).

1. **스페인**: 바울은 오래전부터 스페인에 가기를 원했습니다(롬15:28). 로마에서 풀려난 뒤 디모데와 디도를 데리고 스페인에서 2년 동안 복음을 전한 뒤 지중해로 돌아왔을 것으로 추정됩니다.

2. **그레데 섬**: 스페인에서 돌아온 후 바울은 그레데 섬을 방문하였습니다. 그곳 교회는 아직 질서가 잡히지 않았으므로 디도를 남겨 두어 남은 일을 정리하고 장로들을 세우도록 하였습니다(딛1:5).

3. **밀레도**: 바울은 밀레도에 들러 병든 드로비모를 남겨 두었습니다(딤후4:20). 드로비모는 에베소 출신으로 에베소 교회의 헌금을 예루살렘 교회까지 전달해 준 바울의 충실한 동역자였습니다.

4. **에베소**: 바울은 에베소 교회에 디모데를 두어 거짓 교리가 전파되지 못하도록 하였습니다(딤전1:3). 바울은 에베소 교회 근처에 있는 골로새 교회도 방문하였습니다.

5. **드로아**: 바울은 드로아에서 가보 집에 들렀고 그곳에 외투를 남겨 두고 왔습니다(딤후4:13).

6. **고린도**: 바울은 고린도에 들러 동역자 에라스도를 그곳에 남겨 두었습니다(딤후4:20).

7. **니고볼리**: 바울은 니고볼리에서 겨울을 보내려고 갔으나 로마 관원에 체포되고 말았습니다(딛3:12).

8. **로마**: 바울은 로마의 지하 감옥에 갇혔습니다. 이곳에서 마지막 편지 디모데후서를 기록하였습니다. 누가는 바울이 죽을 때까지 그의 곁을 지켰습니다(딤후4:11).

생각해 보세요

1. 바울이 가이사랴에 2년 동안 구금된 까닭은 무엇인가요? (행24:1-27).

2. 바울이 로마로 가게 된 까닭은 무엇인가요? (행26:32).

3. 바울이 멜리데 섬에 체류한 까닭은 무엇인가요? (행27:9-44).

5 바울의 일대기

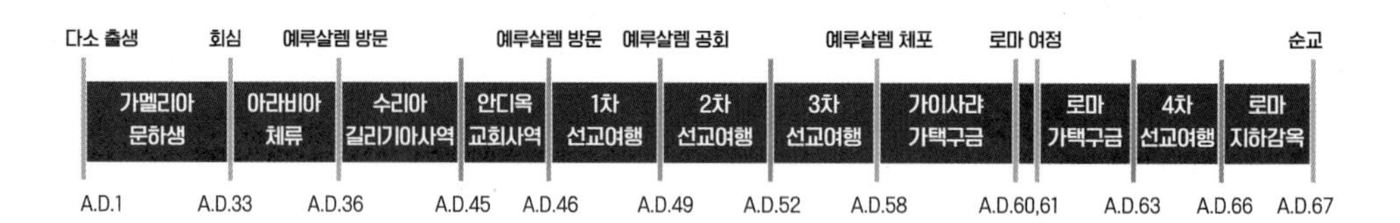

1. **바울의 출생**: 바울은 길리기아의 다소에서 출생했습니다(약A.D.1년경). 그는 유대인이며 베냐민 지파에 속했고 종파로는 바리새파였으며 당시 존경받는 율법 학자인 가말리엘의 문하생이었습니다. 그리고 태어날 때부터 로마 시민권이 있었습니다.

2. **바울의 회심**: 바울이 청년일 때는 스데반의 순교(A.D.32)를 당연하게 여길 정도로 기독교를 박해하는 데 앞장섰습니다. 그는 A.D.33년경 기독교인들을 잡으러 다메섹으로 가는 길에 예수님을 만나 회심하고 곧바로 다메섹에서 복음을 전했습니다.

3. **아라비아 체류**: 바울은 자신을 죽이려는 유대인들을 피해 다메섹을 떠난 뒤 아라비아로 가서 3년간 체류하며 선교활동을 준비하였습니다(A.D.33-36).

4. **예루살렘 방문**: 아라비아에서 돌아와 예루살렘을 방문하여(A.D.36) 사도들과 같이 사역하기를 원했습니다. 그러나 그리스 출신 유대인들이 자신을 죽이려고 했기 때문에 그들을 피해 다소로 갔습니다.

5. **수리아와 길리기아 사역**: 수리아와 길리기아 지역에서 약 10년간 있었는데 이때도 선교활동을 한 것으로 추정됩니다(A.D.36-45).

6. **안디옥 교회 사역**: 바나바가 다소에 있는 바울을 방문하여 안디옥교회에서 같이 사역하자고 권유하였습니다. 바울은 안디옥교회에서 바나바와 약 1년간 사역하였습니다(A.D.45-46). 그는 디도와 함께 구제헌금을 전달하려고 예루살렘 교회를 방문하였는데 이때 비로소 이방인의 사도로 인정받았습니다(A.D.46).

7. **1차 선교여행**: 안디옥교회가 바울과 바나바를 최초의 선교사로 파송하였습니다. 그들은 바나바의 고향인 구브로 섬을 시작으로 소아시아 지역을 선교한 후에 안디옥교회로 돌아왔습니다(A.D.47-49).

8. 예루살렘 공회: 1차 선교여행 후에 예루살렘 공회에 참석하였습니다. 공회에서 이방인 개종자들에게 모세의 율법을 강요하지 말자고 결정하였습니다(A.D.49).

9. 2차 선교여행: 1차 선교여행 때 중도에서 포기한 마가의 동행 문제로 바나바와 다투었습니다. 결국 바울은 바나바와 헤어지고 실라와 동행하여 소아시아에서 그리스 지역까지 선교하였습니다. 선교를 마치고 예루살렘을 거쳐 안디옥교회에 돌아왔습니다(A.D.50-52).

10. 3차 선교여행: 갈라디아 지역에 세운 교회를 방문한 뒤 에베소에서 3년간 사역하였습니다. 에베소를 떠나 마케도니아와 그리스 지역을 돌아보고 밀레도에서 에베소 장로들을 만난 후 예루살렘에 도착했습니다(A.D.53-58).

11. 예루살렘에서 체포됨: 종교 지도자들과 유대인들의 고소로 예루살렘에서 체포되어 (A.D.58) 가이사랴에서 2년간 가택에 구금되었습니다(A.D.58-60).

12. 로마 여정: 바울이 로마 황제에게 상소했으므로 재판을 받으러 로마로 이송되었습니다. 중간에 풍랑을 만나 멜리데 섬에서 3개월간 체류한 후 로마에 도착하였습니다 (A.D.61).

13. 로마 구금: 로마에서 가택 연금 생활을 하며 복음을 전하였습니다(A.D.61-63).

14. 4차 선교여행: 석방 후에 스페인 지역과 그레데 섬, 소아시아, 마케도니아, 그리스 지역에서 선교하였으나 니고볼리에서 체포되어 로마에 압송되었습니다(A.D.63-66).

15. 로마 구금 및 순교: 로마에서 대화재가 일어나고 네로가 그 책임을 기독교인에게 돌렸습니다. 바울도 체포되어 로마 지하 감옥에서 지내다가 참수형을 당하였습니다 (A.D.67).

생각해 보세요

1. 바울이 예수님을 영접한 계기는 무엇인가요?

2. 예루살렘 공회의 결정 사항은 무엇인가요?

3. 바울이 로마에서 가택에 구금된 까닭은 무엇인가요?

4 · 성막과 율법

1 성막

성막의 정의

성막은 하나님이 임재하신 장소로 거룩히 구별된 곳입니다(출25:8). 솔로몬 성전이 완성되면서 이동식 성막은 고정식 성전으로 대체되었습니다.

성막의 구조

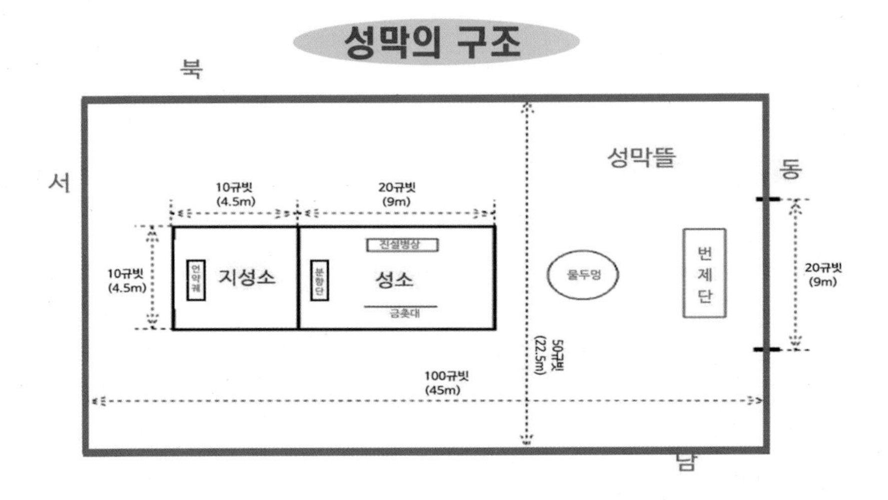

성막의 역할

성막은 이스라엘 백성들이 광야 생활부터 솔로몬 성전이 완성될 때까지 율법에 따라 하나님께 각종 제사와 경배와 찬양을 드리던 곳입니다. 제사의 목적은 인간이 죄를 용서받고 하나님과의 관계를 회복하는 것입니다. 하나님은 사랑과 공의의 속성을 모두 가지고 계십니다. 하나님은 죄인을 용서해 주시기를 바라시지만 죄는 용납하지 않으십니다. 따라서 죄인은 반드시 죗값을 치러야만 하나님께 나아갈 수 있습니다. 죄인은 자신의 죄를 흠 없는 짐승에게 전가하여 대신 벌을 받게 하고 짐승의 피로써 자신의 죄를 용서받았습니다.

성막의 설계

하나님은 모세에게 성막의 구조와 기구들의 재질과 모양 그리고 치수까지 보여주셨습니다(출25:9). 성막은 광야에서 생활했던 이스라엘 상황을 고려하여 쉽게 옮길 수 있도록 천과 나무 등으로 제작하였고 고리와 채를 만들어 어깨에 멜 수 있도록 하였습니다. 나무는 광야에서 자생하는 싯딤나무(아카시아나무)를 사용했는데 가볍고 견고하며 잘 썩지 않았습니다. 성경에 싯딤나무를 조각목으로 기록한 까닭은 중국에 아카시아나무와 흡사한 조각자나무가 있는데 중국어 성경을 번역하면서 조각나무로 표기하였습니다.

성막의 구성

성막은 뜰을 포함하여 가로 100규빗(약 45m), 세로 50규빗(약 22.5m)입니다. 성막 사면은 놋으로 만든 기둥 60개를 세우고 휘장으로 가렸습니다. 뜰 안에는 번제를 위한 큰 제단이 있었고 제사장들이 손과 발을 씻는 물두멍이 있었습니다(출30:17-21). 뜰의 서쪽에 널판 48개로 성소와 지성소를 만들었고 두꺼운 휘장으로 성소와 지성소를 구분하였습니다. 성소에는 진설병상, 금촛대, 분향단이 있었고 지성소에는 언약궤가 있었습니다. 성소와 지성소는 네 겹으로 된 천막을 만들어 덮어씌웠습니다.

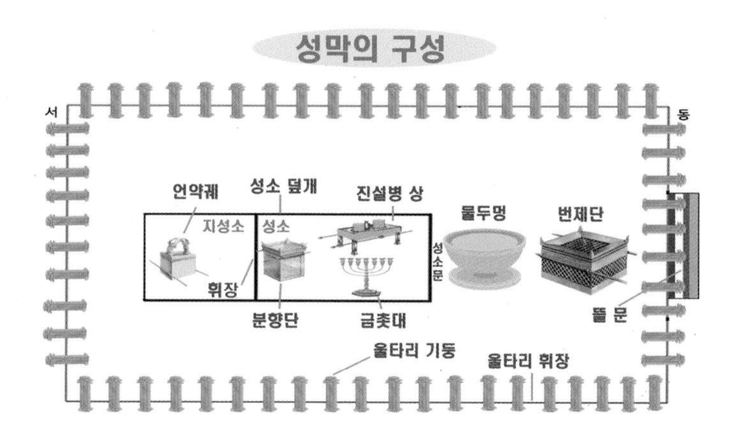

1. **울타리와 기둥:** 성막(뜰, 성소와 지성소 모두 포함) 둘레에 기둥 60개(북쪽과 남쪽에 각 20개, 동쪽과 서쪽에 각 10개씩)를 세웠습니다. 문은 동쪽에 하나만 있습니다.

2. **문**: 성막 문은 외부에서 뜰로 들어가는 뜰 문, 뜰에서 성소로 들어가는 성소 문, 성소에서 지성소로 들어가는 휘장 이렇게 세 개가 있습니다. 성막의 모든 문은 동쪽으로 나 있습니다.

3. **성소 덮개**: 네 겹으로 된 천막을 만들어서 성소와 지성소를 덮어씌웠습니다.

4. **번제단**: 번제단은 성막 뜰에 놓여 있는데 뜰 문으로 들어가면 번제단이 먼저 보입니다. 번제단은 죄인의 죄를 전가 받은 짐승이 희생되는 곳으로 성소에 들어가려면 반드시 번제단을 통과해야 합니다. 제사장은 죄를 지은 사람이 가지고 온 제물이 흠이 있는지 확인합니다. 흠이 없으면 죄인이 제물에 안수하여 자신의 죄를 제물에 전가한 후 자신이 직접 제물을 잡아 제사장에게 줍니다. 제사장은 제물의 피를 제단 위 사면에 뿌리고 제물은 제단 위에서 불사릅니다. 번제단의 뿔은 밧줄로 희생물을 맬 때 사용합니다(시118:27). 번제단의 불은 하늘로부터 내려왔는데 항상 피워서 꺼지지 않게 해야 합니다(레6:12). 재를 담는 통은 번제를 드리고 나서 남은 재를 담아서 지정된 장소에 버릴 때 사용하고, 대야는 제물의 피를 담아서 뿌릴 곳으로 가져갈 때 사용합니다(출24:6). 고기 갈고리는 고기를 꿰어 제단의 불 위에 올려놓을 때 사용하고, 불 옮기는 그릇은 번제단의 불을 분향단에 옮길 때 사용합니다.

5. **물두멍**: 번제단을 지나 성소에 들어가기 전에 물두멍을 만납니다. 제사장들이 성소에 들어갈 때나 번제단에서 헌물을 태울 때 반드시 손발을 씻도록 물을 채워 놓습니다. 만약 제사장이 손발을 씻지 않고 성소에 들어가면 죽습니다(출30:18-21).

6. **금촛대**: 금촛대는 성소 안 남쪽에 있는데 진설병상과 마주 봅니다. 금촛대 맨 위에 등이 놓여 있는데 순수한 올리브를 짠 기름으로 항상 불을 밝혀야 합니다. 아론과 아들들이 저녁부터 아침까지 등을 보살폈습니다(출27:20-21).

7. **진설병 상**: 진설병상은 성소 안 북쪽에 있는데 금촛대와 마주 봅니다. 진설병은 항상 진설하는 떡(빵)이라는 뜻입니다. 안식일마다 고운 가루로 갈아 만들어 진열했습니다. 떡은 모두 12개로 이는 이스라엘의 12지파와 같은 수입니다. 제사장 외에는 결코 진설병을 먹을 수 없습니다. 제사장은 성전에서 거룩한 향내를 맡으면서 금촛대에서 흘러나오는 빛을 받는 가운데 진설병을 먹었습니다(레24:5-9).

8. **분향단**: 분향단은 향을 태우는 제단으로 성소와 지성소를 구분하는 두꺼운 휘장 바로 앞에 있습니다. 아론이 매일 아침과 저녁 금촛대의 등불을 관리할 때 분향단의 향

도 피웠습니다(출30:7-8). 분향은 아론과 그의 자손인 제사장들만 할 수 있습니다. 이를 어기고 남유다의 웃시야 왕이 직접 분향하려다가 문둥병에 걸렸습니다(대하26:16-21). 분향단의 향은 소합향과 나감향과 풍자향을 곱게 찧은 후 유향을 같은 분량으로 섞고 거기에 성결하게 하는 소금을 쳐서 만들었습니다. 그 향 일부는 곱게 찧어 언약궤 앞에 두었습니다(출30:34-38). 분향단의 불은 번제단에서 가져온 불만 사용해야 합니다(레16:12). 아론의 두 아들 나답과 아비후가 번제단의 불이 아닌 다른 이상한 불을 가져와서 드렸으므로 징계를 받아 죽었습니다(레10:1-2).

9. 언약궤(법궤, 증거궤): 언약궤는 지성소 안에 있는데 모세가 시내산에서 하나님께 받은 십계명이 적힌 두 개의 돌 판을 보관하려고 만들었습니다. 이곳에 아론의 싹 난 지팡이와 만나를 담은 금 항아리도 같이 보관했습니다. 언약궤의 뚜껑인 순금 판이 곧 속죄소입니다. 속죄소의 양 끝에는 그룹이 마주 봅니다. 솔로몬 성전에 있는 언약궤에는 두 돌 판만 보관하였습니다. 바벨론 왕 느부갓네살이 예루살렘과 솔로몬 성전을 파괴할 때 언약궤는 사라져 버렸기 때문에 스룹바벨 성전과 헤롯 성전에는 언약궤가 없었습니다.

성막의 제작

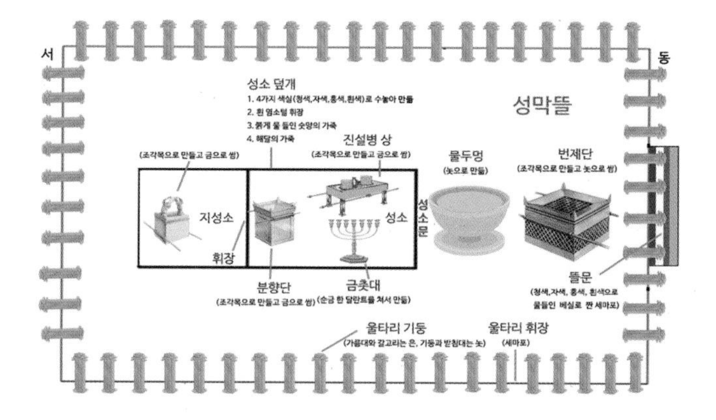

1. 울타리와 기둥: 성막의 울타리는 세마포 휘장으로 감쌌습니다. 울타리에 기둥을 세웠는데 동쪽과 서쪽은 각 10개씩, 남쪽과 북쪽은 각 20개씩 세웠습니다. 기둥과 기둥 받침은 놋으로 만들었으며 가름대(기둥과 기둥을 서로 연결해 주는 것)와 갈고리, 머리덮개는 은으로 만들었습니다.

2. 문: 외부에서 뜰로 들어가는 뜰 문, 뜰에서 성소로 들어가는 성소 문, 성소에서 지성소로 들어가는 휘장, 이렇게 세 개가 있습니다. 모두 동쪽으로만 나 있습니다. 뜰 문은 네 개의 기둥을 세우고 휘장을 둘렀습니다. 뜰 문의 휘장은 청색과 자주색과 주홍색 실과 가늘게 꼰 아마실로 바느질을 해서 만들었습니다(출27:16-17). 성소 문의 휘장도 같은 방법으로 만들었습니다. 그 휘장을 걸 수 있도록 싯딤나무로 기둥 다섯 개를 만들어 금으로 입혔습니다. 기둥 밑받침은 놋으로 만들었습니다(출26:36-37).

성소와 지성소를 구분하려고 만든 휘장도 청색과 자주색과 주홍색 실과 가늘게 꼰 아마 실로 만들었는데 정교하게 그룹들(천사 같은 영적 존재들)을 수놓았습니다. 휘장을 걸 네 기둥은 싯딤나무로 만든 후 금을 입히고 네 개의 은 받침 위에 두었습니다. 네 기둥 위에 금으로 만든 갈고리를 걸었습니다(출26:31-32).

3. 성소와 지성소의 외벽: 성소와 지성소의 벽체는 싯딤나무로 만든 널판 48개를 세워서 만들었습니다. 남쪽에 20개, 북쪽에 20개, 서쪽에 8개를 세웠는데 동쪽은 출입구이므로 널판을 세우지 않았습니다. 널판마다 은 받침 2개로 고정하였습니다. 서쪽에 세운 널판 8개 중 2개는 양쪽 모퉁이에 덧댔습니다. 싯딤나무로 띠(빗장, 가로대)를 만들어 널판들을 단단히 고정하였습니다. 띠는 3줄로 만들었으며 가운데에 있는 띠는 3면을 한 줄로 연결하였습니다. 널판과 띠는 모두 금을 입혔고 띠(빗장, 가로대)는 금고리를 만들어 끼웠습니다(출26:15-30).

4. 성소와 지성소 덮개: 성소와 지성소의 지붕은 따로 만들지 않고 4겹으로 된 천막을 덮어씌웠습니다. 첫 번째 덮개는 청색, 자색, 홍색 실과 베실로 베를 만들고 그 베에 그룹 무늬를 넣은 10개의 휘장을 만든 다음 5개씩 서로 연결하여 2개로 만들었습니다. 그리고 각 휘장의 가장자리에 청색 고리를 각 50개씩 만들고 금 갈고리도 50개를 만들어 두 개의 휘장을 연결하여 하나가 되게 하였습니다(출26:1-6). 두 번째 덮개는 염소 털로 휘장을 11개를 만든 후 5개를 하나로 연결하고 나머지 6개를 하나로 연결하여 크게 2개가 되게 했습니다. 그리고 각 휘장의 가장자리에 고리를 각 50개씩 만들고 놋 갈고리도 50개를 만들어 2개의 휘장을 연결하여 하나가 되게 하였습니다(출26:7-11). 세 번째 덮개는 붉게 물들인 숫양의 가죽으로 만들었으며, 네 번째 덮개는 해달 또는 오소리의 가죽으로 만들었습니다(출26:14).

5. 번제단: 번제단은 싯딤나무 널판으로 만든 후 놋을 입혔는데 속은 비어 있습니다. 번제단은 정사각형이었으며 네 모퉁이 위에 뿔을 만들었는데 그 뿔들을 제단과 하

나가 되도록 연결하였습니다. 재를 담는 통과 부삽과 대야와 고기 갈고리와 불 옮기는 그릇, 제단에 쓸 그물망은 모두 놋으로 만들었습니다. 그물망의 네 모퉁이에 놋고리 네 개를 만들었으며 그물망이 제단 중간까지 가도록 달았습니다. 제단을 운반할 막대는 싯딤나무로 만들어 놋으로 입혔으며 그 막대를 고리에 끼워 제단을 나를 수 있도록 제작하였습니다(출27:1-8).

6. **물두멍**: 물두멍과 그 받침 모두 놋으로 만들었는데 성막 문에서 봉사하는 여인들의 거울로 만들었습니다. 당시 거울은 유리가 아닌 놋으로 제작되었습니다(출38:8). 물두멍의 치수는 따로 정해지지 않았습니다.

7. **금촛대**: 금촛대는 전체를 순금으로 두들겨서 하나가 되도록 만들었습니다. 금촛대는 가운데 하나의 큰 줄기(촛대)가 있고 양쪽으로 3개씩 가지가 나 있어 가지는 총 6개입니다. 촛대 맨 위에 등이 있고 살구꽃 모양의 잔 4개와 꽃들과 꽃받침들로 구성되었습니다. 또한 6개의 가지마다 맨 위에 등이 있고 그 아래 꽃과 둥근 꽃받침 하나씩 있으며 꽃받침 아래 살구꽃 모양의 잔이 3개씩 있습니다. 촛대와 가지들이 연결되는 지점에 둥근 꽃받침이 한 개씩 있습니다(총 3개). 금촛대의 부집게와 불똥 그릇도 순금으로 만들었습니다(출25:31-40).

8. **진설병상**: 진설병상과 상을 운반할 막대도 싯딤나무로 만들어 순금을 입혔습니다. 막대를 넣어 상을 운반하도록 금고리 4개를 달았습니다. 상의 접시와 숟가락, 덮개, 대접은 모두 순금으로 만들었습니다(출25:23-30).

9. **분향단**: 분향단은 싯딤나무로 만들었으며 정사각형입니다. 분향단 위 네 모퉁이에 제단과 하나가 되는 뿔을 만들었습니다. 분향단 윗면과 사방 옆면과 뿔들을 모두 순금으로 입혔으며 돌아가며 금테를 둘렀습니다. 분향단을 운반할 때 사용하는 막대는 싯딤나무로 만들어 금을 입혔습니다. 금테 밑 모퉁이에 막대를 넣을 수 있도록 금고리를 만들었습니다(출30:1-5).

10. **언약궤**(법궤, 증거궤): 언약궤도 싯딤나무로 만들었는데 안과 밖을 순금으로 입혔고 주위에 금테를 둘렀습니다. 언약궤를 운반할 막대도 싯딤나무로 만들어 역시 금을 입혔습니다. 막대를 넣을 수 있도록 금고리 4개를 부어 만들어 네 모퉁이에 달았습니다. 하나님께서 임재하실 속죄소(긍휼의 자리)는 순금으로 만들었습니다. 속죄소 양 끝에 금으로 그룹 두 개를 만들었는데 그룹의 날개를 높이 펴서 속죄소를 덮게 했고 얼굴은 속죄소를 향하여 서로 마주 보았습니다(출25:10-22).

성막과 예수 그리스도

성막은 하나님이 임재하시는 곳이었으며 하나님이 인간을 만나는 장소였습니다. 예수 그리스도는 하나님과 인간 사이의 유일한 중보자이십니다. 하나님은 이제 그리스도를 통해서 우리를 만나 주십니다. 구약 시대 성막은 그리스도의 그림자입니다(딤전2:5).

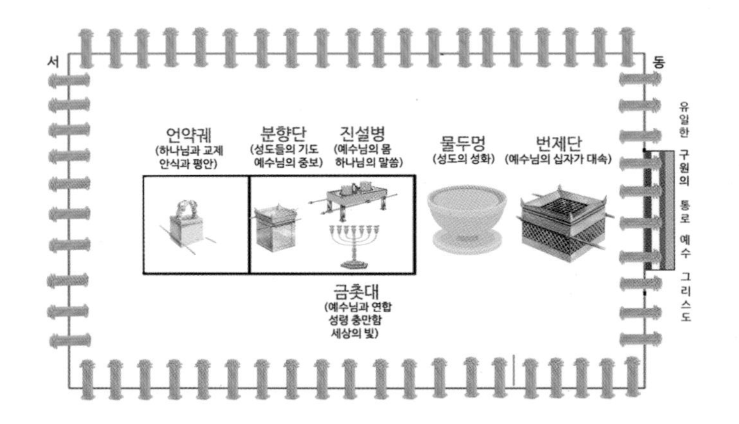

1. **성막의 문**: 성막의 문은 해 뜨는 동쪽에 하나밖에 없습니다. 이는 예수님만이 유일한 길이며 생명이시기 때문입니다(행4:12). 문밖에만 머무는 사람은 하나님이 자기를 사랑하는 자들을 위하여 예비하신 모든 것을 눈으로 보지 못하고 귀로 듣지 못하며 마음으로 생각하지 못합니다(고전2:9). 문 안으로 들어온 사람만이 하나님의 은혜를 맛보고 구원받을 수 있습니다.

2. **번제단**: 번제단은 죄와 죄인에 대한 하나님의 심판 장소이므로 예수님이 달리신 십자가를 상징합니다. 흠 없는 희생물은 죄가 없으신 예수님을 상징합니다.

3. **물두멍**: 물두멍은 번제단에서 이미 구원받은 성도의 성화를 상징합니다. 구원받은 성도는 죄 사함을 받고 깨끗해졌으나 남아 있는 죄의 본성 때문에 죄의 유혹을 받고 죄를 지을 수 있습니다. 그래서 계속 거룩한 삶을 살아가도록 노력해야 합니다. 예수님이 제자들의 발을 씻어 주신 까닭은 목욕한 사람(구원받은 사람)은 날마다 자신의 발을 씻어야(성화) 한다는 사실을 깨닫게 하기 위해서입니다(요13:10).

4. **진설병상**: 진설병은 예수 그리스도의 몸을 상징합니다. 예수님은 빵을 집어 제자들에게 먹으라고 주시면서 이것이 내 몸이라고 하셨습니다(요6:53). 진설병에 누룩을 넣지 않은 까닭은 누룩은 비진리이며 사람을 부패하게 만드는 악을 상징하기 때문

입니다. 예수님은 곧 진리이신 하나님의 말씀이므로 진설병은 영의 양식인 하나님의 말씀을 상징하기도 합니다.

5. **금촛대**(등잔대): 금촛대에서 발하는 빛은 참 빛이신 예수님을 상징합니다(계21:23). 예수님은 세상의 빛이십니다(요8:12). 금촛대의 기름과 등불은 거듭난 성도 안에 계시며 진리를 알게 하시고 바른길로 인도해 주시는 성령님을 상징합니다. 금촛대는 교회를 상징합니다(계1:20). 거듭난 성도가 곧 교회입니다. 따라서 거듭난 성도가 예수님과 연합하여 성령 충만할 때 예수님처럼 세상에서 빛이 될 수 있습니다.
6. **분향단**: 분향단의 향은 성도들의 기도를 상징합니다(계5:8). 여러 가지 귀한 재료를 혼합해 향을 만들었듯이 하나님께 회개, 감사, 찬양의 마음으로 기도해야 합니다. 향을 순수하고 거룩하게 만들었듯이 기도 또한 하나님의 뜻에 합하도록 드려야 합니다. 아론의 아들 나답과 아비후는 번제단의 불을 사용하지 않고 다른 불을 분향단에 사용했다가 죽임을 당했습니다. 따라서 기도는 예수님의 십자가 보혈로 죄 씻음을 받은 사람이 예수님의 이름으로 드려야 하나님께서 받으십니다. 다른 이름은 안 됩니다.
7. **언약궤**: 속죄소는 인간의 죄를 대속하신 예수님의 보혈의 피를 상징합니다. 언약궤 안에 있었던 아론의 싹 난 지팡이는 길이시며 부활이신 예수님, 만나는 영생을 주신 예수님(요6:51). 두 돌 판은 새 계명을 주신 진리이신 예수님(요13:34)을 상징합니다. 한편으로는 아론의 싹 난 지팡이는 반역자들에 대한 표징이었고(민17:10), 두 돌 판도 금송아지를 섬긴 불순종에 대한 표징이었으며, 만나는 하나님께 감사를 모르는 불평과 불만의 표징이었습니다. 그러나 반역과 불순종, 불평 등 인간의 모든 죄를 하나님은 속죄소로 덮어 용서해 주셨습니다.

성막의 문은 구원의 출발점입니다. 일단 성막 뜰로 들어와서 예수님을 만나야 합니다. 번제단에서 자신이 죄인임을 깨닫고 회개하며 나의 죄를 대신해서 예수님께서 희생하셨다는 사실을 믿어야 합니다. 그렇게 구원받은 성도는 물두멍에서 정결하게 씻어 세상과 구별되어야 합니다. 이제 진설병상에서 생명의 떡이신 예수님의 말씀을 믿고 순종해야 합니다. 금촛대에서 예수님과 연합하며 성령 충만한 삶을 살아 세상을 비추는 빛이 되어야 합니다. 분향단에서는 하나님께 감사드리고 찬양하며 하나님과 기도로 교제합니다. 그러면 하나님께서 지성소에 있는 속죄소에서 나의 허물을 덮어주시고 나와 함께 하시므로 온전한 안식과 평안을 누리게 됩니다.

성막의 중심의 배치

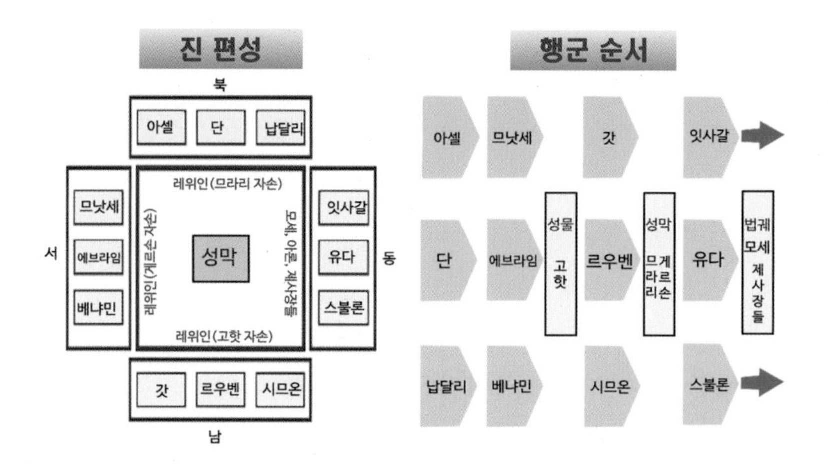

하나님은 이스라엘 백성들이 광야에서 어떻게 진을 편성해야 하는지 말씀해 주셨습니다. 이스라엘 진영은 성막을 중심으로 배치되었는데 레위인은 성막과 가장 인접한 곳에서 성막을 지키며 성막과 관련된 일을 관장하였습니다. 동쪽에 있는 성막 문 앞에는 모세와 아론 그리고 아론의 아들들이 있었습니다. 레위인 중 고핫 자손은 법궤(언약궤), 진설병상, 금촛대 등 성소 안의 기구를 관장했으며 행군할 때 어깨에 메고 운반했습니다. 므라리 자손은 성막의 널판과 띠, 기둥, 받침 등을 관장했으며 8마리의 황소가 끄는 4대의 우차를 사용하여 운반하였습니다. 게르손 자손은 성막과 그 덮개, 뜰 막, 휘장 등을 관장했으며 4마리의 황소가 끄는 2대의 우차를 사용하였습니다. 레위 자손의 진 바깥에는 12지파가 진을 쳤습니다. 동쪽에는 유다를 중심으로 잇사갈과 스불론, 남쪽은 르우벤을 중심으로 시므온과 갓, 서쪽에는 에브라임을 중심으로 므낫세와 베냐민, 북쪽에는 단을 중심으로 납달리, 아셀 지파가 진을 쳤습니다. 성막은 모든 백성이 볼 수 있도록 한가운데 배치하였습니다. 하나님 중심으로 살도록 하기 위해서입니다.

이스라엘 백성은 구름이 성막에서 떠오르면 행진하였고 구름이 머물면 진을 쳤습니다. 이렇듯 이스라엘 백성은 하나님의 명령에 따라 진을 쳤고 행진하였습니다. 이것은 하나님의 명령에 순종하면 하나님이 지켜주신다는 사실을 믿었기 때문입니다.

성막과 성전

공통점: 성막과 성전은 구약 시대 하나님이 임재하신 곳이었으며 하나님께서 명령하신 대로 건축하였습니다. 성막은 모세를 통해, 성전은 다윗을 통해 보여 주셨습니다.

차이점: 성막은 가나안 땅으로 가는 과정에서 만들었으므로 조립식이며 이동식이었습니다. 성전은 가나안 땅을 정복한 후 건축했으므로 고정식이었습니다. 그래서 성막의 바닥은 사막의 모래였으나 성전 바닥은 잣나무 널판이었습니다.

솔로몬 성전

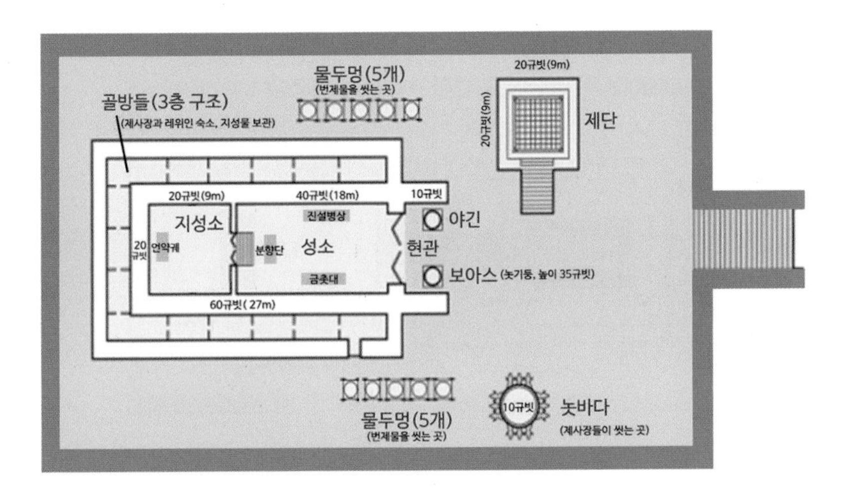

하나님은 다윗에게 성전 건축을 허락하지 않으시면서 대신 솔로몬이 건축하라고 말씀하셨습니다. 다윗은 솔로몬이 성전을 잘 건축하도록 많은 준비(설계도, 백향목, 돌, 금, 은, 놋, 철, 장인 등)를 하였습니다. 솔로몬은 예루살렘 모리아산에 성전 건축을 시작하여 7년 만에(B.C.960년경) 완성하였습니다. 성막의 성소는 가로 30규빗, 세로 10규빗이었으나 솔로몬 성전은 두 배인 가로 60규빗, 세로 20규빗이었습니다. 현관 앞에 견고성과 안전성을 상징하는 두 기둥(야긴, 보아스)을 세웠으며 성전 둘레에 제사장들의 숙소와 지성물을 보관하도록 3층 구조의 골방들을 만들었습니다. 성막의 언약궤에는 만나를 담은 항아리, 아론의 싹 난 지팡이, 두 돌 판이 있었으나 솔로몬 성전의 언약궤에는 두 돌 판만 보관하였습니다. 그러나 B.C.586년 솔로몬 성전은 바벨론의 침략으로 파괴되었고 성물은 약탈당했으며 언약궤는 사라져 버렸습니다.

스룹바벨 성전

B.C.537년에 페르시아 고레스 왕의 칙령에 따라 스룹바벨은 백성들을 이끌고 귀환하여 B.C.516년에 성전을 완공하였습니다. 성전의 규모는 정확히 알려지지 않았으나 고레스 왕의 조서에 성전의 높이와 너비를 60규빗으로 하라는 기록이 있습니다(스 6:3). 완성된 성전은 솔로몬 성전과 비교할 때 너무나 초라했습니다(슥4:9-10). 솔로몬 성전에 있었던 언약궤는 바벨론 침략 때 없어졌기 때문에 지성소 안에는 아무것도 없었습니다.

헤롯 성전

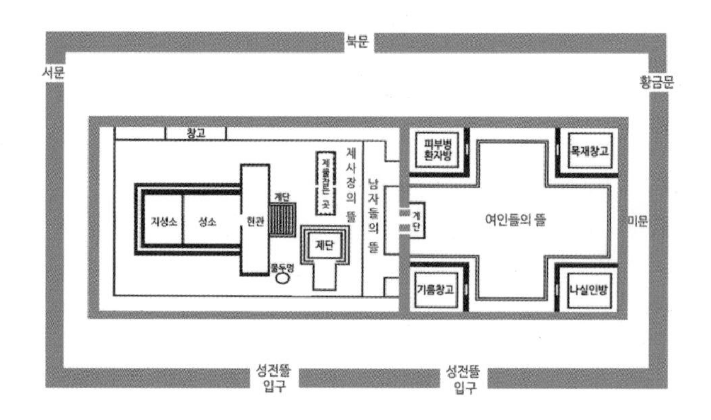

헤롯은 유대인에게 환심을 얻으려고 스룹바벨 성전을 B.C.20년경부터 보수하고 확장했습니다. 성전 외형은 9년 만에 완성하였으나 세부 공사까지 완료한 시점은 A.D.64년경입니다. 헤롯 성전의 성소는 가로 60규빗, 세로 20규빗으로 솔로몬 성전과 같은 크기였으나 헤롯 성전에는 많은 뜰(제사장의 뜰, 이스라엘의 뜰, 여인의 뜰, 이방인의 뜰)이 있었습니다. 서쪽 성벽의 총길이는 479m, 북쪽은 306m, 동쪽은 469m, 남쪽은 276m로 솔로몬 성전보다 면적이 훨씬 컸습니다. 솔로몬 성전 입구에는 기둥 두 개를 세웠으나 헤롯 성전은 네 개를 세웠습니다. 그러나 지성소 안에는 스룹바벨 성전처럼 아무것도 없었습니다. 성소와 지성소 사이에 휘장이 드리워져 있었으나 예수님께서 십자가에 못 박혀 돌아가실 때 이 휘장의 한 가운데가 찢어졌습니다(눅23:45). A.D.70년 로마가 유대 반란을 진압할 때 헤롯 성전은 완전히 파괴되었습니다. 그 후로 현재까지 이스라엘에는 성전이 없습니다.

생각해 보세요

1. 성막의 설계는 누가 하셨나요? (출25:9)

2. 번제단의 불은 어디서 가져오나요? (레6:12)

3. 분향단의 불은 어디서 가져오나요? (레16:12)

4. 성막을 예수 그리스도의 그림자라고 볼 때 번제단과 물두멍은 무엇을 상징하나요?

5. 성막과 성전의 차이점은 무엇인가요?

6. 스룹바벨 성전과 헤롯 성전에 언약궤가 없었던 까닭은 무엇인가요?

7. 헤롯 성전이 완전히 파괴된 까닭은 무엇인가요?

2 율법

율법의 정의

율법(律法)은 말 그대로 법이라는 뜻입니다. 하나님과 사람 사이의 관계뿐만 아니라 사람과 사람 사이의 관계에서 지켜야 할 것을 하나님께서 규정한 법입니다. 하나님께서 모세를 통하여 주신 모세오경(창세기, 출애굽기, 레위기, 민수기, 신명기)뿐만 아니라 하나님이 성경을 통해 말씀하신 모든 명령이 율법입니다.

율법의 종류

율법은 도덕법, 제사법, 민법, 음식과 질병 관련법 등이 있습니다.

도덕법은 모든 나라, 모든 사람이 지켜야 할 보편적인 규범입니다. 예를 들면 오직 하나님만 섬기라, 우상을 만들지 말라, 살인하지 말라, 간음하지 말라 등입니다. 대표적인 것이 십계명입니다.

제사법은 번제, 소제, 화목제 등 제사에 관하여 규정한 법입니다. 예를 들면 제단의 불을 꺼트리면 안 된다(레6:12), 제사장은 성전에 들어가기 전에 포도주나 독주를 마셔서는 안 된다(레10:9) 등이 있습니다.

민법은 구약 시대 유대 사회의 질서를 유지하기 위한 법입니다. 예를 들면 안식년이 다가오더라도 돈을 꾸어 주어야 한다(신15:9), 포도밭에 떨어진 포도는 그대로 남겨 두어야 한다(레 19:10) 등입니다.

음식과 질병 관련법은 건강과 위생에 관한 법입니다. 예를 들면 지느러미와 비늘이 없는 것은 먹지 말라(레11:10-11), 황새, 왜가리, 박쥐를 먹지 말라(레11:19), 나병 환자는 부정하므로 제사장은 그를 철저히 부정하다고 선언해야 한다(레13:44) 등이 있습니다.

율법의 역할

하나님은 우리에게 율법을 지키라고 주셨습니다. 인간은 율법을 지키면서 하나님이 싫어하시는 죄가 무엇인지 알게 됩니다(롬3:20). 하나님은 이스라엘 백성을 속박하려고 율법을 주신 것이 아니라 이스라엘 백성들이 율법을 지켜서 다른 민족과 구별되고 행복한 삶을 살면서 하나님께 영광을 돌리도록 주셨습니다.

구원은 율법을 지켜서 얻는 것이 아니라 하나님의 은혜로 얻습니다. 율법은 장차 올 좋은 일의 그림자일 뿐이며 참 형상이 아닙니다(히10:1). 장차 올 좋은 일과 참 형상은 복음입니다. 그러나 율법은 폐지되지 않았습니다. 예수님은 이 땅에 오셔서 율법을 완벽하게 지키셨으며 율법에 기록된 자신에 대한 기록들을 다 이루시고 율법을 완성하였습니다. 사랑이 율법의 완성입니다. 사랑하는 자는 율법을 다 이룰 수 있습니다(롬13:8-10). 예수님은 하나님과 이웃을 사랑하셨으므로 율법을 완성하셨습니다.

예수 그리스도를 구주로 영접하면 율법은 더 이상 정죄의 목적이 아니라 그리스도 안에서 성도의 삶을 인도하는 역할을 합니다(딤전1:8). 사람은 율법을 통해 자기 죄가 깨끗해지려면 그리스도의 피가 필요하다는 사실을 알게 됩니다. 이제 강제적인 율법 조문은 폐지되었습니다(엡2:15). 그렇다고 율법이 없어진 것이 아닙니다. 성령의 법으로 대체되었습니다(롬8:2). 우리는 성령님의 인도를 받아 사랑으로 율법을 성취할 수 있습니다(롬8:4).

제사장

대제사장: 대제사장은 제사장들의 우두머리로 제사에 관한 모든 사항을 관장하였습니다. 또 일 년에 한 번 대속죄일에 지성소에 들어가 이스라엘 백성의 모든 죄를 위해 속죄제를 드렸습니다(레16:34). 대제사장은 판결 흉패 안에 우림과 둠밈을 보관하고 있다가(레8:8) 판결할 때 그것으로 하나님의 뜻을 물었습니다. 대제사장은 하나님과 이스라엘 백성들 사이를 중재하는 사람이므로 특별히 거룩해야 했습니다. 부모가 죽을 때조차도 부정하지 않아야 하며 반드시 처녀와 결혼해야 합니다(레21:11,13). 그리고 하나님께서 지시하신 대로 만든 에봇을 입어야만 합니다(출39:2-5).

최초 대제사장은 아론이었으며 이후 아론의 직계만 계승했고 특별한 결격 사유가 없는 한 장자가 대를 이어 종신토록 사역하였습니다. 그러나 유대가 로마의 지배를 받을 때 로마 총독이 대제사장을 임명하였는데 일 년도 채우지 못하고 바뀌는 경우가 많았습니다. 대제사장은 산헤드린 공회 의장 역할도 겸하였습니다. 예수님께서 십자가에 돌아가실 때 현직 대제사장은 가야바이었고 안나스는 가야바의 장인으로서 전직 대제사장이었습니다.

제사장: 제사장은 성전에서 하나님께 예배와 희생의 제물을 드리며, 진설병상에 떡을 진설하고, 금촛대의 불이 꺼지지 않게 하며, 분향단의 향을 사르는 일을 했습니다. 성전에서 봉사하지 않을 때는 각자 고향에 가서 백성들에게 율법을 가르쳤으며 질병에서 치유된 자들의 정결의식을 감독하기도 했습니다(레14:1-32). 제사장은 거룩해야 하며(출29:44) 아론의 자손이어야만 합니다(출29:9).

레위인: 하나님은 레위인을 택하여 제사장을 돕고 성막에서 봉사하도록 하셨습니다. 하나님은 레위인이 하나님의 것이라고 말씀하셨습니다(민3:45). 레위인들은 제사장의 지시를 받아 성전 건물과 성물을 관리했습니다. 성전에서 제사장을 도와 진설병과 소제물을 만들고 새벽과 저녁마다 하나님께 감사 찬송을 드렸습니다(대상23:24-32). 하나님은 십의 일조를 레위 자손에게 기업으로 주어서 그들이 성막에서 봉사하는 일을 갚아주셨습니다(민18:21).

교회시대 제사장: 예수님은 인간들의 죄 문제를 해결하신 유일한 중보자이시며 영원한 대제사장이십니다(히5:5). 그리스도인은 거룩한 제사장 직분을 위임받았으므로(벧전2:5) 삶 속에서 항상 예수님의 형상이 나타나야 하며 제사장의 화려하고 아름다운 예복처럼 세상에서 영화롭고 아름다운 모습으로 살아야 합니다.

대제사장 예복과 예수 그리스도

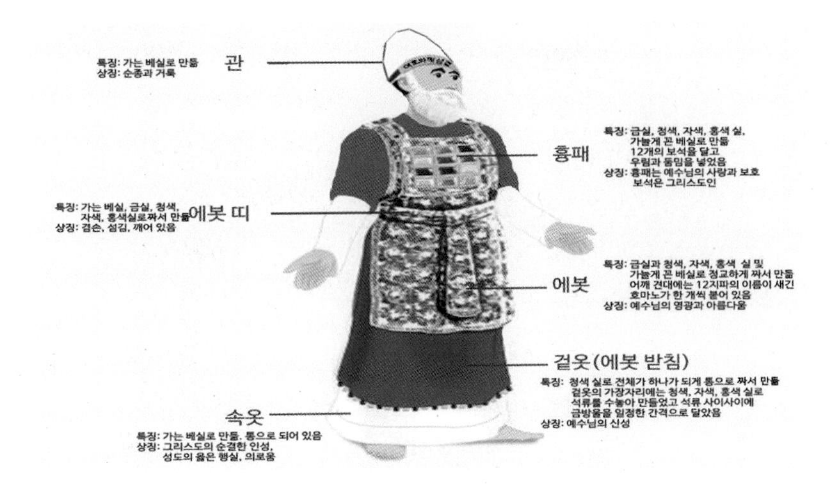

1. **속옷**: 속옷은 하얀 베실로 만들었습니다. 이것은 대제사장이신 예수님의 죄 없는 순결함을 상징하며, 제사장인 우리에게는 옳은 행실과 의로움을 상징합니다(계19:8).

2. **띠**: 대제사장이나 제사장이 허리에 두르는 끈입니다. 예수님이 제자들의 발을 씻겨 주실 때 수건을 가져다가 허리에 두르셨듯이 허리띠는 예수님의 겸손과 섬김을 상징합니다(요13:4-5). 그리스도인에게는 말씀에 순종하고 성령 충만하여 항상 깨어 있으라는 의미입니다(눅12:35-36).

3. **관**: 관과 순금 패는 성부 하나님을 향한 예수님의 순종과 거룩함을 상징합니다. 그리스도인에게는 하나님께 성결한 삶을 살라는 의미입니다(레8:9).

4. **에봇**: 에봇은 금실과 청색, 자색, 홍색 실 및 가늘게 꼰 베실로 정교하게 짜서 만들었습니다. 금색은 예수님의 영원성, 청색은 하늘에서 오신 예수님의 신성, 홍색은 피 흘려 고난받으신 예수님의 대속, 가는 베실은 죄 없으신 예수님의 인성을 상징합니다. 전체적으로 화려한 에봇은 예수님의 영광과 아름다움을 상징합니다.

5. **겉옷**(에봇 받침): 에봇 받침 겉옷은 청색 실로 전체가 하나가 되게 통으로 짠 옷입니다. 하늘에서 오신 예수님의 신성을 상징합니다.

6. **흉패**: 흉패에 달린 보석은 생명책에 기록된 그리스도인을 상징하며(계3:5) 흉패는 그리스도인을 사랑으로 품어주시는 예수님의 사랑과 보호를 상징합니다.

구약시대 제사

1. 제사 방법에 따른 분류

1) **화제**: 제물을 불로 태우는 방식입니다.

2) **요제**: 제물을 흔들어서 드리는 방식입니다.

3) **거제**: 제물을 높이 들어 올린 후 아래로 내리는 방식입니다.

4) **전제**: 포도주나 독주를 다른 제물과 함께 부어드리는 방식입니다.

2. 제사 목적에 따른 분류

1) **번제**: 번제는 짐승의 희생을 통해 속죄와 헌신의 의미로 드린 제사입니다. 번제는 매일 행했으며 제물 전체를 제단 위에서 불태워서 드렸습니다. 번제는 가장 오래된 제사인데 노아가 홍수 후에 번제를 드렸습니다(창8:20). 예수님은 우리를 위해서 희생물이 되어 희생과 헌신의 본을 보여 주셨습니다.

2) **소제**: 소제는 하나님의 주권을 인정하며, 인간이 삶을 영위하도록 물질을 공급해 주시며 보호해 주시는 하나님께 감사드리는 제사입니다. 소제는 피 없는 유일한 제사로 자원해서 드렸습니다. 고운 곡식 가루를 기름, 유향, 소금 등과 섞어 불살라 드렸습니다.

3) **화목제**: 화목제는 하나님과의 특별한 친교를 위해 자원해서 드린 제사입니다. 제물을 전부 태우지 않았으며 제사 후 남은 제물은 제사장과 제물을 드린 사람이 나누어 먹었습니다. 화목제는 동기에 따라 감사제, 서원제, 자원제로 구분됩니다. 예수님은 하나님과 인간 사이를 화목하게 하시는 유일한 통로이십니다.

4) **속죄제**: 속죄제는 실수나 알지 못하고 저지른 죄, 무의식적으로 저지른 죄를 용서받기 위해 의무적으로 드린 제사입니다. 고의로 저지른 죄는 속죄제의 대상이 아닙니다. 고의로 저지른 죄는 용서가 아닌 처벌의 대상입니다. 속죄제는 사람의 신분, 지위에 따라 제물이 달랐습니다. 속죄제를 통해 하나님과 단절되었던 관계가 회복되었습니다. 오직 예수님의 죽음만이 하나님과의 관계를 회복하는 유일한 방법입니다.

5) **속건제**: 속건제는 보상과 관련된 제사입니다. 하나님의 성물을 범했을 때, 남의 물건을 빼앗거나, 손에 넣고 부인하거나, 거짓 맹세로 피해를 주었을 때 그 죄의 용서와 보상을 위해 드렸습니다. 속죄제는 속죄 제물만 드렸으나, 속건제는 속건 제물 외에 불법으로 취한 것에 1/5(전체 6/5)을 더하여 드렸습니다.

구약시대 절기

1. **유월절:** 하나님께서 이집트를 탈출하기 전날 밤 이집트 장자들을 죽이는 재앙을 내리실 때 어린 양의 피를 바른 이스라엘 백성의 집에는 재앙이 임하지 않았습니다. 그때 구원받은 은혜를 기념한 절기가 유월절입니다. 유월절은 유대력(이스라엘이 공개적으로 하나님의 백성으로 부름을 받고 이를 기념하려고 만든 일종의 영적인 달력) 1월 14일 해 질 무렵 양을 잡고 그 피를 좌우 문설주와 문인방에 바른 뒤 그 밤에 고기를 불에 구워 무교병과 쓴 나물을 먹습니다. 유월절 어린양의 죽음은 예수님의 고난과 죽음을 상징합니다. 유월은 지나간다는 뜻입니다. 예수님을 믿으면 하나님의 심판이 지나갑니다(고전5:7).

2. **무교절:** 유월절이 시작되는 유대력 1월 15일부터 7일 동안 무교병을 먹고 매일 화제를 드립니다. 이것이 무교절입니다. 무교병이란 누룩을 넣지 않은 빵을 말합니다(레23:6~8). 무교병을 먹지 않고 유교병을 먹는 사람은 이스라엘에서 끊어지게 됩니다(출12:15). 여기서 누룩은 죄를 뜻합니다. 누구든지 예수님의 보혈로 죄 사함을 받지 못하면 하나님의 자녀가 될 수 없습니다(고전5:8).

3. **초실절:** 무교절(유대력 1월 15일~21절) 기간에 있는 안식일 다음 날입니다. 보리 수확을 감사하여 첫 이삭 한 단을 하나님께 드렸습니다. 초실절은 예수님의 부활을 상징합니다(고전15:20). 바울은 예수 그리스도가 부활의 첫 열매라고 했습니다.

4. **칠칠절**(오순절)**:** 유대력 3월 6일에 밀의 첫 소산을 하나님께 드리는 절기입니다. 초실절에 보리를 드린 날로부터 50일째 되는 날이라고 해서 오순절이라고도 합니다. 예수님이 부활하시고 50일째 되는 오순절에 성령님이 강림하셨으므로 지금은 성령강림절로 지킵니다(행2:1~4). 칠칠절에는 누룩을 넣은 고운 가루를 구워서 하나님 앞에 소제로 드렸습니다. 누룩은 대부분 죄를 상징하지만 여기서는 성령을 상징합니다.

5. **나팔절:** 나팔절은 유대력 7월 1일이며 나팔을 일정 간격으로 불어 성회를 소집하고 회개와 성찰의 시간을 가졌습니다(레23:23~25). 나팔절은 예수님의 재림과 성도들의 휴거를 상징합니다(살전4:16~17).

6. **속죄일:** 속죄일은 유대력 7월 10일이며 대제사장, 제사장, 족장, 백성 등 모든 사람이 죄를 회개한 뒤 정결하게 되어 속죄가 이루어지는 날입니다. 속죄일은 대제사장이 일 년에 한 번 지성소에 들어가는 날입니다. 속죄일은 예수님을 믿은 사람들이 예수님의 공로로 받은 속죄를 상징합니다.

7. **초막절**(장막절)**:** 초막절은 장막절이라고도 하는데 40년 광야 생활 동안 지켜 주신 하나님의 은혜에 감사하는 마음으로 유대력 7월 15일부터 일주일간 광야에서 장막을 치며 지냈습니다. 초막절(장막절)은 한해 농사를 마치고 하나님의 은혜에 감사하는 추수감사절과 비슷한 절기입니다. 초막절은 예수님이 완성하신 하나님 나라를 상징합니다.

십계명

십계명은 하나님께서 시내 산에서 모세를 통해 이스라엘 백성에게 친히 말씀하신 후 직접 두 돌 판에 기록하여 주셨습니다. 하나님이 십계명을 주신 까닭은 믿음의 백성들에게 삶의 규범을 제시하여 그들이 구별된 삶을 살기를 바라셨기 때문입니다.

십계명은 크게 두 부분으로 구분됩니다. 제1계명에서 제4계명까지는 하나님과의 바른 관계(하나님 사랑)를, 제6계명에서 제10계명까지는 이웃과의 바른 관계(이웃 사랑)를 요구합니다. 제5계명은 하나님 사랑과 이웃 사랑 모두 포함합니다.

1. 너는 나 외에는 다른 신들을 네게 두지 말라

하나님만이 유일한 신입니다. 누구든지 다른 신을 섬겨서는 안 됩니다. 오직 하나님만 경외하며 예배해야 합니다.

2. 너를 위하여 새긴 우상을 만들지 말고, 또 위로 하늘에 있는 것이나 아래로 땅에 있는 것이나 땅 아래 물속에 있는 것의 아무 형상도 만들지 말며, 그것들에게 절하지 말며, 그것들을 섬기지 말라

우상은 보잘것없으며 헛된 것이므로 우상을 섬겨서는 안 됩니다. 하나님은 보이는 형상이 아닙니다. 그리스도인은 오직 마음을 다하고 성품을 다하고 힘을 다하여 하나님만 섬기고 사랑해야 합니다. 하나님보다 더 사랑하는 것이 우상이 될 수 있습니다. 탐심도 우상입니다(골3:5).

3. 너는 네 하나님 여호와의 이름을 망령되게 부르지 말라

우리는 하나님을 두려움과 떨리는 마음으로 섬겨야 합니다. 하나님의 이름은 하나님과 동일하게 여깁니다. 그래서 하나님의 이름을 경솔하고 부주의하게 사용해서는 안 됩니다. 하나님은 그 이름조차도 거룩하신 분이라는 사실을 알아야 합니다.

4. 안식일을 기억하여 거룩하게 지키라

유대인의 안식일은 한 주간의 마지막 날(제7일)인 토요일인데 금요일 해 질 때부터 토요일 해 질 때까지 안식일로 지켰습니다. 하나님은 창조를 마치시고 일곱째 날에 안식하시며 그날을 거룩하게 하셨습니다. 따라서 인간도 안식일을 구별하여 거룩하게 지켜야 합니다. 하나님은 엿새 동안 힘써 일한 후 안식일에는 쉬라고 명령하셨습니다(출20:9~10). 예수님은 사람이 안식일을 위해 존재하는 것이 아니라 안식일이 사람을 위해 존재하는 날이라고 말씀하셨습니다(막2:27). 그렇다고 사람이 안식일의 주인이 아닙니다. 안식일의 주인은 하나님이시므로 철저히 하나님 중심이어야 합니다(요5:9~18).

5. 네 부모를 공경하라

하나님은 우리가 부모를 공경하면 하나님이 주신 땅에서 생명이 길고 복을 누린다고 말씀하셨습니다(신5:16). 반면 부모를 경홀히 여기는 자는 저주를 받습니다(신27:16). 부모를 거역하는 행위는 마음에 하나님 두기를 싫어하기 때문에 생깁니다(롬1:28~32). 부모에게 순종하는 행동이 곧 주님을 기쁘시게 하는 행동입니다(골3:20).

6. 살인하지 말라

이 계명에는 다른 사람의 생명과 인격까지 보호하려는 의미가 담겨 있습니다. 우리는 타인의 명예와 인격을 모독하거나 손상하지 말아야 하며 실족시키지 말아야 합니다. 원수까지도 사랑하는 마음이 있어야 합니다. 고의로 사람을 죽이거나 죽이려고 모의하는 것도 모두 살인에 해당합니다. 사람은 하나님의 형상대로 창조되었으므로 누구든지 사람을 죽여서는 안 됩니다. 하지만 하나님은 정당한 전쟁에 의한 살인(민31:7~9), 정당방위(출22:2) 등은 살인으로 보지 않으셨으며 단순한 실수로 인한 살인은 도피성을 두어 사형을 면하게 하셨습니다(민35:11).

7. 간음하지 말라

이 계명은 간음, 음행, 강간, 남색, 동성연애, 근친상간, 매음 행위 등 모든 성범죄를 포함합니다. 하나님은 부부 사이에 신뢰를 저버리지 말고 가정을 지키며 사랑으로 살아가도록 이 계명을 주셨습니다. 우상 숭배와 하나님에 대한 불신은 하나님과의 관계에서 볼 때 영적인 간음입니다(대상5:25).

8. 도둑질하지 말라

이웃의 소유물과 재산권을 보호하기 위한 계명입니다. 도둑질은 다른 사람의 물건을 훔치거나 빼앗는 행위입니다. 착취나 고리대금, 사기, 횡령, 장사할 때 속임수, 임금 미지급도 도둑질입니다. 도둑질은 욕심과 탐심, 마귀의 유혹, 게으름에서 비롯됩니다. 그리스도인은 정직하고 성실하며 근면한 생활을 해야 합니다.

9. 네 이웃에 대하여 거짓 증거 하지 말라

위증 즉 거짓 증언을 해서 남에게 피해를 주지 말아야 합니다. 거짓 증언은 남의 명예를 훼손시키며 사람의 목숨도 앗아갈 수 있으므로 하나님께서 미워하십니다(슥8:17). 거짓말의 배후에는 사탄이 있습니다(요8:44). 사람은 무슨 말을 하든지 심판 날에 심문을 받게 되므로(마12:36) 특히 그리스도인은 말에 항상 주의를 기울여야 합니다.

10. 네 이웃의 집을 탐내지 말라

이 계명은 다른 사람의 소유권을 인정하고 강조하는 계명입니다. 탐욕과 탐심은 눈에 보이는 재물이나 눈에 보이지 않는 권력에도 해당합니다. 그리스도인은 탐심을 물리쳐야만 합니다. 성경은 음행과 온갖 더러운 것과 탐욕은 이름도 부르지 말라고 했습니다(엡5:3). 왜냐하면 탐심은 우상 숭배와 간음, 도둑질 등 죄를 일으키는 근원이기 때문입니다.

음식에 관한 규례

하나님은 짐승이나 어류, 조류, 곤충 중에 정결한 것과 부정한 것이 있으며 먹을 수 있는 것과 먹을 수 없는 것이 있다고 말씀하셨습니다(레위기 11장).

	짐승	어류	곤충	조류
정함	굽이 갈라졌으면서 되새김질 하는 것(소, 양, 염소 등)	지느러미와 비늘이 모두 있는 것(붕어, 잉어 등)	네 발로 기어 다니며 날아다니는 것 중에 발과 다리가 있어 땅에서 뛰는 것(메뚜기, 귀뚜라미 등)	
부정함	굽은 갈라졌으나 되새김질 못하는 것(돼지 등) 되새김질은 하지만 굽이 갈라지지 않은 것(낙타, 토끼 등)	지느러미나 비늘이 없는 것(미꾸라지, 뱀장어, 낙지 등)	네 발로 기어 다니는 곤충(바퀴벌레, 무당벌레 등)	수리, 솔개 종류, 까마귀 종류, 올빼미, 타호마스, 뻐꾸기, 매 종류, 작은 부엉이, 큰 부엉이, 가마우지, 백조, 펠리컨, 박쥐, 황새, 왜가리 종류 등

1. **음식 규례를 주신 까닭**: 하나님께서 가증하다고 여기신 생물들은 실제로 위생상 불결합니다. 그래서 먹지도 말고 만지지도 말라고 하셨고 불결한 생물의 사체를 만졌으면 옷까지 빨라고 강조하셨습니다(레11:28). 하나님이 정한 생물과 부정한 생물을 구분하시고 부정한 것을 먹지도 말고 만지지도 말라고 하신 까닭은 이스라엘 백성이 먹는 문제를 통해서 하나님처럼 거룩하게 살기 원하셨기 때문입니다(레11:43). 정한 생물과 부정한 생물을 가려 먹으면서 이스라엘 백성들은 자연스럽게 아무것이나 먹고 마시는 이방 민족과 가까워질 수 없었습니다. 지금 그리스도인도 술과 담배를 멀리하면 자연스럽게 세상 사람과 멀어집니다.

2. **신약시대의 음식 규례**: 하나님께서 지으신 것은 모두 좋은 것이므로 감사함으로 받으면 아무것도 버릴 것이 없습니다(딤전4:4). 예수님 안에서 알고 확신한다면 부정한 것은 없습니다. 그래서 어떤 음식이든 믿음으로 먹으면 됩니다. 그러나 믿음이 연약한 사람이 음식으로 실족하지 않도록 배려해야 합니다(롬14:14-15).

정결 규례

1. 산모 정결규례: 여자가 아들을 낳으면 7일 동안 부정하다고 여겼습니다(딸은 14일). 7일 후에 다시 33일이 지나야(딸은 66일) 출산할 때 나오는 피가 깨끗해지므로 그때까지 산모는 거룩한 것을 만지지도 말고 성소에 들어가서도 안 됩니다. 아들이 태어나면 8일째는 아이의 포피를 베어내는 할례를 합니다. 산모는 정결의 날이 끝나면 자식을 위해 번제물로 어린양 한 마리(형편이 안 되면 비둘기 한 마리)와 속죄 제물로 비둘기 한 마리를 드려야 합니다(레위기 12장).

산모가 출산 시 피와 분비물이 나오기 때문에 위생상 부정합니다. 산모가 출산하면 7일 동안 부정하다고 한 까닭은 면역력이 떨어진 상태에 있으므로 다른 사람의 접근을 막아 산모가 세균에 감염되지 않도록 하기 위해서입니다. 33일이 지나야 산혈이 깨끗해진다는 의미는 산모가 출산 후에도 몸에 남아 있는 부산물이 배출되려면 그 정도의 기간이 필요하기 때문입니다. 남자아이가 태어나자마자 할례를 시키면 지혈이 잘 안 되기 때문에 8일째가 가장 적당합니다. 하나님은 산모와 어린아이를 보호하시려고 산모 정결 규례를 정하셨습니다.

2. 문둥병 판정: 털이 하얗게 되고 정상적인 피부보다 우묵하게 들어가면 문둥병으로 판정합니다. 피부에 하얀 반점만 발생했을 때는 7일간 환자를 격리한 뒤 상태를 다시 보아야 하며 문둥병의 증상이 보이지 않더라도 다시 7일을 더 격리하여 살펴보아야 합니다. 이렇게 총 14일을 격리한 후에 질환이 더 이상 피부에 퍼지지 않으면 단순한 피부병으로 판정하고 질환이 피부에 더 퍼졌으면 문둥병으로 판정합니다. 그러나 한눈에 문둥병의 증상을 알아볼 수 있으면 증세를 관찰할 필요 없이 문둥병자로 판정합니다. 문둥병으로 판정되면 진 밖에 철저히 격리되었습니다(레13:1-11).

피부 전체가 하얗게 되면 오히려 깨끗하다고 선언했습니다. 온몸이 하얗다는 것은 문둥병이 아니라 백반증의 증세입니다. 그러나 그곳에 생살이 돋으면 백반증이 아니라 문둥병으로 판정합니다(레13:12-17). 피부에 종기가 나거나, 화상을 입은 곳에 흰점이 돋거나, 희고 불그스름한 반점이 생기거나, 머리나 수염이 빠지는 증상이 나타나면 7일을 격리하여 증상을 살펴보고 문둥병 판정합니다. 피부에 희끄무레하게 생기는 반점은 단순한 피부병이며 자연적으로 머리가 빠져서 대머리가 되는 경우도 문둥병이 아닙니다. 그러나 대머리에 희고 불그스름한 색점이 있으면 문둥병입니다. 문둥병자로 판정된 사람은 정결한 사람이 자신에게 감염되지 않도록 큰소리로 부정하다고 외친 후 진 밖에서 살아야 합니다. 문둥병자에게는 가혹할지 모르나 다른 사람을 보호하려면 어쩔 수 없는 조치입니다(레13:18-46). 레위기에 옷에 푸르거나 붉은 점이 생기면 제사장이 문둥병 여부를 판별한다고 기록되어 있는데 사실 옷에 생기는 점은 문둥병이 아니라 곰팡이를 말합니다(레13:47-59).

3. **문둥병자 정결 규례:** 문둥병자가 진 밖에서 격리 수용되었다가 완쾌되면 제사장은 진 밖에 나가 문둥병자의 완쾌 여부를 진단해야 합니다. 완쾌 판정이 나면 제사장은 문둥병자에게 정결 의식을 행하며, 문둥병자는 자기 옷을 빨고 모든 털을 밀며 물로 몸을 씻어 깨끗하게 합니다. 그 후에 진영에 들어와 자기 장막 밖에서 7일을 머문 뒤 8일째 하나님께 속건제와 속죄제, 번제, 소제를 드립니다(레14:1-32). 하나님의 언약 밖에 살던 문둥병자가 다시 언약 백성 안으로 들어와서 하나님과의 관계가 회복되었다는 사실을 보여 주려고 제물을 드렸습니다. 문둥병은 죄를 상징하고 정결 의식은 그리스도의 구속을 상징합니다.

4. **가옥 정결 규례:** 가옥에 발생한 문둥병은 곰팡이에 의한 부식을 말합니다. 집 벽에 푸르거나 붉은 색점이 발생하면 집을 7일 동안 폐쇄합니다. 7일째 다시 살펴봐서 색점이 벽에 퍼졌으면 색점이 있는 돌과 집 안 사방에서 긁은 흙을 성읍 밖 불결한 곳에 버린 후 다른 돌로 메꾸고 다른 흙으로 집을 발랐습니다. 그런 후에 색점이 더 이상 퍼지지 않으면 제사장은 집이 깨끗하다고 선언하고 정결 의식을 행했습니다. 그러나 색점이 재발하면 집을 헐고 자재를 성읍 밖 불결한 곳에 버렸습니다(레14:33-57). 집은 인간의 육체를 상징합니다. 집을 정결하게 하면 육체의 건강에 유익이 됩니다. 또한 육체가 죄악과 부정으로부터 분리되어 성결한 삶을 살라는 의미도 있습니다.

5. **유출병 정결 규례:** 성경에서 말하는 유출병은 임질이나 요도염뿐만 아니라 성생활과 관련하여 나오는 사정과 월경 그리고 월경이 끝난 후에도 계속 피가 나오는 혈루병을 모두 포함합니다. 유출병이 있는 자가 만지거나 접촉한 물건은 불결하므로 누구라도 그것을 만지면 자기 옷을 빨고 물로 몸을 씻어야 합니다. 남자와 여자가 동침하여 사정했을 때도 물로 몸을 씻어야 하며 저녁까지 불결합니다. 여자가 월경할 때는 7일 동안 부정합니다. 월경기가 지났는데 계속 피가 흐르면 혈류증이며 피가 멈출 때까지 불결합니다. 임질이나 요도염, 혈루증과 같은 유출에서 깨끗해지면 나은

날로부터 7일이 지난 뒤에 옷과 몸을 깨끗이 씻고 8일째 되는 날에 속죄제와 번제를 하나님께 드려야 합니다(레위기 15장).

하나님께서 정상적인 부부관계에서 발생하는 사정이나 여자에게 주기적으로 생기는 월경까지 부정하다고 말씀하신 이유는 사람을 비위생적인 상황에서 보호하고 여자들이 월경할 때 일주일 동안 쉴 수 있게 하기 위해서입니다. 영적으로 해석한다면 부정한 것과 아예 접촉하지 말라는 말은 부정한 행동이나 생각을 아예 하지 말라는 뜻입니다. 만약 부정한 것과 접촉했다면 바로 씻으라는 말은 부정한 행동과 생각을 했다면 바로 회개하고 다시 정결해져야 한다는 뜻입니다.

제단에 관한 규례

하나님께서는 제단을 흙으로 쌓으라고 명령하셨습니다. 만약 돌로 쌓더라도 다듬은 돌로는 쌓지 말라고 하셨습니다. 제단을 인위적으로 정교하게 만들려다가 우상 숭배나 성물 숭배에 빠질 수 있기 때문입니다. 영적으로 해석한다면 돌로 제단을 쌓거나 돌을 다듬지 말라는 말은 인간의 생각이나 공로를 배제하라는 뜻입니다. 또한 하나님은 제단을 계단으로 올라가지 말라고 하셨습니다. 계단으로 올라가면 사람의 하체가 드러나기 때문입니다(출20:24-26). 하체를 드러내는 행위도 부정한 일로 여겼습니다(창9:20-23). 하나님의 제단을 오르내릴 때 하체를 드러내는 행위는 거룩하신 하나님 앞에서 부정하므로 계단으로 오르지 말라고 명령하셨습니다. 하나님은 제단 곁에 어떤 나무로도 아세라 상이나 주상을 세우지 말라고 하셨습니다(레26:1). 주상은 신의 형상을 기둥으로 만들어 세우는 것인데 하나님이 싫어하시는 우상 숭배이므로 절대 해서는 안 됩니다.

제물에 관한 규례

1. **제물을 잡는 장소:** 하나님은 제사용으로 잡든 식용으로 잡든 모든 동물을 성막 앞에서 잡으라고 지시하셨습니다. 또한 제사용이든 식용이든 피와 기름은 하나님께 화목 제물로 드려야 합니다. 피와 기름은 동물의 생명을 유지하며 살지게 하는 중요한 요소이므로 감사하는 마음으로 먼저 하나님께 드립니다. 하나님께서 식용 동물까지 성막 앞에서 잡으라고 하신 까닭은 잡은 동물을 우상에게 바치는 행위를 미리 차단하기 위해서입니다(레17:1-9). 그러나 이스라엘이 가나안 땅에 정착한 후에는 각 성에서 어디서든지 식용으로 동물을 잡아먹도록 허락하셨습니다(신12:15).

2. **동물 피 규례:** 하나님은 동물의 피를 먹는 행위를 금하셨습니다. 피는 곧 생명이므로 피를 먹는 행위는 생명의 주관자이신 하나님을 모독하는 행위입니다. 또한 피는 예수 그리스도의 보혈을 상징하기 때문입니다. 동물을 잡아서 곧바로 피를 뺀 까닭은 시간이 지나면 피가 굳어져 제물로 바칠 수 없기 때문입니다. 저절로 죽은 동물이나 들짐승에게 찢긴 동물을 먹는 행위까지 금하신 까닭은 그 동물의 피를 빼주지 못해 피가 몸속에서 응고되었기 때문입니다. 그런 동물을 모르고 먹은 사람은 자기 옷을 빨고 몸을 씻어야 합니다(레17:10-16).

3. **제물 상태 규례:** 하나님께 드리는 제물은 자신이 자원해서 드리더라도 모두 흠 없는 제물로 드려야 합니다. 서원과 자원 제물을 번제로 드릴 때도 흠이 없는 수컷으로 드려야 합니다. 흠이 있는 제물(눈먼 것, 부러진 것, 절단된 것, 혹이 난 것, 괴혈병에 걸린 것, 딱지가 있는 것, 타박상을 입은 것 등)을 하나님께 드리는 행위는 거룩하신 하나님을 모독하는 짓입니다.

4. **제물 취급 규례:** 하나님은 수소나 양이나 염소가 태어나서 이것을 제물로 바치더라도 7일 동안 어미와 함께 지내게 하고 8일째부터 바치라고 하셨습니다. 그리고 어미와 새끼를 한 날에 잡지 말라고 하셨습니다. 하나님께 드리는 제물을 잔인하고 야비하게 다루는 행위는 긍휼과 자비로우신 하나님의 속성에 반하는 행동입니다.

5. **제물을 먹는 규례:** 제사장과 그의 가족, 제사장이 돈으로 산 외국인과 종의 자녀들은 제물을 먹을 수 있습니다. 모두 제사장 가족으로 인정하기 때문입니다. 하나님은 제사장 가족이더라도 출가한 딸은 제물을 먹을 수 없으나 그녀가 과부가 되었거나 늙어서 자식이 없는 경우에는 먹을 수 있도록 배려해 주셨습니다. 제사장 가족이 아

니면 누구라도 제물을 먹을 수 없습니다. 그러나 제사장과 그 가족이더라도 문둥병자, 유출병자, 부정하게 된 것에 접촉한 자, 하나님의 계명을 욕되게 한 자들은 제물을 먹을 수 없습니다. 부정한 채로 먹으면 하나님께 드린 제물을 더럽히기 때문입니다. 제물을 먹어서는 안 되는 자가 고의로 먹으면 죽임을 당하게 되었고, 모르고 먹으면 먹은 제물에 오 분의 일을 추가하여 제사장에게 주어야 합니다(레위기 22장).

서원에 관한 규례

1. **서원의 의미**: 서원은 인간이 하나님께 어떤 일을 이행하겠다고 자원하여 서약하는 것입니다. 서원의 대상으로는 사람뿐만 아니라 가축, 토지, 가옥 등이 있습니다.

2. **나실인**: 나실인은 일정 기간 또는 평생 자신을 세상으로부터 구별하여 하나님께 헌신하기로 서원한 이스라엘의 남자나 여자를 말합니다. 하나님께서 직접 나실인으로 지명하시기도 하셨고(삼손), 부모의 뜻대로 나실인이 된 경우도 있습니다(사무엘). 나실인은 포도주와 독주를 멀리해야 하며 삭도를 그 머리에 대지 말아야 하고 시체를 가까이해서도 안 됩니다(민6:1-8). 포도주와 독주를 멀리하라는 말은 금욕주의자가 되라는 뜻이 아니라, 서원한 기간에는 철저하게 세상과 분리되어 하나님을 위해 절제하는 훈련을 함으로써 하나님과의 약속을 준행하라는 뜻입니다. 머리는 그 사람의 절대 권위를 상징합니다. 머리에 삭도를 대지 말라고 한 까닭은 자신의 주권자가 하나님이라는 사실을 고백하도록 하기 위해서입니다. 시체의 접촉을 금하라는 말은 죄악이나 부패와 가까이하지 말라는 뜻입니다.

3. **사람의 서원**: 사람을 드린다는 말은 제물로 드린다는 뜻이 아니라 하나님의 종으로 헌신시키겠다는 뜻입니다. 그러나 성막 업무는 레위 지파가 맡도록 하나님께서 명령하셨으므로 서원을 하더라도 다른 지파는 할 수 없습니다. 그 대신 몸값 즉 속전을 정하여 하나님께 드려서 서원을 대신하였습니다. 속전은 성전의 관리 및 유지비로 쓰였습니다. 속전은 성별과 나이와 형편에 따라 다르게 책정하였습니다. 20세부터 60세까지 남자는 활동력이 왕성하고 안정된 기반이 있어 가장 많은 금액인 은 50세겔을 냈습니다. 하나님은 제사장에게 서원한 사람 중에 너무나 형편이 어려워 정해진 금액도 내지 못한다면 금액을 하향 조정해 주라고 하셨습니다. 하나님은 이처럼 공평하고 자비로운 분이라는 사실을 알 수 있습니다(레27:1-8).

4. **짐승의 서원**: 짐승의 서원이란 하나님께 소, 양, 염소 같은 살아 있는 짐승을 바치기로 약속하는 것을 말합니다. 한번 서원한 짐승은 나쁜 것을 좋은 것으로 바꾼다고 하더라도 바꿀 수 없습니다. 짐승 대신 돈으로도 변경할 수 없습니다. 이미 하나님께 바치기로 작정한 짐승은 하나님의 몫으로 거룩히 구별되었기 때문입니다. 또한 서원을 남발하는 행위는 하나님의 신성을 모독하는 행위이므로 무분별한 서원을 방지하려고 예물의 변경을 금하셨습니다. 이렇듯 하나님은 한번 정한 언약을 신실하게 지키길 원하십니다. 서원한 예물을 대체할 수는 없지만 처음 서원한 짐승과 바꾸려고 하는 짐승 모두를 하나님께 드릴 수 있습니다. 만약 잘 모르고 신체적 결함이 있는 짐승이나 이미 부정한 짐승을 서원한 경우에는 제사장이 짐승을 세밀하게 살펴서 합당한 가격을 책정합니다. 서원한 사람은 제사장이 책정한 가격에 오 분의 일을 추가하여 값을 지불하고 짐승을 되돌려 받습니다. 일단 서원하여 바쳤다면 이미 하나님의 소유가 되었으므로 만약 하자가 있어 그것을 다시 가져가려면 배상금 규정에 따라 추가 금액(오 분의 일)을 내고 가져가야 하기 때문입니다(레27:9-13).

5. **집과 토지의 서원**: 하나님께 집을 서원한 경우에 그 집은 하나님의 소유가 되어 제사장이 임의로 처분할 수 있습니다. 그러나 가나안 땅에서 분배될 토지를 모두 바치는 서원은 허락하지 않았습니다. 토지가 생활의 근본이므로 토지를 모두 바치면 정상적인 삶이 불가능하기 때문입니다. 단지 토지에서 나는 소출량을 금전으로 환산하여 제사장에게 바치도록 규정하였습니다. 성전에 헌납된 토지도 희년이 되면 모두 원래 주인에게 돌아갔습니다(레27:14-21).

십일조에 관한 규례

1. **족장 시대의 십일조**: 아브라함이 하나님의 제사장인 멜기세덱에게 전리품의 십 분의 일을 주었는데 이것이 성경에 나오는 첫 번째 십일조입니다(창14:20). 야곱은 하나님이 나와 함께 계시고 나를 지켜 주시고 돌봐주시고 내가 평안히 아버지 집으로 돌아가게 해 주시면 하나님이 내게 주신 모든 것에서 십 분의 일을 하나님께 드리겠다고 서원하였습니다(창28:20-22).

2. **소출의 십일조**: 땅의 모든 소출은 하나님의 소유이지만 하나님은 소출 전체를 바치라고 하지 않으셨습니다. 그중에 단지 십 분의 일만 바치라고 하셨습니다. 하나님은

사람이 하나님께 십일조를 바치면서 모든 것이 하나님의 소유라는 사실을 인정하기를 바라셨습니다. 형편상 소출을 돈으로 드리고자 할 때는 소출 가격에 오 분의 일을 추가하여 드려야 합니다. 왜냐하면 그 소출이 하나님께 바치기 전부터 하나님의 몫이었으므로 사람이 그것을 취하는 행위는 남의 물건을 범하는 행위로 간주하기 때문입니다(레27:30-31).

3. **가축의 십일조**: 하나님은 울타리를 열 번째로 통과하는 가축마다 모두 자신의 것이라고 말씀하셨습니다. 하나님은 인간이 좋은 짐승은 감추고 좋지 않은 짐승만 하나님께 바치는 행위를 하지 못하도록 이처럼 무작위로 선택하셨습니다. 무작위로 선택된 가축에 흠이 있어도 바꾸지 말고 그대로 드려야 합니다. 그러나 하나님께 흠이 있는 가축을 바치는 행위가 양심상 거리낌이 되어 좋은 가축으로 바꿔서 드리고 싶다면 무작위로 선택된 가축과 다시 바치고자 하는 가축 둘 다 드려야 합니다. 무작위로 선택된 가축은 이미 하나님의 소유이기 때문입니다(레27:32-33).

4. **레위인의 십일조**: 이스라엘 백성이 드리는 십일조는 레위인 입장에서는 소득입니다. 그래서 그들도 십 분의 일을 하나님께 바쳐야 합니다. 레위인이 바치는 십일조를 '십일조의 십일조' 또는 '레위인의 십일조'라고 합니다. 하나님은 레위인이 드린 십일조를 일반 백성이 드린 십일조와 똑같이 소중하게 여기셨습니다. 그러나 하나님은 레위인에게 백성이 낸 십일조를 착복하거나 유용하지 말라고 경고하셨습니다. 만일 레위인이 이 규례를 어긴다면 하나님과 백성에게 죄를 범했으므로 처벌을 받습니다(민18:26-32).

5. **십일조의 쓰임**: 십일조는 성막에서 봉사하는 레위인의 생계를 위해 사용하였습니다(민18:21). 레위인을 위한 십일조를 제하고 남은 것(총 수입의 90%)에서 다시 십일조를 드렸습니다. 이 십일조는 안식년을 기준으로 1, 2, 4, 5번째 해에는 하나님께 감사예물을 드리고 백성들이 하나님 앞에서 같이 식사하면서 복을 주신 하나님께 감사드렸습니다. 안식년을 기준으로 3, 6번째 해에는 가난한 사람들을 구제하는 데 사용하였습니다(신14:22-29).

성[性]에 관한 규례

1. **성에 관한 금지 규례**: 하나님은 근친상간, 간음, 동성애, 수간, 우상 숭배 과정상의 음란한 행위 등 불결하고 타락한 성적 행위를 금하셨습니다. 성범죄를 저지른 사람은 자기의 육신을 더럽혀서 하나님의 거룩함을 훼손하였으므로 땅이 그를 토해내고 백성 중에서 끊어진다고 경고하셨습니다. 땅이 토해내고 백성 중에 끊어진다는 말은 이스라엘 백성으로서 모든 권리와 자격이 박탈되며 추방당하거나 처형될 수도 있다는 뜻입니다(레위기 18장).

2. **약혼한 여자 종과 간음한 경우**: 약혼한 여종이 약혼자가 아닌 다른 남자와 동침하면 여자를 매질하되 죽이지는 말아야 하며 동침한 남자는 속건제를 드려 속죄해야 합니다. 여종을 매질만 하는 까닭은 여자가 종의 신분이므로 자유의지에 한계가 있었기 때문입니다(레19:20-22).

3. **아내의 순결을 의심한 경우**: 결혼한 지 얼마 되지 않았는데 남자가 여자의 순결을 의심하여 누명을 씌운 경우, 여자의 부모가 처녀라는 증거를 그 성읍의 장로들에게 가져다주면 장로들은 남자를 잡아 벌을 주고 남자는 은 100세겔을 장인에게 주어야 합니다. 그리고 평생 아내를 버리지 못합니다. 여자가 순결하지 않은 게 사실이라면 여자는 아버지의 집에서 창녀 같은 행동을 했으므로 악을 제거하려고 그녀의 성읍 사람들이 그녀를 돌로 쳐 죽였습니다.

4. **결혼한 여자와 간음한 경우**: 둘 다 죽여 악을 제거하였습니다.

5. **약혼한 여자와 간음한 경우**: 약혼한 여자와 동침하는 죄도 결혼한 여자와 동침한 죄와 같다고 여겼습니다. 둘 다 성읍 문밖으로 끌어내서 돌로 쳐 죽여서 악을 제거하였습니다.

6. **약혼한 여자를 성폭행한 경우**: 약혼한 여자를 들에서 만나 성폭행한 경우, 남자만 죽입니다. 여자가 들에서 소리쳐도 구해 줄 사람이 없었으므로 죄가 없습니다.

7. **약혼하지 않은 처녀와 동침한 경우**: 남자는 처녀의 아버지에게 은 50세겔을 주어 처녀를 아내로 삼고 그녀를 평생 버리지 못합니다(신22:13-30).

하나님은 이스라엘 백성들이 이집트인들이 행했던 근친상간과 같은 문란한 성생활과 가나안 백성들이 행했던 음란한 우상 숭배 행위를 본받지 않기를 바라셨습니다. 하나님이 특히 성 윤리를 강조하신 까닭은 음란이 모든 타락의 출발점이기 때문입니다.

결혼에 관한 규례

1. **이혼과 재혼**: 어떤 사람이 아내를 얻은 후 그녀에게서 불결함을 발견하여 같이 살고 싶지 않으면 이혼증서를 써서 그녀에게 주고 내보낼 수 있습니다. 여기서 불결함이란 간음 같은 성범죄가 아닙니다. 간음 같은 죄는 사형에 해당하기 때문입니다. 몸에 상처가 나거나 알지 못하는 병에 걸린 경우입니다. 이혼증서를 받은 여자는 자유롭게 되어 다른 사람의 아내가 될 수 있습니다. 이렇게 재혼한 여자가 재혼한 남편이 죽거나 또 이혼을 당하여도 다시 전 남편과 재결합하는 것은 금지됩니다(신24:1-4). 남자의 정욕에 따라 여자를 쉽게 버리는 행위를 막아 여자를 보호하려는 조치였습니다. 모세는 이스라엘 백성들이 말로 쉽게 이혼하지 못하도록 이혼할 때는 이혼증서를 주어야 한다고 했습니다. 모세는 절대 이혼을 장려하지 않았습니다. 예수님은 부부가 되면 둘이 아니라 한 몸이므로 하나님이 짝지어 주신 관계를 사람이 나누지 못한다고 하시면서 모세가 이스라엘 백성의 완악함 때문에 아내를 버리도록 마지못해 허락했으나 본래는 그렇지 않다고 가르쳐 주셨습니다(마19:6-8).

2. **형사취수제도**: 어떤 사람이 자식이 없이 죽는 경우 그 사람과 동거한 형제가 형수를 아내로 삼아야 합니다. 그녀도 다른 사람과 재혼하지 말고 남편 형제의 아내가 되어야 합니다. 둘이 결혼하여 낳은 첫아들은 죽은 형제의 이름을 이어받습니다. 이렇게 대를 잇게 하는 결혼을 계대결혼이라고 합니다. 합법이므로 근친상간의 죄에 해당하지 않습니다. 계대결혼은 죽은 형제의 대를 이어 후사를 낳아줌으로써 형제의 이름과 기업을 보존해 주고, 이스라엘 여자가 이방 남자와 결혼하는 것을 방지하며, 의지할 데 없는 과부를 보살펴 주려고 만든 제도입니다.

룻과 보아스도 계대결혼을 하였습니다. 만약 형제가 계대결혼의 의무를 이행하지 않으면 여자는 그를 성읍 장로들에게 고소합니다. 그러면 성읍 장로들은 당사자를 불러 설득합니다. 그래도 거절하면 그의 신을 벗기고 그의 얼굴에 침을 뱉으며 모욕을 줌으로써 그가 형제의 기업을 이을 자격이 없다고 공식적으로 선언합니다. 그를 처벌하지 않는 까닭은 계대결혼은 강제 의무가 아니기 때문입니다(신25:5-10).

3. 신혼: 어떤 사람이 새 아내를 얻으면 그는 전쟁에 나가거나 어떤 업무도 맡지 않고 일 년간 집에서 편히 지내면서 아내를 즐겁게 해줘야 합니다(신24:5). 이는 신혼부부에게 서로 충실할 수 있는 시간을 줌으로써 결혼제도의 신성함을 깨닫고 또 한창 애정이 깊은 시기에 자녀를 낳을 수 있도록 배려한 조치입니다. 그리고 새신랑은 군대에 보내지 않았습니다. 아내를 연민하여 군무를 충실하게 수행하지 못하는 일이 생기지 않도록 하고 군대에 있는 동안 다른 사람이 신부를 취하는 부정을 범하지 않도록 하기 위해서입니다. 레위인도 신혼에는 성소 봉사에서 제외되었습니다.

상속에 관한 규례

1. 장자 상속: 장자는 다른 아들보다 두 배나 더 많은 유산을 상속받았습니다. 자기가 가장 사랑하는 아내의 아들일지라도 그가 장자가 아니라면 장자의 권리를 그에게 줄 수 없습니다(신21:15-17). 어떤 경우에도 장자의 권리에 관한 법을 준수해야 합니다. 그러나 장자라 할지라도 르우벤처럼 부도덕한 행실로 아버지를 모욕했다면 장자의 권리를 박탈합니다(창 49:3-4). 장자는 가정을 대표하는 가장의 권위를 계승할 뿐 아니라 하나님의 언약을 후손에게 전수하는 신앙의 계승자 역할을 하므로 다른 형제들보다 두 배를 상속받았습니다. 하나님은 여러 민족 가운데 이스라엘을 장자로 삼으셨습니다(출4:22). 이스라엘을 통해 모든 민족이 하나님께 영광 돌리길 원하셨기 때문입니다. 그래서 이스라엘에 더 큰 축복을 주셨습니다.

2. 딸 상속: 슬로브핫의 딸들이 상속 문제로 모세를 찾아왔습니다. 그들의 아버지가 아들이 없이 죽자 재산은 아버지의 형제들에게 상속되었습니다. 딸들은 아버지 재산의 상속권을 주장하였습니다. 모세는 이 문제를 어떻게 처리해야 할지 하나님께 물어보았습니다. 공의의 하나님께서는 딸들의 말이 옳으니 아버지의 소유를 딸들에게 주라고 명하셨습니다(민27:1-7). 그러나 조건이 하나 있는데, 딸이 아버지의 재산을 상속받으려면 같은 지파의 남자와 결혼해야만 합니다. 토지가 다른 지파로 넘어가지 않도록 하여 이스라엘 공동체의 질서를 유지하기 위해서입니다.

3. 상속의 순서: 하나님은 어떤 사람이 아들이 없이 죽으면 그의 유산을 딸에게 주고, 딸도 없으면 죽은 사람의 형제에게 주고, 형제도 없으면 죽은 사람의 아버지 형제들에게 주라고 하셨습니다. 만일 아버지의 형제들도 없으면 가장 가까운 친척에게 주라고 말씀하셨습니다(민27:8-11). 가장 가까운 친척에게 주라는 말은 다른 지파에게 토지를 팔지 말라는 뜻입니다. 토지를 팔면 토지 세습이 깨어지고 공동체의 불균형과 빈부격차가 커지므로 팔지 못하도록 하셨습니다.

교육에 관한 규례

하나님은 명령하신 모든 말씀을 마음에 새기고 자손에게 열심히 가르치며 어디에 있든지 말씀들에 관해 말하고 손목에 매어 기호로 삼으며 미간에 붙여 표로 삼고 집 기둥과 대문에 기록하라고 말씀하셨습니다(신6:6-9). 하나님의 말씀을 마음에 새긴다는 말은 말씀이 삶의 원리가 되어 하나님께 순종하는 삶을 살라는 뜻입니다. 자손에게 열심히 가르치라고 하신 까닭은 이스라엘의 자녀들은 시내산에서 하나님과 언약을 맺은 당사자가 아니며 이집트 탈출도 경험하지 못한 세대이므로 하나님에 관해 잘 모르기 때문입니다. 손목에 매라는 말은 행동의 원리로 삼으라는 뜻이며, 미간에 붙이라는 말은 생각할 때 판단의 기준으로 삼으라는 뜻입니다. 집 기둥과 대문에 기록하라는 말은 온 가족이 항상 말씀의 권위 아래 있으라는 뜻입니다. 하나님은 자신이 명령한 말은 무엇이나 지켜 행하고 거기에 더하지도 말고 빼지도 말라고 하셨습니다(신12:32).

이웃에 관한 규례

1. 금전 문제: 가난한 사람에게 돈을 빌려주면 고리대금업자처럼 재촉하지 말고 이자도 받으면 안 됩니다(출22:25). 하나님은 이방인에게는 이자를 받아도 되나 형제(동족)에게는 이자를 받지 말라고 하셨습니다(신23:19-20). 품꾼의 삯은 그날로 지급하고(레19:13). 이웃의 아내, 집, 들, 종, 소, 나귀 등 무엇이든지 탐내서는 안 됩니다(신5:21). 형제의 잃어버린 소나 양을 봤다면 못 본 체하지 말고 형제에게로 데려가야 합니다(신22:1). 맷돌을 저당 잡히는 행동은 사람의 생명을 저당 잡는 행동과 같으므로 해서

는 안 됩니다(신24:6). 형제에게 무엇을 꾸어 주고 저당물을 가지러 그 집에 들어가지 말고 형제가 저당물을 가지고 나올 때까지 밖에서 기다려야 합니다. 가난한 사람의 저당물은 해가 질 때 그가 자기 옷을 입고 잘 수 있도록 다시 돌려주어야 하며 과부의 옷은 저당 잡지 말아야 합니다(신24:10-13,17).

2. **약자 배려**: 하나님은 타국인을 압제하거나 학대하지 말라고 하셨습니다. 이스라엘도 이집트에 있을 때는 타국인이었기 때문입니다. 특히 과부나 아버지가 없는 아이를 괴롭히지 말아야 합니다. 만약 과부나 아버지가 없는 아이가 괴롭힘을 당해 하나님께 간구하면 하나님은 칼로 괴롭힌 자를 죽이겠다고 하셨습니다(출22:21-24). 또한 가난한 사람, 과부, 고아, 타국인이 가져가도록 수확할 때 밭의 모퉁이까지 다 거두지 말고 이삭도 줍지 말며 포도원에 떨어진 포도도 남겨 두어야 합니다(레19:9-10). 또한 들에서 곡식 한 단을 잊어버렸더라도 그것을 가지러 가지 말며 올리브 나무를 떤 후에 그 가지를 다시 살피러 가지 말아야 합니다(신24:19-20). 가난한 자에게 인색하지 말고 손을 크게 벌려서 그가 원하는 만큼 꾸어 주어야 합니다(신15:7-8). 또 형제가 가난하게 되어 종이 되었을 때 종을 심하게 부려서는 안 되며 희년까지 섬기게 하다가 희년이 되면 돌아가도록 하고 종으로 팔아서는 안 됩니다. 정말 하나님을 두려워한다면 그 종을 가혹하게 다스려서는 안 됩니다(레25:39-43). 귀먹은 사람을 저주하지 말고 눈먼 사람 앞에 장애물을 놓아서도 안 됩니다(레19:14).

3. **이웃 사랑**: 원수의 길 잃은 소나 나귀를 만나면 반드시 그에게 돌려보내야 하며, 아무리 미워하는 사람이라도 그의 나귀가 짐에 깔려 누워 있는 모습을 보면 도와주어야 합니다(출23:4-5). 남을 험담하는 말을 해서는 안 되며 이웃의 생명을 위태롭게 해서도 안 됩니다. 이웃에게 잘못이 있더라도 죄를 짓지 않도록 견책하며, 이웃에게 복수하지 말고 원망도 품지 말며 자신처럼 사랑해야 합니다(레19:16-18). 그리고 배가 고파서 이웃의 포도원에 들어가는 경우 배불리 먹어도 되나 그릇에 담지는 말고 이웃의 곡식밭에서 손으로 이삭을 따도 되나 낫을 대서는 안 됩니다(신23:24-25).

상해, 절도에 관한 규례

상해 하나님은 자기 아버지나 어머니를 치거나 저주한 자는 반드시 죽이라고 하셨습니다(출21:15.17). 서로 싸우다가 한 사람이 다른 사람을 쳤으나 다행히 그 사람이 죽지 않았다면 가해자는 형벌은 면하나 손실을 변상하고 완전히 낫게 해야 합니다. 어떤 사람이 자기 종을 매로 쳐서 종이 죽었다면 주인은 반드시 형벌을 받으나 그 종이 하루나 이틀을 살았다면 주인은 형벌을 면합니다. 종이 며칠 살아 있었으므로 주인이 고의로 종을 죽일 생각이 없었다고 판단하여 형벌을 면해 주었습니다. 당시 종을 재산으로 취급하던 시대였지만 하나님은 종도 소중한 인격체로 대우하기를 원하셨습니다(출21:18-21). 주인이 자기 종의 눈이나 이를 쳐서 상하게 했으면 주인은 그 종에게 자유를 주어야 합니다(출21:26-27).

서로 싸우다가 아이 밴 여인을 다치게 하여 낙태하게 하였으면 반드시 형벌을 받아야 합니다. 가해자는 여인의 남편이 청구하는 대로 배상금을 지급하되 배상금이 많다고 생각하면 재판관들의 판결에 따라 지급해야 합니다. 그러나 여인에게 낙태 외에 다른 피해가 있으면 눈은 눈으로, 상처는 상처로 갚아야 합니다(출21:22-25). 눈에는 눈으로 갚으라는 말을 얼핏 들으면 잔인하고 몰인정하다고 생각할 수 있으나 피해자에게 정당한 보상을 해 주면서 피해준 것보다 더 큰 보복을 가해자에게 하지 말라는 뜻입니다. 따라서 가해자와 피해자를 모두 고려한 법입니다. 만일 소가 종을 받으면 소 주인은 종의 주인에게 은 30세겔을 주고 소는 돌로 쳐야 합니다(출21:32).

절도 어떤 사람이 소나 양을 훔쳐서 죽이거나 팔면 소 한 마리를 소 다섯 마리로, 양 한 마리를 양 네 마리로 갚아야 합니다(출22:1). 소를 키우는 수고가 양을 키우는 수고보다 더 크기 때문입니다. 만일 도둑질한 짐승이 산 채로 발견되면 소든지 양이든지 두 배로 갚아야 합니다(출22:4). 우발적으로 도둑질했다고 보기 때문에 배상이 줄어들었습니다. 도둑이 장물을 이미 처분하여 배상할 수 없으면 피해자의 종이 되어서라도 배상해야 합니다(출22:3). 밤에 들어온 도둑은 죽여도 처벌받지 않으나 낮에 들어온 도둑을 죽이면 처벌을 받습니다(출22:2-3). 낮에 들어온 도둑은 살해 의도가 없다고 보았기 때문입니다.

자기 짐승이 다른 사람의 농작물을 먹었다면 자의든 타의든 반드시 피해를 준 양만큼 배상하되 사죄하는 마음으로 가장 좋은 농작물로 배상해야 합니다(출22:5). 조상이 정한 이웃의 경계표를 옮기지 말아야 합니다(신19:14). 토지의 경계표는 각자의 땅을 구분 짓는 표식입니다. 당시 경계표는 고정되지 않았으므로 누구든지 토지에 욕심을 내면 손쉽게 이동시킬 수 있었습니다. 이웃의 경계표를 옮기는 행위는 남의 소유나 재산을 탐내고 도둑질한 짓이므로 저주의 대상이 됩니다(신27:17).

배상에 관한 규례

1. **짐승과 관련된 배상**: 어떤 사람이 구덩이를 열어 두거나 구덩이를 파고 덮지 않아 다른 사람의 짐승이 거기에 빠져 죽었다면 구덩이 주인은 죽은 짐승의 주인에게 돈으로 보상하고 죽은 짐승은 자기가 가져갑니다. 어떤 사람의 소가 다른 사람의 소를 다치게 하여 죽게 하면 둘은 다치게 한 소(살아있는 소)를 팔아 돈을 나누고 죽은 소도 같이 나눕니다. 그러나 그 소가 받는 버릇이 있는데도 소를 가두지 않은 사실이 드러나면 피해자에게 살아 있는 소를 주고 죽은 소는 가해자가 가집니다(출21:33-36).

   어떤 사람이 불을 놓아 다른 사람의 곡식이나 밭을 태우면 반드시 변상해야 합니다(출22:6). 어떤 사람이 이웃에게 자기 짐승을 맡겼는데 그 짐승이 죽거나 다쳤을 때 아무도 본 사람이 없는 경우, 짐승을 맡은 사람이 이웃의 물건에 손을 대지 않았다고 하나님께 맹세하면 주인은 그 사실을 받아들여야 하고 짐승을 맡은 사람은 피해를 변상하지 않아도 됩니다. 맡은 짐승이 다른 짐승에게 찢겼다는 증거가 확실한 경우에도 변상하지 않아도 됩니다. 그러나 짐승을 도둑맞았다면 주인에게 변상해야 합니다. 어떤 사람이 이웃에게 짐승을 세를 내고 빌려왔는데 그 짐승이 다치거나 죽은 경우, 주인이 그 자리에 함께 있지 않았다면 변상해야 하고 함께 있었다면 변상하지 않아도 되며 세도 돌려받을 수 있습니다(출22:10-15).

2. **사람에 대한 배상**: 어떤 사람이 죄를 범했다면 그 죄를 자백하고 원금뿐만 아니라 원금에 오 분의 일을 추가하여 피해자에게 주어야 합니다. 그러나 피해자도 친족도 없는 상황이라 죗값을 갚을 대상이 없다면 피해자를 위하여 속죄의 숫양을 제사장을 통해 하나님께 드려야 합니다(민5:5-8). 사람에게 범한 죄도 이웃을 사랑하라는 하나님의 계명을 어겼으므로 하나님께 범한 죄입니다. 죄에 대한 자백은 상대방에게 진심으로 사죄하는 행위뿐만 아니라 하나님께 참회하는 행위도 포함합니다.

살인에 관한 규례

1. 살인죄: 사람을 고의로 죽였다면 그가 설사 하나님의 제단에 있더라도 잡아서 죽여야 합니다. 특히 자기 아버지나 어머니를 치거나 저주한 자와 사람을 훔쳐서 팔거나 자기 수하에 둔 인신매매범은 반드시 죽여야 합니다(출21:12-17). 하나님의 형상대로 창조한 사람을 죽인 죄는 무척 중하므로 무거운 형벌을 내릴 수밖에 없습니다. 어떤 소가 사람을 받아서 죽였다면 그 소는 반드시 돌로 쳐서 죽여야 하지만 소 주인에게는 형벌을 내리지 않습니다. 그러나 그 소가 뿔로 받는 버릇이 있다는 사실을 알면서도 가두지 않아서 사람이 죽었다면 소뿐만 아니라 소 주인도 죽입니다. 만일 주인에게 속죄 금액이 부과된다면 액수에 상관없이 지급해야 합니다(출21:28-30).

시체는 발견되었는데 살해한 사람을 찾지 못하는 경우, 피살자와 가장 가까운 성읍에 사는 장로들은 멍에를 멘 적이 없는 암송아지 한 마리의 목을 베는 정결 의식을 행해야 합니다. 그들은 목을 벤 암송아지 위에서 손을 씻으며 자신들이 그 살인을 실제로 행하지 않았고 목격하지도 않았다는 사실을 고백해야 합니다(신21:1-9). 여기서 암송아지는 예수님을 상징하며 손을 씻는 행위는 죄 사함을 뜻합니다. 하나님은 살인자를 나무에 매달더라도 밤새도록 나무에 두지 말고 그날에 장사하라고 하셨습니다(신21:22-23). 이 말씀은 그리스도의 십자가 죽음을 두고 하신 말씀입니다.

2. 도피성 제도: 하나님은 과실로 자신도 모르게 사람을 죽이거나 누명을 쓴 사람이 결백을 증명할 때까지 안전하게 피신하도록 도피성을 정해주셨습니다. 그래서 살인자가 피살자의 가족에게 바로 보복을 당하지 않도록 하셨습니다(민35:9-15), 도피성은 요단강 동편에 3곳(베셀, 길르앗라못, 골란), 요단강 서편에 3곳(게데스, 세겜, 헤브론)을 두었습니다(수20:7-8).

살인자는 반드시 스스로 도피성으로 피해야 하며 도피성으로 가는 도중에 피해자의 가족에게 보복을 당하거나 도피성 밖으로 나와서 보복을 당해도 보호받을 수 없습니다. 도피성 안에만 있어야 합니다. 도피성으로 피신한 자는 과실로 죄를 지었다는 판결을 받아야 합니다. 살인 도구가 발견되거나 계획적인 살인이라는 사실이 밝혀지면 도피성에 피신했더라도 끌어내어 죽여야 합니다(출21:12-14). 절대 살인자를 불쌍히 여겨서는 안 됩니다(신19:13). 과실로 살인한 자는 도피성에서 생활할 수 있게 해 줍니다. 과실로 살인하여 도피성으로 피신한 자는 대제사장이 죽어야 사면을 받을 수 있고 고향으로 돌아갈 수 있습니다(민35:25-28). 도피성은 장차 오실 예수 그리스도의 그림자요 상징입니다. 대제사장이신 예수님이 죄인인 우리를 대신하여 죽으셨으므로 우리가 죄를 사면받았습니다.

재판에 관한 규례

1. **재판관**: 재판관은 하나님의 위임을 받은 대리자이므로 하나님의 이름으로, 하나님의 뜻에 맞게, 하나님께 영광이 되도록 판결해야 합니다. 재판할 때 외모나 신분의 귀천을 보지 말아야 합니다(신1:17). 재판관과 재판을 기록하는 서기는 성마다 두어야 하며 그들은 공정한 판단으로 백성을 재판해야 합니다(신16:18).

2. **공정한 재판**: 가난한 사람의 재판은 공평하게 처리해야 합니다(출23:6). 가난하다고 지나치게 동정하여 편파적인 판결을 내리면 안 되며(출23:3), 신분이 높거나 부유한 사람에게 유리한 판결을 내려서도 안 됩니다(레19:15). 외적인 형편이나 조건을 보지 말고 공의롭게 재판해야 합니다. 단지 재판할 때 타국인이나 고아를 억울하게 하지 말아야 합니다(신24:17). 그들은 가난해서 남에게 억울함을 당하기 쉬우므로 법의 보호를 받도록 하라는 뜻입니다. 하나님은 이스라엘 백성들에게 이집트에서 힘없고 압제를 받았던 타국인이었다는 사실을 기억하라고 하셨습니다.

   악한 사람에게 매를 때릴 때 잘못한 정도에 따라 정한 수를 때리되 40대를 초과해서는 안 됩니다(신25:2-3). 아무리 죄인이라도 40대 이상을 때리는 처벌은 동물 취급 당한다고 느끼므로 인권 존중 차원에서 최고 40대로 제한하였습니다.

3. **증언**: 거짓 소문을 퍼뜨리지 말아야 하며, 악을 행하는 무리를 따르지 말고, 다수를 따라 부당한 증언을 해서도 안 됩니다(출23:1-2). 악인의 근거 없는 소문만 믿고 군중 심리에 휩쓸려 법정에서 거짓으로 증언하지 말라는 뜻입니다. 거짓 증언은 상대방의 생명까지 빼는 결과를 낳습니다. 증인은 반드시 사실대로 증언해야 하고 진술을 거부하거나 회피해서도 안 됩니다. 자신의 침묵이나 방조로 재판 결과가 왜곡될 수 있으므로 인정이나 위협 등으로 증언을 거부하는 태도도 죄입니다(레5:1).

거룩하신 하나님의 이름을 말하면서 법정에서 사실과 다른 맹세를 한다면 사형에 해당하는 중죄입니다(레19:12). 이는 하나님의 이름을 망령되이 일컫는 행위가 되며 하나님의 거룩함을 훼손하는 짓이므로 엄격히 금지하였습니다. 불합리하거나 거짓된 증언으로 인한 재산, 인명 등의 피해를 막기 위하여 증인은 두 명 이상 세워야 합니다(신19:15). 만약 상대방의 재물을 빼으려고 거짓 증언을 했다면 동해보복법(피해자가 받은 피해 정도와 같은 손해를 가해자에게 내리는 보복 법)을 적용하여 거짓 증언자의 재물을 빼앗는 벌을 내렸습니다(신19:18-19).

공의에 관한 규례

1. **뇌물**: 뇌물은 재판할 때나 일상생활에서도 현명한 자의 눈을 어둡게 하고 의로운 자의 말을 왜곡시키므로 받아서는 안 됩니다(출23:8). 뇌물은 사람의 눈을 흐리게 하여 억울한 자가 나오게 하며, 양심과 용기를 가진 자를 망치고, 공의로운 사회를 무질서하게 만들기 때문에 성도들은 절대 뇌물을 받아서는 안 됩니다.

2. **정직**: 재판할 때나 상거래를 할 때 측정하는 일과 관련해서 어떤 불의도 행하지 말아야 합니다. 공정한 저울과 추와 에바와 힌을 사용해야 합니다(레19:35-36). 저울과 추는 중량을 측정하는 도구입니다. 에바는 바구니라는 뜻으로 고체의 부피를 측정하는 단위이며, 힌은 항아리라는 뜻으로 액체의 부피를 측정하는 단위입니다. 도량형 제도는 인간 사회의 신용과 정의를 구현하려고 만들었으므로 반드시 지켜야 합니다. 성도가 조금 더 이익을 내려고 남을 속이는 행동은 하나님을 욕되게 하며 하나님께서 미워하는 행위이므로 절대로 해서는 안 됩니다.

3. **합리적 대가**: 하나님은 곡식을 밟아 떠는 소에게 망을 씌우지 말라고 하셨습니다(신25:4). 곡식을 떨며 수고하는 소에게 일만 시키지 말고 충분히 곡식을 먹을 수 있도록 해야 합니다. 바울은 주의 일을 하는 사도들이 대가를 받는 것은 당연하다고 말하면서 이 구절을 인용하였습니다(고전9:9). 일하는 사람에게 노동에 대한 삯을 정당하게 지급해 주는 행위가 곧 그 사람의 인격을 존중하는 태도입니다.

4. **안전**: 집을 지을 때는 지붕에 난간을 만들어서 사람이 떨어져 다치지 않도록 해야 합니다(신22:8). 팔레스타인 지역의 가옥 형태는 대개 지붕이 평평하기 때문에 난간을 설치하지 않으면 지붕을 왕래할 때 떨어질 수 있습니다. 그래서 생명을 보호하려면 안전장치를 해야 합니다.

5. 분리: 하나님은 수소와 나귀가 함께 밭을 갈도록 하지 말라고 하셨습니다(신22:10). 소와 나귀는 서로 특성이 다르고 힘도 다르므로 같이 밭을 갈면 오히려 일이 더딥니다. 하나님은 이스라엘 백성이 가나안 족속과 섞여 살기를 원치 않으셨습니다. 성도도 믿지 않는 자와 섞이지 않도록 주의해야 합니다(고전7:14-16).

종[從]에 관한 규례

성경에 기록된 노예제도는 과거 제국주의 시절 원주민을 납치해서 팔았던 인신매매와는 다릅니다. 하나님은 인신매매를 한 사람은 죽이라고 하셨습니다(출21:16).

1. 종이 되는 경우: 이스라엘 공동체 안에서 노예가 되는 경우는 가난하여 빚을 갚을 능력이 없는 경우(레25:39)와 남의 물건을 훔친 뒤 배상할 능력이 없는 경우입니다(출22:3). 채무자가 돈을 갚지 않으면 채권자는 손해를 봅니다. 따라서 돈을 갚는 대신 채권자의 집에서 종으로 일을 해서라도 피해를 어느 정도 보상해 주어야 합니다.

2. 종의 해방: 비록 돈을 갚지 못해 종이 되었더라도 종이 된 지 7년째에는 자유롭게 해줘야 합니다. 빚의 액수와 상관없이 6년 동안의 노동의 대가를 종의 몸값으로 보기 때문입니다. 또한 종이 새 생활을 시작할 수 있도록 빈손으로 보내지 말고 양과 곡식과 포도주를 넉넉하게 주어서 보내야 합니다(신15:12-14). 종이 7년을 채우기 전에 희년이 온다면 더 빨리 자유로운 몸이 될 수 있습니다(레25:40).

같은 동족을 타국인에게 종으로 팔면 7년째 해방될 수 없으므로 같은 동족을 타국인에게 팔 수 없습니다. 종이 되었을 때 처자와 함께 주인에게 왔다면 처자를 모두 데리고 나갈 수 있습니다. 그러나 종이 된 후 주인의 여종을 아내로 맞아 자식을 낳았다면 아내와 자식은 주인에게 속했으므로 데리고 나갈 수 없습니다. 다만 종이 주인을 평생 섬기겠다고 약속하면 종은 주인에게서 얻은 처자와 함께 살 수 있습니다. 이런 경우 주인은 종으로 대해서는 안 되며 고용인처럼 대해야 합니다(출21:1-6).

3. 여종: 주인이 첩으로 삼은 여종을 싫어하여 동침하지 않는 경우, 그 여종을 타국인이 아닌 이스라엘 동족에게 팔든지 자기 아들에게 첩으로 주어 딸처럼 대해야 합니다. 만약 아들에게도 버림을 받으면 책임지고 그녀의 생계를 보상해 주든지 자유를 주

어야 합니다. 왜냐하면 주인이 남편의 의무를 포기했기 때문입니다(출21:7-11). 하나님은 비천한 신분인 여종의 인격과 권리를 최대한 보장해 주시길 원하셨습니다.

4. 여자 포로: 전쟁에서 포로가 된 여자를 아내로 삼고자 할 때는 집으로 데려와 그녀의 머리를 밀어주고, 손톱을 깎아주며, 포로의 옷을 벗겨 준 뒤 집에 머물면서 그녀의 부모를 위해 한 달 동안 애곡하도록 배려해야 합니다. 그런 후에 부부가 될 수 있습니다. 그녀가 이스라엘 백성이 되기를 거부하고 고국으로 돌아가고 싶어 한다면 보내주되 돈을 받고 팔아서는 안 됩니다. 잠시나마 그녀를 억지로 아내로 삼아 고통을 주었기 때문입니다(신21:11-14).

여자 포로의 머리를 밀고 그녀의 손톱을 깎아주는 행위는 하나님의 언약 백성이 되었다는 표시입니다. 포로의 옷을 벗겨 주는 행위는 합법적인 이스라엘 백성이 되었다는 뜻입니다. 하나님은 여자 포로가 나라와 부모를 잃은 상실감에서 안정을 찾도록 자기 부모를 위해 한 달 동안 애곡할 수 있게 배려해 주셨습니다.

안식년, 희년에 관한 규례

1. 안식년: 안식년은 7년을 주기로 하여 그 마지막 해인 제7년째 되는 해를 말합니다. 안식년에는 땅을 쉬게 해야 하므로 씨를 뿌려서는 안 되며 저절로 생겨난 곡물과 열매를 거둬서도 안 됩니다. 땅을 일 년 동안 쉬게 하여 지력을 회복시키고, 가난하고 소외된 사람들에게 긍휼을 베풀기 위해서입니다. 하나님은 안식년의 소출이 가난한 사람과 소외된 사람 그리고 짐승들의 먹이가 되게 하여 누구나 안식의 기쁨을 누리길 원하셨습니다(레25:1-7).

하나님께서 안식년을 지키라고 하신 까닭은 하나님만이 온 땅의 주인이시며 인간은 단지 소작인에 불과하다는 사실을 이스라엘 백성들이 깨닫고 안식년 기간에 영적 생활에 전념하기를 바라셨기 때문입니다. 그리고 이스라엘 백성들이 물질에 대한 탐욕을 억제하고 하나님만 의지하여 사는 삶이 중요하다는 사실을 깨닫고 하늘나라에서 누릴 영원한 안식을 소망하기를 바라셨습니다.

2. 희년: 안식년이 일곱 번 반복된 후(49년) 다음 해(50년) 속죄일에(7월 10일) 온 세상의 안식과 구원의 해인 희년을 선포했습니다. 백성들은 49년째(안식년)와 50년째(희년)에는 연달아 안식하게 됩니다. 희년에는 땅과 기업이 원소유자에게 돌아가고 모든 땅은 휴경합니다. 종이 되었던 자들은 자유를 누리고 죄수들은 풀려나며 빚진 자들은 부채를 면제받고 땅의 모든 소산은 모든 사람의 소유가 됩니다. 희년 전까지만 새 주인에게 소유권을 인정함으로써 토지가 투기의 대상이 되지 않도록 하였습니다. 하나님은 희년을 통해 토지의 주인은 하나님이시며 인간은 자신에게 맡겨진 토지로 삶을 영위하는 자에 불과하다는 사실을 깨닫기를 원하셨습니다.

토지나 가옥의 가격은 희년까지 남은 햇수에 따라 결정됩니다. 희년까지 기간이 많이 남아 있으면 토지를 오랫동안 사용할 수 있으므로 토지 가격이 높았습니다. 하나님은 6년째에 다음 해 안식년에 먹을 식량까지 수확하게 하여 충분하게 살 수 있도록 하셨습니다. 희년에는 무려 3년 동안이나 먹을 식량을 거두도록 해 주시겠다고 약속하셨습니다(레25:8-22). 하나님은 희년을 통해 기업을 회복하도록 하셔서 12지파의 균형을 맞추어 주셨으며 과도한 탐욕을 방지하고 이스라엘 공동체가 굳건해지기를 바라셨습니다. 속죄 다음에 자유가 선포되듯 희년은 예수 그리스도의 희생으로 죄로부터 해방과 구원의 기쁨을 상징합니다.

우상숭배 관한 규례

1. 우상숭배 금지: 하나님을 비겨서 금이든 은이든 사람을 위하여 신상을 만들지 말며(출20:23) 다른 신들의 이름은 말하지도 말아야 합니다(출23:13). '나를 비겨서'라는 말은 우상을 새겨서 하나님과 동일시한다는 뜻입니다. 하나님은 자신을 형상으로 만들려는 그 어떤 행위도 엄격하게 금하십니다. 하나님은 인간이 손으로 만든 어떤 형상 속에 구속되는 제한된 존재가 아니십니다.

하나님은 가나안 땅의 주민들을 쫓아내고 언약도 맺지 말라고 하셨습니다(출34:15). 그들은 그들의 신들에게 희생제물을 드리면서 음란하게 숭배했습니다. 하나님은 우상들이나 새긴 형상이나 서 있는 형상이나 돌의 형상을 만들지도 세우지도 절하지도 말라고 하셨습니다(레26:1). 또한 조각한 신상들을 불사르고 신상에 입힌

은이나 금을 탐내지도 취하지도 말며 저주받지 않도록 집에 들이지도 말라고 하셨습니다(신7:25-26).

하나님은 이스라엘 백성들이 가나안 민족의 우상을 완전히 제거하기를 원하셨고 금과 은을 취하려다가 우상까지 보관하는 잘못을 저지르지 않기를 바라셨습니다. 가나안 민족이 우상을 섬겼던 장소가 산이든지 푸른 나무 아래든지 그곳을 완전히 파괴하라고 하셨습니다(신12:2). 이방인들이 신전을 산꼭대기에 세운 까닭은 그곳에 신이 임재한다고 생각했기 때문입니다. 푸른 나무는 가지가 무성하고 잎이 많으며 수령이 오래된 고목을 말하는데 이런 나무들을 신성시하여 우상숭배 장소로 이용하였습니다.

2. **주술 금지:** 점을 치며 술법을 행하는 행위를 하면 안 됩니다(레19:26). 혼백을 불러내는 자와 점을 치는 자에게 가서 자신을 더럽혀서도 안 됩니다(레19:31). 점치는 자, 때를 살피는 자, 무당, 마술사들에게 물어보거나 그들을 용납해서는 안 됩니다(신18:10-11). 하나님께서 명령하지도 않았는데 하나님의 이름으로 말하거나 다른 신들의 이름으로 말하는 거짓 예언자는 반드시 죽여야 합니다. 그 사람이 거짓 예언자인지 아닌지는 그런 일이 일어나는지 안 일어나는지를 보면 됩니다(신18:20-22).

왕에 관한 규례

1. **하나님이 선택한 왕을 세울 것:** 하나님은 이스라엘 백성들이 가나안 땅을 정복한 후에 왕을 세워야겠다는 생각이 든다면 반드시 하나님께서 택하신 사람을 왕으로 세워야 하며 그 왕은 이스라엘 사람 중에서 세워야 한다고 하셨습니다. 왕이 이방 풍습과 우상 숭배로부터 이스라엘을 보호하려면 이스라엘 백성이면서 하나님의 선택을 받은 사람이어야만 합니다.
2. **하나님만 의지할 것:** 하나님께서는 왕은 병마를 많이 두지 말며 병마를 많이 얻으려고 백성을 이집트로 보내면 안 된다고 하셨습니다. 왕에게 말을 많이 두지 못하도록 하신 까닭은 하나님보다 군대를 더 의지하지 않도록 하기 위해서이고, 이집트로 가지 못하도록 하신 까닭은 이집트의 이방 풍습을 받아들이지 않도록 하기 위해서입니다.

3. **아내를 많이 두지 말고 세금을 가볍게 할 것**: 하나님께서는 왕은 마음이 미혹되지 않도록 아내를 많이 두면 안 되며 은금을 많이 쌓아서도 안 된다고 하셨습니다. 아내를 많이 두지 말라고 하신 까닭은 정략결혼을 하면 첩이 우상을 가져오므로 우상 숭배가 만연해지기 때문입니다. 은금을 많이 두지 말라는 말은 왕이 재산 축적하려고 백성들에게 세금을 과도하게 부과하지 말라는 뜻입니다.

4. **하나님의 계명을 지킬 것**: 하나님께서는 왕은 율법서 사본을 자기 옆에 두고 평생 그것을 읽어 하나님을 두려워해야 한다는 사실을 배워야 하며 율법의 모든 말씀과 규례들을 지켜 행해야 한다고 하시며 그렇게 하면 왕의 마음이 이스라엘 형제들보다 교만해지지 않고 하나님의 계명에서 떠나지 않으므로 그와 그의 자손이 왕위에 있는 날이 길어진다고 말씀하셨습니다(신17:14-20).

솔로몬은 말년에 이 모든 규례를 지키지 않았습니다. 왕은 하나님의 통치 대리자일 뿐입니다. 왕은 하나님께서 주신 율법에 따라 백성들을 통치해야 하며 철저하게 하나님만 의지하여 나라를 다스려야 합니다.

전쟁에 관한 규례

하나님은 가나안 족속들을 살려두지 말고 완전히 멸하라고 하셨습니다. 그러나 가나안 족속이 아닌 가나안 땅 밖에 있는 어떤 성읍과 전쟁을 하려고 할 때 먼저 그 성읍에 화평을 선언하라고 하셨습니다. 그러나 그 성읍이 화평을 거부하여 전쟁할 수밖에 없는 경우 그곳의 모든 남자는 죽이되 여자와 어린아이, 가축과 모든 탈취물은 가져도 좋다고 하셨습니다(신20:10-17).

하나님이 가나안 족속을 진멸하라고 하신 까닭은 그들이 이스라엘 백성에게 그들의 신들에게 행했던 가증한 짓을 가르치지 못하도록 하기 위해서입니다(신20:18). 가나안 족속이 아닌 다른 성읍과 전쟁을 치를 때는 반드시 화친을 제의하여 피를 흘리지 않고 항복을 받아내라고 하셨습니다. 항복한 성읍은 이스라엘에 매년 일정한 공물을 바쳐야 하며 이스라엘도 화친한 성읍이 침입을 당할 때 도와주어야 합니다. 만약 그 성읍이 화친을 거절하여 불가피하게 전쟁한다면 남자는 다 죽여야 합니다. 그러나 그 외에 모든 것들은 취할 수 있고 처분할 수도 있습니다. 어떻게 보면 잔인하다고 느길 수 있겠지만 하나님께서 구원의 모형을 보여 주셨습니다. 복음을 받아들이면 하나님의 자녀로서 보호받으나 복음을 거절하면 결국 심판을 받아 지옥에 간다는 사실을 알려 주셨습니다.

이방민족에 관한 규례

1. **가나안 민족**: 하나님은 이스라엘 백성에게 가나안 땅의 아모리, 헷, 브리스, 가나안, 히위, 여부스 족속을 끊어 버리겠다고 말씀하셨습니다(출23:23). 또한 그들을 쳐부수고 완전히 진멸시키며 그들과 어떤 언약도 하지 말고 자비도 보이지 말며 자식들이 다른 신을 섬기지 않도록 혼인도 하지 말라고 명령하셨습니다(신7:1-4).

   하나님이 가나안 족속을 진멸하라고 하신 까닭은 가나안의 죄악을 끊어버려서 이스라엘 백성들이 그들의 풍습을 좇아 행동하지 않고(레20:23) 신앙의 순수함을 보존하기를 바라셨기 때문입니다. 또 그들이 극심한 죄악의 상태에 있었기 때문에 이스라엘이 그들의 악한 영향을 받지 않으려면 그들을 진멸하는 방법밖에 없습니다. 그러나 그들 중 라합처럼 회개하고 돌이켜 이스라엘 백성이 되겠다고 하면 죽이지 않고 받아들였습니다(히11:31). 그리고 정략결혼은 우상 숭배에 쉽게 전염되는 통로이므로 하지 말라고 하셨습니다(왕상11:1-2).

2. **암몬, 모압**: 하나님은 암몬과 모압인은 여호와의 총회에 들어가지 못한다고 하셨습니다. 이스라엘이 이집트에서 나왔을 때 먹을 것과 마실 것을 주지 않았을 뿐만 아니라 오히려 발람에게 뇌물을 주어 이스라엘을 저주하려고 했기 때문입니다(신23:3-6). 여호와의 총회는 이스라엘에서 시행하는 모든 공적인 종교 집회를 말하는데 여호와의 총회에 들어간다는 말은 하나님의 택한 백성이 된다는 뜻입니다. 암몬과 모압은 이스라엘을 친족 국가로서 대하지 않았으므로 하나님께 책망을 받았습니다.

3. **에돔, 이집트**: 하나님은 에돔과 이집트 사람을 미워하지 말라고 하시면서 그들은 3대째에 여호와의 총회에 들어갈 수 있다고 하셨습니다(신23:7-8). 에돔은 이스라엘에 피해를 주었지만 형제국가입니다. 이집트도 이스라엘을 노예로 부리긴 했으나 요셉이 총리였을 때 기근으로 어려움을 겪고 있던 이스라엘을 받아 주어 생명을 구해 주었습니다. 그러나 그들이 우상 숭배의 잔재를 버리고 하나님의 백성이 되려면 최소

한 3대의 기간이 지나야 했습니다.

4. 아말렉: 하나님은 아말렉을 완전히 멸망시키라고 명령하셨습니다. 이스라엘이 이집트를 탈출하여 르비딤에 이르렀을 때 아말렉은 아주 야비한 행동을 하였습니다. 이스라엘이 강하게 맞설 때는 피하다가 힘이 없어 지쳐 있을 때 약한 사람들이 있는 후미를 기습 공격하였습니다. 아말렉은 하나님께서 가장 싫어하시는 야비한 행동들을 일삼았으므로 가나안 족속은 아니었으나 멸망할 족속으로 지목받았습니다. 바벨론 포로 시대 아말렉 자손 하만이 이스라엘을 멸족시키려 했으나 오히려 하나님께서 에스더와 모르드개를 통해 아말렉을 진멸하셨습니다.

하나님과 관계에 대한 규례

1. 거룩하신 하나님: 하나님은 자신의 거룩한 이름을 욕되게 하지 말라고 하시면서 자신은 이스라엘 자손 가운데 거룩하게 된다고 말씀하셨습니다. 하나님은 이스라엘의 하나님이 되시고 이스라엘 자손을 거룩하게 하시려고 그들을 이집트 땅에서 데리고 나오셨습니다(레22:31-33). 하나님은 이스라엘 백성을 속박하려고 이집트에서 데리고 나오시지 않으셨습니다. 자기 백성으로 삼아 거룩하게 하여 복을 주시려고 데리고 나오셨습니다. 하나님의 자녀가 된 우리도 하나님의 거룩한 이름을 욕되게 하지 않으려면 하나님의 말씀에 순종해야 합니다. 하나님께서 우리를 죄 가운데서 구원하여 자녀 삼아주신 까닭은 우리를 거룩하게 하여 우리에게 상속해 주시고 하나님 뜻대로 세상을 다스리도록 하여 하나님께서 영광을 받으시길 원하시기 때문입니다.

2. 하나님과의 약속: 하나님은 서원을 안 했다고 해서 죄가 되지는 않는다고 말씀하셨습니다. 제사장들이 백성에게 서원을 강요하여 백성을 착취하지 못하도록 이 말씀을 하셨습니다. 하나님은 자발적으로 드리는 마음을 원하십니다. 그러나 서원을 하지 않았다면 몰라도 이미 서원을 했다면 게을리하지 말고 지켜야 합니다. 이를 어기면 하나님에 대한 불신앙입니다. 하나님과의 약속을 소홀히 하는 행위는 하나님을 경홀히 여기는 마음에서 나옵니다(신23:21-23).

3. 하나님을 경외함: 하나님을 두려워해야 하며 하나님을 섬기고 하나님께 의지하며(친근해지며) 하나님의 이름으로 맹세해야 합니다(신10:20). 우리는 하나님을 대할 때 가장 먼저 하나님을 경외하는 마음을 가져야 합니다. 경외는 두려워하는 마음으로 존

경하고 절대적으로 신뢰하는 태도입니다. 하나님을 경외하면 하나님과 친근해지고 서로 신뢰하며 하나님의 이름으로 맹세해도 그것을 지킬 수 있는 신실한 사람이 됩니다. 하나님을 경외하지 않는 사람이 하나님의 이름으로 맹세를 한다면 그 맹세를 지키기 힘듭니다. 하나님은 자신의 이름으로 무조건 맹세하지 말라고 말씀하지 않으셨습니다. 거짓 맹세를 하지 말라고 말씀하셨습니다(레19:12).

4. 하나님을 사랑함: 하나님은 한 분 주시니 마음을 다하고 혼을 다하고 힘을 다하여 하나님을 사랑해야 합니다(신6:4-5). 하나님은 많은 신 중 하나가 아니십니다. 유일하신 분입니다. 마음을 다하라는 말은 억지로 하지 말고 전인격적으로 섬기라는 뜻입니다. 혼을 다하라는 말은 혼이 생명이므로 생명을 바치듯이 섬기라는 뜻입니다. 힘을 다하라는 말은 열정적으로 온 힘을 다해 섬기라는 뜻입니다. 하나님을 사랑한다는 의미는 전인격적으로 생명을 다해 열정적으로 온 힘을 다해 하나님께만 집중하는 것입니다.

5. 하나님을 신뢰함: 이스라엘이 르비딤에서 했던 행동처럼 하나님을 시험해서는 안 됩니다(신6:16). 하나님을 시험한다는 말은 삶에 문제가 닥쳤을 때 그분의 전능하심을 의심한다는 뜻입니다. 이스라엘은 광야에서 물을 구할 수 없자 하나님의 전능하심을 의심했습니다(출17:1-7). 하나님을 전적으로 신뢰해야 합니다.

생각해 보세요

1. 율법으로는 구원받지 못하나 율법은 우리에게 어떤 역할을 하나요? (롬3:20)

2. 속죄제는 어떤 경우에 드리는 제사인가요? (레4:13-14)

3. 유월절은 어떤 사건을 기념하는 절기인가요? (출12:3-11)

4. 구약 시대 오순절을 지금은 성령강림절로 지키는 까닭은 무엇인가요? (행2:1-4)

5. 하나님께서 정한 생물과 부정한 생물을 구분하신 까닭은 무엇인가요? (레11:44-45)

6. 문둥병자가 사람들을 떠나 진 밖에서 생활해야 하는 까닭은 무엇인가요?

7. 하나님께서 동물의 피를 먹는 행위를 금하신 까닭은 무엇인가요? (신12:23)

8. 나실인은 누구를 말하며 나실인은 무엇을 하지 말아야 하나요? (민6:1-8)

9. 하나님께서 가축의 십일조를 무작위로 선택하신 까닭은 무엇인가요? (레27:32-33)

10. 형사취수제도의 목적은 무엇인가요? (신25:5-10)

11. 하나님께서 도피성을 만들라고 하신 까닭은 무엇인가요? (민35:9-15)

12. 구약 시대 이스라엘에서 어떤 경우에 종이 되나요? (레25:39, 출22:3)

13. 하나님이 안식년과 희년을 정하신 까닭은 무엇인가요?

14. 하나님께서 가나안 족속을 진멸하라고 하신 까닭은 무엇인가요? (레20:23)

5 · 예수님의 비유

누룩의 비유

비유 내용

예수님은 제자들에게 바리새인들과 사두개인들의 누룩을 조심하라고 말씀하셨습니다(마16:6). 바울은 고린도 교회를 향하여 묵은 누룩을 떼어버려야 하며 묵은 누룩이나 악하고 가증한 누룩으로 유월절을 지키지 말라고 충고하였습니다(고전5:6~8). 또한 바울은 적은 누룩이 온 반죽을 부풀게 한다고 말했습니다(갈5:9).

비유 해석

> 누룩 : **거짓 교리, 형식주의 ,외식주의, 세속주의, 음행, 이단, 탐욕, 우상숭배**

예수님의 제자들은 누룩이 바리새인들과 사두개인들의 잘못된 교리를 가리킨다는 사실을 깨달았습니다(마16:12). 바리새인들과 사두개인들은 하나님을 잘 알지 못했으므로 형식에만 치중하였고 겉으로만 하나님을 섬겼습니다(눅12:1).

바울이 말한 묵은 누룩은 고린도 교인 중에 음행하는 사람을 말합니다. 악하고 가증한 누룩은 탐욕이나 약탈, 우상숭배 등의 죄를 말합니다. 바울이 말한 적은 누룩은 율법주의, 거짓 교리, 이단 등을 말합니다. 바울은 이방인 신자들에게 할례를 강요하는 율법주의자들을 책망하면서 오직 그리스도를 구주로 영접해야 구원을 받는다고 가르쳐 주었습니다.

이처럼 신약성경에서 누룩은 거짓 교리나 형식주의, 외식주의, 세속주의, 음행, 이단, 탐욕, 우상숭배 등을 비유합니다.

씨 뿌리는 자의 비유

비유 내용

씨 뿌리는 자가 씨를 뿌렸는데 어떤 씨는 길가에 떨어져서 새들이 와서 먹어 버렸습니다. 어떤 씨는 흙이 많지 않은 돌밭에 떨어져서 싹은 나왔으나 해가 솟아오르자 시들고 뿌리가 없어 말라 버렸습니다. 어떤 씨는 가시나무 떨기 사이에 떨어져서 가시나무 떨기에 막혀 자라지 못하였습니다. 그러나 어떤 씨는 좋은 땅에 떨어져서 어떤 것은 100배, 어떤 것은 60배, 어떤 것은 30배의 열매를 맺었습니다(마13:18-23).

비유 해석

> 길가: **말씀을 듣지도 깨닫지도 않으려는 마음**
> 돌밭: **환난이나 박해를 견디지 못하는 마음**
> 가시나무: **염려가 많고 재물에 미혹되는 마음**
> 좋은 땅: **말씀을 듣고 깨달으려는 마음**

예수님께서 이 비유를 직접 풀어주셨습니다. 길가에 씨가 뿌려졌다는 말은 누구든지 천국의 말씀을 듣고도 깨닫지 못하면 악한 자가 와서 그 사람의 마음에 뿌려 놓은 말씀을 빼앗아 간다는 뜻입니다.

돌밭에 씨가 뿌려졌다는 말은 그 말씀을 듣고 즉시 기쁨으로 받았으나 그 사람 안에 뿌리가 없으므로 잠시 견디다가 환난이나 박해가 닥쳐오면 즉시 실족한다는 뜻입니다.

가시나무 떨기 사이에 씨가 뿌려졌다는 말은 말씀을 듣기는 하나 세상 염려와 재물의 미혹이 말씀을 억눌러 열매를 맺지 못한다는 뜻입니다.

좋은 땅에 씨가 뿌려졌다는 말은 그 말씀을 듣고 깨달아 열매를 맺는다는 뜻입니다. 좋은 땅에 씨가 뿌려진 사람 중에 어떤 사람은 100배로, 어떤 사람은 60배로, 어떤 사람은 30배로 열매를 맺습니다.

좁은 문의 비유

비유 내용

어떤 사람이 예수님께 앞으로 구원받는 사람의 수가 많을지 아니면 적을지 물었습니다. 예수님은 좁은 문에 들어가도록 힘쓰라고 하시면서 많은 사람이 그 문에 들어가려고 하지만 집주인이 문을 닫으면 열어달라고 해도 열어주지 않는다고 말씀하셨습니다.

그들이 집주인에게 우리가 주 앞에서 먹고 마셨으며 주께서도 우리를 가르치셨다고 하소연할지라도 집주인은 그들이 어디서 온 자들인지 모른다고 하면서 오히려 범법자 취급하여 떠나라고까지 말한다고 하셨습니다. 예수님은 나중 된 사람이 먼저 되고, 먼저 된 사람 중에 나중 될 사람이 있다고 가르쳐 주셨습니다(눅13:22-30).

비유 해석

> 좁은 문, 집주인 : **예수님**
> 문을 열어달라고 간청하는 사람 : **유대인**
> 먼저 되었으나 나중 되는 사람 : **유대인**
> 나중 되었으나 먼저 되는 사람 : **예수님을 영접한 이방인**

좁은 문은 경건하고 도덕적인 삶을 말하는 것이 아니라 예수님을 말합니다. 예수님은 자신이 문이며 누구든지 나를 통해서 들어가야만 구원을 받는다고 말씀하셨습니다(요10:9). 집주인은 예수님이며 집주인에게 문을 열어달라고 간청하는 사람은 유대인입니다. 당시 유대인 중에는 예수님과 함께 먹고 마신 사람도 많았으며 그분의 가르침을 직접 들은 사람도 많았으나 대부분 예수님을 구주로 영접하지 않았습니다. 불법은 비도덕적인 행위가 아니라 예수님을 구주로 영접하지 않는 불순종을 말합니다.

예수님은 나와 함께 먹고 마시며 나의 가르침을 들었다고 해서 구원받는 것이 아니라 나를 진심으로 구주로 영접해야 구원받는다는 사실을 유대인들에게 가르쳐주셨습니다. 먼저 된 사람으로 나중 되는 사람은 유대인을 말하며, 나중 된 사람으로 먼저 될 사람은 예수님을 구주로 영접한 이방인을 말합니다.

잃어버린 양의 비유

비유 내용

바리새인과 서기관들은 예수님이 죄인을 영접하고 죄인과 함께 음식을 먹는다고 불평하였습니다. 예수님은 그들에게 잃어버린 양의 비유를 말씀해 주셨습니다.

예수님은 만약 양 100마리 중 한 마리를 잃는다면 누구라도 99마리를 광야에 두고 잃어버린 양을 찾는다고 하셨습니다. 그 양을 찾으면 어깨에 메고 기뻐한다고 하시면서, 이처럼 하늘에서도 회개할 필요 없는 99명의 의인보다 한 사람의 죄인을 더 기뻐한다고 말씀하셨습니다(눅15:1-7).

비유 해석

> 목자 : **예수님** 양 : **이스라엘 백성**
> 잃어버린 양 : **세리나 창녀 같은 죄인**
> 양 99마리 : **바리새인이나 서기관 같은 종교 지도자**

양을 찾는 목자는 예수님입니다(요10:11). 양들은 이스라엘 백성들을 말합니다(마10:6). 그중 잃어버린 양은 세리나 죄인을 말하고, 양 99마리는 바리새인과 서기관들을 말합니다. 바리새인과 서기관들을 회개할 필요가 없는 99명의 의인이라고 말씀하신 까닭은 그들이 정말 의인이라서가 아니라 그들이 자신들을 의인이라고 생각하고 있었으므로 예수님께서 역설적으로 말씀하신 것입니다.

목자가 양을 잃어버린 것이 아니라 양이 목자를 떠났습니다. 목자는 스스로 떠난 양을 안타깝게 여기시며 찾으셨고 양을 찾은 목자는 자기 어깨에 메고 기뻐하며 집에 돌아왔습니다. 광야에 남아 있던 99마리의 양은 목자의 어깨에 올라가 있는 양을 보며 시기와 분노를 느꼈습니다. 목자를 떠난 양보다도 못한 대접을 받고 있다고 생각했기 때문입니다. 예수님은 비유를 통해 사랑이 없고 교만한 바리새인과 서기관들을 책망하셨습니다.

잃어버린 아들의 비유

비유 내용

예수님은 바리새인과 서기관들에게 잃어버린 아들의 비유를 해 주셨습니다. 아버지에게 두 아들이 있는데 작은아들이 자신의 몫을 요구하여 받은 후, 먼 나라로 가서 방탕하게 생활하면서 재산을 모두 탕진하였습니다. 그는 아버지께 자기가 죄를 지었다고 고백하고 아버지의 품꾼이라도 되려고 아버지 집으로 향했습니다.

아버지가 멀리서 작은아들을 보고 가엾게 여겨 달려가 목을 안고 입을 맞춘 후 살진 송아지를 잡아서 먹고 즐기도록 하였습니다. 그때 큰아들이 들에서 돌아와서 재산을 탕진한 동생에게는 살진 송아지를 잡아주면서 자기에게는 그렇게 한 일이 없었다며 화를 내었습니다. 아버지는 큰아들에게 동생이 죽었다가 다시 살아났고 잃어버렸다가 찾았으므로 기뻐하는 것은 당연하다고 말하였습니다(눅15:11-32).

비유 해석

아버지 : **하나님**
큰아들 : **바리새인이나 서기관 같은 종교 지도자**
작은아들 : **세리나 창녀 같은 죄인**

비유에서 아버지는 하나님이십니다. 큰아들은 바리새인과 서기관들이며 작은아들은 세리나 창녀 같은 죄인을 말합니다.

작은아들은 아버지 없이 자기 뜻대로 살고자 했으나 실패하였습니다. 그는 아버지 안에 있어야 풍족하게 살 수 있다는 사실을 깨닫고 아버지께 죄를 죄었다고 고백하였습니다. 이렇게 구원은 자기가 죄인이라는 사실과 스스로는 죄의 문제를 해결할 수 없다는 사실을 깨닫고 예수님을 마음으로 영접해야 얻을 수 있습니다. 무엇보다도 이 과정에서 세리나 죄인처럼 죄로부터 돌아서서 하나님께로 향해야 합니다. 큰아들은 자신도 같은 죄인이라는 사실을 모른 채 스스로 의롭다고 생각하고 다른 사람만 정죄했습니다.

두 아들의 비유

비유 내용

예수님은 제사장들과 서기관들과 장로들에게 두 아들의 비유를 말씀해 주셨습니다. 어떤 사람이 두 아들에게 포도원에 가서 일하라고 지시했습니다. 첫째는 처음에는 안 가겠다고 말했다가 나중에 뉘우치고 갔습니다. 둘째는 가겠다고 말했지만 가지 않았습니다. 예수님은 그들에게 어떤 아들이 아버지의 뜻을 행했느냐고 물었습니다. 제사장들과 서기관들과 장로들이 첫째 아들이라고 대답했습니다. 그러자 예수님은 세리들과 창녀들이 너희보다 먼저 하나님 나라에 간다고 말씀하셨습니다(마21:28-32).

비유 해석

> **첫째 아들 : 세리나 창녀 같은 죄인**
> **둘째 아들 : 제사장, 서기관, 바리새인, 장로 같은 종교 지도자**

첫째 아들은 세리나 창녀들을 가리킵니다. 그들은 율법으로 볼 때 죄인이었으나 세례 요한의 말을 듣고 자신의 죄를 회개한 뒤 하나님의 뜻을 따랐습니다. 둘째 아들은 제사장, 서기관, 바리새인, 장로 같은 종교 지도자들입니다. 그들은 겉으로는 율법을 지키고 순종하는 척했지만 실제로는 하나님의 뜻대로 행하지 않았습니다.

예수님은 이 비유를 통해 요한이 의의 길로 왔을 때 세리나 창녀는 요한을 믿었으나 제사장들과 서기관들과 장로들은 믿지 않았을 뿐만 아니라 보고서도 뉘우치지 않았다고 책망하셨습니다.

불의한 청지기 비유

비유 내용

예수님은 제자들에게 불의한 청지기 비유를 해 주셨는데 탐욕스러운 바리새인들도 이 비유를 같이 들었습니다.

어떤 부자가 자신의 청지기가 재산을 낭비한다는 소문을 듣고 청지기에게 그 직분을 정리하고 그만두라고 말하였습니다. 청지기는 어떻게 살아야 할지 막막하여 한 가지 꾀를 냈습니다. 그는 주인에게 빚진 사람을 모두 부른 후 기름 일백 말을 빚진 사람에게는 증서에 오십으로, 밀 일백 말을 빚진 사람에게는 팔십으로 쓰도록 했습니다. 그러나 주인은 오히려 불의한 청지기가 일을 현명하게 처리했다고 칭찬하였습니다(눅 16:1-13).

비유 해석

> **청지기 : 재물을 지혜롭게 사용하는 세상 사람**
> **주인이 청지기를 칭찬한 점 : 자기 미래를 위해 재물을 지혜롭게 사용함**

예수님은 하나님의 자녀들은 세상 사람들보다 재물을 더 지혜롭게 사용해야 한다는 교훈을 주려고 이 비유를 해 주셨습니다(눅16:13). 주인은 청지기를 칭찬한 것이 아닙니다. 주인은 청지기를 여전히 불의하다고 여깁니다(눅16:8). 그렇다고 청지기가 주인의 빚을 마음대로 바꾼 행위를 칭찬한 것도 아닙니다. 그 행동 자체는 분명 주인을 속인 정직하지 못한 행동이었습니다. 주인이 칭찬한 것은 일을 처리한 청지기의 지혜입니다(눅16:8). 청지기는 얼마 남지 않은 자기 권한을 청지기 일을 그만둔 후에 자신을 돌봐 줄 사람들을 위해 사용하였습니다(눅16:4). 이 비유는 탐욕스러운 바리새인들에게 하신 말씀입니다(눅16:14). 그들은 경건한 체했지만 자기 재물을 내놓는 데 인색하였습니다. 우리 그리스도인은 하늘나라의 영광을 위해 재물을 지혜롭게 사용해야 합니다.

한밤중에 찾아온 친구의 비유

비유 내용

예수님은 제자들에게 주기도문을 가르치신 후 곤궁한 처지에 놓인 친구의 비유를 말씀해 주셨습니다. 어떤 사람에게 친구가 있는데 한밤중에 와서 빵 세 덩어리를 빌려달라고 하였습니다. 왜냐하면 손님이 여행 중에 찾아왔는데 그를 대접할 음식이 없었기 때문입니다. 예수님은 단지 친구라고 해서 한밤중에 일어나 빵을 주지는 않는다고 하시면서 그러나 끈질기게 간청하면 일어나서 필요한 만큼 그에게 준다고 말씀하셨습니다.

그 말씀을 하시고 구하는 자마다 받으며, 찾는 자는 찾으며, 문을 두드리면 열린다고 하셨습니다. 그리고 어떤 아버지가 아들이 빵을 달라는데 돌을 주며, 생선을 달라는데 뱀을 주겠느냐고 하시며 너희가 악할지라도 자녀에게는 좋은 선물을 주는데 하늘에 계신 아버지께서 구하는 자들에게 성령을 주시지 않겠느냐고 말씀하셨습니다(눅 11:5-13).

비유 해석

> 비유 주제 ≠ **끈질기게 기도하면 들어 주신다.**
> 비유 주제 = **성령을 사모하여 성령을 받아라.**

이 비유는 어떤 기도든지 하나님께 떼쓰고 간청하면 하나님이 들어주신다는 뜻이 아닙니다. 예수님은 제자들에게 성령을 받아야 한다고 말씀하시려고 이 비유를 하셨습니다. 한밤중에 친구 집의 문을 두드릴 정도로 간절하게 성령님을 사모하라고 말씀하셨습니다. 예수님은 곧 이 세상을 떠나십니다. 제자들은 성령님에 의지하여 믿음을 굳게 세우고 복음을 전파해야 합니다. 그래서 성령님이 빨리 오셔야 합니다. 실제로 예수님이 부활하시고 처음 맞은 오순절에 성령님이 불의 혀처럼 각 사람에게 오셨습니다.

선한 사마리아인의 비유

비유 내용

한 율법사가 예수님을 시험하려고 어떻게 해야 영생을 얻는지 질문했습니다. 예수님은 그에게 율법에 무엇이라고 기록되어 있는지 반문하셨습니다. 그는 마음과 목숨과 힘과 뜻을 다해 하나님을 사랑하고 이웃을 자신처럼 사랑해야 한다고 대답했습니다.

예수님은 그에게 강도 만난 사람의 이야기를 해 주셨습니다. 어떤 사람이 예루살렘에서 여리고로 가는 도중에 강도를 만났습니다. 강도는 그의 옷을 벗기고 때려 사람을 거의 죽게 만든 뒤 버리고 갔습니다. 그때 제사장이 그 길로 내려가다가 그를 보았지만 피하여 지나갔습니다. 레위인도 역시 피하여 지나갔습니다. 그러나 사마리아 사람은 그를 보고 불쌍히 여겨 치료해 주었을 뿐만 아니라 자기 짐승에 태워 여관으로 데려가서 여관 주인에게 돈을 주며 돌봐 달라고 부탁까지 하였습니다(눅10:25-35).

비유 해석

> 강도 만난 사람의 이웃 ≠ **제사장, 레위인**
>
> 강도 만난 사람의 이웃 = **사마리아인**
>
> 비유 주제 : **이웃을 선택하려고 하지 말고 도움이 필요한 사람에게 가서 이웃이 되어 주어야 한다.**

제사장과 레위인은 강도 만난 사람을 부정한 사람으로만 여겼습니다. 그가 이웃이라는 생각조차 하지 않았습니다. 율법사는 누가 나의 이웃이냐고 물었으나 예수님은 누가 강도 만난 사람의 이웃이냐고 반문하셨습니다(눅10:36). 율법사는 강도 만난 사람은 절대 자기 이웃이 아니라고 생각했습니다. 그는 자기 수준에 맞고 자기가 선택한 사람만이 이웃이라고 착각했습니다. 제사장과 레위인도 율법사와 같은 생각이었습니다. 예수님은 이웃을 가리는 행위는 계명을 지키는 자세가 아니며, 도움이 필요한 사람에게 가서 이웃이 되어 주는 것이 하나님의 계명을 지키는 것이라고 가르쳐 주셨습니다(눅10:37).

포도원 농부 비유

비유 내용

예수님은 성전에서 제사장, 서기관, 장로들과 예수님의 권위에 대해 논쟁을 하신 후에 사람들에게 포도원 농부 비유를 해 주셨습니다.

어떤 사람이 포도원을 만들었는데 그 포도원을 농부들에게 세를 주고 먼 나라에 가서 오랫동안 머물렀습니다. 때가 이르러 농부들에게서 포도원 소출을 받아 오라고 종을 계속 보냈습니다. 그러나 농부들은 그 종을 때리고 모욕을 주어 빈손으로 쫓아냈습니다. 포도원 주인은 자기 아들을 보내면 농부들이 존중할 것이라고 생각하여 아들을 보냈으나, 도리어 농부들은 아들을 죽이면 유산이 자기들 차지가 된다고 생각하고 서로 의논한 뒤 아들을 포도원 밖으로 내쫓아 죽였습니다(눅20:9-15).

비유 해석

포도원 : **이스라엘**

포도나무: **유대인**

농부 : **이스라엘 지도자**

먼 나라 : **하늘나라**

포도원 주인 : **하나님**

주인의 아들 : **예수님**

농부에게 세를 주다 : **이스라엘 지도자들에게 임시로 맡기다.**

주인이 보낸 종 : **대언자**

포도원은 이스라엘이며 포도나무는 유대인입니다(사5:7). 농부들은 제사장, 서기관 같은 이스라엘 지도자입니다. 세를 주었다는 말은 메시아가 올 때까지 임시로 맡겼다는 뜻입니다. 먼 나라는 하늘나라입니다. 주인이 보낸 종은 대언자를 말합니다. 종에게 받아 오라고 한 포도원 소출은 이스라엘이 선민으로서 맺어야 할 열매입니다(사5:2). 포도원 주인의 아들은 예수님입니다.

이스라엘 지도자들은 하나님이 보내신 대언자의 말을 믿지 않았고 그들을 괴롭히고, 내쫓고, 죽이기까지 하였습니다. 나중에는 하나님의 아들인 예수님이 자신들의 권위를 위협한다고 판단하여 죽였습니다. 포도원을 다른 사람에게 주겠다는 말은 유대인들 대신 예수님을 믿는 이방인을 선택하여 거룩한 민족으로 삼겠다는 뜻입니다(벧전2:9).

열 므나의 비유

비유 내용

어떤 귀인이 왕위를 받아 오려고 먼 나라로 가기 전에 10명의 종을 불러서 한 므나씩 나누어 주며 내가 올 때까지 장사하라고 지시하였습니다. 귀인이 먼 나라로 떠나자 백성들이 그를 미워하여 귀인이 자기들을 통치하기를 원하지 않았습니다.

귀인이 왕위를 받아서 돌아와서 종들이 얼마나 벌었는지 확인하였습니다. 첫 번째 종은 한 므나로 열 므나를 벌었습니다. 주인은 그 종에게 열 성읍을 다스리는 권세를 주었습니다. 두 번째 종은 한 므나로 다섯 므나를 벌었고 다섯 고을을 다스리는 권세를 받았습니다. 마지막 종은 한 므나를 그대로 주인에게 주었습니다. 주인은 그를 악한 종이라고 하면서 은행에 맡겨 이자라도 받았어야 했다고 책망하였습니다. 주인은 한 므나를 빼어 열 므나 가진 종에게 주었습니다(눅19:12-26).

비유 해석

귀인 : **예수님**　　백성: **유대인**
종 : **그리스도인**　　므나 : **복음**
장사하다 : **복음을 전하다**
귀인이 돌아오는 때 : **예수님의 재림**
종이 주인에게 받은 성읍 : **천국에서 받을 상급**

귀인은 예수님입니다. 백성들은 유대인을 말합니다. 유대인들은 예수님이 자기들을 통치하기를 원하지 않았습니다. 종은 이방인 그리스도인을 말합니다. 종 10명에게 똑같이 한 므나를 나누어 주었으므로 므나는 은사나 능력이 아니고 복음입니다. 장사를 하라는 말은 복음을 전하라는 뜻입니다. 귀인이 다시 오시는 때는 예수님의 재림을 말합니다. 종들이 주인에게 받은 성읍은 천국에서 받을 상급을 말합니다. 그리스도인은 참 포도나무이신 예수님께 붙어 있는 가지이지만 가지마다 열매는 다르게 맺습니다(요15:2). 어떤 사람은 30배, 어떤 사람은 60배, 어떤 사람은 100배의 열매를 맺습니다(막4:20). 우리가 예수님이 다시 오실 때까지 복음을 얼마나 전했느냐에 따라 상급이 다릅니다.

달란트의 비유

비유 내용

예수님은 천국은 어떤 사람이 타국에 갈 때 종들을 불러 그들에게 자기 재산을 맡기는 것과 같다고 말씀하셨습니다. 주인은 타국에 가면서 능력에 따라 세 사람에게 각각 다섯 달란트, 두 달란트, 한 달란트를 주고 여행을 떠났습니다. 다섯 달란트 받은 사람은 다섯 달란트를, 두 달란트 받은 사람은 두 달란트를 더 벌었습니다. 그러나 한 달란트 받은 사람은 가서 땅을 파고 돈을 숨겨 놓았습니다.

한참 후에 주인이 와서 종들과 계산하였습니다. 다섯 달란트와 두 달란트를 더 번 종들에게는 많은 것을 다스리게 하고 주인의 기쁨에 동참하도록 하였습니다. 그러나 주인은 한 달란트를 받은 종의 돈을 빼앗아 열 달란트 가진 사람에게 주고 그 쓸모없는 종을 흑암에 던지라고 명령하였습니다(마25:14-30).

비유 해석

어떤 사람 : **예수님**
타국 : **하늘나라**
므나 : **복음**
종 : **유대인**
달란트 : **능력, 은사**
장사하다 : **사람을 구원하다**

어떤 사람은 예수님이며 타국은 하늘나라를 말합니다. 종은 유대인을 말합니다(사45:4). 종을 그리스도인으로 해석한다면 그리스도인을 흑암 즉 지옥에 던지는 모순이 생깁니다. 그리스도인은 지옥에 가지 않습니다. 달란트는 능력이나 은사를 말합니다. 장사한다는 말은 사람을 산다는 뜻으로 그 사람을 구원한다는 뜻입니다.

예수님은 공생애 기간에 유대인 제자들에게 많은 능력을 주시고 사람을 구원하도록 부탁하셨습니다. 그중에는 받은 능력만큼 열매를 맺은 제자도 있지만, 예수님을 떠난 제자도 있습니다. 이런 제자가 한 달란트 받은 종인데 그를 흑암에 던졌다는 말은 결국 천국에 들어가지 못했다는 뜻입니다.

불의한 재판관의 비유

비유 내용

어떤 성읍에 하나님을 두려워하지도 않으며 사람도 무시하는 한 재판관이 있었습니다. 그 성읍에 한 과부가 있었는데 그 여인이 재판관을 찾아와서 원수에게 당한 원한을 갚아 달라고 요청했습니다. 그 재판관은 처음에는 그녀의 요청을 들어주지 않았으나 과부가 계속 와서 자기를 귀찮게 하므로 그녀의 원한을 갚아주겠다고 생각하였습니다.

예수님은 하나님께서 선택한 사람의 원한을 갚아주시지 않고 오래 참고만 있겠느냐고 하시면서, 하나님은 그들의 원한을 속히 갚아주신다고 말씀하셨습니다(눅18:1-8).

비유 해석

> 비유 주제 ≠ **하나님께 끈질기게 기도하면 들어주신다**
>
> 비유 주제 = **하나님은 선택한 사람의 원한을 갚아주신다**
> **원한 갚는 일은 하나님께 맡겨라**
> **하나님의 심판을 인내하며 기다려라**

불의한 재판관의 비유를 해석할 때, 포기하지 않고 계속 간구하면 하나님께서 들어주신다고 잘못 해석하는 경우가 있습니다. 하나님은 끈질기게 기도한다고 해서 모두 들어주시지 않습니다. 하나님의 뜻에 맞아야 하고 때가 되어야 들어 주십니다.

예수님이 말씀하셨듯이 하나님은 택한 사람들의 원한을 반드시 갚아주십니다. 예수님이 말씀하신 택한 사람은 유대인이 될 수도 있고 그리스도인이 될 수 있습니다. 예수님을 구주로 영접한 후에 우리는 세상 사람과 구별된 삶을 살아야 합니다. 그러다 보면 많은 핍박과 고통이 뒤따릅니다. 하나님께서 우리를 핍박하고 괴롭히는 자들을 내버려 둔다고 생각하면 안 됩니다. 불의한 재판관도 과부의 요청을 들어주는데, 전능하신 하나님께서 자녀의 원한을 보고만 있지 않으십니다. 하나님은 반드시 우리가 당한 핍박을 보상해 주시고 우리의 원한을 갚아주신다는 사실을 믿고 인내해야 합니다.

큰 잔치의 비유

비유 내용

어떤 사람이 큰 잔치를 베풀고 많은 사람을 초대했습니다. 그러나 잔치에 오기로 약속했던 손님들이 하나같이 변명하기 시작합니다. 어떤 사람은 새로 산 밭을 봐야 하므로 올 수 없다고 하고, 다른 사람은 소 열 마리를 샀는데 시험해 보아야 한다고 했습니다.

종이 주인에게 아무도 오지 않는다고 말하자 주인이 화를 내며 빨리 시내와 골목으로 가서 가난한 자, 몸 불편한 자, 소경, 저는 자까지 데려오라고 지시하였습니다. 종이 주인에게 아직도 자리가 남아 있다고 말하자 주인은 대로와 산울타리(산간 마을)로 가서 사람들을 억지로라도 오게 하여 내 집을 채우라고 했습니다(눅14:16-23).

비유 해석

어떤 사람: **예수님**
처음 초대받은 사람: **바리새인이나 서기관 같은 종교 지도자들**
시내와 골목에 있는 가난한 사람, 몸 불편한 사람, 저는 사람:
죄인 취급받던 세리나 창녀 같은 사람들
대로나 산울타리에 사는 사람: **이방인**

예수님은 구약에 오신다고 예언되어 있었고 실제로 오셨으나 유대인들은 예수님의 초대에 응하지 않았습니다. 예수님은 바리새인, 사두개인, 서기관 같은 종교 지도자들에게 복음을 전했으나 그들은 예수님을 영접하지 않았습니다. 오히려 예수님이 안식일을 지키지 않았다고 비방하였고 예수님의 출신을 문제 삼기도 했습니다. 나중에는 예수님이 신성 모독을 했다며 십자가에 못 박아 죽였습니다.

잔치에 처음 초대를 받은 사람은 대제사장, 바리새인, 백성의 장로 같은 지도자들을 말합니다. 시내와 골목에 있는 가난한 자, 몸 불편한 자, 저는 자들은 유대교 지도자들이 죄인 취급하던 세리와 창녀 같은 사람들입니다. 대신 그들이 구원을 받습니다. 하지만 아직도 천국에 자리가 많이 남아 있습니다. 대로나 산울타리로 갔다는 말은 성을 넘었다는 뜻이므로 이제 복음이 이방인에게까지 전해진다는 의미입니다.

6 · 기독교 교리

1 하나님

삼위일체

하나님은 세 분
세 분은 하나 → **본질, 권능, 속성, 위엄, 영광 등이 모두 같다**

삼위일체란 세 분 하나님 즉 성부 하나님, 성자 하나님, 성령 하나님은 본질이 하나라는 뜻입니다. 세 분 하나님은 구별되는 각각의 존재이시지만 그 본질, 권능, 속성, 위엄 영광 등이 모두 같습니다.

세 분은 피조물이 아니시며 모두 창조주로서 스스로 존재하시는 영원하신 분입니다. 예수님은 자신과 성부 하나님은 하나라고 말씀하셨습니다(요10:30). 따라서 예수님을 사랑하는 마음이 곧 성부 하나님을 사랑하는 마음입니다(요일5:1). 세 분은 하나이시므로 서로 배타적이거나 대립적이지 않고 완전히 일치되어 행동하십니다.

세 분은 서로 협력하셔서 인간의 구원을 이루십니다. 성부 하나님이 인간의 구원을 계획하셨다면 성자 하나님은 친히 사람이 되어 십자가에서 희생하셔서 구원을 이루셨습니다. 성령 하나님은 성자 하나님이 이루신 구원을 믿도록 도와주시고 구원받은 사람을 끝까지 책임지고 지켜 주십니다.

하나님이 세 분이시라는 사실은 성경 구절을 통해 알 수 있습니다. 창세기 1장 26절에서 하나님은 우리의 형상대로 우리의 모습을 따라 사람을 만들자고 말씀하셨습니다. 성경에서 하나님을 '엘로힘'으로 부르기도 하였는데 '엘로힘'은 복수형 명사입니다. 하지만 주어가 '엘로힘'일 경우 동사는 복수형이 아니라 항상 단수형 동사를 사용했습니다. 세 분 하나님이 하나이기 때문입니다.

하나님의 속성

1. **하나님은 영이시다**: 하나님은 영이시므로 어떤 사람도 접근할 수 없는 빛 가운데 거하시며 어떤 사람도 보지 못하였고 볼 수도 없습니다(딤전6:16).

2. **하나님은 무한하시다**: 하나님은 권능, 지혜, 선함, 진실, 공의, 공간 등 모든 것에 한계가 없으십니다. 하나님은 특히 모든 공간을 초월해 계시며 공간의 모든 지점에 존재하시는 무소부재하신 분이십니다. 따라서 사람은 주의 영을 벗어나 갈 곳도 피할 곳도 없습니다(시139:7).

3. **하나님은 영원하시다**: 하나님은 시간에 얽매이지 않으시며 시간을 초월하시고 시간을 지배하십니다. 하나님께는 하루가 천년 같고 천년이 하루 같습니다(벧후 3:8). 하나님은 알파와 오메가요 시작과 끝이십니다. 지금도 계시고 전에도 계셨고 앞으로 오실 전능하신 분입니다(계1:8).

4. **하나님은 불변하시다**: 하나님은 존재, 본질, 성품, 의지 등 모든 것이 변하지 않으십니다(약1:17). 왜냐하면 하나님은 영원하고 완전하신 분이시기 때문입니다.

5. **하나님은 전지하시다**: 하나님은 모든 것을 다 아시며 완전한 지혜로 늘 최선의 일을 행하십니다. 하나님은 인간의 마음을 아시고(요21:17), 인간의 과거도 아시며(요4:17-18), 인간의 미래도 아십니다(마26:34).

6. **하나님은 전능하시다**: 하나님의 권능이란 하나님께서 어떤 행위를 하시는 힘 또는 능력을 말합니다. 하나님은 힘이 강하시고(욥9:4) 권능이 지극히 크십니다(욥37:23). 하나님께는 불가능한 일이 전혀 없습니다(눅1:37). 하나님께서는 절대 권능을 가지고 계시지만 권능을 행하실 때는 자신의 작정하신 뜻에 따라 때로는 사람과 함께 질서 있게 행하십니다.

7. **하나님은 주권자시다**: 하나님은 모든 일을 하나님이 의도하신 대로 행하십니다(엡1:11, 시115:3). 하나님은 지혜롭고 거룩하고 의롭고 능력 있게 만물을 보존하시고 주관하시어 만물이 하나님께 영광을 돌리도록 하십니다.

8. **하나님은 사랑이시다**: 하나님은 사랑이십니다. 따라서 사랑하지 않는 사람은 하나님을 알지 못합니다(요일4:8). 하나님은 만물에 보편적인 사랑을 베푸십니다(시145:9).

9. **하나님은 거룩하시다**: 거룩함은 하나님의 본성인 절대적 정결함을 말합니다. 또한 거룩함은 죄악과 부정으로부터 철저히 분리되는 것, 하나님의 소유가 되는 것, 하나님께 접붙이는 것, 자신을 구별하여 하나님께 온전히 드리는 것, 세속과 구별되고 변화되어 정결해지는 것을 의미합니다. 하나님은 우리에게 내가 거룩하니 너희도 거룩하라고 말씀하셨습니다(레11:45).

10. **하나님은 자비로우시다**: 자비는 깊이 사랑하고 가엾게 여기는 마음입니다. 하나님께서 인간에게 베풀어 주시는 자비는 가엾게 여기는 마음뿐만 아니라 모든 환난 가운데서 우리를 위로하시는 것까지 포함합니다(고후1:3-4). 예수님이 지상에서 사역하실 때 가장 자주 드러났던 속성이 자비입니다. 예수님은 병에 걸렸거나 마귀 들린 사람들, 죄인들을 불쌍히 여기셨습니다. 자신에게 다가오는 큰 무리를 보시고 그들을 목자 없는 양처럼 불쌍히 여기시기도 하셨습니다(막6:34).

11. **하나님은 지혜로우시다**: 하나님은 지혜로서 만물을 완벽하게 지으시고 완벽하게 통치하시며 완벽하게 질서를 유지하십니다. 우리는 하나님의 지혜가 무한함을 인정하고 하나님께서 일하실 때 그분 앞에서 우리를 겸손히 낮추어야 합니다. 우리에게는 하나님께서 하시는 일을 완전히 이해할 지혜가 없으므로 하나님을 신뢰하며 모든 것을 하나님께 맡겨야 합니다. 우리에게 지혜가 부족하면 모든 사람에게 아낌없이 주시고 꾸짖지 아니하시는 하나님께 구해야 합니다. 그러면 하나님께서 주십니다(약1:5).

12. **하나님은 공의로우시다**: 하나님은 공의로우신 분이시며 불공평과 불의가 없으시고 사람을 외모로 보지 않으시며 그 사람의 행위에 따라 갚으십니다. 하나님은 공의로우시므로 죄를 미워하시며 죄를 징벌하셔야만 합니다. 왜냐하면 죄로 인해 하나님의 거룩한 본질이 손상되면 안 되기 때문입니다. 하나님은 죄의 문제를 해결하시기 위해 속죄를 요구하십니다. 그리스도께서 모든 인간을 위해 십자가에서 이루신 속죄는 하나님이 공의롭고 자비하신 분이라는 사실을 알려 줍니다.

하나님의 계시

계시란 하나님께서 인간에게 친히 자신을 드러내시는 것을 말합니다. 하나님은 여러 방법으로 자신을 보여 주십니다. 하지만 대부분은 계시를 받아도 그것을 깨닫지 못하고 깨달아도 받아들이지 않습니다. 하나님이 우리에게 계시를 주시는 까닭은 하나님과 하나님의 나라를 사람들에게 알려서 죄악으로 타락하여 심판받아야 할 운명에 처한 인간이 예수님을 믿고 구원받아 영생을 얻기를 바라시기 때문입니다.

일반계시

일반계시는 하나님께서 모든 사람에게 자신을 알리시는 방법입니다. 하나님은 자연을 통하여 자신을 알리십니다. 태양, 지구, 달, 바다, 육지, 동물, 식물 등 자연의 정교한 설계와 움직임을 볼 때 누구나 그것을 창조하신 분이 계심을 알 수 있습니다(롬 1:20). 그러므로 자연을 보면 하나님께서 계시지 않는다고 누구도 변명하지 못합니다. 자연은 자연 그 자체로 생명을 창출해 낼 수 없습니다. 생명을 만들어 내는 능력은 오직 하나님께만 있습니다. 따라서 자연은 숭배의 대상이 아닙니다.

일반계시는 역사를 통해서도 알 수 있습니다. 앗수르, 바벨론, 페르시아, 로마의 흥망성쇠를 보며 이 세상의 주권자가 하나님이라는 사실을 알 수 있습니다. 또한 일반계시는 양심을 통해 하나님께서 심판자라는 사실을 알 수 있습니다. 선한 일을 하면 기쁘고 악한 일을 하면 죄책감이 드는 까닭도 그 때문입니다.

특별계시

일반계시를 통해 하나님의 존재를 알 수 있으나 구원에 이르는 방법은 알 수 없습니다. 그래서 하나님은 인간을 구원하시려고 특별계시를 주셨습니다.

하나님은 꿈과 환상으로 특별계시를 해 주셨습니다. 에스겔과 베드로에게 환상을 보여 주셨으며 요셉에게는 꿈으로 앞으로 일어날 일을 알려 주셨습니다. 기적도 특별계시의 한 방법입니다. 예수님이 행하신 많은 기적은 예수님이 하나님의 아들이시라는 사실을 알려 줍니다. 성부 하나님께서 직접 사람의 모습으로 오신 것도 특별계시입니다. 하나님은 아브라함에게 나타나셨고 시내산에서 모세를 만나주셨습니다. 예수님이 성육신하셔서 이 땅에 직접 오신 것도 특별계시입니다.

하나님은 특별계시가 망각이나 변형이 되지 않도록 문자로 기록하게 하셨는데 이것이 바로 성경입니다. 성경은 세상의 구원이라는 특별한 목적으로 기록된 책이며 유일한 구원자이신 예수님에 대해 집중적으로 계시하고 있습니다.

하나님의 뜻

하나님의 뜻은 성경을 통해서 알 수 있습니다. 성경은 모든 사람에게 보편적인 하나님의 뜻을 알려 줍니다(살전 4:3). 성경을 통해 하나님의 뜻을 몇 가지만 살펴본다면, 우리가 거룩한 삶을 사는 것이 하나님의 뜻입니다. 거룩함이란 하나님을 위해 따로 구별되었다는 의미입니다. 하나님은 우리가 하나님을 사랑하고 이웃을 사랑하기를 바라십니다(마22:37~40). 또한 하나님의 뜻은 어떤 일을 당하든지 하나님께 감사하는 마음입니다(살전 5:18). 어떤 일을 당하든지 하나님께 감사하려면 하나님의 관점에서 우리 환경을 봐야 합니다. 그리고 하나님을 신뢰해야 하며 하나님께서 모든 환경의 주권자라는 사실을 믿어야 합니다.

우리의 자유의지로 우리 스스로 결정하며 책임지는 삶도 하나님의 뜻입니다. 하나님은 우리에게 자유의지를 주셨기 때문에 우리 의견을 존중해 주십니다. 그러나 우리가 어떤 일을 결정할 때 성경을 통해 보여주신 하나님의 뜻에 어긋나면 그것은 하나님의 뜻이 아닙니다. 우리는 하나님 말씀 안에서 스스로 결정하고 행동할 수 있습니다. 성경 말씀에 어긋나지 않는다면 일상생활에서 우리는 마음껏 선택하고 그것을 누릴 수 있습니다.

생각해 봅시다

1. 하나님이 이르시되 (   )의 형상을 따라 (   )의 모양대로 (   )가 사람을 만들고 그들로 바다의 물고기와 하늘의 새와 가축과 온 땅과 땅에 기는 모든 것을 다스리게 하자 하시고(창1:26)

2. 예수님이 세례를 받으실 때 세 분 하나님이 어떤 모습으로 나타나셨나요? (마3:16-17)

3. 하나님은 영이시므로 우리가 하나님께 어떻게 예배를 드려야 하나요? (요4:24)

4. 하나님은 시작도 없고 끝도 없고 순간도 연속도 없는 존재이시므로 모세에게 자신을 어떻게 소개하셨나요? (출3:14)

5. 가룟 유다와 군인들이 예수님을 잡으러 겟세마네 동산에 왔을 때 예수님께서는 내 아버지께 구하여 지금 열두 군단 더 되는 천사를 보내시게 할 수 있다고 말씀하셨습니다(마26:53). 하나님은 전능하시기 때문입니다. 그러나 하나님께서 열두 군단 더 되는 천사를 보낼 수 있는 능력이 있으신데도 그렇게 하지 않으신 까닭은 무엇인가요? (마26:54)

6. 예수님은 우리에게 어떤 방법으로 사랑을 보여 주셨나요? (롬5:8)

7. 일반계시의 방법에는 어떤 것이 있나요?

8. 특별계시의 방법에는 어떤 것이 있나요?

9. 성경을 통해 알 수 있는 하나님의 뜻에는 어떤 것이 있나요?

10. 우리가 어떤 결정을 할 때 무엇을 고려해야 하나요?

그리스도

그리스도란 그리스어인 크리스토스를 옮긴 단어로 "기름 부음을 받은 자"라는 뜻입니다. 메시아는 히브리어 마쉬아흐를 옮긴 단어로 그리스도와 메시아는 같은 뜻입니다. 구약 시대에 기름 부음을 받은 사람들은 대언자, 제사장, 왕의 직분을 받은 사람입니다. 예수님이 '예수 그리스도'로 불리시는 까닭은 선지자와 제사장과 왕의 직분을 모두 행하시기 때문입니다.

하나님께서 모든 사람을 위하여 구속자를 보내 주셨으니 곧 하나님의 영원한 아들이신 주 예수 그리스도입니다. 주 예수 그리스도가 하나님의 영원한 아들이라는 말은 성부 하나님이 유한한 시간 속에서 그리스도를 낳았다는 뜻이 아니라 시간을 초월하여 영원히 하나님의 아들로 삼으셨다는 뜻입니다. 예수 그리스도가 모든 사람을 위하여 자신을 몸값으로 내어 주셨으므로 그분만이 하나님과 사람 사이에 유일한 중보자가 될 수 있습니다(딤전2:5-6).

성육신

예수 그리스도는 삼위일체 하나님 중 한 분입니다. 그러나 자신의 영예를 버리고 종의 형체를 입으셔서 사람들의 모습을 취하셨습니다(빌2:5-6). 예수 그리스도는 하나님의 본성인 신성과 사람의 본성인 인성을 모두 가지고 계십니다. 그래서 예수님을 두 개의 본성이 있는 한 인격의 신인(神人)으로 표현하기도 합니다. 신성과 인성이 절반씩 혼합된 상태가 아니라 완전히 하나로 결합한 상태입니다. 신성과 인성을 하나로 결합할 수 있었던 비결은 신성에 있습니다. 즉 성자 하나님이 신성을 이용하여 인성을 취하셨습니다. 인간 예수가 신성을 취한 것이 아닙니다.

예수님은 자비롭고 신실한 대제사장이 되셔서 백성의 죄를 대속하시려고 사람의 모습으로 오셨습니다(히2:16-17). 예수님은 이 땅에 계실 때 인성뿐만 아니라 신성도 필요했습니다. 왜냐하면 자신이 하나님의 아들이라는 사실을 믿도록 기적을 베풀어야 하고, 모든 사람의 죄를 감당하고 죽은 후에 죽음의 권세를 뚫고 부활하기 위해서입니다.

예수님은 성령의 능력으로 잉태되어 태어나셨습니다. 마리아의 난자도 사용하지 않고 오직 성령으로만 잉태되었습니다. 단지 마리아의 태만 빌려서 영양분만 공급받았습니다. 정자와 난자가 만나 태어나는 인간은 모두 아담의 원죄를 이어받을 수밖에 없으므로 죄인으로 태어납니다. 죄인이 죄인을 구원할 수는 없습니다. 예수님은 죄가 없는 상태에서 인성을 취하셨으므로 모든 사람의 죄를 대신 짊어지고 죽을 수 있었습니다.

그리스도의 낮아지심과 높아지심

그리스도의 높아지심
부활
승천
하나님의 우편
지상 재림

그리스도의 낮아지심
가난한 환경
율법 가운데 사심
십자가 형벌
무덤에 묻힘

1. 그리스도의 낮아지심

예수님은 마구간에서 태어나셨습니다(눅2:7). 요셉과 마리아가 비둘기를 예물로 드렸다는 기록을 통해 예수님의 가정 형편이 어려웠다는 사실을 알 수 있습니다(눅2:24). 예수님은 할례를 받으셨고 율법도 모두 지키셨습니다. 하나님의 아들이신 예수님이 율법까지 지키신 까닭은 율법 아래에 있는 사람들을 구속하셔서 예수님을 믿는 사람들이 아들의 신분을 얻도록 하기 위해서입니다(갈4:4-5). 예수님은 사람들에게 멸시받고 거부되었으며 존중받지 못했습니다. 예수님은 아무 죄가 없으셨으나 중죄인들이 받았던 끔찍한 십자가 형벌을 당하셨습니다. 그리고 죽음을 맛보고 무덤에 묻히셔서 잠시나마 죽음의 권세 아래 계셨습니다.

2. 그리스도의 높아지심

예수님은 무덤에 묻히셨다가 부활하셨습니다(고전15:4). 예수님은 감람산에서 제자들이 보는 가운데 승천하셨습니다(행1:9-11). 예수님은 승천하신 후 하나님 오른편에 앉으셨습니다(막16:19). 성부 하나님이 예수님을 자신의 오른편에 앉도록 하셨습니다(엡1:20). 천사들과 권세들과 능력들이 하나님 우편에 앉으신 예수님께 순종합니다(벧전3:22). 하나님은 예수님께 내가 네 원수를 네 발등상(발판)이 되게 할 때까지 너는 내 오른편에 앉아 있으라고 말씀하셨습니다(시110:1). 따라서 성부 하나님이 사탄의 세력을 그리스도 앞에 굴복하게 하실 때 그리스도의 지상 재림이 이루어집니다.

그리스도의 직분

선지자 직분	제사장 직분	왕 직분
예수님 = 하나님 = 말씀	제물=대속=제사 완성	만물의 머리=교회 머리
성부 하나님의 뜻을 인간에게 정확히 전달	희생 제물이 되심 인간의 죄를 담당하심 중보자가 되심	성부 하나님이 우편에 앉히시고 만물과 교회의 머리가 되게 하심

그리스도의 선지자 직분

예수님은 선지자로서 성부 하나님의 뜻을 우리에게 전하여 알게 하고, 믿게 하고, 행하게 하려고 이 땅에 오셨습니다. 예수님이 구약시대 대언자와 다른 점은 그분이 하나님의 아들이시며 곧 하나님이시므로 성부 하나님의 모든 뜻을 충만하고 완전하게 전하셨다는 점입니다. 예수님은 말씀이 육신이 되어 오셨으므로 예수님이 말씀하시고 행하신 모든 것이 하나님의 뜻입니다.

그리스도의 제사장 직분

예수님은 흠 없는 희생물로서 인류의 죗값을 치렀기 때문에 하나님의 공의를 만족시켰습니다. 예수님이 단번에 모든 사람의 죄를 담당하셨으므로 인간은 더 이상 희생제물을 드릴 필요가 없습니다. 이제 우리는 예수님이 내 죄를 대신 담당하셨다는 사실을 믿고 예수님을 구주로 영접하면 됩니다. 예수님은 지금 하나님 우편에서 우리를 위하여 중보하시면서 대제사장 직분을 계속 수행하고 계십니다(롬8:34). 우리의 대제사장 되시는 예수님의 대속과 중보 덕분에 우리의 기도는 성부 하나님께 전달됩니다.

그리스도의 왕 직분

하나님은 예수님을 죽은 자들로부터 살리시고 하늘에서 하나님 오른편에 앉히신 뒤 모든 이름 위에 뛰어나게 하셨습니다. 또 만물을 예수님의 발 아래 두시고 예수님을 만물의 머리뿐만 아니라 교회의 머리가 되게 하셨습니다(엡1:20-23). 하나님은 하늘에 있는 것이나 땅 위에 있는 것이나 땅 아래 있는 것이나 모든 무릎을 예수님의 이름에 꿇게 하시고 모든 입이 예수 그리스도를 주라 시인하여 하나님 아버지께 영광을 돌리게 하셨습니다(빌2:10-11).

생각해 봅시다

1. 그리스도의 뜻은 무엇인가요?

2. 예수님이 인간의 정자나 난자가 아닌 성령으로 잉태된 까닭은 무엇인가요?

3. 예수님이 이 땅에 계실 때 예수님의 신성과 인성은 각각 어떤 기능을 했나요?

4. 성부 하나님이 예수님을 어떻게 높여 주셨나요?

5. 그리스도는 어떤 직분을 행하고 계신가요?

2 죄

죄의 정의와 판단 기준

죄의 정의

하나님이 하라고 명령한 것을 하지 않는 것 (고의 + 무지)
+
하나님이 하지 말라고 명령한 것을 하는 것 (고의 + 무지)

죄의 판단 기준

율법이 없을 때	율법이 있을 때
믿음	믿음
+	+
양심 · 이성 · 말씀	율법

죄에 대한 정의는 인간의 기준으로 내리는 것이 아닙니다. 하나님의 관점에서 내려야 합니다. 죄란 하나님이 하라고 명령한 것을 하지 않거나, 하지 말라고 명령한 것을 하는 것입니다. 하나님이 하라고 명령한 것을 적극적으로 순종하지 않는 것도 죄이며. 하지 말라고 명령한 것을 모르고 했더라도 역시 죄입니다(레5:17). 그러나 고의로 했을 때는 모르고 했을 때보다 죄가 더 큽니다.

하나님께서 율법을 문서로 주신 시점은 이스라엘 백성이 이집트를 탈출하여 시내산에 머무를 때입니다. 율법을 주신 다음부터 죄를 지은 사람은 율법에 따라 심판을 받습니다(롬2:12-15). 그러나 인간이 하나님께 율법을 문서로 받기 전에 저지른 죄도 심판을 받습니다.

하나님은 자신의 형상대로 인간을 창조하셨으므로 이미 그 마음에 하나님의 법을 기록하셨습니다. 그래서 율법을 몰라서 하나님의 법을 어겼다는 말은 변명이 되지 못합니다. 하나님이 인간의 마음에 하나님의 법을 기록하셨다는 사실은 양심과 이성을 통해 알 수 있습니다. 따라서 율법이 없는 이방인도 양심과 이성으로 율법을 행할 수 있으므로 율법 없이 죄를 짓더라도 하나님의 심판을 받습니다.

하나님께서 하나님의 법을 인간에게 직접 말씀하시기도 하셨습니다. 하나님이 아담에게 선악과를 먹지 말라고 명령하셨으나 아담은 그 명령에 불순종하였습니다. 율법이 문서로 있지 않았더라도 하나님의 말씀을 어겼으므로 아담이 죄를 지은 것입니다.

천사의 창조와 타락

	천사	사탄	인간
창조방법	하나님 말씀	하나님 말씀	흙
형태	영	영	영, 혼, 육
역할	하나님을 경배하고 섬기며 성도를 도와줌	세상을 미혹하고 하나님과 인간 사이를 이간질함	생육, 번성, 땅에 충만, 땅을 정복, 모든 생물을 다스림
운명	천국에서 성도와 같이 살게됨	영원한 불 못에 던져짐	신자 천국 불신자 지옥→불 못

천사는 하나님의 말씀으로 창조되었습니다(시148:5). 천사는 인간보다 먼저 창조되었으나 그 시기는 정확히 알 수 없습니다. 천사는 영적 존재이지만 하나님처럼 무소부재 하지 못하며 전능하거나 전지하지 못합니다.

하나님을 따르는 천사장에는 미가엘과 가브리엘 등이 있습니다. 미가엘은 이스라엘의 수호천사이며 사탄과의 싸움을 지휘합니다. 가브리엘은 하나님의 계시를 사람들에게 알려 주는 역할을 합니다. 천사는 성경에서 남성의 모습으로 나타나며 날개는 없습니다. 천사는 하나님을 경배하며 하나님의 백성들이 일을 할 수 있도록 도와줍니다. 천사는 하나님의 뜻을 수행하며 인간들에게 하나님의 뜻과 말씀을 알려 주고 해석해 줍니다.

천사와 같은 영적 존재로 그룹(케루빔)과 스랍(세라핌)이 있습니다. 이들은 날개를 가지고 있습니다. 그룹은 하나님의 보좌 주위에서 하나님의 영광과 신성을 드러냅니다. 지성소의 언약궤 위에 있었던 형상이 그룹입니다(출25:20). 그룹은 네 얼굴과 네 날개가 있으며(겔1:5-6), 얼굴은 사람, 사자, 황소, 독수리의 모습입니다(겔1:10). 스랍은 여섯 개의 날개가 있습니다(사6:2). 스랍은 그룹처럼 하나님의 보좌 주변에서 하나님을 호위하면서(사6:1-2) 하나님의 거룩하심을 찬양합니다(사6:3). 천사는 후에 성도들과 새 예루살렘에서 영원히 삽니다. 그곳에서는 성도가 천사보다 우월합니다(히2:5). 천사를 심판하기도 합니다(고전6:3).

사탄은 한 명이며 이름은 루시퍼인데 '빛을 나르는 자' 또는 '비추는 자'라는 뜻입니다(사14:12). 사탄을 따르는 타락한 천사들은 사탄을 따르는 무리이므로 마귀나 사탄 혹은 마귀들이나 사탄들로 불립니다. 하나님은 사탄을 지혜가 충만하고 아름다움이 완벽한 존재로 창조하셨으나(겔28:12.15) 사탄은 하나님께 복종하지 않고 하나님처럼 되려고 반역하였습니다(사14:13-14). 결국 땅으로 쫓겨났는데 사탄을 추종하는 천사들도 함께 쫓겨났습니다(계12:9).

사탄은 지금 공중(대기권)에 있으면서(엡2:2) 울부짖는 사자처럼 삼킬 자를 찾아 다니고 있습니다(벧전5:8). 사탄은 광명의 천사로 가장합니다(고후11:14). 사탄은 하나님과 사람 사이를 가로막으며(슥3:1) 온 세상을 미혹하고(계12:9) 하나님 앞에서 욥을 고소했듯이(욥1:9-11) 그리스도인들을 밤낮 고소합니다(계12:10). 또한 믿지 않는 자들의 마음을 어둡게 하여 하나님의 형상이신 그리스도의 영광스러운 광채가 그들에게 비치지 못하도록 합니다(고후4:4).

사탄과의 싸움에서 승리하려면 먼저 영이 거듭나야 합니다. 거듭난 사람은 자신을 지킬 수 있으므로 사탄이 건드리지 못합니다(요일5:18). 또 우리가 하나님께 복종하고 사탄을 대적하면 사탄이 우리를 피해 갑니다(약4:7). 사탄은 지금 공중의 권세 잡은 자로 군림하고 있으나 예수님께서 재림하시면 공중에서도 쫓겨납니다(계20:1-3). 그리고 마지막에는 영원한 불 못 속에 던져집니다(계20:10).

생각해 봅시다

1. 죄란 무엇인가요?

2. 율법이 없었을 때는 죄를 어떻게 판단했나요?

3. 천사는 어떻게 창조되었을까요? (시148:5)

4. 사탄은 성경에서 어떤 이름으로 불리나요? (창3:1), (계12:9), (엡2:2), (마12:24)

5. 마지막에 사탄의 운명은 어떻게 되나요? (계20:10)

인간의 창조와 타락

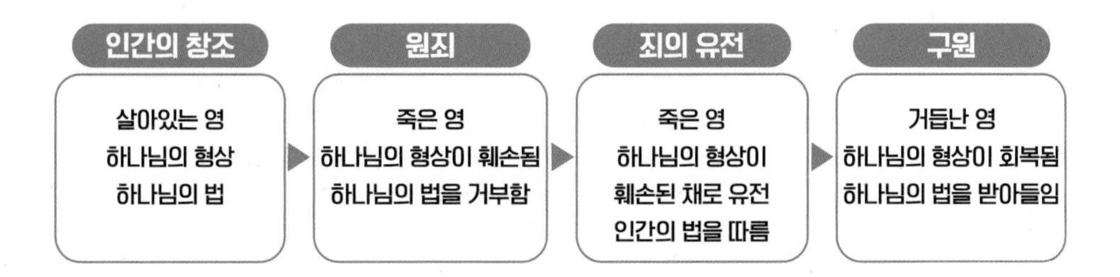

1. **인간의 창조**: 하나님께서 땅의 흙으로 아담을 지으시고 그의 콧구멍에다 생명의 호흡을 불어넣으시자 아담이 살아 있는 혼이 되었습니다(창2:7). 생명의 호흡은 영을 말합니다. 아담은 하나님의 형상대로 창조되었습니다(창1:26). 하나님의 형상대로 창조되었으므로 하나님이 무엇을 기뻐하시며 무엇을 싫어하는지 모두 알 수 있었습니다. 아담은 하나님의 법에 순종하겠다고 약속하였으며 하나님은 아담이 물고기와 새와 가축과 모든 기어 다니는 동물을 다스리도록 하셨습니다(창1:26-27).

2. **인간의 타락**: 아담은 아내 하와가 준 선악과를 먹음으로써 하나님의 명령을 어기고 범죄 하였습니다(창3:6). 그 결과 인간은 하나님 말씀대로 육신이 죽게 되었으며, 영도 죽고 하나님의 형상은 훼손되었습니다. 영이 죽었다는 말은 영이 소멸되었다는 뜻이 아니라 하나님과 친밀한 교제가 단절되었다는 뜻입니다. 결국 아담은 하나님과 같이 살 수 없게 되어 에덴동산에서 쫓겨났습니다. 사람이 죄를 지으면 하나님은 반드시 죄에 대한 책임을 물으십니다. 이것을 죄책이라고 합니다. 하나님께서는 죄로 인해 손상된 하나님의 거룩함을 회복하시려고 죄인에게 죄책을 물으십니다. 관용이 없어서가 아닙니다.

3. **죄의 유전**: 아담은 인류를 대표합니다. 따라서 하나님이 아담과 언약을 하실 때 아담뿐만 아니라 모든 인간과 언약을 하셨습니다. 아담의 불순종은 모든 인류의 불순종입니다. 아담 때문에 죄가 세상에 들어오고 그 죄 때문에 사망이 왔습니다. 이렇듯 모든 사람이 죄를 지었으므로 사망이 모든 사람에게 다가왔습니다(롬5:12). 모든 인간은 아담으로부터 내려왔으므로 아담이 죄를 지을 때 그 안에서 같이 죄를 지은 것입니다. 이를 죄의 전가라고 합니다. 따라서 아담 이후에 모든 인간은 아담처럼 죽은 영을 가지고 하나님의 형상이 훼손된 채 태어나 인간의 법대로 살아가게 되었습니다.

4. 구원: 아담을 통해 들어온 죄와 사망의 권세를 죽음으로써 깨뜨리고 구원해 주신 분은 예수 그리스도입니다(고전15:45). 아담은 땅에서 났지만 예수 그리스도는 전에도 계셨고 지금도 하늘에 계신 주님이십니다. 아담은 하나님의 호흡으로 생령이 되었지만 예수 그리스도는 생명을 주시는 영이십니다. 아담 안에서 모든 사람이 죽으나 예수 그리스도 안에서 모든 사람이 살아납니다. 아담은 불순종하여 인류를 죄와 사망 아래 놓이게 했으나 그리스도는 순종함으로써 많은 사람을 의롭게 하셨습니다(롬 5:15). 아담은 죄를 더하게 했으나 그리스도는 은혜를 넘치게 하십니다(롬 5:20). 이제 그리스도를 영접하면 성령의 능력으로 영이 거듭납니다. 영이 거듭나면 하나님과 교제가 회복됩니다. 그리고 하나님의 법을 따르기 시작하며 하나님의 형상을 회복해 갑니다.

생각해 봅시다

1. 아담은 어떤 죄를 저질렀나요?

2. 아담의 죄로 인해 인간 속에 있던 영과 하나님의 형상은 어떻게 바뀌었나요?

3. 아담의 죄가 모든 인간의 죄가 된 까닭은 무엇인가요?

4. 구원을 받으면 영, 하나님의 형상, 하나님의 법에 어떤 변화가 생길까요?

5. 아담과 예수님의 차이점은 무엇인가요?

3 구원

구원에 관한 개관

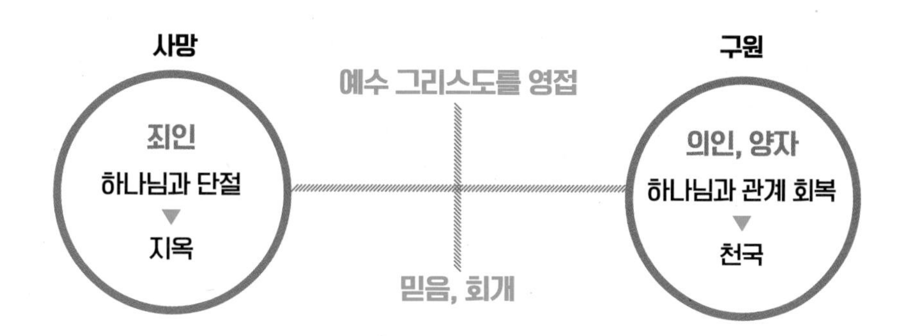

구원이란?

아담의 원죄로 하나님과의 관계가 끊어져 죽을 수밖에 없는 인간에게 하나님께서 독생자 예수 그리스도를 보내시어 그의 죽음으로 대신 속죄하게 함으로써 하나님과의 관계가 회복되어 다시 하나님께로 갈 수 있게 된 상태를 말합니다.

구원 대상

구원은 누구나 받을 수 있습니다. 하나님의 독생자 예수 그리스도를 믿는 사람은 누구든지 멸망하지 않고 영생을 얻는 것이 하나님의 뜻입니다(요3:16).

구원 필수 조건: 주 예수 그리스도가 구주라는 사실을 믿어야만 합니다(행16:31). 구원은 오직 믿음으로만 얻습니다. 선한 행위로는 구원을 얻을 수 없습니다.

구원 결과

하나님은 예수 그리스도를 구주로 영접한 사람의 믿음을 보신 뒤 의롭다고 칭하시고 양자로 삼아주십니다(요1:12). 구원의 주체는 성부 하나님이십니다.

구원 순서

자기의 죄와 비참한 상황과 자기 스스로는 죄의 문제를 해결할 수 없다는 사실을 깨달아야 합니다. 죄 사함과 구원을 받는 유일한 길은 예수 그리스도이므로 그분을 마음으로 영접해야 합니다. 그러면 하나님이 모든 죄를 용서하시고 의롭다고 여겨주시며 양자로 삼습니다. 구원을 받으려면 회개와 믿음이 선행되어야 합니다. 그 후에 칭의와 양자와 성령님의 임재가 거의 동시에 이루어집니다. 구원받은 사람은 남은 생애에 성화의 삶을 살아야 합니다. 구원받은 사람은 죽은 후 부활하여 천국에서 영원히 하나님과 살게 됩니다.

구원 보장

누구도 한번 구원을 받은 사람을 그리스도 예수 우리 주 안에 있는 하나님의 사랑에서 떼어 놓을 수 없습니다(롬8:38-39). 한번 구원받은 사람은 구원이 영원히 보장됩니다. 단지 행위에 따라 받는 상급이 다를 뿐입니다.

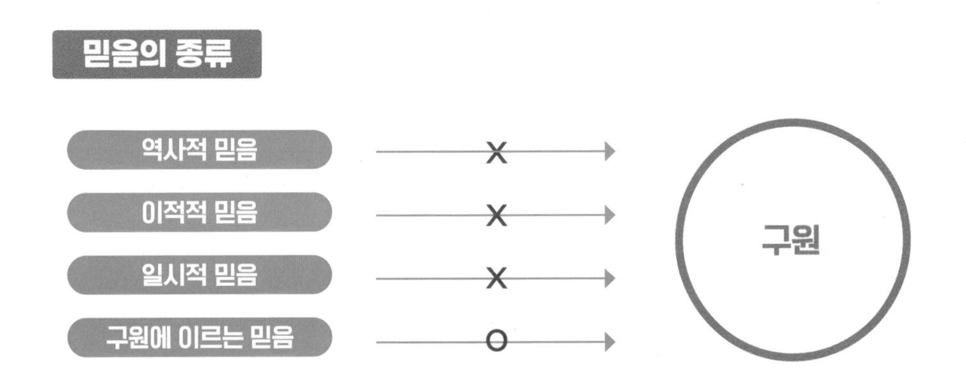

1. 역사적 믿음

역사적 믿음은 실제로 일어난 사건을 사실로 인정하는 믿음입니다. 그러나 예수님이 행하신 일을 사실로 믿는다고 해서 모두 구원받지는 않습니다. 마귀도 하나님과 예수님에 관한 지식이 있습니다. 그러나 사실을 인정하는 수준의 역사적 믿음만 있으므로 구원받지 못합니다. 역사적 믿음만 가진 사람은 자신의 삶을 하나님께 드리지 못합니다.

2. 이적적 믿음

이적이란 하나님의 능력으로 이루어지는 일 중에 인간의 눈으로 봤을 때 불가사의한 일을 말합니다. 이적적 믿음이란 자기가 이적을 행할 수 있다고 믿거나 하나님이 자기를 위해 이적을 행한다고 믿는 믿음입니다. 이적적 믿음만으로 구원받을 수 없습니다.

3. 일시적 믿음

일시적인 믿음이란 복음을 듣는 순간에 기쁨과 동의가 있었으나 어려움이 생기면 넘어지고 포기하는 믿음입니다. 그래서 일시적인 믿음을 가진 사람은 자기 십자가를 지고 예수님을 따르라는 명령을 받아들이지 못합니다. 일시적인 믿음을 가진 사람은 신앙생활을 하는 동안 자신은 구원을 받았다고 착각할 수 있으나 실제로 구원받지 못했습니다. 왜냐하면 하나님이 그 믿음을 인정하여 의롭다고 여기지 않으시기 때문입니다.

4. 구원에 이르는 믿음

구원에 이르는 믿음은 자신이 죄인이라는 사실을 인정하고 진심으로 회개한 후 구원은 그리스도의 공로로 받는다는 사실을 확신하는 믿음입니다. 그 믿음은 어떤 시련이 와도 변하지 않습니다. 구원에 이르는 믿음은 자신의 지식과 감정과 의지로 성경 말씀을 진리로 받아들입니다. 또한 하나님과 예수님을 신뢰하며 그 말씀도 신뢰합니다. 그래서 구원에 이르는 믿음이 있는 사람은 성장하면서 예수 그리스도를 닮아갑니다.

구원에 이르는 믿음의 세 요소

구원에 이르는 믿음에는 지적 요소, 감정적 요소, 의지적 요소(줄여서 '지정의'라고도 함)가 있어야 합니다. 세 요소는 서로 분리되지 않고 복합적으로 작용합니다.

1. 지적 요소

지적 요소란 하나님이 주신 성경 말씀을 아는 것입니다. 하나님은 인간을 구원하시려고 특별계시를 주셨습니다. 그리고 특별계시가 망각이나 변형이 될 수 있으므로 문자로 기록하게 하셨는데 이것이 바로 성경입니다. 성경 말씀을 믿고 순종하는 마음이 온전한 믿음입니다. 신앙생활에서 지적인 요소가 미약하면 신비주의나 샤머니즘에 빠지기 쉽습니다. 자기가 임의대로 판단하여 믿는 믿음은 구원받을 수 없습니다.

2. 감정적 요소(동의)

감정적 요소란 하나님이 주신 말씀을 믿고 기쁨으로 받아들이는 것입니다. 사람이 어떤 결정을 내릴 때 지식도 중요하나 감정에 와 닿아야 동의를 합니다. 믿음에 동의가 있어야 그 믿음이 자기 믿음이 됩니다. 대부분 지식이 생기면 감정도 생기기 마련이지만 항상 그렇지는 않습니다. 지식은 있으나 마음으로 동의하지 않는 경우도 많습니다. 신앙생활에서 감정 표현은 중요합니다. 그러나 표현하는 방식은 사람마다 다릅니다. 이런 다양한 감정 표현이 없는 신앙생활은 있을 수 없습니다.

3. 의지적 요소(신뢰)

의지적 요소란 하나님이 주신 말씀을 알고 기쁨으로 받아들인 후 그 말씀을 신뢰하며 하나님만 온전히 의지하는 마음입니다. 의지적 요소가 있어야 삶의 방향이 완전히 바뀌어 하나님의 말씀에 따라 생각하고 느끼고 행동할 수 있습니다.

회개

1. 구원에 이르는 회개

믿음이란 자기 죄와 자기 스스로는 죄의 문제를 해결할 수 없다는 사실을 깨달은 후에 죄 사함을 받고 구원을 얻기 위해서 예수 그리스도를 마음으로 영접하는 것입니다. 회개는 이 과정에서 죄로부터 돌아서서 하나님께로 향하는 것입니다. 구원에 이르는 회개와 믿음은 거의 동시에 이루어지며 칭의, 양자, 성화의 전 단계입니다. 예수 그리스도를 마음에 받아들이지 않는 믿음이 진정한 믿음이 아니듯이 하나님께로 향하지 않는 회개도 진정한 회개가 아닙니다. 일시적이고 감상적인 회개일 뿐입니다. 가룟 유다가 자살한 까닭은 세상의 근심을 가졌기 때문입니다. 그는 회개하지 않았습니다. 세상의 근심은 구원이 아닌 사망을 줍니다(고후7:10). 하나님을 떠나는 마음이 죄이며 하나님께로 돌아가는 마음이 진정한 회개입니다.

2. 일상적 회개

일상적 회개란 구원받은 그리스도인이 죄의 유혹에 빠진 뒤 다시 돌이켜 하나님께로 돌아오는 경우를 말합니다. 구원에 이르는 회개는 우리의 신분을 죄인에서 의인으로 바꾸지만, 일상적인 회개는 신분의 변화가 아닌 구원받은 우리의 상태를 변화시킵니다. 즉 일상적인 회개는 예수님을 닮아가는 성화의 과정입니다. 하나님의 자녀가 죄를 지었다고 해서 구원을 잃어버리거나 자녀의 신분이 박탈되지 않습니다. 그러나 그리스도인은 항상 그리스도와 연합하고 성령님의 인도를 받아 죄를 멀리해야 합니다. 우리가 죄를 짓지 않고 거룩해지려면 회개와 성화를 통해 매일 순종의 삶을 살아야 합니다.

영. 혼. 육

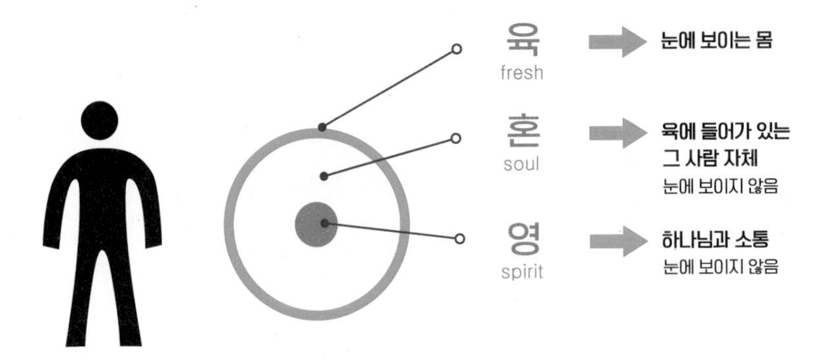

사람은 영(spirit)과 혼(soul)과 육(fresh), 이렇게 삼중구조로 되어 있습니다. 영과 혼을 합쳐서 영혼이라고 하는 경우가 있으나 사실 영과 혼과 육은 분리되어 있으며(살전 5:23). 그 특성도 완전히 다릅니다.

육은 눈에 보이는 몸을 말합니다. 혼은 이성, 지성, 의지, 감정 등을 가지고 육에 들어가 있는 그 사람 자체를 말합니다. 혼은 눈으로 보이지 않습니다. 육은 죽으면 썩으나 혼은 불멸합니다. 영은 하나님을 알고 소통할 수 있도록 하나님께서 모든 사람에게 주셨습니다. 그러나 예수님을 믿지 않는 사람은 그 존재를 잘 모릅니다. 아담은 원래 살아 있는 몸, 살아 있는 혼, 살아 있는 영이 있었습니다. 하지만 아담이 타락한 이후로 인간은 죽은 영을 갖게 되었습니다.

사람의 영과 혼과 육이 모두 구원의 대상이 하니라 오직 혼만 구원의 대상입니다. 혼이 구원받아 휴거 되어야만 비로소 육은 영화로운 몸이 됩니다. 혼이 구원을 받으려면 영이 거듭나야 합니다. 영이 거듭나면 혼은 죄를 용서받고 구원을 얻어 깨끗해집니다. 영이 거듭나려면 혼이 하나님의 말씀을 듣고(벧전1:23) 예수 그리스도를 구주로 영접해야 합니다. 그러면 허물과 죄들 가운데 죽었던 우리의 영을 예수님이 다시 살리십니다(엡2:1). 예수님은 우리에게 성령을 주시어 우리의 영이 성령으로 거듭나게 하십니다(요3:6). 성령님은 내 안에 있는 영을 깨워 하나님을 알게 하고, 찾게 하고, 하나님과 소통하도록 도와주십니다. 결국 우리 믿음의 결과로 우리 혼이 구원을 받습니다(벧전1:9).

거듭남[중생]

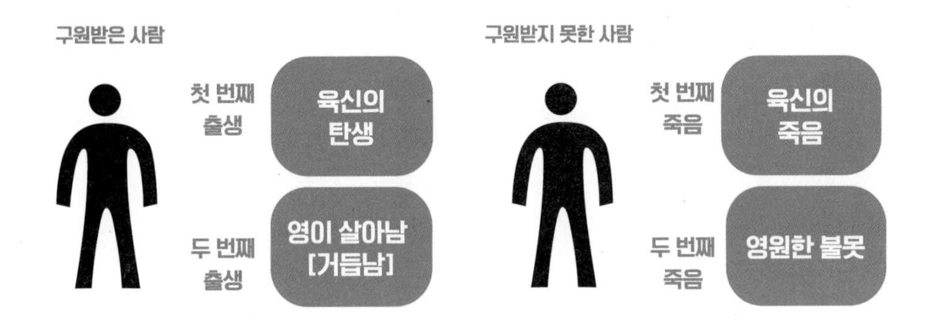

1. **거듭남의 의미**: 구원받은 사람은 두 번 태어나고 한 번 죽습니다. 육신이 태어날 때가 첫 번째 출생이고 영이 살아날 때가 두 번째 출생입니다. 두 번째 출생을 거듭남이라고도 합니다. 누구나 예수 그리스도를 구주로 영접하면 그의 영이 거듭나고 혼이 구원받아 새사람이 됩니다(골3:10).

2. **물과 성령으로 거듭남**: 예수님은 니고데모에게 물과 성령으로 다시 태어나지 않으면 하나님 나라에 들어갈 수 없다고 말씀하셨습니다. 물로 태어난다는 말은 물세례를 받는다는 뜻이 아니라 육체를 통한 첫 번째 출생을 뜻합니다(창1:20). 두 번째 출생은 성령으로 다시 태어난 현상을 말하는데 성령님의 능력으로 영이 깨어 하나님과 소통할 수 있게 된 상태를 뜻합니다.

3. **거듭남과 성령님의 역할**: 예수님은 우리에게 성령을 주시어 우리의 영이 성령으로 거듭나게 하십니다(요3:5-6). 성령님은 내 안에 있는 영을 깨워서 하나님을 알게 하고, 찾게 하고, 하나님과 소통하도록 도와주십니다.

4. **거듭난 사람의 지위**: 예수님을 믿는 사람은 누구나 하나님으로부터 태어난 사람입니다(요일5:1). 하나님으로부터 태어났다는 말은 거듭난 사람은 하나님의 아들이라는 뜻입니다(롬8:14).

5. **거듭난 자의 삶**: 거듭나서 하나님의 아들이 되었다면 하나님을 사랑해야 합니다. 하나님을 사랑한다면 그분의 계명을 지켜야 합니다.

칭의

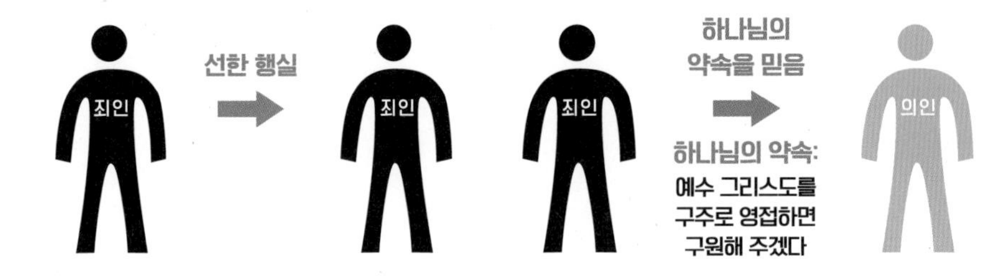

1. **칭의란 무엇인가요?**: 칭의는 하나님께서 우리의 모든 죄를 용서하시고 하나님의 관점에서 우리를 의인으로 여기시는 것입니다. 칭의는 죄인에서 의인으로 바뀌는 신분의 변화입니다. 죄 사함과 의와 구원은 나의 죄를 대속하신 그리스도의 공로로 받는다는 사실을 확신하며 그리스도를 마음으로 영접할 때 하나님은 그 사람을 의인으로 칭하십니다. 따라서 칭의는 전적으로 하나님의 은혜입니다. 우리는 절대로 우리의 행위와 노력으로 의롭게 될 수 없습니다.

2. **의(義)란 무엇인가요?**: 성경에서 말하는 의(義)는 우리가 흔히 생각하는 도덕적인 삶이 아니라 상대방과의 언약을 성실히 수행하는 것입니다. 하나님은 언약을 신실히 지키시는 분입니다. 이것이 하나님의 의(義)입니다. 그리스도는 하나님의 언약을 실현하려고 십자가에서 죽은 뒤 부활하셨습니다. 이것이 그리스도의 의(義)입니다. 예수 그리스도를 마음으로 영접하면 구원을 얻는다는 사실을 믿는다면 그 믿음만으로 언약을 지키는 사람이 됩니다. 이것이 인간의 의(義)입니다. 하나님은 그 믿음을 보시고 의롭다고 여기십니다.

3. **예수님의 의(義)의 전가**: 우리가 하나님 앞에서 의로워지려면 그리스도께서 십자가에서 죽기까지 순종하신 그리스도의 의가 우리의 의가 되어야 합니다. 우리가 예수님을 구주로 영접하고 예수님과 하나로 연합할 때 예수님의 의가 우리의 의가 됩니다. 하나님은 그리스도의 의를 '전가'라는 방법으로 우리에게 주십니다. 의의 전가란 구약의 율법을 단번에 완전하게 준수하신 그리스도의 순종을 하나님께서 우리의 순종으로 인정하시어 우리의 의로 여기시는 것입니다.

양자

하나님의
약속을 믿음

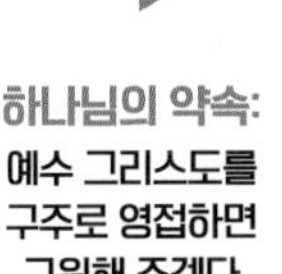

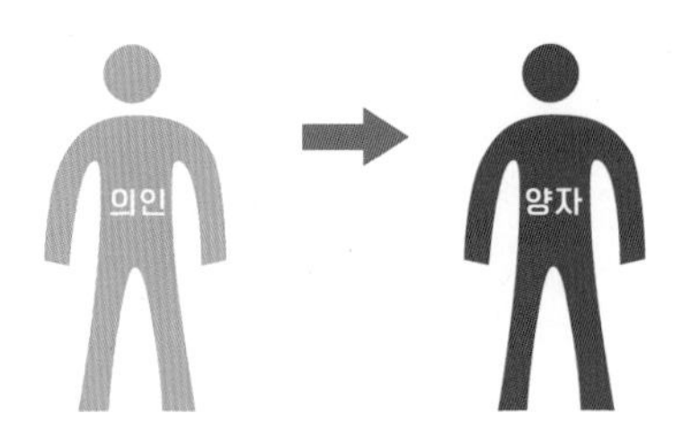

양자의 혜택

하나님의 자녀
영원한 생명
성령의 인도
구원 보장
하나님의 상속자

1. **양자란 무엇인가요?**: 하나님은 죄인에서 의인으로 우리의 신분을 상승시켜 주시는 데 그치지 않으시고 우리를 친히 양자 삼아주십니다. 양자는 하나님의 자녀가 되는 신분의 변화입니다. 우리는 하나님의 은혜로 양자가 되었습니다.

2. **누가 양자가 될 수 있나요?**:양자는 반드시 죄 문제를 해결 받은 사람만이 될 수 있습니다. 인간은 그리스도의 피로 구속 곧 죄 사함을 받습니다(엡1;7). 하나님은 그리스도를 마음으로 영접한 사람들을 양자 삼아 주십니다(요1:12).

3. **양자의 혜택**: 하나님의 자녀가 된 사람은 어린양의 생명책에 기록됩니다(계3:5). 그리고 그 생명책에서 영원히 지워지지 않습니다. 구원을 영원히 보장받고 영원한 생명을 얻는다는 뜻입니다. 성령님은 하나님의 양자가 된 사람에게 오셔서 그가 구원 받을 때까지 끝까지 진리로 인도하시고 돌보아 주십니다. 하나님의 양자가 된 사람은 예수님과 함께 하나님의 공동 상속자가 됩니다. 그리고 하나님을 친근하게 아빠 아버지라고 부를 자격이 있습니다(롬8:15).

4. **양자가 받는 징계**: 하나님의 양자가 되었다고 해서 이 세상에서 반드시 복을 받지는 않습니다. 오히려 하나님의 자녀로 상속자가 된 사람은 영광을 위하여 고난도 함께 받아야 합니다. 하나님이 우리를 자녀로 여기시므로 부모로서 징계를 내리실 수 있습니다. 만약 하나님의 징계가 없다면 그는 하나님의 자녀라고 볼 수 없습니다(히12:6-8). 가장 큰 징계인 죽음을 주실 수도 있습니다. 그렇다고 양자의 지위가 박탈되지는 않습니다. 왜냐하면 우리는 행위가 아닌 그리스도의 피로 말미암아 하나님의 은혜로 양자가 되었기 때문입니다.

성화

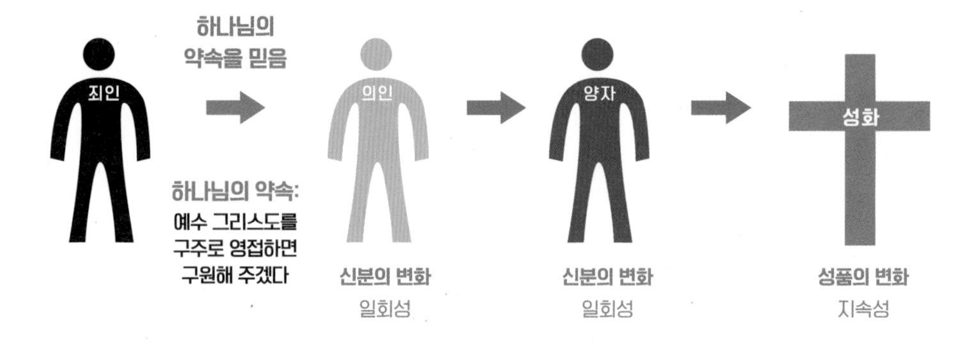

1. **성화란 무엇인가요?**: 성화란 하나님의 자녀가 잃어버렸던 하나님의 형상을 회복하며 새롭게 변화하는 과정을 말합니다. 다시 말해 그리스도를 마음으로 영접하여 양자가 된 사람이 아버지이신 하나님의 거룩한 성품을 닮아가는 과정입니다. 예수님이 곧 하나님의 형상이시므로 예수님을 닮아가는 삶이 성화의 삶이라고 볼 수 있습니다(엡4:15).

2. **성화의 필요성**: 그리스도인은 죄에서 깨끗해졌으므로 이제 죄인이 아닙니다. 그러나 죄의 유혹을 받을 수 있고 실제로 죄를 짓기도 합니다. 우리가 하나님의 자녀가 되자마자 천국에 간다면 죄를 짓지 않습니다. 그러나 현재의 몸을 갖고 남은 생을 살아야 하므로 죄를 짓게 됩니다. 우리의 몸은 정욕이 끊임없이 발생하여 유혹에 자주 엎어지고 죄에 빠지기 쉽습니다. 따라서 죄가 우리 몸을 지배하지 못하도록 몸의 사욕에 순종하지 말아야 합니다(롬6:12). 우리의 몸을 하나님께 영광을 돌리는 곳에 사용해야 합니다(고전6:20). 그래야 하나님의 자녀답게 살아갈 수 있습니다.

3. **성령님의 도우심**: 성령님은 우리가 성화의 삶을 살도록 도와주십니다. 성령님은 우리에게 죄를 깨닫게 하시고 거룩함의 필요성을 알려 주시며 거룩함에 대한 열망을 심어 주십니다. 우리가 사탄의 미혹과 유혹에 넘어가지 않고 죄에 저항하도록 도와주십니다. 성령님은 우리가 거룩하게 살도록 우리에게 힘을 끊임없이 공급해 주시므로 우리는 우리 안에서 역사하시는 성령님의 음성에 민감하게 반응해야 합니다. 우리는 성령님이 주시는 능력으로 성화를 이루어 나가도록 노력해야 합니다. 성화를 이룬 정도에 따라 우리가 받을 상급이 달라집니다.

성령 하나님

1. **성령님의 이름**: 성령님은 하나님의 영(사11:2), 예수 그리스도의 영(롬8:9), 보혜사(요14:26)로 불립니다. 보혜사는 우리를 보호하시며 은혜를 주시는 분이라는 뜻입니다.
2. **구약 시대 성령님의 임재**: 성령님은 구약 시대에서도 자주 등장하셨습니다. 기름 부음을 받은 사람과 대언자에게 임하셨으며(삼상10:10), 모세와 칠십 명의 장로에게도 임하셨습니다(민11:25). 성령님은 개인에게 역사하셨고(출31:3), 이스라엘 민족 전체를 위해서도 역사하셨습니다(사63:10-11). 구약 시대에는 성령님이 임하신 후 그 사람 안에 계속 있지 않고 나가기도 하셨습니다(삼상16:14).
3. **성령님이 오시는 때**: 구원을 얻으려면 먼저 죄인이 말씀을 듣고(요5:24) 그 말씀을 믿은 후(롬10:16-17) 예수 그리스도를 자신의 구주로 받아들여야 합니다. 그러면 하나님이 의인으로 칭하시고 양자 삼습니다. 그리고 성령님이 오십니다. 성령님이 우리 안에 오시는 현상을 성령 세례라고 합니다. 성령 세례는 평생 한 번뿐입니다. 우리가 천국에 갈 때까지 성령님은 나가지 않으시고 우리를 구원으로 인도하십니다(엡4:30).
4. **성령님이 하시는 일**: 성령님은 예수님이 어떤 분이신지 무엇 때문에 오셨는지 왜 그것을 이루려고 오셨는지 왜 죽음에서 부활했는지 알게 하십니다. 또 예수님이 지금 어떤 모습으로 계시는지 왜 그곳에 계시는지 왜 재림하시는지 증거 하십니다. 성령님은 죄에 대해서 책망하시고 의에 대해서 가르치시며 심판에 대해서 말씀하십니다(요16:9-11). 성령님은 예수님을 구주로 영접한 사람을 거듭나게 하시고, 그의 심령 속에서 역사하시며, 깨우치시고, 위로하시며, 하나님의 자녀라는 사실을 분명히 알게 하시고, 거룩하게 하시고, 안식과 평안을 주시며, 그를 위해 간구하십니다.
5. **성령 모독죄**: 성령 모독죄란 하나님의 아들을 짓밟고 자기를 거룩하게 한 언약의 피를 부정하게 여기며 은혜의 성령을 욕되게 하는 죄입니다(히10:29). 예수님은 성령 모독죄는 용서받지 못한다고 하셨는데 이는 그리스도인에게 해당하는 말씀이 아니라 바리새인처럼 예수님을 믿지 않고 성령의 능력을 부정하는 사람에게 해당합니다.
6. **성령 충만**: 성령 충만이란 성령님의 감화와 인도와 역사가 계속 이루어져 하나님이 기뻐하시는 것들로 가득 채워져 있는 상태를 말합니다. 성령 충만해지려면 위의 것(하나님)을 생각하고 땅의 것(세상)을 생각하지 말아야 합니다(골3:2). 또 굳건한 믿음으로 성경 말씀을 계속 상고해야 합니다.

성령의 열매

1. **성령의 열매**: 성령의 열매는 사랑과 기쁨과 화평과 인내와 친절과 선함과 충성과 온유와 절제입니다(갈5:22-23). 성령의 열매는 아홉 개가 아니라 한 열매 안에 아홉 개의 속성이 모두 들어가 있습니다. 사랑은 하나님 사랑을 근간으로 이웃을 사심 없이 섬기며 원수까지 용서하는 마음입니다. 기쁨(희락)은 하나님의 사랑과 구원에 감사하고 매일 하나님과의 교제를 통해 느끼는 기쁨입니다. 화평은 하나님과 올바른 관계를 맺은 뒤 이웃과 올바른 관계를 맺으면서 어떤 환란 속에서도 유지되는 평화입니다. 인내는 하나님이 주시는 때를 기다릴 줄 아는 자세입니다. 하나님의 섭리를 보는 눈이 뜨이면 마음의 여유가 생기며 오래 참을 수 있습니다. 친절(자비)은 인내하면서 겸손한 마음으로 행하는 헌신입니다. 친절은 주께 하듯 해야 하며 궁극적으로 사람들을 그리스도께 인도해야 합니다. 선함(양선)은 하나님께서 주신 시간, 재능, 재물을 하나님과 이웃을 위하여 관대하고 습관적으로 사용하는 자세입니다. 충성(신실함)은 하나님께서 신실하시듯이 우리도 신실하게 믿음대로 행하는 것입니다. 온유는 주님의 성품으로 길들여져 나타나는 순종과 겸손의 모습입니다. 절제는 자기의 생각, 말, 감정, 욕망, 육욕을 휘어잡아 예수님께 복종하는 힘과 능력을 말합니다.

2. **성령의 열매를 맺어야 하는 까닭**: 우리는 한때는 어두움이었으나 이제는 주 안에서 빛이므로 빛의 자녀답게 행동해야 합니다(엡5:8~11). 우리가 그리스도께 속한 사람이라면 육신을 욕정 그리고 정욕과 함께 십자가에 못 박고 성령 안에서 행동해야 합니다(갈5:24-25).

생각해 봅시다

1. 구원이란 무엇인가요?

2. 구원에 이르는 믿음은 어떤 믿음인가요?

3. 회개란 무엇인가요?

4. 하나님께서 인간에게 영을 주신 까닭은 무엇인가요?

5. 혼이 구원을 받으려면 어떻게 해야 하나요?

6. 구원받은 사람이 경험하는 두 번의 출생은 각각 무엇을 말하나요?

7. 칭의란 무엇인가요?

8. 우리가 어떻게 해야 그리스도의 의(義)가 나의 의(義)가 될 수 있나요?

9. 하나님의 양자가 된 그리스도인이 누릴 혜택은 무엇인가요?

10. 성화란 무엇인가요?

11. 성령님은 우리에게 언제 오시나요?

12. 성령충만이란 무슨 의미인가요?

4 신앙 생활

예배

1. **예배의 대상**: 창조주이며 거룩하신 하나님이 예배의 대상입니다.

2. **예배의 목적**: 하나님을 경외하는 마음으로 오직 하나님만 경배하고 하나님만 섬기며(마4:10) 하나님께 영광을 돌리기 위해 예배드립니다(시96:1-10).

3. **예배의 필수요건**: 예배는 하나님께 영과 진리로 드려야 합니다(요4:23). 영으로 예배를 드리라는 말은 성령의 능력으로 영이 거듭나서 살아계신 하나님과 만남이 있는 예배를 드리라는 뜻입니다. 진리로 예배를 드린다는 말은 하나님이 어떤 분이신지 성경 말씀을 통해 정확히 알고 예배드려야 한다는 뜻입니다. 왜냐하면 하나님은 형상이 아니라 영이시기 때문입니다.

4. **예배의 방법**: 좁은 의미에서 예배는 특정한 장소에서 하나님께 감사드리며(시50:14) 하나님을 찬양하고(시150:1) 하나님의 말씀을 듣고(시95:7) 회개와 간구를 드리면서(행3:19) 하나님께 영광을 돌리는 마음과 행위입니다. 그러나 예배는 특정한 장소가 아니더라도 우리의 찬양과 감사과 기도 생활을 통해서 어디서든지 드릴 수 있습니다(시50:23). 우리가 사랑의 열매를 맺는 것(요15:8), 나눔을 실천하는 것(히13:16), 그리스도의 이름으로 고난을 받는 것(벧전4:14), 전도를 하는 것(살후3:1) 등 우리가 삶을 통해 하나님께 영광을 돌리는 모든 것이 예배입니다.

5. **예배의 장소**: 구약 시대는 거룩하게 구별된 성전에서 예배를 드렸습니다(출25:8). 신약시대는 어디서나 예배를 드릴 수 있습니다. 성경에 보면 성전(행2:46), 다락방(행1:13), 회당(행15:21), 집에서도 예배를 드렸습니다(골4:15).

6. **예배의 자세**: 하나님께 예배드리는 사람은 하나님을 두려워하며 경외하는 마음이 있어야 합니다(시2:11). 경외는 하나님을 두려워하면서도 존경하는 마음입니다. 예배드리는 사람은 하나님에 대한 신뢰와 경건과 믿음으로 하나님께 나아가야 합니다.

7. **예배의 형식**: 예배에 특별한 형식이 있지 않습니다. 그러나 예배드릴 때는 반드시 성경 말씀을 선포해야 하고 그 말씀을 들어야 합니다. 그리고 하나님께 기도와 찬송을 드리며 정성으로 헌금을 드려야 합니다. 중요한 점은 예배의 모든 요소가 영과 진리로 드리는 예배에 합당해야 한다는 점입니다.

주일 성수

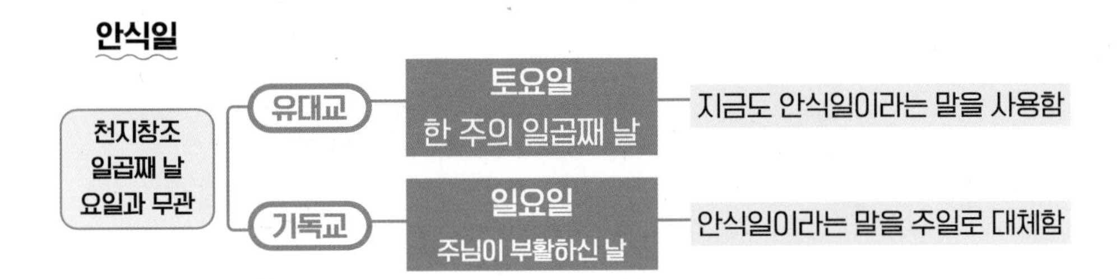

1. **안식일 준수의 목적**: 하나님은 엿새 동안 만물을 창조하시고 일곱째 날에 쉬셨습니다. 하나님은 일곱째 날을 복되고 거룩하게 하시며(출20:11) 안식일을 지키면서 창조주 하나님을 기억하도록 하셨습니다. 하나님은 안식일을 지키는 행위가 하나님과 이스라엘 백성들 사이에 대대에 걸친 표징이라고 하셨습니다(출31:13). 하나님은 이스라엘 백성들이 안식일을 지켜서 다른 백성들과 구별되기를 원하셨습니다.

2. **안식일 준수의 잘못된 인식**: 유대인들은 안식일의 참뜻을 깨닫지 못하고 일곱째 날에 아무 일도 하지 말라는(출20:10) 금지 조항에만 집착했습니다. 그래서 성경에도 없는 더 많은 금지 조항을 만들어 사람을 억압하는 날로 만들어 버렸습니다.

3. **주일 제정의 배경**: 예수님은 안식일 다음 날, 한 주의 첫날에 부활하셨습니다(마28:1). 성령님이 강림하신 날도 한 주의 첫날이었습니다(행2:1). 주일이라는 단어는 성경에 없으나 기독교는 예수님이 부활하시고 성령님이 강림하신 날을 기념하여 안식일이라는 말을 주일로 대체하여 사용하기 시작했습니다.

4. **주일성수의 목적**: 그리스도인은 주일을 특별한 날로 여겨 거룩히 보내는 습관이 필요합니다. 주일에 하나님께 감사와 찬양으로 영광을 돌려야 합니다. 나머지 육 일도 주일의 거룩한 습관이 확장되도록 노력해야 합니다.

5. **주일성수의 잘못된 인식**: 우리는 성경의 근거도 없이 주일에 어떤 일을 금지하면 안 됩니다. 그럼 우리도 바리새인처럼 됩니다. 또한 주일성수를 복 받기 위한 수단으로 여겨서도 안 됩니다.

기도

기도: 하나님과 교제하며 함께 시간을 보내는 것

기도의 통로: 예수 그리스도
기도의 방법: 성령의 인도로 하나님의 뜻에 합당할 것

기도란?

기도는 하나님과 교제하며 하나님과 함께 시간을 보내는 것입니다. 부모와 대화하며 같이 시간을 보낸다고 이해하시면 됩니다. 우리가 부모와 대화할 때 부탁만 하지 않듯이 하나님께 기도할 때 간구만 하는 행위는 바람직하지 않습니다. 쉬지 말고 기도하라는 말은 항상 어디서든지 하나님과 교제하라는 뜻입니다.

기도의 통로

기도는 예수 그리스도를 통하여 성부 하나님께 전달됩니다. 예수님을 통한다는 말은 예수님을 구주로 영접하고 예수님이 중보자라는 믿음으로 성부 하나님께 나아간다는 뜻입니다. 예수님은 우리의 대제사장이 되십니다. 우리는 대제사장이 되신 그리스도의 공로로 성부 하나님 보좌에 담대히 나아갈 수 있습니다(히4:16).

기도의 방법

우리가 부모님과 대화할 때 부모님이 싫어하거나 듣고 싶지 않은 말은 하지 않듯이 기도도 하나님의 뜻에 합당하게 드려야 합니다. 그러기 위해서는 하나님의 말씀과 하나님의 참된 속성을 잘 알고 기도해야 합니다. 특히 하나님은 하나님 사랑과 이웃 사랑을 강조하였습니다. 우리가 어떻게 기도해야 할지 잘 모르더라도 성령님의 인도로 기도할 수 있습니다. 우리는 마땅히 기도할 바를 알지 못하나 오직 성령님이 말할 수 없는 탄식으로 우리를 위해 친히 간구하십니다(롬8:26). 기도할 때 다른 사람을 의식할 필요 없습니다. 우리가 부모님과 대화할 때 같은 말을 수십 번 반복하지 않듯이 하나님께 기도드릴 때도 중언부언하지 말아야 합니다.

전도

1. **전도 대상**: 예수님은 유대인들에게만 복음을 전하셨습니다(마10:5-6). 그러나 유대인들은 예수님을 메시아로 인정하지 않았고 십자가에 못 박아 죽이고 말았습니다. 예수님은 부활하신 후에 제자들에게 온 세상에 가서 만민에게 복음을 전하라고 명령하셨습니다(막16:15).

2. **전도 내용**: 전도할 때는 복음을 분명하게 전해야 합니다. 우선 모든 사람이 죄인이므로 하나님의 영광에 이르지 못한다는 사실을 말해야 합니다(롬3:23). 예수님이 죄인인 우리를 위하여 희생하셔서 우리를 향한 하나님의 사랑을 나타내셨다는 사실을 알게 해야 합니다(롬5:8). 여기서 주의할 점은 하나님은 의를 좋아하시나 죄는 미워하시며 의인은 사랑하시나 죄인은 미워하신다는 사실입니다(잠6:16-19). 무조건 하나님은 당신을 사랑한다고 말하면 안 됩니다. 하나님은 죄인을 사랑한다고 말씀하신 적이 없습니다. 단지 죄인들에게 하나님의 사랑을 보여주셨다고 말씀하셨습니다.
   복음을 전할 때 주 예수를 입으로 시인하고 하나님께서 그를 죽은 자들로부터 살리신 사실을 마음에 믿으면 구원을 받는다고 말해야 합니다. 사람이 마음으로 믿어 의에 이르고 입으로 고백하여 구원에 이릅니다(롬10:9-10).

3. **전도 방법**: 예수님이 어떻게 전도하셨는지 살펴보면 올바른 전도 방법에 대해서 알 수 있습니다. 예수님은 성경 말씀을 풀어서 알려 주셨으며(눅4:16-21). 제자들을 훈련하신 뒤 파송하셨습니다(눅9:1-6). 예수님은 회당, 마을, 산, 가정 등 장소를 가리지 않으시고 사람들을 찾아다니시면서 복음을 전하셨으며(눅4:42-44, 막2:1) 여러 부류의 사람들과 함께 식사를 나누셨습니다(눅5:29-32). 예수님은 일방적으로 말씀만 하시지 않고 상대방에게 질문하시고 답을 하게 하여 스스로 깨닫게 하셨으며(눅9:18-20) 상대방이 자신을 시험하려고 질문할 때도 진지하게 설명해 주셨습니다(막12:13-14). 그리고 예수님은 복음을 억지로 강요하지 않으셨습니다(눅9:5).

4. **전도자 자세**: 우리가 말을 할 때 우리 안에서 말씀하시는 분은 성령님이라는 사실을 알고 그분의 도움을 구해야 합니다(마10:19-20). 전도자는 말과 행실과 사랑과 믿음과 정절의 본이 되어야 하며 영혼을 사랑하는 마음이 있어야 합니다(요15:9-10). 또한 포기하지 않으면 때가 되어 거둔다는 사실을 믿어야 합니다(갈6:9).

그리스도인의 부부 생활

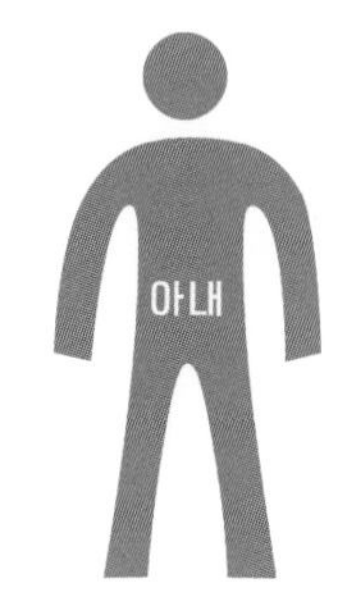

1. **결혼**: 하나님은 남자가 부모를 떠나서 그의 아내와 합하면 둘이 아니라 한 몸이 되었으므로 사람이 나누지 못한다고 말씀하셨습니다(마19:5-6). 성경에는 음행을 피하라고 수십 번 강조하고 있습니다(고전6:18). 하나님은 결혼은 귀하므로 침상을 더럽히지 말라고 하시면서 간음하는 자들을 심판하시겠다고 말씀하셨습니다(히13:4). 또한 교회가 그리스도께 복종하듯이 아내들도 자기 남편에게 매사에 복종해야 합니다(엡5:24). 그리스도께서 교회를 사랑하셔서 교회를 위하여 자신을 주셨듯이 남편도 아내를 사랑해야 합니다(엡5:25).

2. **이혼**: 음행하지 않았는데도 배우자를 버리면 안 됩니다(마5:32). 자기 배우자를 버리고 다른 사람과 혼인하는 행위도 간음입니다(막10:11-12).

3. **재혼**: 여자가 남자를 떠난 경우, 재혼하지 않고 지내거나 남편과 화해해야 합니다(고전7:10-11). 배우자가 사망하면 재혼을 해도 됩니다(고전7:39).

4. **배우자의 선택**: 배우자는 믿는 사람이어야 합니다(고후6:14). 하지만 이미 결혼한 상태에서 믿지 않는 아내가 남편과 계속 살기를 원한다면 아내를 버리지 말아야 하며, 또 믿지 않는 남편이 아내와 살기를 원한다면 남편을 버리지 말아야 합니다(고전7:12-13).

그리스도인의 가정 생활

1. **매일 성경 말씀을 읽고 묵상**: 부모는 자녀에게 말씀을 열심히 가르쳐야 하며 하나님께서 명령한 말씀들을 마음속에 두고 앉아 있을 때나, 걸을 때나, 누워 있을 때나, 일어날 때도 그 말씀들에 대해 말해야 합니다(신6:6-7).

2. **기도 생활**: 기도에 항상 힘쓰며(롬12:12) 쉬지 말고 기도해야 합니다(살전5:17). 쉬지 말고 기도하라는 말은 매일 하나님과 동행하는 삶을 살라는 뜻입니다.

3. **지혜로운 아내와 어머니**: 여자는 한 가정의 아내와 어머니로서 주를 두려워하며 지혜로운 말을 하고 친절을 베풀며 자기 식구들의 일을 잘 살피고 부지런해야 합니다. 그러면 자식들이 어머니를 축복하고 남편도 아내를 칭찬합니다(잠31:26-30).

4. **자녀 양육**: 부모는 자녀를 성나게 하지 말고 주의 교훈과 훈계로 양육해야 합니다(엡6:4). 자녀를 성나게 하지 말라는 말은 자녀를 자기의 소유물이나 욕망의 수단으로 생각하지 말고 하나님께서 맡겨 주신 귀한 존재로 여겨 자녀의 다양성을 인정하고 차별하지 않으며 관심과 사랑을 주어야 한다는 뜻입니다. 이를 위해 무엇보다 부모가 먼저 예수 그리스도의 마음이 있어야 합니다.

   자녀를 마땅히 가야 할 길로 훈육하면 그가 늙어도 그 길을 떠나지 않습니다(잠22:6). 만약 자녀가 주의 교훈과 훈계를 듣지 않는다면 회초리로 때려서라도 그의 혼을 지옥에서 구해야 합니다(잠23:14). 자녀를 채찍으로 때리라는 말은 무척 과장된 표현입니다. 회초리도 제한적으로 사용해야 합니다. 하나님을 경외하는 삶이 지식의 근본이라는 사실을 자녀에게 가르쳐야 합니다. 부모는 자녀가 하나님의 지혜와 훈계를 멸시하는 어리석은 사람이 되지 않도록 해야 합니다(잠1:7).

5. **부모에게 순종**: 자녀가 부모에게 순종하고 아버지와 어머니를 공경하는 삶이 약속 있는 첫째 계명입니다(엡6:1-2). 십계명에는 하나님께 지켜야 할 계명과 사람 간에 지켜야 할 계명이 있는데 부모를 공경하는 삶은 사람 간에 지켜야 할 첫째 계명입니다. 하나님은 이 계명을 지키는 사람을 잘 되게 하고 땅에서 오래 살 수 있도록 하시겠다고 약속하셨습니다(엡6:3). 반면에 자기 아버지와 어머니를 경홀히 여기는 사람은 저주를 받는다고 경고하셨습니다(신27:16). 보이는 부모도 공경하지 못하는 사람이 보이지 않는 하나님을 잘 공경할 리 만무합니다.

그리스도인의 경제 생활

1. **재물을 사랑하지 말 것:** 우리는 세상에 아무것도 가지고 오지 않았으며 아무것도 가지고 가지 않는다는 사실을 기억해야 합니다. 우리에게 먹을 음식과 입을 옷이 있으면 그것만으로 만족해야 합니다. 부자가 되려고 하는 사람은 유혹과 올무와 여러 가지 어리석고 해로운 정욕에 빠집니다. 돈을 사랑하는 마음이 모든 악의 뿌리입니다. 돈을 욕심내는 사람들이 믿음에서 떠나 방황하다가 많은 슬픔으로 스스로 넘어진 경우를 많이 봅니다. 따라서 만족할 줄 아는 경건이 큰 이익이 됩니다(딤전6:6-10). 예수님은 하나님과 재물을 함께 섬길 수 없다고 말씀하셨습니다(눅16:13).

2. **자족할 것:** 예수님은 무엇을 먹을까 무엇을 마실까 구하지도 말고 마음에 의심하지도 말라고 하셨습니다. 이런 것들은 세상 사람들이나 구하며 하나님은 우리가 이런 것이 필요하다는 사실을 잘 아십니다. 하나님은 우리에게 먼저 하나님의 나라를 구하면 이 모든 것을 너희에게 더하여 주신다고 약속하셨습니다(눅12:29-31).

3. **재물을 정당하게 벌 것:** 재물은 부지런히 일해서 벌어야 하며(잠12:27) 일하기 싫어하는 사람은 먹지도 말아야 합니다(살후3:10-12). 남의 재물을 도둑질하여 하나님을 욕되게 하지 말아야 하고(잠30:9), 빚지지 말며(잠22:7), 재물을 얻으려는 욕심에 눈이 어두워져서도 안 됩니다(잠28:22). 임금을 착취하지 말아야 하며(약5:4), 과부나 고아의 물건을 약탈해서도 안 됩니다(사10:2). 뇌물을 받지 말며(출23:8), 가난한 사람에게 이자를 받아서도 안 됩니다(출22:25).

4. **재물을 올바른 곳에 사용할 것:** 예수님은 자신을 위하여 땅에다 보물을 쌓아 두지 말고 하늘에 보물을 쌓아 두라고 하셨습니다. 왜냐하면 땅은 좀과 녹이 피해를 주고 도둑도 들어 오지만 하늘은 좀과 녹이 피해를 주지 못하며 도둑도 들어올 수 없기 때문입니다(마6:19-20). 예수님은 우리가 가진 재물을 팔아서 구제하라고 하셨습니다(눅12:33). 그러므로 재물이 있다면 형제가 궁핍할 때 도와줘야 합니다(요일3:17).

5. **하나님께 기쁨으로 드릴 것:** 예수님은 나라에 바칠 세금은 나라에 바치고 하나님의 것은 하나님께 드리라고 말씀하셨습니다(눅20:22-25). 하나님께 드릴 때는 인색하거나 억지로 드리면 안 되고 기쁨으로 드려야 합니다. 그러나 적게 심는 사람은 적게 거두고 많이 심는 사람은 많이 거둔다는 사실을 기억해야 합니다(고후9:6-7).

그리스도인의 사회 생활

1. **성결한 삶을 살 것:** 그리스도인은 죄에서 벗어나 스스로 깨끗하게 살아야 합니다(민8:21). 그리스도인의 몸은 하나님으로부터 받았으며 그 안에 성령님께서 계십니다. 따라서 음행을 피해야 합니다(고전6:19-20).

2. **성실하게 살 것:** 그리스도인은 열심히 일해야 하며(살후3:10) 손수 일하도록 힘써야 합니다(살전4:11). 순전한 마음으로 그리스도께 하듯이 윗사람에게 두려움과 떨림으로 순종해야 합니다. 그러나 불법이나 하나님의 뜻이 아닐 때는 순종해서는 안 됩니다. 일할 때 눈가림으로 하지 말며 주님께 하듯이 성실하게 해야 합니다(엡6:6-7).

3. **언행을 조심할 것:** 겉으로 경건하게 보일지라도 자기 혀를 제어하지 못한다면 자신의 마음을 속이는 것이며 그 경건도 헛됩니다(약1:26). 남을 판단하면 나도 판단을 받으므로 남을 판단하지 말아야 합니다(마7:1-2). 입에서 더러운 말이 나오지 않도록 해야 하고 오직 서로를 세우는 데 필요한 좋은 모습만 말하여 듣는 사람에게 은혜를 끼쳐야 합니다(엡4:29-30). 특히 하나님의 이름을 망령되게(헛되게) 사용하는 죄를 범하지 말아야 합니다(출20:7). 하나님의 이름을 경솔하고 부주의하게 사용해서는 안 됩니다. 하나님의 이름으로 저주를 해서도 안 되며 실수를 했을 때 무심코 주님(Oh My God)이라는 말을 사용해서도 안 됩니다.

4. **술 취하지 말 것:** 술에 취하는 모습은 방탕한 모습입니다(엡5:18). 또한 간음과 음행과 더러운 것과 음욕과 우상숭배와 주술과 원수 맺음과 다툼과 질투와 분노와 투쟁과 분열과 이단들과 시기와 살인과 흥청거림 같은 행동을 하는 사람들은 하나님의 나라를 상속받지 못합니다(갈5:19-21). 술에 취했다고 해서 구원을 받지 못하거나 구원을 잃어버리지는 않습니다. 그러나 술 취하면 하나님께 받는 상급이 적고 하나님이 싫어하시는 행동이므로 하지 말아야 합니다. 바울은 디모데에게 질병을 위해 포도주를 조금씩 쓰라고 말한 적이 있지만(딤전5:23) 그것은 단지 약용으로 조금 사용하라는 뜻이지 술을 마시라는 말이 아닙니다. 예수님께서 제자들과 성만찬을 했을 때 사용한 것은 포도주가 아니라 알코올이 함유되지 않은 포도즙입니다.

5. **검소할 것:** 그리스도인은 생활방식에 탐욕이 없도록 해야 하고 소유에 만족해야 합니다(히13:5). 단정하게 옷을 입으며 사치품으로 치장하지 말아야 합니다(딤전2:9).

영적 전쟁

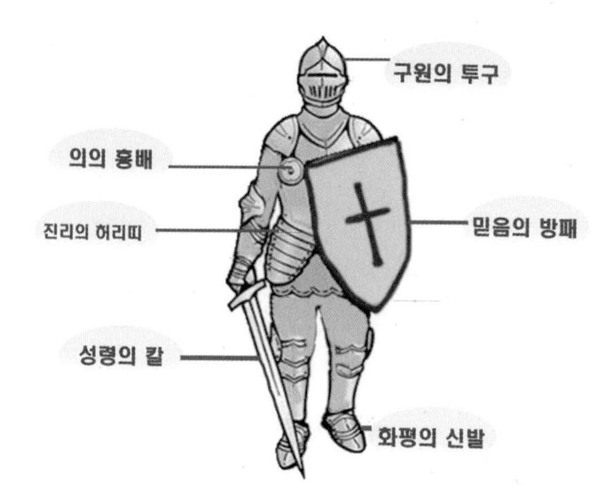

1. **영적 싸움의 대상**: 영적 전쟁의 대상은 사탄입니다. 사탄은 자신을 광명의 천사로 가장하고 나타납니다(고후11:14).

2. **사탄이 하는 일**: 사탄은 하나님과 사람 사이를 가로막으며(슥3:1), 온 세상을 미혹하고(계12:9), 그리스도인을 밤낮 고소합니다(계12:10). 또한 믿지 않는 사람들의 마음을 어둡게 하여 하나님의 형상이신 그리스도의 영광스러운 광채가 그들에게 비치지 못하도록 합니다(고후4:4).

3. **사탄의 운명**: 사탄은 마지막에 영원한 불 못 속에 던져집니다(계20:10).

4. **사탄과의 싸움에서 이기는 법**: 우리가 하나님께 복종하고 사탄을 대적하면 사탄이 우리를 피합니다(약4:7). 우리가 사탄의 술책에 대항하려면 하나님의 전신갑주를 입어야만 합니다. 진리로 허리띠를 두르고, 의의 흉배를 붙이고, 화평의 복음을 준비한 신을 신고, 믿음의 방패를 가지고, 구원의 투구를 쓰고, 성령의 칼 곧 하나님의 말씀을 가져야 합니다(엡6:13-17). **이미 사탄의 파멸은 예고되어 있으므로 두려워하지 말고 영적 전쟁에서 승리해야 합니다.**

5 교회

교회의 정의

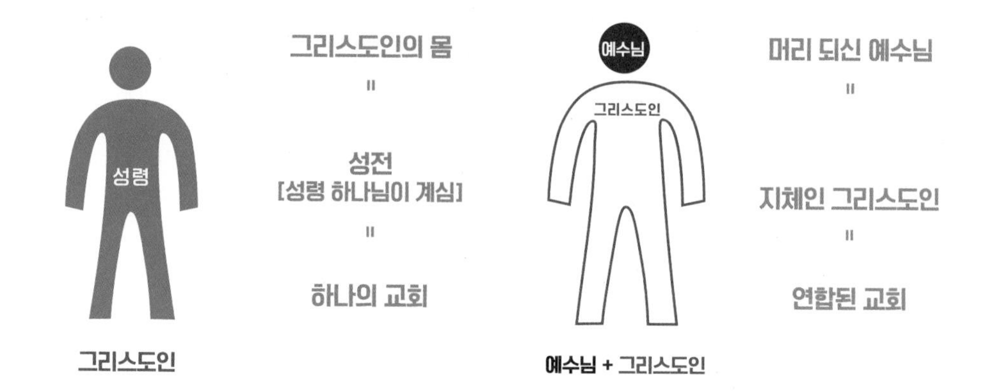

교회의 정의

예수 그리스도를 구주로 영접하고 성령으로 거듭난 신자(그리스도인)를 교회라고 합니다. 그리스도인 안에 성령님이 계시므로 그리스도인의 몸이 곧 성전입니다. 우리 몸이 하나님의 성전이므로 우리는 거룩해야 합니다(고전3:16-17). 또한 교회는 예수님과 그리스도인의 연합체이기도 합니다. 교회의 머리는 예수님이십니다(엡5:23). 그리스도인은 예수님의 신부로서 몸 된 교회의 지체들입니다(계21:9). 하나님께 예배하려고 지은 건물은 엄밀하게 말하면 교회가 아니라 예배당입니다.

교회의 특징

교회를 이끌어 가시는 분은 예수님입니다. 지체인 그리스도인들은 모두 형제입니다. 예수님은 반석 위에 자신의 교회를 세운다고 말씀하셨습니다. 여기서 반석은 예수님 자신을 말합니다. 성경에서 반석은 항상 예수님을 가리킵니다(고전10:4). 지옥의 문들도 예수님이 세우신 교회를 이기지 못합니다(마16:18). 예수님이 한번 세우신 교회는 그 누구도 무너뜨릴 수 없습니다. 따라서 한번 구원받은 신자는 영원히 예수님의 신부로서 구원을 보장받습니다. 교회는 예수님을 중심으로 유기적으로 연합되어 있으므로 절대 나뉘지 않습니다(고전1:13). 따라서 한 지체가 고통을 받으면 모든 지체가 함께 고통을 받고 한 지체가 영광을 얻으면 모든 지체가 함께 즐거워하는 모습이 진정한 교회의 모습입니다(고전12:26-27).

세례와 성찬

1. 세례의 의미: 세례는 그리스도의 피로써 죄가 씻겨진 뒤 옛사람은 죽고 새 삶이 시작된 사실을 기념하는 의식입니다(롬6:3-11). 세례를 받아야만 구원받는 것은 아닙니다. 세례는 그리스도 안에서 다시 태어났다고 고백하면서 치르는 의식입니다.

2. 세례의 대상: 세례는 예수님을 구주로 믿는 사람만 받아야 합니다(행8:35~36). 세례는 하나님 말씀에 순종하는 믿음이 있는 사람에게 베풀어야 합니다. 일정 기간 출석했다고 해서 혹은 일정한 나이가 되었다고 해서 무조건 베풀어서는 안 됩니다.

3. 세례의 종류: 세례에는 물세례와 성령세례가 있습니다. 물세례는 구원받은 사람이 교회 공동체에 입문하는 외적인 의식입니다. 성령세례는 성령님이 그리스도인 안에 영원한 임재를 시작하신 것으로 평생에 한 번 있습니다. 성령세례는 주님께서 구원받은 자에게 거듭남의 선물로 주시는 영적세례입니다(고전6:11). 오순절 성령강림 사건을 통하여 성도 개개인에게 성령님이 임하기 시작하였습니다.

4. 세례의 방법: 침례법은 몸이 물에 완전히 잠기게 하여 세례를 베푸는 방법으로 초대교회에서 행했던 방법이며 지금은 주로 침례교회에서 행합니다. 살수법은 물을 손에 찍어 뿌려서 세례를 베푸는 방법입니다. 약식세례라고도 하는데 오늘날 많은 교회에서 행하는 방법입니다.

5. 성찬의 의미: 성찬은 주님이 우리 죄를 대속하시려고 십자가에서 희생하신 것을 기념하는 예식입니다. 주님의 살과 피가 찢긴 고통을 기념하며 그리스도의 수난에 동참하는 예식입니다. 떡(빵)과 잔을 받으며 예수님이 피를 흘리시고 살이 찢기는 고통을 당했다는 사실을 기억해야 합니다. 그리고 내 죄를 위해 피를 흘리시고 살이 찢기신 예수님의 대속의 은혜에 감사를 드려야 합니다(고전11:23~25). 떡을 떼고 잔을 마실 때마다 주님이 다시 오실 때까지 복음을 전해야 한다는 사실을 명심해야 합니다(고전11:26). 성찬에 임하는 사람은 먼저 자기를 살펴야 합니다(고전11:27~28). 로마가톨릭은 성찬식 때 떡과 포도즙이 실제로 그리스도의 몸과 피로 변한다고 믿습니다. 하지만 성찬은 그리스도의 살과 피가 찢긴 사실을 기념하는 것입니다. 떡과 포도즙이 실제로 그리스도의 몸과 피로 변하지 않습니다.

교회 직분자

1. **감독, 장로, 목사:** 신약성경에 나오는 감독(Bishop), 장로(Elder), 목사(Pastor)는 모두 같은 직분입니다. 초대교회는 유대인을 중심으로 회당에서 말씀과 교리를 가르쳤는데 그때 말씀과 교리를 가르치며 교회를 이끌었던 사람을 장로라고 불렀습니다(벧전5:1). 교회가 유대인 중심에서 이방인 중심으로 바뀌면서 장로와 감독을 혼용해서 사용하기 시작했습니다. 바울은 밀레도에서 에베소 교회의 장로들을 부른 후에(행20:17) 그들에게 성령께서 너희를 감독자들로 세워 하나님의 교회를 돌보게 했다고 말한 적이 있습니다(행20:28). 여기서 감독은 감독자를 뜻하는 헬라어 '에피스코포스'를 번역한 말입니다. 이렇듯 당시 장로와 감독은 같은 뜻이며 혼용했다는 사실을 알 수 있습니다. 그러나 로마가톨릭이 감독을 주교의 의미로 사용하자 개신교에서는 로마가톨릭과 구별하려고 감독을 목사라고 부르게 되었습니다.

2. **감독(장로, 목사)의 자격:** 감독은 비난받을 일이 없어야 하고 한 아내의 남편이어야 합니다. 한 아내의 남편이어야 한다는 말은 결혼은 해야 하지만 둘 이상의 아내를 두면 안 된다는 뜻입니다. 감독은 절제하고 신중하며 예의가 바르고 대접하기에 힘쓰며 가르치기를 잘하고 술을 즐기지 아니하며 구타하지 아니하고 더러운 이익을 탐내지 않으며 오래 참고 다투지 않으며 탐욕스럽지 않고 자기 집안을 잘 다스려서 자기 자녀들을 순종하게 해야 합니다. 왜냐하면 자기 집안도 다스리지 못하는 사람에게 하나님의 교회를 맡길 수 없기 때문입니다. 믿은 지 얼마 되지 않은 사람은 감독이 되어서는 안 되는데 그가 교만하여져서 마귀의 정죄함에 빠질 수 있기 때문입니다. 감독은 양 무리를 돌보되 준비된 마음으로 해야 합니다. 그리고 하나님께서 맡겨 주신 사람을 지배하려 하지 말고 오직 양 무리의 본이 되어야 합니다(벧전5:2-3).

3. **집사:** 감독(장로, 목사)은 지명하였으나(행14:23) 집사는 선출하였습니다. 예루살렘 교회는 최초로 일곱 명의 집사를 선출하였습니다. 당시 그리스 지역에 살다가 돌아온 유대인들은 그들의 과부들이 매일의 구제(식량과 생활용품 등을 공급하는 일)에서 소외되자 본토에서 계속 살았던 유대인들에게 불만이 생겼습니다. 그러자 열두 사도가 하나님의 말씀을 버려두고 구제에만 몰두하면 옳지 않으니 평판이 좋은 일곱 사람을 택하여 구제의 일을 맡기고 나머지는 기도와 말씀 사역에 전념하자고 건의하여 집사를 선출하였습니다(행6:1-4).

4. **집사의 자격:** 집사는 신중하고 일구이언하지 않으며 술을 즐기지 아니하고 더러운 이익을 탐내지 않으며 순수한 양심에 믿음의 비밀을 가진 사람이어야 합니다. 집사는 한 아내의 남편으로서 자녀와 집안을 잘 다스려야 합니다. 먼저 사람을 관찰한 뒤 비난받을 점이 없어야 집사의 직분을 수행할 수 있습니다(딤전3:8-12).

생각해 보세요

1. 교회란 무엇인가요?

2. 그리스도인의 몸을 성전이라고 부르는 까닭은 무엇인가요?

3. 성경에서 반석은 누구를 말하나요?

4. 모세가 가나안 땅에 들어가지 못한 까닭과 반석은 어떤 관계일까요?

5. 세례는 어떤 사람에게 베풀어야 하나요?

6. 물세례와 성령세례의 차이점은 무엇인가요?

7. 장로, 감독, 주교, 목사는 어떻게 생겨났으며 차이점은 무엇인가요?

8. 성경에 기록된 감독(장로, 목사)의 자격은 무엇인가요?

9. 예루살렘 교회에서 집사를 선출한 까닭은 무엇인가요?

6 종말

부활

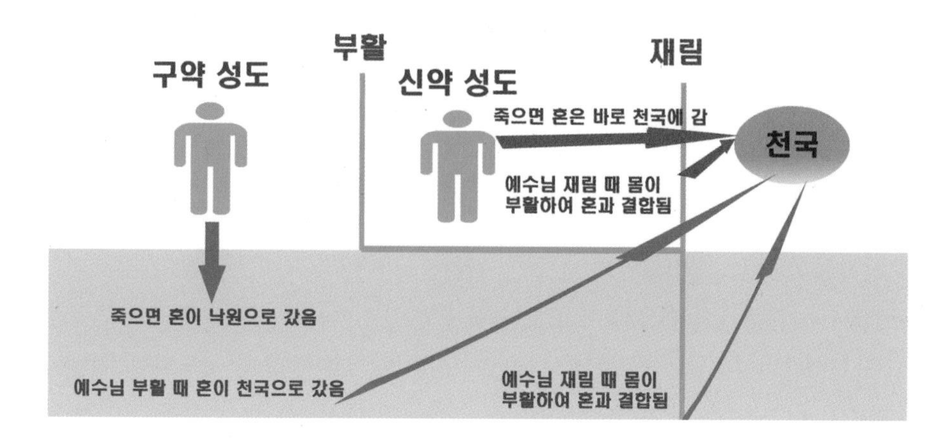

1. **구약 성도의 부활**: 구약 성도가 죽으면 혼은 땅속에 있는 낙원에 갔습니다. 지구 지표면 아래에 있는 실제 땅속입니다. 죽은 나사로가 간 낙원이 바로 그 땅속에 있었습니다. 유대인들은 그곳을 아브라함의 품이라고 불렀습니다(눅16:22). 예수님이 십자가에 못 박힌 죄수 한 명에게 네가 오늘 나와 함께 낙원에 있을 것이라고 말씀하신 그 낙원입니다(눅23:43). 예수님께서 부활하시기 전에는 아직 구약 시대이므로 그 죄수는 천국이 아닌 낙원에 갔습니다. 따라서 정확하지는 않으나 예수님은 십자가에서 돌아가신 후 사흘 동안 땅속 낙원에서 구약 시대 성도들과 함께 계시다가 그들의 혼을 천국으로 옮기셨다고 추정해 볼 수 있습니다(마27:53).

   예수님이 부활하신 후에 땅속 낙원은 없어졌습니다. 이제 신약 성도들은 죽으면 땅속에 있는 낙원으로 가는 것이 아니라 바로 천국에 갑니다. 구약 성도의 몸은 죽으면 땅속으로 들어갔습니다(전12:7). 예수님이 십자가에서 돌아가신 후 일부 구약 성도의 몸이 부활한 적이 있습니다(마27:52). 모든 구약 성도의 몸은 예수님이 재림하실 때 혼과 결합하여 영화로운 몸이 됩니다.

2. **신약 성도의 부활**: 신약 성도가 죽으면 혼은 바로 천국에 갑니다. 몸은 땅으로 돌아가지만(전12:7), 재림 때 영화로운 몸으로 변화됩니다(살전4:14-17, 고전15:51-54).

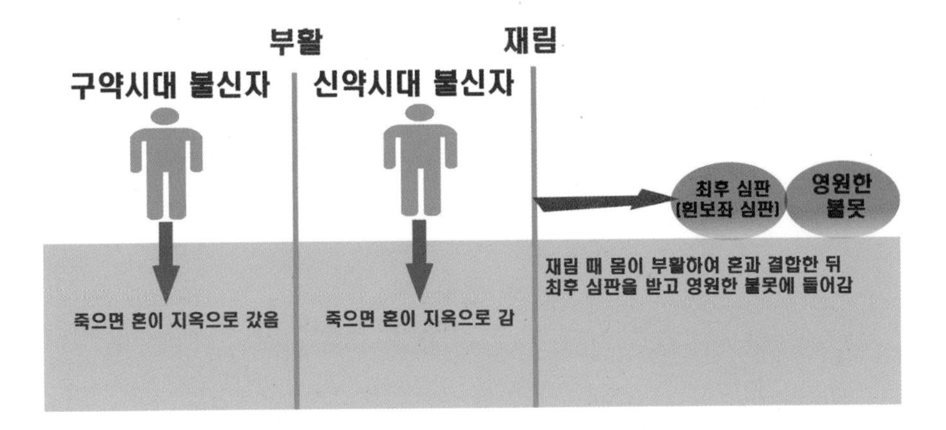

3. **불신자들의 부활**: 불신자들이 죽으면 구약 시대든 신약 시대든 그들의 혼은 지옥으로 갑니다. 지옥은 땅속 깊숙이 있습니다. 구약 성경에서는 지옥을 스올이나 음부라고 표현했습니다(눅16:23). 부자와 나사로 이야기에서 부자가 간 곳입니다. 불신자들의 영은 하나님께로 돌아갑니다(전12:7). 그들에겐 다시 하나님을 찾을 기회가 없으므로 영이 필요 없습니다. 그들의 몸은 재림 때 부활하여 예수님 앞에 나아가 흰 보좌 심판을 받습니다(계20:13). 그리고 영원히 타는 불 못에 던져집니다(계20:15).

휴거

1. **휴거의 뜻**: 휴거는 예수님이 재림하실 때 그리스도인이 하늘로 들려 올라가는 현상을 말합니다.

2. **휴거 근거**: 예수님은 호령과 천사장의 소리와 하나님의 나팔 소리와 함께 친히 하늘로부터 강림하십니다. 모든 사람이 예수님이 재림하시는 모습을 보게 됩니다. 이미 죽었던 그리스도인들의 몸이 먼저 일어나고, 다음에 살아 있는 그리스도인들이 먼저 일어난 사람들과 함께 구름 속으로 올려져 공중에서 주를 영접합니다(살전4:16-17). 사도 요한은 직접 휴거를 경험한 사람입니다. 요한은 하늘 문이 열리는 현상을 보았고 자기에게 올라오라는 나팔 소리 같은 음성을 들었습니다(계4:1).

재림

1. **재림의 시기**: 재림의 시기는 성부 하나님만 아십니다.

2. **재림하실 때 예수님 모습**: 요한계시록에 재림하시는 예수님의 모습을 상세히 묘사했습니다. 요한은 하늘이 열리며 흰 말 위에 앉으신 분을 보았는데 그분은 신실과 진실이라 불리며 의로 심판하고 싸우시는 분입니다. 그분은 하나님의 말씀입니다. 그분의 눈은 불꽃 같으며 머리에는 많은 왕관이 있고 피에 적신 옷을 입으셨습니다. 그분의 옷과 넓적다리에는 "만왕의 왕, 또 만주의 주"라고 기록되어 있습니다. 그분의 입에서 예리한 칼이 나와서 그것으로 민족들을 치며 철장으로 다스리고 그분은 전능하신 하나님의 맹렬한 진노의 포도즙 틀을 밟으십니다(계19:11-16).

3. **재림의 장소**: 스가랴서에 예수님은 예루살렘 앞 동편에 있는 감람산(올리브산) 위에 서신다고 기록되어 있습니다(슥14:4). 예수님이 승천하신 후 천사들이 제자들에게 예수님은 올라가신 모습 그대로 오신다고 알려주었습니다(행1:11). 요한계시록에서도 예수님이 구름과 함께 오시며 모든 사람이 예수님을 본다고 기록하였습니다(계1:7). 예수님은 영광 가운데 모든 천사와 함께 오셔서 거룩한 보좌에 앉으십니다(마25:31). 종합해 보면 예수님은 승천하신 대로 구름과 천사들과 함께 모든 사람이 볼 수 있도록 오시며 예루살렘 앞 동편에 있는 올리브 산에 재림하셔서 거룩한 보좌에 앉으십니다. 따라서 재림 예수라고 주장하는 사람들의 말에 속아서는 안 됩니다. 예수님은 누구나 볼 수 있도록 이 땅에 오십니다.

4. **재림의 동행자**: 예수님은 천사들과 함께 오시며(살후1:7) 모든 성도도 예수님을 따라 같이 옵니다(살전3:13).

흰 보좌 심판

1. **심판의 주체**: 요한은 크고 흰 보좌와 그 위에 앉으신 분을 보았습니다(계20:11). 보좌에 앉으신 심판관은 예수 그리스도이십니다(요5:22).

2. **심판의 시기**: 예수님이 재림하신 뒤 심판이 진행됩니다.

3. **심판의 대상**: 흰 보좌 심판은 구약시대이든 신약시대이든 구원받지 못하고 죽은 자들이 그 대상입니다. 구원받은 성도는 흰 보좌 심판의 대상이 아닙니다.

4. **심판의 진행**: 바다가 그 안에 죽은 자들을 넘겨주고 사망과 지옥도 그 안에 죽은 자들을 넘겨줍니다. 그들은 작은 자나 큰 자나 모두 보좌 앞에 섭니다. 그들 앞에 책들이 펴져 있고 생명의 책도 펴져 있습니다. 구원받지 못하고 죽은 자들은 자기들의 행위에 따라 그 책들에 기록된 대로 심판을 받습니다(계20:12-13). 하나님은 그들 앞에 그들이 저지른 죄를 낱낱이 보여주셔서 그들이 변명하지 못하도록 하십니다.

5. **심판의 결과**: 누구든지 생명의 책에 기록되지 못한 자는 불 못에 던져집니다(계20:15). 그들은 하나님의 은혜를 거부했으므로 그들의 행위에 따라 그 책에 기록된 대로 심판을 받습니다(계20:12). 그러나 그리스도인은 은혜로 구원을 받았으므로 행위로 심판을 받지 않습니다.

6. **심판 후의 세상**: 흰 보좌 심판 후에 처음 하늘과 처음 땅은 사라지고 바다도 없어집니다. 거룩한 도성 새 예루살렘이 하늘에서 내려옵니다(계21:1-2). 영원한 새 하늘과 새 땅의 시대가 열리게 됩니다.

새 예루살렘

1. **새 하늘과 새 땅**: 흰 보좌 심판 후 하나님께서 창조하신 처음 하늘과 처음 땅과 바다는 모두 사라집니다(계21:1). 그리고 하나님의 약속대로 의가 거하는 새 하늘과 새 땅이 내려옵니다(벧후3:12-13). 이전 것은 기억되거나 생각나지 않습니다(사65:17).

2. **새 예루살렘**: 거룩한 도성 새 예루살렘이 내려오는데 이는 마치 신부가 자기 남편을 위해 단장한 모습처럼 이미 준비된 상태입니다(계21:2). 어떤 이단은 새 예루살렘이 증거장막성전이라고 말하지만 사실과 다릅니다. 요한계시록 15장 5절에 나오는 증거 장막의 성전은 현재 천국에서 하나님이 계신 곳을 말합니다.

3. **새 예루살렘의 거주자**: 새 예루살렘의 거주자는 예수님의 신부인 그리스도인입니다(계21:9). 예수님은 내 아버지 집에 거할 곳이 많다고 하시면서 너희를 위하여 처소를 마련하러 간다고 말씀하셨습니다(요14:2). 그 처소가 새 예루살렘입니다.

4. **새 예루살렘의 규모**: 새 예루살렘은 네모반듯하며 길이와 너비가 같습니다. 도성을 측량하니 길이와 너비와 높이가 각 2,220km이며 면적은 4,928,400㎢입니다(계21:16). 이는 단면적이며 여러 층으로 이루어져 있다고 봤을 때 그리스도인 한 명이 거주하는 공간은 굉장히 넓습니다.

5. **새 예루살렘의 모습**: 새 예루살렘에는 하나님의 영광이 있어 도성의 광채가 가장 귀한 보석 같습니다(계21:11). 하나님의 영광이 그곳을 비추니 해나 달 같은 광명체가 필요 없습니다. 그곳에는 성전이 없는데 하나님과 예수님이 성전이시기 때문입니다(계21:22-23). 그곳엔 크고 높은 성벽도 있으며 열두 대문이 있습니다. 성곽은 벽옥으로 지어졌고 도성은 순금으로 맑은 유리 같으며 성벽의 기초석은 벽옥, 사파이어, 옥수, 에메랄드 등 열두 가지 각양 보석으로 단장되었습니다. 열두 대문은 열두 진주이고 도성의 거리는 순금이며 투명한 유리 같습니다(계21:12-21). 하나님과 어린양의 보좌에서 수정처럼 맑은 생명수가 흘러나옵니다. 도성의 거리 한가운데와 그 강 양편에는 생명나무가 있어 열두 가지 과실을 맺으며 달마다 과실을 냅니다. 그곳에는 사망이나 슬픔, 울부짖음, 고통이 없습니다(계21:4).

7. 성경

1 성경 개관

성경이란?

구약성경은 약 1,000년, 신약성경은 약 50년에 걸쳐 기록되었습니다. 구약성경은 약 30명, 신약성경은 8명이 기록하였습니다. 그들의 직업은 농부, 목자, 음악가, 세리, 어부, 의사, 왕, 사도, 대언자 등 다양했습니다. 구약성경은 대부분 히브리어로 기록되었으나 일부는 아람어로 기록되었습니다. 신약성경은 헬라어(그리스어)로 기록되었습니다. 구약성경은 39권 929장이며 신약성경은 27권 260장입니다. 총 66권 1,189장입니다.

하나님은 인간이 일반계시만으로는 하나님을 잘 알 수 없으므로 특별계시를 주셨습니다. 특별계시를 글이 아닌 말로만 주셨다면 인간이 그것을 쉽게 망각하거나 왜곡하여 하나님의 뜻이 후세에 잘 전달되지 못했을 것입니다. 그래서 하나님은 특별계시를 정확히 전달하시려고 문자로 기록하게 하셨는데 그것이 바로 성경입니다.

성경은 하나님이 어떤 분이신지, 하나님에 관하여 무엇을 믿어야 하는지, 하나님이 사람에게 요구하시는 의무가 무엇인지, 어떻게 하면 하나님을 영화롭게 하고 기쁘게 해 드릴 수 있는지 우리에게 알려 주는 유일한 지침서입니다. 우리는 성경을 통해 하나님은 반석이시며 하나님의 역사는 완벽하고 하나님은 공의로우시며 진실하시고 악이 없으시며 의로우시고 정직하신 분이라는 사실을 알 수 있습니다(신32:4). 그리고 하나님과 함께 할 수 있는 기쁨을 누립니다(요일1:3-4). 성경은 그리스도 예수 안에 있는 믿음으로 구원에 이르도록 지혜를 줍니다(딤후3:15).

성경의 특징

정확성

모든 성경은 하나님의 영감으로 주어졌습니다(딤후3:16). 영감이란 성령께서 그분의 말씀을 어떤 사람의 입에 불어넣으시고 그렇게 불어넣은 말씀들이 기록되는 과정을 말합니다. 따라서 성경의 어떤 예언도 사사로운 해석이나 사람의 뜻을 기록하지 않았으며 오직 하나님의 거룩한 사람들이 성령의 능력으로 기록하였습니다(벧후1:20-21). 따라서 성경은 오류가 없습니다.

통일성

성경은 마치 한 사람의 기록처럼 주제가 같다는 사실을 알 수 있습니다. 왜냐하면 성경은 하나님이 만든 책이고 사람은 단지 기록자에 불과하기 때문입니다. 따라서 성경은 한 번도 수정하지 않았습니다. 성경은 전능하신 하나님의 말씀이므로 수정할 필요도 없으며 수정해서도 안 됩니다. 그러나 인간이 성경을 번역하면서 수정, 첨가, 삭제하는 죄를 저지를 수 있습니다.

역사성

성경은 실제 있었던 일을 기록하였습니다. 지어낸 신화가 아닙니다. 하나님은 과거와 현재의 일뿐만 아니라 미래의 일까지 말씀하셨습니다. 다니엘서만 보더라도 하나님이 말씀하신 미래의 일은 반드시 그대로 이루어졌습니다. 그리고 요한계시록에 기록된 사건도 앞으로 반드시 일어납니다.

구약과 신약 구분

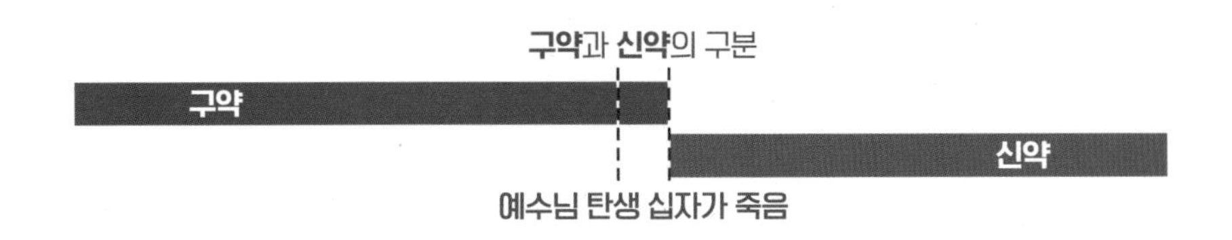

구약과 신약의 구분은 예수님 탄생이 아니라 십자가 죽음입니다. 예수님이 십자가에서 돌아가신 후에 예수 그리스도를 구주로 영접하면 구원을 받는다는 새로운 약속이 시작되었습니다. 예수님의 구속 사역을 처음부터 설명하려고 신약성경에 예수님 탄생부터 기록했을 뿐입니다. 바울은 할례는 마음에 하라고 했습니다(롬2:29). 따라서 신약시대에 실제 할례를 하는 그리스도인은 없습니다. 하지만 예수님은 태어난 지 팔일째 실제 할례를 받으셨습니다(눅2:21). 예수님의 탄생부터 신약시대가 시작된다면 예수님도 할례를 받을 필요가 없었습니다. 그때는 구약 시대였기 때문입니다.

신약시대에는 영생을 얻으려면 예수 그리스도가 구주라는 사실을 믿어야만 합니다(요3:16). 예수님의 공생애 기간에 율법학자가 예수님께 어떻게 해야 영생을 얻을 수 있는지 물었습니다. 예수님은 그에게 하나님과 이웃을 사랑해야 영생을 얻을 수 있다고 가르쳐 주셨습니다(눅10:25-28). 왜냐하면 당시에는 아직 십자가 대속이나 부활 사건이 일어나기 전인 구약 시대이므로 영생의 조건이 달랐기 때문입니다.

2 구약성경 개관

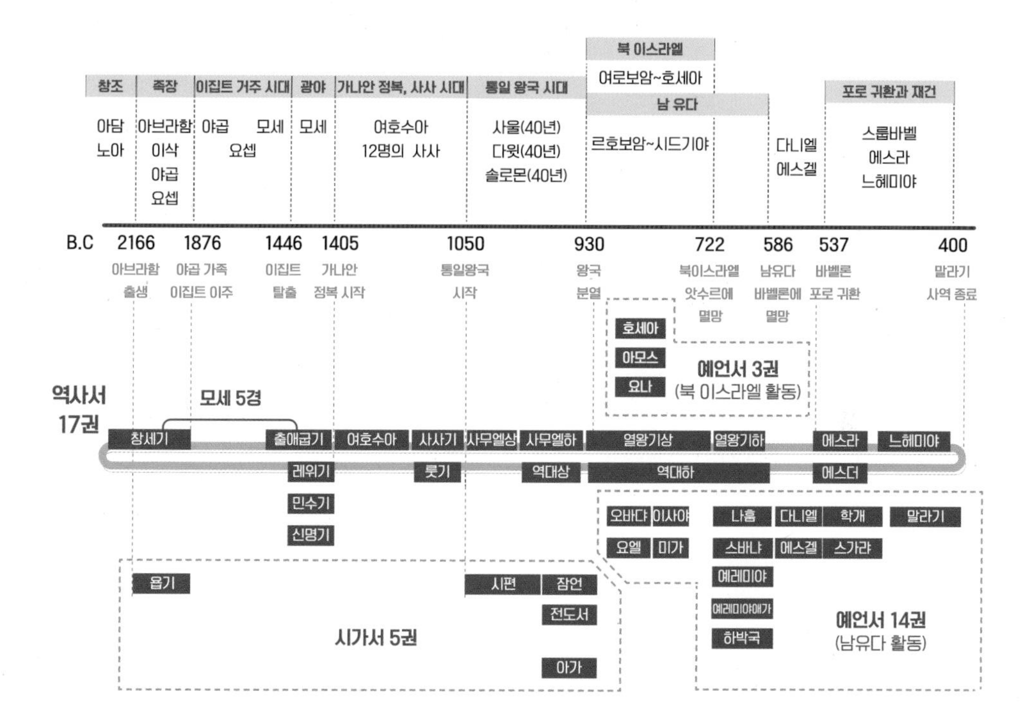

역사서 17권

역사서는 창세기, 출애굽기, 레위기, 민수기, 신명기, 여호수아, 사사기, 룻기, 사무엘상, 사무엘하, 열왕기상, 열왕기하, 역대상, 역대하, 에스라, 느헤미야, 에스더까지 총 17권입니다. 모세 5경(창세기, 출애굽기, 레위기, 민수기, 신명기)을 따로 율법서로 분류하기도 합니다.

예언서 17권

예언서는 이사야, 예레미야, 예레미야애가, 에스겔, 다니엘, 호세아, 요엘, 아모스, 오바댜, 요나, 미가, 나훔, 하박국, 스바냐, 학개, 스가랴, 말라기까지 총 17권입니다. 예언이란 하나님이 계시한 진리를 사람들에게 알려 준다는 뜻입니다.

시가서 5권

시가서는 욥기, 시편, 잠언, 전도서, 아가서까지 총 5권입니다. 시가(詩歌)라는 말은 시와 노래라는 뜻으로 역사의 주관자이신 하나님의 크신 권능과 신실하신 사랑과 공의를 찬송하였습니다.

3 구약 - 역사서

창세기

창세기, 출애굽기, 레위기, 민수기, 신명기는 모세가 기록했습니다. 모세가 기록한 다섯 권의 율법이라는 뜻으로 모세오경이라고도 합니다. 창세기는 모세가 이집트를 탈출한 후 광야에서 기록했습니다. 모세는 하나님을 직접 대면한 사람이므로 모세오경의 내용은 하나님께서 모세에게 직접 알려 주셨거나 모세가 경험한 것입니다. **창세기는 우주의 시작, 인류의 시작, 인류의 타락, 죄의 시작, 인류 구원 계획의 시작을 기록한 책입니다.**

아담이 하나님께 불순종하여 타락한 후에 인류는 자기 뜻대로 살았습니다. 하나님이 대홍수로 심판하셨으나 다시 바벨탑을 만들어 하나님의 명령에 불순종하였습니다. 그러나 하나님은 인간을 버리지 않으시고 구원 계획을 세우셨습니다. 하나님은 아브라함을 택하시고 믿음의 사람으로 만드신 뒤 그의 후손인 이삭과 야곱을 통해 큰 민족을 이루게 하셨습니다. 하나님은 요셉을 이집트의 총리로 삼아 야곱의 가족이 이집트로 이주하여 큰 민족을 이루게 하셨습니다. 하나님은 이스라엘 민족을 택하셔서 구원하시고 그들과 언약을 맺어 거룩하게 구별하려고 하셨습니다. 이스라엘 민족을 통해 모든 민족이 하나님만이 유일한 신이라는 사실을 알고 하나님을 경외하며 섬기기를 바랐습니다.

장	1~2장	3~5장	6~9장	10~11장	12~24장	25~26장	27~36장	37~50장
핵심 내용	천지 창조 인류의 시작	인간의 타락 죄의 시작	대홍수 하나님의 심판	인류가 흩어짐 바벨탑 사건	선택 받은 아브라함 히브리 민족의 시작	이삭의 순종	야곱의 여정 이스라엘 역사의 시작	이집트 총리가 된 요셉 구원의 역사 시작
주요 인물	아담		노아		아브라함	이삭	야곱	요셉
주제	하나님의 명령에 불순종하여 모든 인간이 죄인이 됨		하나님이 대홍수로 인간을 심판하셨으나 다시 타락함		하나님이 아브라함을 택하시고 그를 통해 민족을 이루어 구원을 이루려고 계획하심			
핵심어	죄				구원			
장소	동편(에덴~우르)				서편(가나안~이집트)			

출애굽기

이스라엘 백성은 이집트에서 430년 동안 노예 생활을 했습니다. 이스라엘 백성이 하나님께 호소하자 하나님은 모세를 불러 이스라엘 백성을 이집트에서 탈출시키셨습니다. 하나님은 아브라함에게 하신 약속을 지키셨습니다. 이스라엘 백성은 구원은 받았으나 하나님을 잘 몰랐습니다. 그래서 하나님은 그들에게 율법을 주셔서 하나님의 백성답게 살도록 요구하셨고 백성은 그렇게 하겠다고 약속했습니다. **하나님은 백성들이 자신에게 나아오는 방법을 알려 주시려고 성막을 제작하도록 명령하셨습니다. 이스라엘 백성은 성막을 통해 하나님이 얼마나 거룩하신 분인지 깨달을 수 있었습니다.**

장	1~2장	3~6장	7~10장	11~12장	13~15장	16~18장	19~24장	25~31장	32~34장	35~40장
핵심 내용	이집트 노예 생활	하나님께 부름 받은 모세	이집트에 10가지 재앙이 내림	유월절과 이집트 탈출	홍해를 건넘	시내산까지 여정	하나님께 십계명과 율법을 받음	하나님이 성막을 제작하라고 명령하심	금송아지 사건과 다시 받은 십계명	성막의 완성, 하나님의 영광이 성막에 충만함
주제	하나님이 이집트의 노예로 있던 이스라엘을 구원하심						하나님이 이스라엘을 거룩하게 하시려고 율법을 주시고 성막을 제작하라고 명령하심			
장소	이집트				광야		시내산			
시간	430년				2개월		10개월			

레위기

하나님은 이스라엘 백성이 가나안 땅에 들어가기 전에 먼저 거룩하고 성결하기를 바라셨습니다. 하나님은 레위기를 통해 그들에게 하나님께 나아오는 방법과 하나님과 교제하는 방법을 가르쳐 주셨습니다.

장	1~3장	4~5장	6~7장	8~10장	11~15장	16장	17~27장
핵심 내용	세 가지 자원 제사 번제 헌물 음식 헌물 화평 헌물	두 가지 의무 제사 죄 헌물 범법 헌물	제사에 관한 법	제사장 직분	음식과 질병에 관한 율법	속죄일	피의 신성함, 성적 윤리, 생활 윤리, 범법자 처벌, 제사장 행동 지침, 명절, 안식년, 봉헌 율법
주제	제사를 통해 거룩하신 하나님께 나아감				거룩하신 하나님과 교제함		
장소	시내산, 성막						

민수기

민수기는 백성의 수를 센다는 뜻인데 민수기에 나오는 두 번의 인구조사에서 유래한 이름입니다. 그러나 히브리 성경 이름은 민수기가 아니라 '광야에서'입니다. 민수기는 이스라엘 백성의 광야 여정과 가나안 땅에 들어가기 위한 준비 과정을 기록하였습니다. 하나님께 순종했다면 전쟁에서 승리하고 바로 가나안 땅에 들어갈 수 있었으나 불순종하였으므로 오랫동안 방황하였습니다. **창세기는 타락과 하나님과의 단절을, 출애굽기는 구속을, 레위기는 하나님께 경배와 교제의 방법을, 민수기는 섬김을 보여줍니다.**

장	1~4장	5~10장	11~12장	13~16장	17~19장	20~25장	26장	27~30장	31~34장	35~36장
핵심 내용	1차 인구조사	나실인 규례, 통치자 헌물, 등잔 배치, 레위인의 정결, 병자의 격리	백성의 불만, 메추라기 탐식, 미리암이 징계를 받음	정탐꾼 파견, 38년 동안 광야에서 방황하게 됨, 고라의 반역	제사장과 레위인의 의무 정결법	모세의 불순종과 아론의 죽음, 가나안 동편 점령	2차 인구조사	상속과 헌물 규정, 서원의 규례	가나안 동편 분배, 가나안 정복 규정	레위인의 도시, 여자 상속
주제	약속의 땅에 들어가기 위해 하나님께 순종(구원받은 자가 영적 전쟁에서 승리하기 위해 하나님께 순종)									
장소	시내산		시내산 → 가데스바네아	가데스바네아		가데스 바네아 → 호르산 → 요단 동편	요단 동편			
시간	약 2개월			약 38년		약 9개월				

신명기

가데스바네아 정탐꾼 사건으로 여호수아와 갈렙을 제외하고 20세 이상이 모두 죽었습니다. 신명기는 모세가 죽기 전에 율법을 잘 모르는 신세대들에게 율법을 다시 설명해 주고 가나안 땅에서 율법을 잘 지켜서 하나님께 순종의 삶을 살라고 권면하는 내용입니다. 모세는 이스라엘 백성은 하나님께 신실하지 못했으나 하나님은 신실하신 분이라는 사실을 가르쳐 주었으며 하나님을 사랑하라고 당부하였습니다.

여호수아

모세가 모압 땅에서 죽고 여호수아가 모세의 후계자가 되었습니다. 여호수아가 신세대를 이끌고 가나안 땅에 들어가 약 7년 동안 정복 활동을 펼치는 과정과 정복이 끝나고 약 18년 동안 가나안 땅을 각 지파가 나누고 정착하는 과정을 기록하였습니다.

사사기

사사기는 영어 성경으로는 'Judges'인데 재판관들이라는 뜻입니다. 고대 중국의 재판관을 사사라고 불렀는데 사사기라는 말은 거기서 유래했습니다. 사사기는 여호수아가 죽은 후 마지막 사사인 사무엘이 나타날 때까지 약 340년의 역사를 기록하였습니다. 그 당시 이스라엘에는 아직 왕이 없었습니다. 하나님이 왕으로서 이스라엘을 직접 다스리셨습니다. 그러나 이스라엘은 하나님께 불순종하여 우상을 숭배하였고 하나님이 쫓아내라고 명령하신 가나안 족속을 모두 쫓아내지 않았으므로 여러 민족의 지배를 받았습니다. 이스라엘이 고통 가운데 하나님을 찾을 때마다 하나님은 사사를 보내셔서 그들을 구원해 주셨습니다. 사사기는 이런 불순종과 구원의 과정이 반복해서 나옵니다.

인간이 타락하여 하나님과의 관계가 단절되었습니다(창세기), 그러나 하나님은 인간을 버리지 않으시고 약속대로 구원해 주셨습니다. 그리고 성막을 통해 하나님과 만나며 교제하는 방법을 알려 주셨습니다(출애굽기). 성도는 여전히 하나님에 관하여 잘 모릅니다. 그래서 하나님은 자신이 좋아하시고 싫어하시는 것이 무엇인지, 자신을 어떻게 경배해야 하는지, 자신을 닮아 거룩하게 살려면 어떻게 해야 하는지 성도에게 가르쳐 주셨습니다(레위기). 이제 성도는 하나님의 계명을 알았으니 그것을 지키며 살 수 있도록 육적, 영적 싸움을 해야만 합니다(민수기). 성도가 육적, 영적 싸움에서 계속 승리하려면 항상 하나님의 말씀을 묵상하며 마음에 새겨야 합니다(신명기). 성도가 하나님께 순종하면 하나님이 지켜주시므로 복을 받습니다(여호수아). 그러나 불순종하면 하나님께 징계를 받으며 믿지 않는 자들의 조롱거리가 됩니다(사사기).

성경을 통독할 때 순서대로 통독해야 하나님께서 주시려는 메시지를 잘 이해할 수 있습니다. 성막과 율법 부분을 읽지 않고 넘어가는 것은 바람직하지 않습니다.

룻기

여자 이름으로 제목이 붙은 성경이 두 권 있는데 하나는 룻기이고 하나는 에스더입니다. 룻기의 이야기는 사사 시대에 일어난 일입니다.

1. **가족 배경**: 그녀의 가족이나 과거에 대한 기록은 없으며 단지 그녀가 모압 출신으로 젊은 시절을 모압에서 보냈다는 사실만 알 수 있습니다. 룻은 말론이라는 히브리인과 결혼했습니다. 그러나 10년 후에 남편 말론과 남편의 형제 기룐까지 죽고 맙니다. 룻의 시어머니 나오미는 기근을 피해 모압까지 왔으나 남편과 두 아들이 모두 죽자 고향 베들레헴으로 돌아가려고 하였습니다. 룻의 동서인 오르바는 모압 땅에 남았으나 룻은 시어머니를 따라 베들레헴에 갔습니다.

2. **룻의 섬김**: 룻은 이방인이었지만 시어머니뿐만 아니라 하나님도 섬겼습니다(룻1:16). 룻은 나오미의 친족인 보아스의 밭에서 이삭을 주워 생계를 유지합니다. 보아스는 룻의 선행과 현숙함을 보고 젊은 남자들이 룻에게 손대지 못하도록 하였을 뿐만 아니라 그녀가 좋은 밭에서 이삭을 많이 줍도록 배려하였습니다.

3. **기업을 무른 보아스**: 룻은 나오미가 시키는 대로 보아스가 타작마당에 누울 때 그의 발치에 누었습니다. 보아스가 놀라 누구냐고 묻자 룻은 보아스에게 당신은 가까운 친척이라고 말했습니다. 보아스가 기업 무름의 책임이 있다는 사실을 상기시켜 주려고 한 말입니다. 기업 무름이란 한 남자가 자식 없이 죽었을 때 그 형제나 남자 친척이 죽은 사람의 아내와 결혼하여 가정의 대를 잇고 가업을 지켜주는 제도입니다. 룻은 젊은 남자와 결혼할 수 있었으나 나오미의 지시에 순종하여 자기보다 훨씬 나이가 많은 보아스에게 기업 무름을 요청하였습니다. 보아스는 룻을 아내로 맞이합니다. 보아스와 룻은 오벳을 낳았고, 오벳은 이새를 낳았고, 이새는 다윗을 낳았습니다. 룻은 다윗의 증조할머니가 되어 메시아의 계보를 이어주었습니다.

4. **룻기의 성경적 의미**: 룻기를 통해 하나님은 이스라엘 백성이 뛰어나서 택하신 것이 아니며, 이스라엘을 통해 모든 민족이 구원받기를 바라신다는 사실을 알 수 있습니다. **보아스는 이방인 룻을 아내로 맞이했으므로 예수 그리스도를 상징합니다. 룻은 예수님을 영접하고 구원받은 이방인을 상징합니다.**

사무엘서

사무엘서는 이스라엘의 마지막 사사인 사무엘과 이스라엘 초대 왕 사울 그리고 두 번째 왕 다윗에 관한 이야기입니다. 사무엘상은 사무엘의 탄생과 지도자가 되는 과정, 사울이 초대 왕이 되는 과정, 사울이 폐위되고 다윗이 왕으로 선택되는 과정을 기록하였습니다. 사무엘하는 다윗의 이야기입니다. 다윗이 유다 지파의 왕에서 이스라엘 전체 왕이 되는 과정, 다윗의 영토 확장, 반역과 진압, 후기 통치까지 기록하였습니다.

사무엘서는 이스라엘의 통일왕국 시대 중 사울과 다윗을 다루며, 열왕기서는 통일 왕국 시대 중 솔로몬과 이후 분열 왕국 시대를 다룹니다. 따라서 사무엘서와 열왕기서는 이스라엘 왕국에 관한 역사서로서 이스라엘 건국과 분열, 멸망까지 기록하였습니다.

이스라엘 백성들은 사무엘에게 왕을 요구하였고 하나님은 그들의 요구를 들어주셨습니다. 그러나 하나님의 마음에 합당하다고 여긴 다윗마저 죄를 범하는 등 왕의 통치는 실패하였습니다. **하나님께서는 인간이 왕으로서 통치하는 세상은 완전하지 못하다는 사실을 백성들이 스스로 깨닫게 하시려고 왕을 허락하셨습니다. 예수님이 왕으로서 세상을 통치하실 때 비로소 공의롭고 완전한 왕국이 됩니다.**

성경	사무엘상					사무엘하				
장	1~7장	8~15장	16~17장	18~30장	31장	1~4장	5~10장	11~14장	15~20장	21~24장
핵심 내용	사무엘의 탄생, 지도자 사무엘	초대 왕 사울, 사울의 범죄	선택받은 다윗, 다윗의 승리, 사울의 증오	사울에게 쫓기는 다윗	사울의 죽음	유다 지파의 왕이 된 다윗	모든 지파의 왕이 된 다윗, 다윗의 영토 확장	다윗과 아들들의 범죄	압살롬과 세바의 반역, 반역의 진압	다윗의 후기 통치
핵심 인물	사무엘	사울	사울과 다윗			다윗				
장소	이스라엘, 블레셋 등 여러 지역					헤브론	예루살렘			

열왕기서

열왕기는 통일왕국 시대 솔로몬이 왕위에 오르는 과정부터 왕국의 분열, 분열 왕국의 멸망까지 여러 왕에 관하여 기록하였습니다. 열왕기서를 통해 **하나님에 대한 순종이 왕국의 흥망성쇠를 결정한다**는 사실을 알 수 있습니다.

역대기

역대기는 에스라가 기록했다고 추정합니다. 에스라는 율법학자이며 바벨론의 2차 포로 귀환을 주도한 지도자입니다. 역대기는 대부분 남유다 왕국 시절의 사건을 시간 순서대로 기록하였습니다. 역대기는 바벨론 포로 생활에서 돌아온 새로운 세대에게 선민사상을 강조하려고 아담부터 여러 조상의 족보를 자세히 기록하였으며 성전 건축과 성전 예배의 중요성을 강조하려고 다윗의 성전 건축 준비와 솔로몬의 성전 건축 과정을 자세히 기록하였습니다. 솔로몬 이후 남유다 왕들의 이야기를 소개하며 하나님께 순종하면 평안을 누리지만 불순종하면 징계를 받고 멸망한다는 사실을 후세에 가르쳐 주기 위해 기록하였습니다.

성경	열왕기상			열왕기하		역대상			역대하	
장	1~10장	11장	12~22장	1~17장	18~25장	1~9장	10장	11~29장	1~9장	10~36장
핵심 내용	다윗의 죽음, 왕이 된 솔로몬, 솔로몬의 영광	솔로몬의 타락	왕국의 분열	분열 왕국의 영적 타락, 북이스라엘의 멸망	남유다의 타락과 회복의 반복, 남유다의 멸망	아담부터 시작된 이스라엘 조상의 계보	사울의 죽음	다윗의 통치와 성전건축 준비	솔로몬의 통치, 성전 건축 완성	남유다의 타락과 회복의 반복, 남유다 멸망
핵심 인물	솔로몬		분열 왕국의 여러 왕		남유다의 여러 왕		사울	다윗	솔로몬	남유다의 여러 왕
시대	통일 왕국		분열 왕국				통일 왕국			분열 왕국

에스라

남유다 백성이 바벨론에 포로로 끌려간 지 70년 만에 3차에 걸쳐 고국으로 귀환합니다. 1차 귀환은 스룹바벨이 주도하여 성전을 재건하였습니다. 2차 귀환은 에스라가 주도하여 종교개혁을 단행했습니다. 3차 귀환은 느헤미야가 주도하여 성벽을 재건하였습니다. 에스라서 1~6장은 1차 귀환, 7~10장은 2차 귀환 당시의 상황을 기록하였습니다. 따라서 6장과 7장 사이에 약 60년의 시차가 있습니다. 에스라서는 귀환한 백성들의 영적 회복을 위해 특히 성전 재건과 성전 예배의 중요성을 강조하였습니다. 에스라가 역대기와 에스라서를 기록했으므로 두 성경의 주제가 비슷합니다.

느헤미야

느헤미야는 3차 포로 귀환을 주도하여 황폐한 성벽을 52일 만에 재건하였습니다. 느헤미야서는 성벽 재건과 이스라엘의 종교와 정치가 회복되는 과정을 기록하였습니다.

에스더

에스더서에 기록된 사건은 페르시아 제국의 수도 수산성에서 일어났습니다. 하만의 음모로 이스라엘이 멸족의 위기에 처했으나 하나님이 페르시아 제국의 왕비 에스더와 그의 사촌 모르드개를 통해 이스라엘을 구해주신 내용입니다. 에스더서에 기록된 사건은 바벨론 1차 포로 귀환과 2차 포로 귀환 사이에 해당합니다. 에스더서를 통해 전멸 직전에서 유대인들을 구해주신 하나님의 놀라운 섭리와 은총을 볼 수 있습니다.

성경	에스라	에스더		에스라	느헤미야	
장	1~6장	1~2장	3~10장	7~10장	1~4장	5~13장
핵심 내용	바벨론 포로의 1차 귀환과 성전 재건	페르시아의 왕비가 된 에스더	멸족의 위기를 모면한 이스라엘	바벨론 포로의 2차 귀환과 종교 개혁	바벨론 포로의 3차 귀환과 성벽 재건	에스라와 느헤미야의 종교와 정치 개혁
핵심 인물	스룹바벨	에스더, 모르드개		에스라	느헤미야	에스라, 느헤미야
시대	B.C.537-516	B.C.483-473		B.C.458	B.C.445-420	

생각해 보세요

1. 이스라엘 백성이 하나님께 십계명을 받고 성막을 만든 곳은 어디인가요?

2. 모세가 신명기에서 율법을 다시 상기시켜 준 까닭은 무엇인가요?

3. 보아스와 룻은 각각 누구를 상징하나요?

4. 열왕기서와 역대기는 이스라엘 왕들에 관해 기록한 성경이지만 어떤 차이가 있나요?

5. 에스라와 느헤미야는 바벨론 포로 귀환과 어떤 관계가 있나요?

6. 에스더서는 어떤 시대에, 어디에서 일어난 일을 기록했나요?

4 구약 - 시가서

시가서는 욥기, 시편, 잠언, 전도서, 아가서입니다. 시가서는 지혜서라고도 불립니다. 시가서는 인간이 직면한 현실의 문제를 다루면서 인간이 어떻게 살아야 하는지 지혜를 주는 성경입니다. 시편은 시와 노래 형식으로, 잠언과 전도서는 짧은 격언 형식으로, 욥기와 아가서는 대화 형식으로 구성하였습니다.

욥기

욥은 아브라함과 비슷한 시기에 살았던 실제 인물입니다. 욥은 아라비아 사막의 우스라는 곳에 살았습니다. 사탄은 욥을 시기하여 하나님으로부터 욥을 시험해도 좋다는 허락을 받아 욥의 소유를 빼앗고 그의 온몸에 독한 종기가 나게 합니다. 이 소식을 듣고 욥의 친구들이 욥을 방문하였습니다. 그들은 고난의 원인과 해결 방안에 대해서 욥과 여러 차례 논쟁합니다. 친구들은 욥이 죄를 범하여 고난을 받고 있으므로 회개하라고 충고합니다. 얼핏 들으면 친구들의 말이 옳게 들립니다. 욥기를 읽으면서 친구들의 말이 다 옳은 것 같은데 그들이 왜 하나님께 책망을 받았을까 하는 의심이 듭니다. 그러나 친구들은 하나님과 진리에 대해서 잘 몰랐습니다.

고난은 반드시 죄를 지은 사람에게만 찾아오지 않습니다. 의인이든 죄인이든 고난은 찾아옵니다. 욥기 끝부분에 하나님께서 나오셔서 욥과 친구들 모두 책망하셨습니다. 그리고 온 세상을 주관하시는 하나님의 전능하심을 믿고 순종하라고 가르치셨습니다. **어떤 고난이 닥쳐와도 하나님을 원망해서는 안 됩니다. 하나님의 주권과 섭리를 믿으며 참고 이겨내야 합니다.** 그러면 욥이 다시 축복을 받았듯이 하나님께서 반드시 회복시켜 주십니다.

장	1~3장	4~37장	38~41장	42장
핵심 내용	사탄의 시험으로 욥이 고난을 받음	친구들과 욥의 논쟁 (친구들은 욥이 범죄하여 고난을 받으므로 회개하라고 촉구함)	하나님의 말씀	욥의 회개와 축복
핵심 인물	하나님, 사탄	욥과 친구들	하나님	욥
주제	의인이든 죄인이든 누구에게나 고난이 닥치므로 하나님의 섭리를 믿고 인내하며 극복해야 한다.			

시편

시편의 원명은 찬양의 책입니다. 시편은 개인이 하나님께 찬양, 감사, 회개, 신앙고백을 하기 위해서 그리고 공동체의 예배 의식, 절기, 신앙지도를 위해서 기록하였습니다. 이스라엘 백성들은 환난 가운데 느낀 두려움, 하나님께 신뢰, 하나님이 주신 승리의 기쁨, 하나님의 창조와 권능에 대한 경외심 등 다양한 감정을 시로 표현하였습니다. 시편을 기록한 사람은 다윗(73편), 아삽(12편), 고라의 자손(11편), 솔로몬(2편), 모세(1편), 에단(1편)이며 그 외 50편은 기록자를 알 수 없습니다. 아삽은 다윗과 솔로몬 시대에 찬송하는 직분을 맡은 악사였는데 시편에는 그와 그의 후손의 시가 같이 실려 있습니다. 고라가 모세에게 반역할 때 고라의 세 아들은 죽지 않았는데 그 후손 중 일부가 성전에서 찬송하는 사람들이 되었습니다. 이들이 기록한 시를 다윗, 히스기야, 요시야, 에스라, 느헤미야가 조금씩 편집하여 전체 150편이 되었습니다.

잠언

잠언은 인간이 세상을 살아갈 때 추구해야 할 삶의 지혜를 짧은 문장들로 소개한 책입니다. 격언집이라고 볼 수 있습니다. 잠언(箴言)이라는 용어는 중국어 성경에서 유래했는데 '가르쳐서 훈계하는 말'이라는 뜻입니다. **잠언은 지식의 근본이 하나님이시며 하나님을 경외하는 자세가 곧 지혜라는 사실을 가르쳐 줍니다.** 그리고 인간이 이를 깨닫게 하여 지혜롭게 행동하도록 훈계합니다.

전도서

전도서의 히브리 책명은 '백성을 모으는 사람'이라는 뜻입니다. 전도서는 말년에 타락했던 솔로몬이 회개한 뒤 백성을 모아서 자신의 경험과 깨달음을 설교한 책으로 추정됩니다. 전도서는 '전도자의 말씀'이라는 뜻으로 역시 중국어 성경에서 온 말입니다. 전도자는 설교자를 지칭하기도 합니다. 전도자는 솔로몬입니다. 전도서에는 '헛되다'라는 표현이 37회가 나오지만 그렇다고 해서 허무주의 사상을 강조한 것이 아닙니다. **하나님을 떠나서는 인간의 모든 것은 헛되며 허무하다는 사실을 깨우쳐 주고 오직 하나님을 경외하고 그분의 명령에 순종할 때 인생의 참 행복을 누릴 수 있다고 가르쳐 줍니다.**

아가

아가서는 솔로몬이 기록하였습니다. 아가서는 노래 중의 노래, 가장 아름다운 노래라는 뜻입니다. 아가서는 가난한 가정 출신인 술람미 처녀가 솔로몬이 소유한 포도원에서 일하다가 솔로몬을 만나 서로 사랑에 빠지는 이야기입니다. 남녀 사이의 사랑 이야기인 아가서가 성경에 포함된 까닭은 단순히 남녀의 사랑 이야기가 아니라 **하나님과 이스라엘 백성의 사랑, 예수님과 그리스도인의 사랑을 상징**하기 때문입니다. 따라서 아가서는 하늘에 소망을 둔 성도들에게 신랑 되신 예수님을 기다리는 기쁨과 소망을 줍니다.

생각해 보세요

1. 시가서에 해당하는 성경은 무엇인가요?

2. 욥이 고난을 받은 까닭은 무엇인가요?

3. 욥의 친구들은 욥이 고난을 받는 까닭이 무엇이라고 주장했나요?

4. 욥기의 주제를 생각해 보고 성도는 고난을 어떤 자세로 받아들여야 하나요?

5. 시편은 어떤 목적으로 기록하였나요?

6. 잠언에서 가르치고자 하는 교훈은 무엇인가요?

7. 전도서에서 '헛되다'라는 말이 반복되는 까닭은 무엇인가요?

8. 아가서는 누구와 누구의 사랑을 상징하나요?

5 구약 - 예언서

예언서 분류

1.기록 순서

오바댜	B.C.845년경(남,여호람)
요엘	B.C.830년경(남,요아스)
요나	B.C.770년경(북,여로보암2세)
아모스	B.C.755년경(북,여로보암2세)
호세아	B.C.730년경(북,호세아)
	북이스라엘 멸망
이사야	B.C.700년경(남,히스기야)
미가	B.C.700년경(남,히스기야)
스바냐	B.C.625년경(남,요시야)
나훔	B.C.620년경(남,요시야)
하박국	B.C.605년경(남,여호야김)
예레미야	B.C.586년경(남,시드기야)
예레미야 애가	B.C.586년경(남,시드기야)
	남유다 멸망
에스겔	B.C.570년경(바벨론,느부갓네살)
다니엘	B.C.540년경(페르시아,고레스)
	바벨론 포로 귀환
학개	B.C.520년경(페르시아,다리오)
스가랴	B.C.520년경(페르시아,다리오)
말라기	B.C.430년경(페르시아,아닥사스다)

2. 책 분량에 따른 분류

이사야, 예레미야, 예레미야 애가, 에스겔, 다니엘	대예언서
오바댜, 요엘, 요나, 아모스, 호세아, 미가, 스바냐, 나훔, 하박국, 학개, 스가랴, 말라기	소예언서

3. 예언 대상에 따른 분류

아모스, 호세아	북이스라엘
요엘, 이사야, 스바냐, 하박국, 예레미야, 예레미야 애가, 에스겔, 다니엘, 학개, 스가랴	남유다
미가, 말라기	이스라엘 전체
요나, 나훔	앗수르
오바댜	에돔

구약성경의 예언서는 17개입니다. 예언자는 하나님께서 미리 알려 주시거나 경고한 말씀을 그대로 전하는 사람입니다. 자신의 생각을 전하면 안 되며 오직 하나님의 말씀만을 전해야 하므로 '대언자'라고도 불립니다. 예언서는 책의 분량에 따라 분량이 많은 大예언서(이사야, 예레미야, 예레미야애가, 에스겔, 다니엘)와 분량이 적은 小예언서(오바댜, 요엘, 요나, 아모스, 호세아, 미가, 나훔, 스바냐, 하박국, 학개, 스가랴, 말라기)로 분류합니다.

예언자들의 활동 장소, 시기

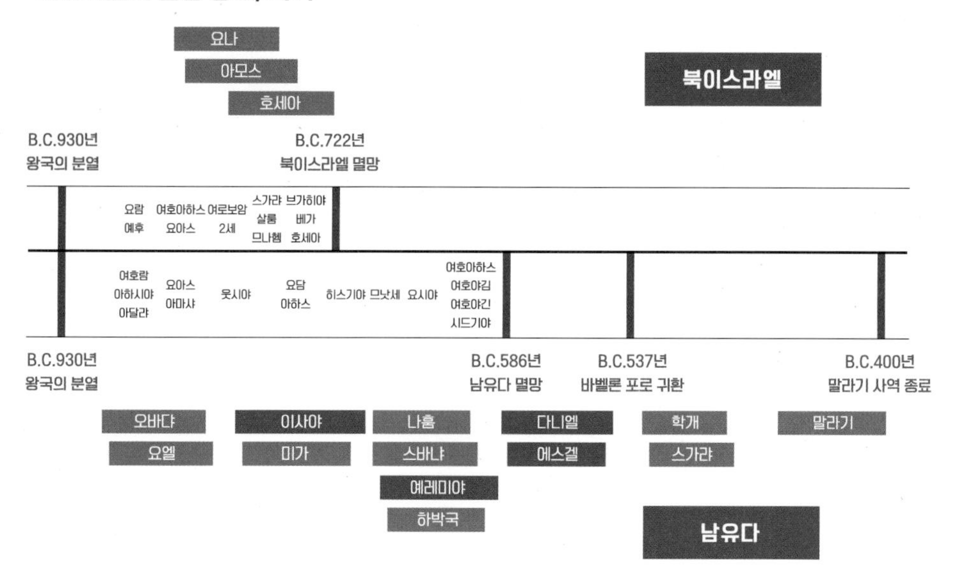

이사야

이사야는 '여호와는 구원'이라는 뜻입니다. 이사야는 왕족 출신이며 웃시야 왕의 사촌입니다. 이사야는 예루살렘 안에서 주로 사역하였습니다. 이사야가 활동할 당시 북이스라엘은 앗수르에 멸망하였고 남유다 아하스 왕은 앗수르를 의지하였습니다. 이사야는 하나님만 의지하라고 외쳤습니다. 아하스의 아들 히스기야는 다행히 하나님을 경외한 왕이었으므로 이사야의 말을 듣고 앗수르를 물리칩니다. 히스기야의 아들 므낫세는 영적으로 완전히 타락한 악한 왕이었습니다. 결국 이사야는 므낫세에게 순교를 당합니다.

장	1~6장	7~12장	13~23장	24~27장	28~35장	36~39장	40~48장	49~55장	56~59장	60~66장
핵심 내용	유다의 배교를 책망함	앗수르에 임할 심판을 예언함	이방 여러 나라에 대한 경고와 멸망을 예언	큰 환난에 관한 예언	이스라엘에 임할 심판, 이스라엘이 이집트를 의지한 것을 책망함	앗수르를 패망시킨 하나님	이스라엘의 회복	메시아에 관한 예언	이스라엘의 범죄를 책망함	메시아의 재림과 메시아 왕국에 관한 예언
주제	이스라엘과 이방 여러 나라에 임할 하나님의 심판						메시아가 온다는 소망, 회복과 구원			
상징	하나님과 맺은 언약의 파괴와 심판(구약)						하나님의 은혜, 구원의 길(신약)			

성경이 구약 39권, 신약 27권으로 구성되었듯이 이사야서도 전반부 39장, 후반부 27장으로 나뉩니다. **전반부는 하나님의 백성이 언약을 어기고 영적으로 타락하여 심판이 임박한 사실을 예언합니다. 후반부는 하나님의 심판으로 끝나지 않으며 메시아를 통해 회복하고 구원해 주신다는 소망을 줍니다.** 하나님은 이스라엘 백성 때문에 더럽혀진 자신의 영광을 위해서 그들을 회복시켜 주십니다.

예레미야

예레미야는 남유다 요시야 왕 13년부터 남유다가 멸망할 때까지 예루살렘에서 활동을 했습니다. 예레미야는 이사야가 죽은 지 약 60년 후에 활동을 시작했습니다. 당시 바벨론은 강성해져서 앗수르를 멸망시키고 이집트를 굴복시켰습니다. 예레미야는 이스라엘 백성이 하나님과의 언약을 깨고 타락했으므로 심판이 임박했다는 소식을 전하며 회개를 촉구하였습니다. 다행히 요시야 왕은 종교개혁을 단행하며 영적 회복에 힘썼으나 이후에 나타난 왕들과 백성들은 회개하지 않고 영적으로 타락하여 결국 남유다는 바벨론에 멸망합니다. 예레미야서는 예루살렘이 멸망하고 성전이 파괴되는 순간까지 기록하였습니다. 예레미야는 남유다가 멸망한 뒤 이집트로 끌려가 동족에게 돌에 맞아 순교했다고 전해집니다.

장	1장	2~25장	26~29장	30~33장	34~45장	46~51장	52장
핵심 내용	예언자로 부름 받은 예레미야	이스라엘이 언약을 파괴하고 범죄한 사실을 알려줌, 회개하지 않으면 심판을 받는다고 경고함, 70년 동안 바벨론에서 포로 생활을 한다고 예언함	예레미야가 종교 지도자들과 거짓 선지자들에 맞서 투쟁함	이스라엘의 회복과 메시아 왕국의 도래를 예언함	예루살렘 함락 전후의 사건들과 메시지	열방에 대한 심판을 예언함	남유다의 멸망과 성전 파괴
주제	예레미야의 소명	이스라엘의 정죄와 심판	예레미야의 투쟁	이스라엘의 회복	예루살렘 함락	열방의 심판	남유다 멸망
대상	남유다					이방 나라	남유다

예레미야서는 예언과 역사가 뒤섞여 있으므로 혼동이 될 수 있습니다. 그러나 예레미야서는 이사야서와 마찬가지로 이스라엘이 범죄하여 심판을 받으나 나중에는 회복된다는 내용입니다. 이 회복은 바벨론 포로 귀환뿐만 아니라 마지막 때도 일어납니다.

예레미야 애가

예레미야 애가는 하나님의 심판을 받아 예루살렘이 바벨론에게 파괴될 때 예레미야가 그 파괴의 현장에서 예루살렘을 생각하며 부른 다섯 편의 슬픈 노래입니다. 1장은 함락된 예루살렘의 참상과 고통받는 성읍의 모습을 묘사하였습니다. 2장은 예루살렘의 참상을 묘사하며 예루살렘의 멸망은 하나님의 심판이므로 하나님께 부르짖어 긍휼을 간구해야 한다고 촉구합니다. 3장은 비탄에 빠진 예레미야의 감정을 드러내며 구원의 확신을 소망합니다. 4장은 예루살렘이 포위를 당했던 당시 상황, 포위를 당한 이유, 그리고 미래에 대한 희망을 노래합니다. 5장은 하나님께 슬픔으로 간구하면서 선민의 회복을 기원합니다.

에스겔

에스겔은 바벨론 2차 침공 때 즉 여호야긴 왕이 바벨론 포로로 끌려갈 때 같이 끌려갔습니다. 그는 포로가 된 지 5년째(B.C.593년경) 대언자로서 부름을 받고 바벨론에서 22년 동안 활동하였습니다. 따라서 에스겔서의 기록 장소는 바벨론의 그발 강 인근 델아빕으로 추정됩니다(겔1:1; 3:15). 포로로 끌려온 유대인들이 이 일대에 거주하였기 때문입니다. 하나님은 이스라엘이 하나님을 거역하고 가증스러운 일들을 행했으므로 심판을 받는다고 말씀하셨습니다. 열방들 역시 하나님의 심판을 피하지 못한다고 경고하셨습니다. 그러나 하나님은 이스라엘이 자기들의 땅으로 돌아와서 그곳에서 다시 하나님을 섬기며 영적으로 회복된다고 위로해 주셨습니다. 그리고 예루살렘에 성전이 다시 세워지고 그곳에 하나님의 영광이 다시 돌아온다는 희망을 주셨습니다.

장	1~3장	4~24장	25~30장	31~32장	33장	34장	35장	36~37장	38~39장	40~48장
핵심 내용	예언자로 부름 받은 에스겔	이스라엘의 죄악에 따른 심판을 예언	암몬, 두로, 모압, 에돔, 블레셋, 이집트에 대한 심판	사탄에 대한 하나님의 심판	유대인 포로들에게 경고	이스라엘의 회복을 예언	에돔이 황폐하게 된다고 예언함	미래에 다가올 이스라엘의 회복	종말에 있을 전쟁	미래에 예루살렘에 세워질 성전
주제	이스라엘이 범죄하여 심판을 받았으나 미래에는 회복되고 하나님의 영광이 다시 돌아온다.									
배경	바벨론, B.C.593-570년									

이사야서, 예레미야서, 에스겔서는 이스라엘의 범죄, 하나님의 심판, 이스라엘의 회복에 관하여 기록하였습니다. 이스라엘의 회복이 바벨론 포로 귀환을 의미한다고 볼 수 있으나 실제 바벨론에서 고국으로 돌아온 사람은 5만 명에 불과합니다. 바벨론에서 귀환한 이스라엘 백성은 우상숭배는 하지 않았으나 하나님을 잘 알지 못하였으며 형식적으로 섬겼습니다. 그들은 메시아를 알아보지 못하고 십자가에 못 박아 죽이기까지 했습니다. 결국 A.D.70년에 예루살렘과 성전이 로마군에 파괴되어 유대인들은 전 세계로 흩어졌습니다. 따라서 바벨론 포로 귀환은 이스라엘의 완전한 회복이 아닙니다.

이스라엘은 1948년에 나라를 다시 세웠습니다. 그러나 영토는 어느 정도 회복했을지 모르나 그들은 여전히 예수님을 믿지 않습니다. 아직 영적으로 회복되지 않았습니다. 따라서 이사야서, 예레미야서, 에스겔서에서 예언한 이스라엘의 회복은 아직 오지 않았습니다. 미래의 이야기입니다. 지금 이스라엘은 성전이 없습니다. 그러나 에스겔서에 새로운 성전이 세워진다고 예언하였습니다. 에스겔서의 성전이 상징이든 실제든 성전이 세워지는 시기는 미래에 이스라엘이 완전히 회복되는 때입니다.

다니엘

다니엘은 B.C.605년경 바벨론에 1차 포로로 끌려갔습니다. 에스겔보다 8년 먼저 포로로 끌려갔으며 그때 그의 나이는 16세 정도였습니다. 상류 가정에서 태어난 다니엘은 탁월한 지혜를 인정받아 바벨론에서도 좋은 교육을 받았으며 바벨론과 페르시아 제국에서 총리 자리까지 올랐습니다. 다니엘서의 전반부는 다니엘과 연관된 역사적 사건을, 후반부는 이스라엘과 이방 나라에 관한 예언을 기록하였습니다. 당시에는 예언이었으나 현재 기준으로 보면 이미 일어난 사건도 있고 아직 일어나지 않은 사건도 있습니다.

장	1장	2장	3장	4장	5장	6장
핵심 내용	포로로 끌려와 바벨론 교육을 받은 다니엘	느부갓네살의 첫 번째 꿈을 해석한 다니엘	금 신상에 절하지 않은 다니엘의 친구들	느부갓네살의 두 번째 꿈을 해석한 다니엘	바벨론 왕에게 벽에 쓰인 글씨를 해석해 준 다니엘	사자 굴에 갇혔다가 살아난 다니엘
주제	다니엘과 관련된 역사적 사건					

장	7장	8장	9장	10장	11장	12장
핵심 내용	네 짐승의 환상 (네 왕에 관한 예언)	숫양과 숫염소의 환상 (페르시아와 그리스의 환상)	백성을 위한 다니엘의 기도, 다니엘의 70이레	페르시아와 그리스에 관한 예언	남쪽 왕과 북쪽 왕의 전쟁을 예언 (프톨레마이오스와 셀레우코스의 전쟁을 예언)	종말에 유대인들에 관한 예언
주제	이스라엘과 이방 나라에 관한 예언					

호세아

호세아는 북이스라엘이 앗수르에 멸망하기 직전인 B.C.730년경에 활동했던 예언자입니다. 하나님은 호세아에게 음란한 아내를 취하라고 명령하셨습니다. 호세아는 하나님의 명령대로 고멜과 결혼하고 자식까지 낳았습니다. 호세아는 고멜이 음란한 행위를 하였는데도 그녀를 버리지 않았습니다.

호세아는 하나님을 상징하며 고멜은 영적 간음을 한 이스라엘을 상징합니다. 호세아서에는 '돌아오라'라는 말이 10번 이상 나옵니다. 하나님은 이스라엘에 심판을 내린다고 경고하시면서 회개하라고 촉구하셨습니다. 그리고 마지막에는 이스라엘이 하나님께 돌아오며 복을 받는다고 말씀하셨습니다.

요엘

요엘은 남유다의 예언자입니다. 요엘은 요아스 왕 시절인 B.C.830년경 활동했습니다. 남유다가 멸망하기 약 240년 전입니다. 당시 남유다에 많은 메뚜기가 날아와 모든 것을 먹어 치웠으며 이 때문에 백성들의 생활은 궁핍했습니다. 하나님은 요엘에게 메뚜기 재앙이 이스라엘에 대한 심판이라고 알려 주시며 백성들이 회개해야 한다고 말씀하셨습니다. 그리고 앞으로 크고 두려운 주의 날이 임하는데 그날에 군대들이 메뚜기 떼처럼 몰려온다고 하셨습니다. 요엘은 이스라엘이 회개하지 않아서 결국 멸망하지만, 마지막에는 하나님의 영이 모든 육체 위에 부어지며 이스라엘은 회복되고 이스라엘의 원수들은 심판받는다고 예언하였습니다.

아모스

아모스는 B.C.755년경에 북이스라엘을 향해 예언하였습니다. 그는 호세아보다 약 25년 먼저 활동했습니다. 아모스도 이스라엘과 주변국에 대한 하나님의 심판과 이스라엘의 회복을 예언하였습니다.

오바댜

오바댜는 남유다에서 활동한 예언자입니다. 그의 활동 시기를 B.C.845년경인 여호람 왕 시절로 보기도 하고 남유다가 바벨론에 멸망한 직후인 B.C.585년경으로 보기도 합니다. **오바댜는 에돔의 심판과 이스라엘의 회복을 예언하였습니다.** 하나님은 에돔이 에서의 후손이 세운 나라이므로 특별히 배려해 주셨습니다. 그러나 에돔은 이스라엘이 이집트를 탈출한 뒤 가나안 땅으로 갈 때 자기 영토를 지나가지 못하도록 막았습니다. 또한 아하스 왕 시절에 남유다가 베가와 르신의 공격을 받자 남유다를 침입해서 사람들을 포로로 끌고 갔습니다. 바벨론이 예루살렘을 파괴할 때 소리를 지르며 기뻐하기까지 하였습니다. 하나님은 에돔이 징계를 받아 멸망한다고 말씀하셨습니다. A.D.70년 예루살렘이 로마의 공격을 받을 때 에돔은 역사 속으로 사라졌습니다.

요나

요나는 아모스와 비슷한 시기인 B.C.770년에 활동했던 북이스라엘의 예언자입니다. 하나님은 요나에게 니느웨로 가서 심판을 선포하라고 명령하셨으나 요나는 순종하지 않고 다시스로 도망치려고 했습니다. 다시스는 지금의 스페인으로 추정됩니다. 요나가 순종하지 않은 까닭은 니느웨는 북이스라엘을 괴롭혔던 앗수르의 중심지였기 때문입니다. 큰 고래 배 속에서 삼일 낮과 밤을 보내고 나온 요나는 하나님의 말씀대로 니느웨로 가서 심판을 선포했습니다. 니느웨 사람들은 요나의 경고를 듣고 회개하며 금식하였으므로 하나님은 그 도시를 멸하지 않으셨습니다. 요나서를 통해 **하나님은 이스라엘만의 하나님이 아니라 이방인의 하나님도 되신다는 사실을 알 수 있습니다. 단지 이스라엘을 통해 모든 민족이 구원받도록 이스라엘을 선택하셨습니다.**

미가

미가는 북이스라엘이 앗수르에 멸망하고 약 20년이 지난 B.C.700년경에 활동하였습니다. 앗수르는 북이스라엘을 멸망시키고 남유다의 예루살렘을 포위하였으나 함락하지 못했습니다. 앗수르는 정복한 국가들에 매년 공물을 바치게 했으며 앗수르 군인들은 마을을 침략하여 주민들을 죽이거나 노예로 삼았습니다. 이스라엘 지도자들은 이들의 악행을 묵인하면서 권세를 유지했고 오히려 가난한 사람들을 억압하였습니다.

미가는 농민들과 가난한 사람을 대변한 예언자였는데 그는 억압받는 사람을 옹호하며 하나님의 공의를 외쳤습니다. 학대하는 자들과 이스라엘 지도자들에게 하나님의 심판이 임한다는 사실을 전하며 회개를 촉구했습니다. **하나님은 헌물보다 의롭게 행하고 긍휼을 사랑하며 겸손하게 하나님과 동행하는 것이 더 선하다고 말씀하셨습니다.** 미가는 메시아가 베들레헴에서 탄생한다는 예언도 하였습니다.

나훔

나훔은 앗수르의 중심지인 니느웨의 멸망을 예언하였습니다. B.C.770년경 니느웨는 심판을 선포한 요나의 말을 듣고 회개하여 멸망을 피할 수 있었습니다. 그러나 니느웨의 회개는 오래가지 못했고 그들은 우상을 숭배했으며 사람을 도륙하고 태우는 잔인한 행동도 서슴지 않았습니다. 요나가 니느웨의 심판을 선포한 뒤 150년이 지난 B.C.620년경에 나훔은 하나님의 명령대로 니느웨의 멸망을 예언하였습니다. 니느웨는 나훔이 멸망을 선포한 지 약 10년 후에 바벨론에 멸망했습니다.

하박국

하박국은 B.C.605년경 예레미야와 같은 시대에 남유다에서 활동했던 예언자입니다. 나훔이 예언한 대로 앗수르는 멸망하였고 바벨론은 강성해졌습니다. 바벨론은 여러 차례 예루살렘을 공격하여 B.C.586년에 완전히 점령하였습니다. 하박국은 바벨론이 처음으로 예루살렘을 포위하기 직전에 예언하였습니다.

그는 바벨론이 곧 남유다를 점령한다는 사실을 알았습니다. 그는 하나님의 선민인 이스라엘이 왜 사악한 이방 나라인 바벨론의 침략을 받아야 하는지, 하나님은 왜 악을 용납하시는지 이해할 수 없었습니다. 하지만 **하박국은 바벨론은 단지 하나님의 징계 수단일 뿐이므로 그들도 심판받는다는 사실을 알게 됩니다.** 하박국은 하나님은 공의로운 분이라는 사실을 깨닫고 하나님을 찬양하였습니다.

스바냐

스바냐는 남유다에서 요시야 왕의 통치 초기인 B.C.625년경에 활동했던 예언자입니다. 스바냐는 왕족 출신으로 예루살렘을 중심으로 활동했습니다. 요시야 왕은 종교개혁을 단행한 신실한 왕이었으나 남유다의 멸망은 돌이킬 수 없었습니다. 스바냐는 백성들에게 바벨론을 통한 하나님의 심판이 임박했다고 경고했습니다. 스바냐는 남유다 뿐만 아니라 앗수르, 블레셋, 모압, 암몬, 구스에 대한 심판도 선포하였습니다. 그러나 하나님은 법을 지키고 정직하며 하나님을 신뢰하는 사람들을 이스라엘에 남겨 두겠다고 말씀하셨습니다. 그리고 마지막 때에 이스라엘이 회복된다고 알려 주셨습니다.

학개

바벨론 포로의 1차 귀환은 B.C.537년에 이루어졌습니다. 고레스가 포로인 유대인들의 본국 귀환을 허락하자 스룹바벨은 유다 총독으로 임명받아 1차 귀환을 이끌었습니다. 예루살렘에 귀환하고 다음해인 B.C.536년에 성전 건축이 시작됩니다. 성전을 건축한다는 말을 듣고 사마리아 사람들을 중심으로 한 유다의 대적들이 성전 건축을 방해하였습니다. 성전은 기초를 놓은 지 채 1년이 되지 않은 상태에서 중단되어 16

년 동안 방치됩니다. 학개는 성전 건축이 중단되고 16년이 지난 B.C.520년경에 활동한 예언자입니다. 하나님은 학개와 스가랴를 보내셔서 백성들을 깨우치고 성전을 재건하도록 하셨습니다. 학개와 스가랴의 독려로 성전 건축이 다시 시작되어 4년 후인 B.C.516년에 드디어 완공되었습니다. 학개는 성전 건축뿐만 아니라 예수님의 임재와 그가 세울 왕국, 사악한 세상 권세에 임할 심판, 하나님께 돌아올 민족이 받게 될 복에 관해서도 예언하였습니다.

스가랴

스가랴는 학개와 같은 시대 인물입니다. 학개는 4개월 정도 활동했으나 스가랴는 3년 정도 활동하며 예언하였습니다. 스가랴도 중단된 성전 건축을 다시 시작하라고 촉구하였습니다. 특히 스가랴서는 예수님의 재림 전후에 일어나는 일들을 좀 더 자세히 예언하였는데 상당 부분 요한계시록과 연결된 내용이 많습니다.

학개와 스가랴는 성전 건축을 강조하였습니다. 구약 시대에 성전은 하나님이 인간을 만나주시는 곳이며 하나님께 예배드리면서 하나님과 교제하는 장소이기 때문입니다. 그러나 **신약시대는 예수님을 구주로 영접하면 성령님이 오시고 우리 몸이 성전이 됩니다. 따라서 지금 시대에 성전을 건축한다는 말은 예수님을 구주로 영접한 뒤 영적으로 성장하라는 의미입니다.**

말라기

말라기는 B.C.430년에 활동했던 예언자입니다. 바벨론에서 돌아온 유대인들은 성전을 재건한 뒤 우상숭배는 하지 않았으나 하나님을 진심으로 섬기지는 않았습니다. 제사장들은 위선에 빠져 형식적으로 하나님을 섬겼으며 백성들은 이방 여인과 결혼하였고 쉽게 아내를 버리기까지 했습니다. 또한 간음과 거짓 맹세를 하고 과부나 고아를 학대하며 타국인을 쫓아내어 그들의 권리를 빼앗고 하나님께 바친 십일조와 헌물을 강도질하는 등 많은 악행을 저질렀습니다. 말라기는 메시아가 오셔서 위선자와 죄인을 심판하신다고 말하며 회개를 촉구했습니다. 말라기 끝부분에는 하나님의 주권과 그리스도의 재림에 관하여 예언하였습니다.

6 신약성경 개관

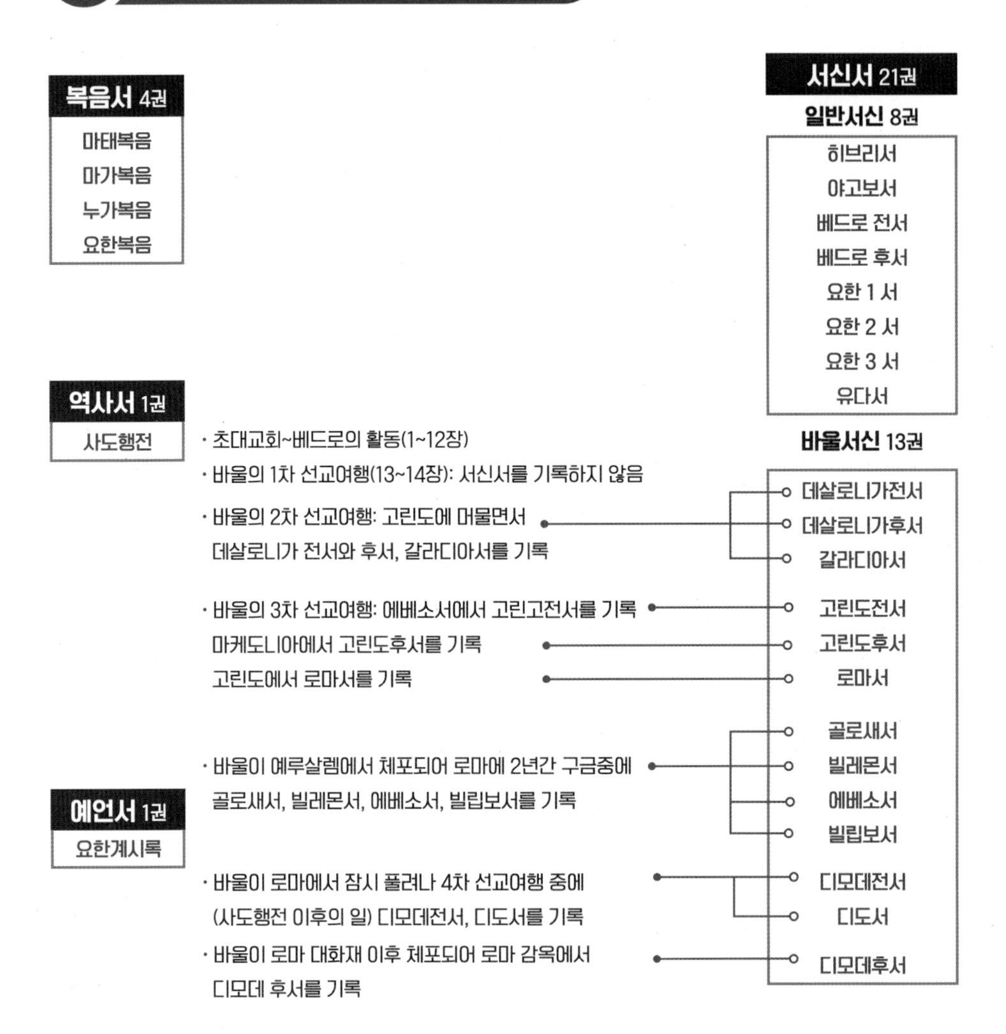

1. **복음서 4권**: 마태복음, 마가복음, 누가복음, 요한복음이 복음서입니다.

2. **역사서 1권**: 사도행전이 신약성경에서 유일한 역사서입니다.

3. **서신서 21권**: 로마서부터 유다서까지 서신서입니다. 그중에 13권은 바울이 기록했으므로 바울서신이라고 합니다. 나머지 8권을 일반서신이라고 합니다. 일반서신 중에 히브리서는 기록자를 정확히 알 수 없으나 바울이 기록했다고 추정합니다.

4. **예언서 1권**: 요한계시록이 신약성경에서 유일한 예언서입니다.

7 신약 - 사복음서

사복음서는 기록자와 기록 대상, 기록 목적 등에 차이점이 있는데 그렇다고 사복음서의 내용이 상반되지 않습니다. 사복음서를 비교, 종합하면 예수님을 정확하게 이해하는 데 도움이 됩니다.

마태복음

마태복음은 예수님의 제자인 세리 마태가 유대인을 대상으로 기록하였습니다. **마태복음은 예수님이 유대인의 왕이며 구약에 약속된 메시아라는 사실을 강조합니다.** 그래서 첫 시작도 예수님을 다윗의 자손으로 소개하고 있으며(마1:1) 예수님의 계보를 다윗 왕과 아브라함까지 연결합니다. 세례 요한은 앞으로 다가올 메시아 왕국을 선포하는 사람이며 예수님은 지상에 세워질 메시아 왕국의 통치자라는 사실을 알려줍니다.

장	1~2장	3~20장	21~27장	28장
핵심 내용	메시아의 탄생과 유년 시절	메시아의 사역	메시아의 수난	메시아의 부활과 지상 명령
주제	메시아로 오신 예수님, 왕으로 다시 오실 예수님			
대상	메시아를 고대하는 유대인			

마가복음

마가복음은 마가가 기록하였습니다. 그는 바나바의 조카이며 바울과 첫 번째 선교여행을 떠났다가 중간에 집으로 돌아온 인물입니다. **마가복음은 예수님을 하나님의 종이라는 관점에서 기록하였습니다**(막10:43-45). 마가는 로마의 박해로 고난받는 그리스도인들이 예수님의 순종을 본받아 고난을 극복하기를 원했습니다. 그래서 예수님의 고난과 핍박, 십자가의 죽음을 주로 다루어 순종이 있어야 부활의 영광이 있다고 알려 주었습니다. 그리고 비유보다는 예수님의 행적을 많이 기록하였으며 특히 곧(즉시)이라는 표현을 많이 사용하여 고난받는 그리스도인들이 곧 다가오는 재림을 기다리며 참고 인내하기를 바랐습니다. 마태복음과는 달리 대상이 유대인이 아니므로 예수님의 계보나 동정녀 탄생, 예수님의 유년 시절 등은 기록하지 않았습니다.

장	1~10장	11~15장	16장
핵심 내용	세례를 받으시고 공생애를 시작하신 예수님	예수님의 십자가 수난	예수님의 부활과 지상 명령
주제	하나님의 종으로 오셔서 섬김의 본이 되신 예수님		
대상	로마의 핍박을 받는 그리스도인		

누가복음

누가복음의 기록자는 의사 누가인데 그는 바울의 선교여행에 동행했으며 바울이 순교할 때도 함께 있었던 인물입니다. 누가복음은 데오빌로와 그리스 사람들을 위해 기록하였습니다. 데오빌로는 로마의 고위 관리로서 예수님을 영접한 사람으로 추정됩니다. **누가복음은 이방인에게 복음을 전파할 목적으로 기록하였는데 예수님은 성육신하시어 사람의 아들로 오신 세상의 구원자라는 사실을 강조합니다.** 누가복음은 이방인에게 예수님을 자세히 알리고자 예수님의 출생 전부터 시간순으로 기록하였습니다. 예수님의 계보를 아담까지 거슬러 올라가 기록하였고 예수님의 어린 시절도 사복음서 중 유일하게 기록하였습니다. 누가복음은 예수님을 인자(the Son of man)로 표현하여 그리스도의 인성을 강조합니다. 그러나 예수님은 단순한 인간이 아닌 하나님의 속성과 흠 없이 완전한 인간의 모습을 모두 지니셨으며 하나님과 인간 사이에 중보자라는 사실을 말합니다. 이방인들과 소외된 사람들을 대상으로 복음이 보편적이라는 점을 강조하고자 사마리아인, 로마의 백부장 같은 이방인을 자주 등장시켰습니다. 마태복음은 지상에 세워질 메시아 왕국을 강조하고 있으나 누가복음은 영적인 왕국을 강조합니다.

장	1~3장	4~21장	22~23장	24장
핵심 내용	예수님의 탄생	예수님의 사역	예수님의 십자가 수난	예수님의 부활
주제	예수님은 사람의 몸으로 이 땅에 오신 세상의 구원자			
대상	이방인			

요한복음

요한복음은 예수님의 제자인 사도 요한이 사복음서 중 가장 나중에 기록하였습니다. 요한은 모든 성도를 대상으로 요한복음을 기록하였습니다. **요한복음은 예수님을 성육신하신 성자 하나님이자 창조주 하나님으로 묘사합니다**(요1:1-3). 그리고 온 세상 사람들을 대상으로 그리스도의 신성을 강조하며 그리스도를 믿어야 구원을 받는다는 사실을 알려 줍니다. 요한복음이 다른 세 복음서와 다른 점은 예수님의 신성을 강조했다는 점과 예수님이 개인에게 가르쳤던 말씀과 해석 위주로 기록하였다는 점입니다. 그래서 마태, 마가, 누가복음은 공관복음이지만 요한복음은 공관복음이 아닙니다.

장	1장	2~12장	13~16장	17~19장	20~21장
핵심 내용	성육신과 세례	예수님의 사역	예수님의 다락방 설교	예수님의 십자가 수난	예수님의 부활 후 행적
주제	하나님의 아들로서 세상을 구원하러 오신 예수 그리스도				
대상	모든 성도				

사복음서 비교

8 신약 - 역사서

사도행전

사도행전은 신약성경에서 유일한 역사서입니다. 사도행전은 누가가 로마 고위 관료인 데오빌로에게 복음을 전파하려고 기록하였으나 사실 모든 성도에게 전한 말씀입니다.

예수님이 승천하신 후 약속대로 성령님이 강림하셨으며 성령님의 능력으로 교회가 세워지고 복음이 유대인에게서 이방인까지 확장되는 과정을 기록하였습니다. 예수님도 성부 하나님 우편에 앉아 계시면서 성령님을 통해 일하시며 교회의 머리가 되십니다.

1~12장까지는 베드로가 핵심 인물인데 그는 유대인들에게 회개를 촉구하며 예수님을 구주로 영접하라고 외쳤습니다. 13~28장까지는 바울이 핵심 인물이며 그가 여러 차례 선교여행을 통해 복음을 이방인에게 전하는 과정을 기록하였습니다.

장	1~2장	3~6장	7~9장	10~12장	13~14장	15장	16~18장	19~20장	21~26장	27~28장
핵심 내용	예수님의 승천과 성령강림	사도들의 활동과 교회의 성장	스데반의 순교와 바울의 회심	교회가 이방인을 수용함	바울의 1차 선교여행	예루살렘 공회	바울의 2차 선교여행	바울의 3차 선교여행	바울의 체포와 구금	바울이 재판을 받으러 로마로 감
주제	교회가 세워짐		교회가 흩어짐		교회가 확장됨					
복음 대상	유대인		유대인 → 이방인		이방인					
장소	예루살렘		유대, 사마리아		온 세상, 땅끝					
연대	A.D.30-33		A.D.33-46		A.D.46-61					
핵심 인물	베드로				바울					

9 신약 - 바울 서신

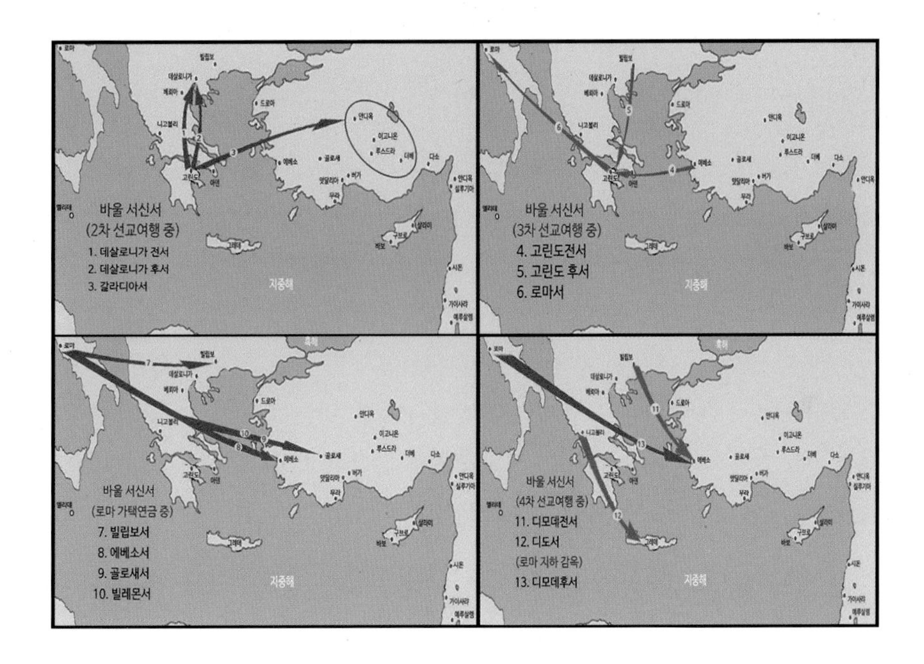

바울은 2차 선교여행 때 고린도에서 18개월 동안 머무르면서 데살로니가전서와 후서, 갈라디아서를 기록하였습니다.

데살로니가 전서

데살로니가 교회는 바울이 2차 선교여행 중에 3주라는 짧은 기간에 세워졌습니다. 아쉽게도 바울은 유대인들의 박해로 오랫동안 이 교회에 머물지 못했습니다. 바울은 고린도에 있을 때 데살로니가 교회의 소식이 궁금해서 디모데를 그곳에 보냈습니다. 디모데는 교인들이 박해 중에도 믿음 생활을 잘하고 있으며 바울을 보고 싶어 한다는 소식을 전했습니다. 바울은 기뻐하며 신앙 교육을 제대로 받지 못했으나 고난을 잘 이겨내고 있는 교인들을 위로하고 격려하였습니다. 그러나 데살로니가 교회는 종말에 너무 집착하여 예수님이 곧 재림하신다고 확신했습니다. 바울은 언제 종말이 올지 알 수 없으니 종말에 집착하지 말고 성도는 항상 흠 없이 살아야 한다고 강조하였습니다.

데살로니가 후서

데살로니가전서에서 종말에 집착하지 말라고 했는데도 거짓 교사의 영향으로 여전히 종말론이 팽배했으며 몇몇은 종말론에 빠져 나태한 삶을 살아갔습니다. 바울은 거짓된 종말론에 미혹되지 말고 그리스도인으로서 합당하게 살라고 권면하였습니다.

갈라디아서

갈라디아서는 바울이 1차 선교여행 중에 세웠던 갈라디아 지역의 루스드라, 이고니온, 비시디아 안디옥, 더베 교회에 보낸 편지입니다. 당시 갈라디아 교회에 거짓 교리를 전하는 사람들이 나타나 율법대로 행하면 구원을 받는다고 가르쳤습니다. 바울은 오직 그리스도의 십자가 공로를 믿는 사람만이 구원받으며 의인으로 칭함을 받는다는 사실(이신칭의)을 명확히 가르쳐 주었습니다.

바울은 3차 선교여행 중에 에베소에서 고린도전서를, 마케도니아에서 고린도후서를 보냈으며 고린도에서는 로마서를 보냈습니다.

고린도 전서

고린도 교회는 바울의 2차 선교여행 중에 세워진 교회입니다. 고린도전서는 바울이 3차 선교여행 중에 에베소에 있을 때 기록하였는데 고린도를 방문하기 전에 편지를 미리 보냈습니다. 고린도는 항구도시이자 경제 중심지였으므로 유흥가가 많았으며 그리스 문화의 영향으로 육체의 부활을 부인하던 곳입니다. 그런 영향으로 고린도 교회 안에 부유한 사람과 가난한 사람과의 갈등, 성적으로 문란한 성도, 잘못된 교리 등 많은 문제가 나타났습니다. 바울은 하나님의 은혜로 구원을 받았다고 해서 방종해서는 안 되며 자발적인 순종으로 진리를 깨달아야 한다고 강조하였습니다. 그리고 고린도 교회에서 바울에게 질문한 결혼과 독신, 우상에게 바쳐진 음식 문제, 예배의 질서, 성령의 은사 등에 관해 답변해 주었으며 육체의 부활을 인정하지 않는 것은 예수님을 부인하는 것과 같다는 사실을 깨우쳐 주었습니다.

고린도 후서

고린도전서를 보내고 몇 개월 지나서 바울은 에베소를 떠나 마케도니아 지역을 방문했습니다. 이곳에서 편지(고린도전서)를 받은 고린도 교회 성도들이 대부분 회개하였으나 일부 유대인들과 거짓 교사들이 바울의 가르침을 비난하고 바울은 사도의 자격이 없다는 말까지 하였습니다. 바울이 다시 고린도 교회에 편지를 보내 자신은 주님의 일꾼으로 복음을 전하는 사도라는 사실을 분명히 알려 주었으며 선교 중에 큰 고통과 박해를 당했던 경험도 말해 주었습니다. 그리고 마케도니아 지역의 교회가 예루살렘 교회의 빈민 구제를 위해 애쓴 사례를 소개하며 헌금의 원칙과 목적, 헌금할 때 준수 사항, 헌금을 통한 하나님의 축복에 대해서 알려 주었습니다.

로마서

로마교회는 예루살렘 등지에서 복음을 접한 유대인들이 로마로 돌아가 세운 교회로 추정됩니다. 로마교회는 바울이 세우지 않았으므로 아직 바른 교리가 정립이 안 되어 있었습니다. 그래서 **바울은 로마를 방문하기 전에 로마교회에 미리 편지를 보내 구원의 전 과정에 대한 바른 교리를 알려 주기를 원했습니다.** 죄란 하나님의 법을 순종하지 않거나 하나님의 법을 어기는 것이며, 인간은 죄로 인해 사망에 이르게 되었고 인간의 자력으로는 구원에 이를 수 없으니 오직 예수님의 십자가 대속을 믿어야만 구원을 받을 수 있다는 사실을 가르쳐 주었습니다.

바울은 3차 선교여행을 마치고 예루살렘에 도착했으나 유대 지도자들에게 고소를 당해 로마에 압송됩니다. 그는 2년간 로마에서 가택연금 상황에 있을 때 빌립보서, 에베소서, 골로새서, 빌레몬서를 기록하였습니다.

빌립보서

빌립보는 당시 마케도니아 지역에 속한 도시였습니다. B.C.168년 로마가 정복하여 제국에 편입시킨 후 로마와 아시아를 연결하는 전략적 요충지가 됩니다. 빌립보는 바울이 2차 선교여행 때 마귀 들린 여인을 고쳐준 뒤 고소를 당해 옥에 갇혔다가 풀려난 곳이기도 합니다. 바울은 구금된 자신을 걱정하는 빌립보 교인들에게 위로의 편지를 썼습니다. **진정한 기쁨은 환경에 있지 않으며 하나님의 보호와 인도를 확신하는 데 있다고 깨우쳐 주며 성도에게 내적 확신이 있다면 어떠한 역경에도 기쁨과 평안을 느낄 수 있다고 가르쳐 주었습니다.** 또 빌립보교회에서 유오디아와 순두게라는 여인이 다툰 사건을 지적하며 불평과 다툼을 그치고 함께 동역하자고 권면하였습니다. **하나님과 동등하게 여기지 않고 인간의 몸을 입고 내려와 비천한 삶을 사셨던 예수님을 본받아 겸손과 희생의 삶을 살라고 강조하였습니다.**

에베소서

에베소는 소아시아 지역(현재는 터키) 서해안에 있었던 아시아와 유럽을 잇는 국제 항구도시로 교통과 무역의 중심지였습니다. 에베소에는 아데미 신전이 있었는데 아데미 여신뿐만 아니라 많은 우상을 섬겼습니다. 바울은 3차 선교여행 때 에베소에 약 3년간 머무르며 두란노서원에서 제자를 가르쳤으며 에베소 교회를 중심으로 서머나, 버가모, 두아디라, 사데, 빌라델비아, 라오디게아에 교회를 세웠습니다. 에베소서는 바울이 에베소교회와 인근 교회에 회람 형식으로 보낸 편지입니다. 바울은 에베소를 떠난 뒤 교인들의 신앙과 믿음이 걱정되어 로마에서 에베소서를 보냈습니다. 바울은 편지에서 **교회의 머리는 예수 그리스도이시며 성도들은 그리스도의 지체들이므로 유기적으로 연합하여 주어진 은사와 믿음의 분량에 따라 몸 된 교회를 섬기며 구원받은 자답게 남은 생애를 예수 중심의 삶으로 살아야 한다고 권면하였습니다.**

골로새서

골로새는 에베소에서 남동쪽으로 약 200km 떨어진 곳에 있었습니다. 무역로가 이곳을 통과하면서 골로새는 번창하게 되었고 직물 산업의 중심지가 되었습니다. 그러나 주변에 라오디게아 같은 도시들이 건설되면서 점차 쇠락했습니다. 골로새 교회는 바울이 세운 교회가 아니라 에베소 교회에서 복음을 들은 에바브라와 몇 명의 신자들이 고향인 골로새로 돌아가 세운 교회입니다. 골로새는 동서 문물이 교차하는 곳에 있었기 때문에 세속 문화의 영향을 받아 예수님의 사역을 비하하고 천사숭배,

금욕주의, 율법주의, 영지주의 사상을 좇는 자들이 생겼습니다. 골로새 교회는 예수님의 십자가 구속에 만족하지 않고 비본질적인 것들로 만족을 얻으려고 했습니다. 바울은 그들에게 **그리스도는 본질상 하나님이시며 만물의 창조자이시고 만물을 보존하시는 분이라는 점을 강조했습니다. 또한 그리스도를 바르게 섬기려면 주님과 연합된 삶 즉 사회와 가정에서 주님의 말씀대로 살아야 한다고 가르쳐 주었습니다.**

빌레몬서

바울이 3차 선교여행 중에 에베소에서 약 3년 동안 머무르며 복음을 전파할 때 빌레몬이 이곳을 방문하여 바울의 복음을 듣고 예수님을 영접하였습니다. 오네시모는 빌레몬의 노예인데 주인의 재산을 훔쳐 로마로 도주하였습니다. 당시 노예의 생사는 주인의 손에 달려 있었으므로 만일 오네시모가 붙잡힌다면 죽을 수도 있는 상황이었습니다. 오네시모는 대도시 로마에서 신분은 숨기고 살다가 가택연금 상태에 있는 바울을 만나 회심하여 바울의 조력자가 됩니다. 바울은 오네시모가 자신과 잘 아는 사이인 빌레몬의 노예라는 사실을 알고 그를 용서하고 형제처럼 받아주라는 편지와 함께 오네시모를 빌레몬에게 보냈습니다. 성경에는 기록되어 있지 않으나 빌레몬은 오네시모를 용서하였다고 합니다. 빌레몬은 골로새 교회에서 사역하다가 네로의 박해 때 가족이 모두 순교했다고 전해집니다. 오네시모도 에베소에서 사역하다가 로마의 박해 때 순교했습니다.

바울은 2년간의 로마 가택연금에서 풀려나 4차 선교여행을 떠났습니다. 4차 선교여행 중에 그레데 섬에 디도를, 에베소교회에 디모데를 남겨 두어 교회를 돌보도록 했습니다. 디모데전서는 마케도니아에서 디모데에게 보낸 편지이며 디도서는 니고볼리로 가는 중에 디도에게 보낸 편지입니다.

디모데전서

디모데는 갈라디아 지방의 루스드라 출신으로 바울의 신임을 받던 신실한 교회 지도자이며 바울에게는 아들과 같은 존재입니다. 그의 아버지는 그리스인이고 어머니는 유대인입니다. 그는 어머니와 외할머니에게서 신앙을 물려받았습니다. 바울이

1차 선교여행 중에 루스드라를 방문했는데 이때 디모데는 복음을 듣고 회심하였습니다. 바울이 2차 선교여행에서 루스드라를 다시 방문했을 때 디모데는 바울과 2차 선교여행에 동행하였습니다. 2차 선교여행 도중에 바울은 고린도에서 데살로니가 교회의 소식이 궁금해서 디모데를 그곳에 보냈습니다. 3차 선교여행 때 바울이 빌립보에서 드로아로 갈 때 디모데가 동행하였습니다(행20:4). 디모데는 바울의 4차 선교여행에 동행하는 중에 바울의 지시에 따라 에베소에 남아 목회를 하였습니다.

바울은 에베소교회에서 교인을 가르치는 디모데에게 바른 교리로 그리스도인의 믿음을 보존하고, 이신칭의의 교리를 부인하는 금욕주의 이단을 경계하며, 거짓 교사들과 선한 싸움을 싸우라고 하였습니다. 교회 지도자의 자격을 알려주고 목회자는 경건해야 한다는 점도 강조하였습니다. 디모데 역시 바울이 순교한 뒤 약 20년 후에 순교했습니다.

디도서

디도는 바울의 복음을 듣고 회심한 그리스인입니다. 바울이 선교여행을 떠나기 전 안디옥교회에서 바나바와 공동 사역을 하던 중에 예루살렘 교회에 간 적이 있는데 이때 디도를 데리고 갔습니다(갈2:1). 디도는 바울이 선교여행을 떠나기 전부터 예수님을 영접했으며 안디옥교회에서 바울의 사역을 도왔습니다. 3차 선교여행 중에 바울은 고린도 교회가 우상숭배와 성도 사이에 다툼 등으로 심각한 상황이라는 소식을 듣고 자신이 직접 가기 전에 디도를 보냈습니다. 디도는 고린도 성도들을 올바른 길로 인도하여 분쟁을 은혜롭게 해결하였습니다. 디도는 바울의 4차 선교여행에 바울과 동행하면서 그레데 섬에 복음을 전하였습니다. 바울은 그레데 섬이 아직 질서가 잡히지 않은 상태였으므로 남은 일을 정리하고 장로들을 세우도록 디도를 남겨 두었습니다. 디도는 바울이 로마의 지하 감옥에 있을 때 유고슬라비아에 가서 복음을 전하기도 했습니다(딤후4:10). 디도서에서 바울은 그레데 섬에 남아 목회를 하는 디도에게 장로의 자격 기준을 알려 주고 성도들이 교회뿐만 아니라 사회에서도 선한 시민답게 생활해야 한다고 강조하였습니다.

바울은 4차 선교여행 후 니고볼리에서 겨울을 보내려고 갔으나 로마 관원에게 체포되어 로마의 지하 감옥에 갇히게 됩니다. 이곳에서 마지막 편지 디모데후서를 보냈습니다.

디모데후서

네로의 대박해가 로마 제국 전역을 휩쓸고 있을 때 바울은 감옥에 갇혀 죽음을 직감하고 있었습니다. 그는 에베소에서 목회하고 있는 영적인 아들 디모데에게 유언 같은 최후의 서신을 보냈습니다. 바울은 디모데에게 두려워 말고 담대하게 복음을 전하라고 격려하였습니다. 그리스도의 고난에 동참하도록 권면하였으며 성도들을 주의 진리의 말씀으로 훈련하라는 당부도 잊지 않았습니다.

생각해 보세요

1. 바울은 2차 선교여행 중에 어떤 서신서를 보냈나요?
2. 바울은 3차 선교여행 중에 어떤 서신서를 보냈나요?
3. 바울은 로마에 가택연금 중일 때 어떤 서신서를 보냈나요?
4. 바울은 4차 선교여행 중에 어떤 서신서를 보냈나요?
5. 바울은 디모데후서를 언제 어디서 보냈나요?
6. 데살로니가 교회에는 어떤 문제가 있었나요?
7. 바울이 로마교회에 편지를 보낸 까닭은 무엇인가요?
8. 바울이 에베소서에서 강조한 점은 무엇인가요?
9. 골로새 교회에는 어떤 문제가 있었나요?

10 신약 - 일반 서신

일반서신은 히브리서, 야고보서, 베드로전서, 베드로후서, 요한1.2.3서, 유다서입니다. 어느 특정한 교회나 개인에게 보낸 것이 아니라 여러 사람이 볼 수 있도록 기록하였으므로 일반서신이라고 하며 공동서신이라고도 합니다.

히브리서

히브리서는 바울이 기록했다고 추정하나 그렇다고 바울이 기록했다는 확실한 근거가 없으므로 일반서신으로 분류합니다.

장	1~2장	3~4장	5~7장	8~10장	11~13장
핵심 내용	천사보다 우월하신 그리스도	선지자보다 우월하신 그리스도	제사장보다 우월하신 그리스도	율법보다 우월하신 그리스도	믿음의 본이신 그리스도
주제	유대교의 어떤 인물이나 제사보다 훨씬 뛰어나신 그리스도				
대상	유대인으로서 예수님을 영접한 그리스도인				

바울의 복음을 듣고 많은 유대인이 예수님을 믿었으나 예수님은 재림하시지 않고 박해는 더욱더 심해졌습니다. 유대교는 유대 출신 그리스도인들에게 다시 자기 종교로 돌아오도록 설득했고 교리를 잘 모르는 사람들이 유대교로 돌아가려는 움직임을 보였습니다. 바울은 유대 출신 그리스도인에게 그리스도가 천사, 대언자, 제사장, 율법보다 더 우월하신 분이라는 사실을 알렸습니다. **구약의 제사는 그림자일 뿐이며 실체는 그리스도라는 사실을 알려주고, 그리스도가 대제사장이 되어 우리를 중보하시므로 믿음의 본이신 그리스도를 본받아 믿음이 흔들리지 않고 더욱 성숙해야 한다고 강조하였습니다.**

야고보서

야고보서의 기록자는 예수님의 제자인 야고보와 예수님의 형제인 야고보 중 하나인데 일반적으로 예수님의 형제인 야고보로 봅니다. 야고보는 예수님의 공생애 기간에는 예수님을 믿지 않았으나 부활하신 후 예수님을 구주로 영접하고 예루살렘 교회의 지도자가 되었습니다. 야고보서는 여러 지역에 흩어진 유대 출신 그리스도인들의 영적 성장을 위해 기록하였습니다. 행함이 없는 믿음은 그 자체가 죽은 것이라는 구절(약2:17) 때문에 행위로 구원을 받는다고 오해하는 사람이 있습니다. 그러나 **구원은 행위가 아니라 하나님의 은혜로 받습니다. 행함이 없는 믿음은 그 자체가 죽었다는 말은 믿음은 반드시 선하고 옳은 행동으로 나타난다는 뜻입니다.** 야고보서는 그리스도인은 어떻게 살아야 하는지, 구원받은 사람은 삶에서 어떤 행위가 나와야 하는지, 어떤 열매를 맺어야 하는지 알려 주는 생활의 지침서입니다. 신약의 잠언이라고 생각하면 됩니다.

장	1장	2장	3장	4장	5장
핵심 내용	시험을 잘 견디고 극복하라	남을 판단하지 말고 선한 열매를 맺어라	말을 조심하고 지혜롭게 행하라	바르게 구하고 세상을 멀리하며 남을 비방하지 마라	주님 오실 때까지 인내하며 기다려라
주제	구원받은 사람은 반드시 선한 열매를 맺는다				
대상	유대인으로서 예수님을 영접한 그리스도인				

베드로전서

베드로전서와 후서는 예수님의 제자인 베드로가 기록하였습니다. 베드로전서는 A.D.65년경 베드로가 로마의 박해로 육체적, 정신적 고통을 당하는 그리스도인들을 격려하고 소망을 주려고 기록하였습니다.

베드로후서

베드로후서는 베드로전서를 기록한 다음 해인 A.D.66년경에 기록하였습니다. 베드로후서는 베드로가 순교하기 전 마지막 유언과도 같습니다. 베드로전서가 눈에 보이는 박해를 잘 견디도록 위로하려고 기록했다면, 베드로후서는 눈에 보이지 않는 거짓 교리와 이단에 미혹되지 않고 하나님을 아는 영적 지식이 자라나도록 독려하려고 기록하였습니다. 그리고 베드로는 그리스도의 재림과 새 하늘과 새 땅은 반드시 오니 소망을 가지고 진리 안에서 굳게 서라고 강조하였습니다.

성경	베드로전서	베드로후서
기록 목적	박해로 육체적, 정신적 고통을 겪고 있는 그리스도인들을 격려하고 소망을 주기 위해	그리스도인들이 거짓 교리와 이단에 미혹되지 않고 하나님을 아는 영적 지식이 자라나도록 독려하기 위해
대상	여러 지역에 흩어진 그리스도인	

요한 1. 2. 3 서

요한 1.2.3서는 예수님의 제자인 사도 요한이 밧모섬에 유배되기 전 A.D.90년경에 기록하였습니다. 요한은 당시 소아시아 지역, 특히 에베소 교회에서 목회 활동을 하였는데 요한 1.2.3서 모두 에베소 교회에서 기록한 것으로 추정됩니다.

요한 1서는 요한이 신약시대 모든 성도를 대상으로 기록하였습니다. 당시에는 그리스도가 육신을 입고 오지 않았다는 영지주의가 확산하고 있었습니다. **영지주의는 예수님의 성육신과 신성을 부정하는 이단입니다. 요한은 그리스도의 성육신을 부인하면 이단이라고 규정하였습니다.** 그리고 사랑을 강조하였는데 성도와 이웃 간에 피차 사랑하여 그리스도로부터 받은 사랑을 몸소 실천하도록 당부하였습니다. 하나님의 본성이 사랑이며 하나님이 먼저 우리 죄인들을 사랑하셨으므로 우리가 서로 사랑하는 것은 당연하다고 가르쳐 주었습니다.

요한 2서는 요한이 구원받은 부인과 그 자녀들에게 보낸 편지인데, 구원받은 부인과 그 자녀들은 곧 에베소 교회 인근의 모든 성도를 가리킨다고 볼 수 있습니다. 당시 예수님의 성육신을 부인하는 거짓 교리가 확산하고 있었습니다. 요한은 진리 안에 거하는 자에게 하나님과 예수님이 함께 하신다고 강조했습니다. 사랑은 하나님의 명령에 따라 걷는 것이라고 하였습니다. 요한 2서는 요한 1서의 내용을 요약했다고 볼 수 있습니다.

요한 3서는 요한이 가이오에게 보낸 편지인데, 교회 지도자 가이오가 순회 전도자들을 후원하며 복음 전파에 힘썼던 일을 칭찬하였습니다. 반면 형제를 헐뜯으면서 교회에서 으뜸이 되려고 하는 디오드레베를 책망하면서 그를 조심하라고 하였습니다.

성경	요한 1서	요한 2서	요한 3서
핵심 내용	예수님은 성육신하신 하나님이시다. 하나님이 우리를 사랑하셨듯이 우리도 서로 사랑해야 한다.	진리 안에 거하는 사람에게 하나님과 예수님이 함께 하신다. 사랑은 하나님의 명령에 따라 걷는 것이다.	교회 안에서 누구에게나 신실하게 하라. 자신을 높이려고 하거나 남을 헐뜯지 마라.
대상	모든 성도	소아시아 지역의 성도	가이오

유다서

유다서는 야고보의 형제인 유다가 기록하였습니다. 야고보의 형제이면서 이름이 유다인 사람이 두 명입니다. 한 명은 예수님의 동생인 유다이고 다른 한 명은 예수님의 제자이면서 작은 야고보의 동생인 다대오입니다. 일반적으로 예수님의 동생인 유다가 구원받고 교회 지도자가 된 후 A.D.67년경에 유다서를 기록한 것으로 봅니다.

유다서는 요한 1서와 2서에서 언급되었던 영지주의자 같은 이단과 거짓 교리로부터 교회와 성도를 보호하려고 기록하였습니다. 유다는 요한보다 더 강한 어조로 말하였습니다. 영지주의자들은 영과 혼은 거룩하나 육신은 부정하다고 생각하였으므로 사람의 육신을 입고 세상에 오신 예수 그리스도의 성육신도 부인하였습니다. 이들은 육신으로 하는 모든 행위가 구원과 상관없으므로 부도덕하게 살아도 된다고 생각하여 육체의 쾌락을 즐겼습니다. 유다는 이들을 짐승 같은 자라고 부르며 과거 육체의 쾌락을 즐기다 멸망한 자들의 예를 들며 그들에게 경고하였습니다. 유다는 성도들에게 거룩하게 살면서 하나님과 동행하라고 권면하였습니다.

생각해 보세요

1. 히브리서에서 그리스도를 어떤 분으로 묘사하나요?

2. 야고보서에서 행함이 없는 믿음은 그 자체가 죽은 것이라는 의미는 무엇인가요?

3. 베드로 전서와 후서의 기록 목적은 각각 무엇인가요?

11 신약 - 예언서

요한계시록

요한계시록은 예수님의 제자인 사도 요한이 기록하였습니다. 로마는 요한을 밧모섬에 유배 보냈습니다. 밧모섬은 밀레도 항구에서 남서쪽으로 68km 떨어진 섬으로 길이가 17km밖에 되지 않는 작은 섬입니다. 터키와 가까우나 현재는 그리스 영토입니다. A.D.96년경 요한은 이곳에서 예수님께 계시를 받았습니다.

요한계시록에 기록된 사건은 아직 일어나지 않았으며 마지막 때 일어납니다. 요한계시록을 상징적으로 해석한다면 다양한 해석이 가능합니다. 요한계시록의 사건들이 문자 그대로 실제 일어난다고 해석한다면 아래와 같이 정리할 수 있습니다.

장	1장	2~3장	4~18장	19장	20장	21~22장
핵심 내용	예수님이 요한에게 나타나셔서 앞으로 일어날 일을 기록하라고 명령하심	교회의 실상, 교회의 역사, 교회의 심판	환난의 시작 적그리스도의 출현과 이스라엘의 고난 적그리스도의 몰락	예수님의 지상 재림과 아마겟돈 전쟁	천년왕국 흰 보좌 심판	새 하늘과 새 땅 새 예루살렘

요한계시록을 상징적으로 해석하든지 문자적으로 해석하든지 결과는 같습니다. **그리스도인은 환난을 통과하든 통과하지 않든 모두 휴거 됩니다. 적그리스도는 사탄과 함께 영원한 불 못에 던져집니다. 불신자들도 흰 보좌 심판을 받고 영원한 불 못에 던져집니다. 그러나 그리스도인은 흰 보좌 심판을 받지 않습니다. 천년왕국이 실제 왕국이든 영적 왕국이든 예수님이 만왕의 왕이 되십니다. 그리스도인은 하나님과 영원히 삽니다.**

성경공부 7

1판 1쇄 발행 2021년 10월 11일

저자 영성교육

펴낸곳 하움출판사
펴낸이 문현광

주소 전라북도 군산시 수송로 315 하움출판사
이메일 haum1000@naver.com **홈페이지** haum.kr

ISBN 979-11-6440-826-9 (03230)

좋은 책을 만들겠습니다.
하움출판사는 독자 여러분의 의견에 항상 귀 기울이고 있습니다.